アメリカ民事訴訟法の研究

椎橋 邦雄

アメリカ民事訴訟法の研究

信 山 社

は し が き

　日本の民事訴訟法は 1945 年 8 月を区切りとして歴史的大転換を遂げなければならないというのが，1960 年代に法律の学問への取り組みを始めた新世代の大学研究者の多くにとって共通の思いであった。中村宗男教授を囲む勉強会に参加していた，われわれのなかでも同様であり，ドイツ法やフランス法の理論と実務に分け入って独自の学問展開を目指したのは木川統一郎，鈴木重勝らの諸教授であり，私がザクセンシュピーゲルを主とするゲルマン法研究を経てイタリヤ法やアメリカ法の比較法的研究に取り組み新日本の民事訴訟法の基盤となるべきものを探ろうとしていたのもこの頃である。

　自由と平等を基調とする民主制は裁判を受ける権利の確立なくしては空疎であり，法の下の平等に新しい意味を付与したブラウン・ケースにおいてアメリカの最高裁判所がその大法廷判決において指し示したインテグレイションの法理は新しいグローバルな時代の到来を告げるものであったと受け止められるべきかもししれない。憲法の成長の成否は，訴訟の手続と戦略の如何と係わりをもつ。この点でアメリカ民事訴訟法の全体像を紹介したいというわれわれの思いは強く，とりわけ椎橋邦雄君の熱意に感銘を覚えたこともあり，このことはいまなお鮮明に脳裏に焼き付いている。

　ところで，法系を異にするアメリカ法を日本法の理論構築に活かすためには独自の焦点設定が必要であり，裁判運営理論，多数当事者法理などの研究を深めるにはアメリカ民事訴訟法をトータルに把握することが不可欠である。このような共通認識に立って，椎橋君をはじめとする有志諸君と私は後日取り組む理論的課題の礎となるべきミルトン・グリーンの力作『体系民事訴訟法』の翻訳作業を進めるために多大の時間と労力を注ぎ込んだ。われわれはその過程を大いに楽しんだものである。

　本著作集は，8 つの論説から成る第 1 編と 12 の翻訳から成る第 2 編を収めるものである。前者は，アメリカ民事訴訟法における課題の周到な検討であり，後者は，長年にわたって国際交流を続けてきたアメリカの学者や裁判官の筆に

なる論考の翻訳であり，いずれも学問的に意義深く，山梨学院大学に於ける教育実践に知的魅力を添えたものであると思われる。同大学の創立者古屋眞一氏及び古屋忠彦前学長の2代に亘る国際交流への深いご理解は，椎橋君にとって心強い支えであったのではないかと推測される。

　なお，本著作集の刊行にあたっては椎橋邦雄君が定年退職後急逝されたことから，中央大学名誉教授椎橋隆幸氏のご尽力を要した。刑事訴訟法専攻の兄あり，民事訴訟法専攻の弟あり，ともに互いを思いやる姿は美しく，羨ましくさえある。

　本書の編集は，清水宏教授の献身的な作業によるものであり，同君の暖かい友情を多としたい。また，本書の刊行にあたって，周到な作業に力を尽くしていただいた信山社の今井貴，稲葉文子の両氏には心から感謝申し上げたい。

　　2019年7月

　　　　　　　　　　　　　　　　　　　　　　小島　武司

目　次

はしがき（小島武司）

■ 第Ⅰ編　論　説 ■

1　日米民事裁判制度の比較 …………………………………… 5

2　アメリカ民事訴訟における当事者主義の基礎研究 …………… 23

3　アメリカ民事訴訟法のしくみ ………………………………… 41

4　民事訴訟手続の円滑化と弁護士の責任
　　── アメリカ連邦民事訴訟規則 11 条の検討を中心に ── ………… 81

5　サマリ判決の機能と認容基準の変化 ………………………… 99

6　アメリカ民事訴訟における中立証人汚染防止の試み ……… 109

7　アメリカ民事訴訟における裁判所の選任による専門家の
　　現状と課題 ……………………………………………………… 121

8　アメリカ民事訴訟における専門家証人の証人適格 ………… 139

■ 第Ⅱ編　翻　訳 ■

1　アメリカ合衆国におけるアドヴァサリ・システム
　　── 民事訴訟法改革への挑戦
　　［スティーヴン・ランズマン］ ……………………………… 153

2　民事司法改革法の制定過程の分析
　　［リチャード・H. バッティー＝ポール・S. スウェッドランド］ …… 177

3　アメリカ民事訴訟における法廷地選択条項の効力
　　［モリス・S. アーノルド］ …………………………………… 199

4　アメリカ民事訴訟における訴答および関連する申立て
　　［パトリック・A. コンミー］ ………………………………… 207

vii

5 合衆国連邦地方裁判所の民事訴訟における開示手続
[R. E. ロングスタッフ] ………………………………… 233

6 合衆国連邦地方裁判所におけるサマリ判決の実務
[ライル・E. ストロム] …………………………………… 251

7 アメリカ合衆国におけるサマリ・ジャッジメント
[ジェイムズ・R. ピールマイヤー] …………………… 269

8 民事陪審に関するアメリカの経験
[スティーヴン・ランズマン] …………………………… 295

9 合衆国における陪審の選任と管理
[ウォレン・K. アーボム] ……………………………… 325

10 アメリカ民事訴訟における質問書
[フェイス・オライリー] ………………………………… 343

11 アメリカ民事証拠法の概要 [チャールズ・R. ウォリ] ………… 365

12 アメリカ民事訴訟における陪審への説示
[ハロルド・ヴィエーター] ……………………………… 389

椎橋邦雄略歴・研究業績等 （419）

あとがき（椎橋隆幸）（425）

【初出一覧】

第Ⅰ編：論　説

1　「日米民事裁判制度の比較」社会科学研究 5 号，山梨学院大学社会科学研究所，1989 年

2　「アメリカ民事訴訟における当事者主義の基礎研究」法学論集 15 号，山梨学院大学法学研究会，1989 年

3　「アメリカ民事訴訟法のしくみ」法学論集 77 号，山梨学院大学法学研究会，2016 年

4　「民事訴訟手続の円滑化と弁護士の責任―― アメリカ連邦民事訴訟規則 11 条の検討を中心に ――」『民法訴訟法学の新たな展開』中村英郎先生古稀祝賀，上巻，成文堂，1996 年

5　「サマリ判決の機能と認容基準の変化」民事訴訟雑誌 40 号，民事訴訟法学会，1994 年

6　「アメリカ民事訴訟における中立証人汚染防止の試み」『民事裁判の充実と促進』木川統一郎博士古稀祝賀，下巻，判例タイムズ社，1994 年

7　「アメリカ民事訴訟における裁判所の選任による専門家の現状と課題」『民事司法の法理と政策（上）』小島武司先生古稀記念論文集，商事法務，2008 年

8　「アメリカ民事訴訟における専門家証人の証人適格」早稲田法学 72 巻 4 号，1997 年

第Ⅱ編：翻　訳

1　「スティーヴン・ランズマン『アメリカ合衆国におけるアドヴァサリ・システム―― 民事訴訟法改革への挑戦』」法学論集 24 号，山梨学院大学法学研究会，1992 年

2　「リチャード・H. バッティー＝ポール・S. スウェッドランド『民事司法改革法の制定過程の分析』」法学論集 72 ＝ 73 号，2014 年

3　「モリス・S. アーノルド『アメリカ民事訴訟における法廷地選択条項の効力』」法学論集 46 号，2000 年

4 「パトリック・A. コンミー『アメリカ民事訴訟における訴答および関連する申立て』」法学論集 74 号，2014 年

5 「R. E. ロングスタッフ『合衆国連邦地方裁判所の民事訴訟における開示手続』」法学論集 32 号，1995 年

6 「ライル・E. ストロム『合衆国連邦地方裁判所におけるサマリ判決の実務』」法学論集 21 号，1992 年

7 「ジェイムズ・R. ピールマイヤー『アメリカ合衆国におけるサマリ・ジャッジメント』」法学論集 23 号，1992 年

8 「スティーヴン・ランズマン『民事陪審に関するアメリカの経験』」法学論集 30 号，1994 年

9 「ウォレン・K. アーボム『合衆国における陪審の選任と管理』」法学論集 54 号，2005 年

10 「フェイス・オライリー『アメリカ民事訴訟における質問書』」『民事紛争をめぐる法的諸問題』白川和雄先生古稀記念，信山社，1999 年

11 「チャールズ・R. ウォリ『アメリカ民事証拠法の概要』」法学論集 51 号，2004 年

12 「ハロイド・ヴィエーター『アメリカ民事訴訟における陪審への説示』」法学論集 75 号，2015 年

アメリカ民事訴訟法の研究

第Ⅰ編

論　説

1 日米民事裁判制度の比較

は し が き

　1987年8月中旬より1988年2月中旬までのおよそ半年間，山梨学院大学と米国アイオワ州デモイン市にあるデモイン・エアリア・コミュニティ・カレッジ（Des Moines Area Community College=DMACC）との交流プログラムによって，同市に滞在し，連邦および州の地方裁判所における裁判実務，弁護士の業務および継続教育，ドレイク・ロー・スクールの法学教育，DMACC のリーガル・アシスタント養成プログラムなどを調査，研究する機会を得た。

　つぎに掲げる講演は1988年1月27日に行なった「フェアウェル・スピーチ」（farewell speech）の翻訳である。当日は，55分の授業時間内に収めるべく，ボーゲン学長の挨拶およびフェイス・オラリリー　リーガル・アシスタント・プログラム主任教授による講演者（椎橋）の紹介におよそ10分，講演に30分，質疑応答に10分とのスケジュールで時間的制約があったこと，また，主たる聴衆が法律の基礎を学びはじめたばかりのリーガル・アシスタント・プログラムの学生であったことの理由により，講演の内容は基本的であり，また，かなりはしょらざるを得なかった。本論集への収録にあたっては，大幅に加筆したい気持に駆られたが，留学の成果の発表は別の機会（たとえば，拙稿「アメリカ民事訴訟における当事者主義の基礎研究」山梨学院大学法学論集15号，1989年）に譲ることにした。ただ誠に残念なのは，質疑応答の部分を収録できないことである。講演終了後，望外にも，熱心な質問者が続出し，質疑応答が当初の予定をはるかにオーバーし，1時間余にもわたってしまった。この中には，講演の内容を補充し，発展させるものもあったのであるが，この部分はビデオによる録画をしていなかったので再現できなかった。また，講演のはじめに，落語でいう枕としてジョークを交えたエピソードを2，3話し，結構聴衆に受けたのであるが，講演の本題とは直接関係がないので，これも割愛した。

第 I 編　論　説

講　演

　只今，オライリー先生からご紹介がありましたように，わたくしは甲府の山梨学院大学で民事訴訟法を講じております。そこで，本日は，民事訴訟に焦点を合わせ，日米の裁判制度を概観し，興味深い相違点を指摘，比較してみたいと思います。

　民事訴訟で扱う事件は，例えば，交通事故に基づく損害賠償請求，不動産の賃貸借，離婚などです。また，民事訴訟で検討の対象となる裁判手続は，通常，地方裁判所の手続を指します。テレビでおなじみの「ピープルズ・コート」のような少額裁判所の簡易でインフォーマルな手続ではありません。

　ところで，民事訴訟の理想はつぎの四つの要請を満すものでなければならないと言われます。すなわち，民事訴訟は，適正，公平，迅速，廉価でなければなりません。しかしながら，これらの四つの要請を同時に満足させることはきわめて困難です。というのは，前二者（適正，公平）の実現に重点をおくと，手続は慎重になり，また，費用もかさむおそれが生じます。一方，後二者（迅速，廉価）に重点をおくと，当事者に対する手続権の保障やデュープロセスの要請をおろそかにする危険が生じます。したがって，理想的な民事訴訟をつくり出すことは至難のわざですが，それを検討することはきわめて価値のあることであると思います。

　地方裁判所における手続を検討する前に，近年，大変な注目を集めている民事紛争の解決制度に関する新しい動きについてごく簡単にふれておきたいと思います。これは，代替的紛争解決（訴訟に代わる紛争解決諸制度）と呼ばれるものです。民事紛争が生じたときに，それを解決する方法としては，地方裁判所に訴えを提起することにかぎられるわけではありません。訴訟以外の紛争解決方法としては次のようなものがあります。

　第一に，例えば，離婚については日本には家庭裁判所があります。デモイン市に家庭裁判所があるかどうかは知りませんが，日本の家庭裁判所のアイディアはアメリカから来たということなので，皆さんの中にはご存じの方もいらっしゃるかもしれません。日本での離婚の方法を説明しますと，まず日本では夫

婦が離婚に同意していれば，裁判所に行く必要は全くありません。役所に行って，離婚届けを提出すればよいのです。次に，夫婦間で離婚の合意が得られないときは，家庭裁判所に行かなければなりません。家庭裁判所では判決ではなく，相談や調停を行ないます。調停委員会は３人で構成されますが，１人は裁判官で，他の２人は市民の中から選ばれます。委員は夫婦それぞれの言い分を聞き，はじめは離婚を思い止まらせるような助言も行ないます。しかし，離婚の意思が固いときには，親権，財産分与，慰謝料などの離婚の条件を話し合います。家庭裁判所で行なうのは調停であって，夫婦間の合意が得られないときは成立せず，そのときは，地方裁判所に訴えて離婚判決を求めることになります。

　第二に，アメリカでは「ピープルズ・コート」というテレビ番組でよく知られている少額裁判所があります。地方裁判所における手続はフォーマルで込み入っているため，弁護士を依頼せねばならず，弁護士費用が必要となります。そこで，訴額がそれほど大きくないときは，たとえ勝訴したとしても，訴訟は見合わないものとなります。少額裁判所の手続はインフォーマルで単純ですから，弁護士に事件を依頼する必要はなく，当事者本人で追行できます。また，裁判官が積極的に事件を素早く解決してくれます。少額裁判所の手続は，当事者権の保障ないしデュープロセスの要請は十分でないかもしれませんが，少額の請求には適した手続であると思います。

　第三に，少額請求に関連して，日本には民事調停があります。日本にも簡易裁判所という少額裁判所はありますが，その手続は地方裁判所の手続と大差がないので，国民にとってはそれほど近づきやすいものにはなっておりません。民事調停の場合も家事調停と同様に，調停委員会は１人の裁判官と２人の素人との３人で構成されています。調停の手続はインフォーマルです。調停の場合は法律に厳格に縛られるわけではなく，当事者の互譲によって，条理にかない実情に即した解決を図ることが目的とされています。民事調停も当事者双方の合意がなければ成立せず，そのときは地方裁判所に訴えを提起することになります。

　第四に，仲裁があります。仲裁の長所の一つとしては，商事問題など特定の分野の専門知識を必要とする紛争の解決に適していることです。地方裁判所の

第Ⅰ編　論　説

裁判官は法律については深い知識がありますが，特定の分野についての専門知識を有するとはかぎりません。この点，仲裁ではそのような専門知識をもつ者を仲裁人に選ぶことができます。

以上述べた，仲裁，調停，少額裁判所などのほかにも，行政機関による紛争解決などもあります。

これらの訴訟以外の紛争解決方法の特徴としては，地方裁判所に比べて，手続がインフォーマルで簡易であり，その結果，迅速で廉価な解決が図れるということです。しかしながら，代替的紛争解決方法のメリットを迅速と廉価な解決だけに求めるのは正しくありません。注意しなければならないのは，裁判所の判決による解決が必ずしもすべての紛争についてのベストの解決になるとはかぎらないことです。判決による解決は基本的に一刀両断（オール・オア・ナッシング）の解決です。したがって，たとえば，自動車事故に基づく損害賠償請求のような1回かぎりの事件には適しているかもしれませんが，家族紛争などのような継続的関係に関する紛争の解決には必ずしもベストとは言えないのです。

・訴答は，簡単に言えば，訴状および答弁書の交換を意味する。
・開示は，基本的に裁判所の関与なしに，当事者双方の弁護士によって行なわれる。弁護士は互いに，質問書，証言録取書，文書の提出，自白の要求，身体検査，土地への立入りの諸手段を活用して，争点および証拠を整理する。
・トライアルの内容は集中的な証人（鑑定人，当事者を含む）調べである。

1 日米民事裁判制度の比較

　それでは，地方裁判所の手続の比較に目を向けてみたいと思います。日米の民事訴訟手続で最大のちがいは，当事者がいつ，いかようにして訴訟の資料（事実と証拠）を準備し提出するかという点にあると思います。

　まず，日本の制度（基本的にドイツ法に基づいている）を概観します。民事紛争が発生して弁護士のところに相談に行き，訴えを提起するとなると，手続の流れはつぎのようになります。

　原告による訴状の提出によって裁判所に訴えが提起されると，事件は裁判官に割り当てられます。そして，その裁判官は当事者双方が会合する期日を指定して，呼出状を送ります。最初の期日はたとえば訴え提起より2，3か月後の日を指定されます。この期日は口頭弁論期日と呼ばれていますが，実際には実質的な口頭による弁論がなされるわけではありません。たとえば，この最初の期日までには，被告の弁護士は答弁書と呼ばれる書面を作成・提出していなければならないはずですが（それがなければ原告の弁護士は答弁書を読んで弁論の準備をすることができない），日本の実務では最初の期日に答弁書を持参することも珍らしくありません。したがって，実質的には被告の答弁書や原告の訴状を補充する準備書面の交換に終ってしまうこともよくあるのです。時間も5ないし15分程度で終ってしまいます。そして，このような短いセッションの最後に次回の期日を決めます。次回の期日は通常1，2か月後に決められます。このような弁論期日が繰り返されることによって，徐々に事件の全容が明らかになっていきます。また，ある事業について当事者双方の主張に争いがあるときは，どちらの主張が正しいかを証拠によって明らかにする必要があるので，証拠調べ期日を開き，証人尋問などを行ないます。この証拠調べ期日は強いて言えば，アメリカ法のトライアルに相当すると思いますが，日本ではこれで訴訟が終るわけではありません。もし事件がきわめて単純で1つの争点しか含んでいないようなものであれば，それ以上審理を重ねる必要はないかもしれません。しかし，事件が複雑で争点が多い場合には必ずしも1回の証拠調べでは十分でなく，必要に応じて，弁論期日および証拠調べ期日を重ねていくのです。一言で言えば，日本の制度は分割提出主義（雨垂れ方式，併行審理主義）なのです。

　一方，アメリカではトライアル（事実審理，集中的な証拠調べを内容とする）は1回かぎりしかありません。トライアルは長いものでは1か月を超えること

9

第 I 編 論　説

もありますが，平均は 3，4 日です。訴え提起後トライアルにいたるまでの段
階をプリトライアルと言い，当事者双方の弁護士は，開示の諸手段，たとえば
質問書や自白の要求をして争点を整理したり，証言録取書や文書の提出要求な
どによって証拠を準備，整理します。開示の方法には，質問書，証言録取書，
文書の提出，身体検査，土地への立入り，自白の要求があります。アメリカの
弁護士は開示手段を駆使してトライアルの準備を行ないます。日本にはアメリ
カのような開示制度はありません。

　ごく簡単に日米の手続の特徴を比較しましたが，まず，日本の制度の長所を
挙げればつぎのとおりです。もし，事件がきわめて単純で単一の争点しかない
ときは，おそらく 1 回の審理で処理することが望ましいでしょう。しかし，通
常の事件は 2 つ以上の争点を含んでいます。たとえば，自動車事故に基づく損
害賠償請求を例にとってみましょう。この事件では大きく分けて争点は 2 つあ
ります。1 つは被告に過失があるか否かであり，もう 1 つは賠償額はいくらか
です。そして，もし被告に過失がなくて責任がなければ，賠償額については全
く審理する必要はないのです。より一般的に言えば，ある事件に複数の争点が
あるときは，その審理に論理的な順序があるはずです。そこで，日本の分割審
理方式によれば，争点を 1 つずつ順番に審理でき，混乱をさけつつ，最小限の
コストで結果を出すことができます。これに対して，アメリカのように，すべ
ての争点を 1 回かぎりのトライアルで審理するときには，弁護士はありとあら
ゆる資料を準備せねばならず，結果として無駄になる資料も出てくるわけです。
この制度では弁護士に十分な準備を強いるので，コストが高くなるわけです。

　一方，日本の分割提出方式には欠点もあります。それは訴訟遅延です。とい
うのは，当事者は時間的制約なしに好きなだけ資料を提出できるからです。も
ちろん，当事者が故意に訴訟の引き延ばしをはかって，資料提出を遅らせた場
合には，裁判官はその資料を却下することはできます。しかしながら，裁判官
は，資料を却下することによって正しい判断ができなくなることをおそれ，ま
た，当事者が故意であったか否かは内心のことで判定が難しいなどの理由によ
り，時機に遅れて提出された資料の却下は積極的に行なっていません。ドイツ
では 1977 年に民事訴訟法を大改正して，なるべく 1 回の期日で事件の審理を
終らせることにしました。そこで，期日の前に書面を十分に交換して争点を整

理し，また，期日には必要と思われるすべての証人を呼び出すことにしました。この点では，ドイツはアメリカの制度に近づいたと言えるかもしれません。

　しかし，アメリカの制度にも問題はあります。

　第1は，アメリカの制度でも訴訟遅延があります。アメリカではトライアルは1回かぎりで，いったんトライアルが始まれば平均3，4日で終ってしまうので，トライアル段階にいたれば問題はありません。問題となるのはその前の段階すなわちプリトライアルです。アメリカの訴訟手続は当事者主義と呼ばれており，当事者ないし当事者を代理する弁護士が手続を支配し，裁判官は受け身の態度に終始します。弁護士の主要関心事は訴訟に勝つことであって，訴訟遅延にはあまり注意を払いません。いくら時間がかかろうとも勝てばよいのです。

　これに関連して，弁護士の報酬制度について簡単に説明します。アメリカでは，タイム・チャージ制という弁護士報酬制度がありますが，このほかに，全面成功報酬制もさかんです。たとえば，自動車事故に基づく損害賠償請求事件を例にとれば，原告の弁護士はもし敗訴した場合には全く報酬をとらないが，勝訴した場合には訴願の3分の1というようなかなりの高額な報酬を請求するというシステムです。したがって，勝たなければ，全く報酬がもらえない訳ですから，弁護士は必然的に熱心かつ精力的に当事者を代理することになるわけです。これに対してドイツでは固定報酬制とも言うべき制度を採用しています。

　たとえば，弁護士は書面を一通作成すれば，それについて報酬を請求します。また，法廷に1回出廷すれば，それについて請求します。そして，これは訴訟の勝訴には関係ありません。したがって，ドイツの弁護士は，良く言えば，当事者志向でなく正義志向と言うこともできますが，反面，アメリカの弁護士のように当事者を熱心に代理するか否か疑問もあるかもしれません。日本では部分的成功報酬制度とも言うべき制度が採られています。たとえば，訴額が1万ドルとして率が10％だとすると，当事者はまず着手金として1,000ドル払わねばなりません。そして，訴訟に勝ったときはさらに成功報酬として1,000ドル払わなければなりません。もちろん敗訴のときは謝金の1,000ドルは払う必要はありません。また，弁護士報酬の率は訴願が大きくなるほど小さくなっていきます。

　アメリカの訴訟制度の第2の問題点は，党派的資料提出のために真実の発見

第Ⅰ編　論　説

が困難なことです。たとえば，重要な証人がいる場合にも，もし当事者のいずれかがその証人を呼び出さなければ，事実認定者（裁判官または陪審）は証人の証言を聞けないのです。裁判官は自らの職権によって証人を呼び出す権限はありますが，アメリカの当事者主義の下では裁判官は消極的であるべきとされており，職権で証人を呼び出すことはあまりありません。

　第3の問題はコストです。前にも述べましたように，アメリカのトライアルは1回かぎりなので，取り返しがきかないため，弁護士は結果として不必要になる証拠も含めてあらゆる準備をしなければならず，必然的にコストが増大するのです。

　このようなアメリカの訴訟制度の弊害を是正するためにいくつかの提案がなされています。

　第1は，真実発見や訴訟遅延の解消のために，裁判官はもっと積極的に，職権で証人を呼び出したり，あるいは，開示手続のスケジュールに関与したり，和解を勧めるべきとするものです。

　第2は，弁護士の倫理の改正です。すなわち，弁護士は当事者の代理人だけでなく裁判所のオフィサーでもあるのだから，もっと当事者志向ではなく正義志向になるべきとの提案です。たとえば，弁護士は自分の依頼者にとって不利な事実であっても，真実であると思うならばそれを知らせるべきだとするものです。

　第3は，陪審裁判は時間と費用を要するので，陪審裁判を減少させるべきとする提案です。また，この提唱者は素人による陪審裁判は現代の複雑な紛争の解決には適さないと主張しています。

　第4は，トライアルを無理に1回かぎりで終らせるのでなく，複数のトライアルを認めるべきとの提案です。というのは，前述のようにすべての証人を一度に集めることにはかなり無理もあるからです。改善策はもちろん以上の4つに尽きるものでありません。

　最近の裁判手続の改革をめぐる論議を概観すると，訴訟遅延の解消にかなり重点がおかれているのではないかと思います。この背景としては，とくにアメリカでは，近年事件が急増しており，訴訟の遅延が深刻になっているからだと思います。しかし，結論だけ言えば，わたくしはデュープロセスないし手続権

1 日米民事裁判制度の比較

の保障に力点をおきたいと思っています。また，当事者（弁護士）主導のアメ
リカの訴訟手続に多くの学ぶ点があると思っています。そして，訴訟遅延を解
消させるためには，代替的紛争解決方法を整備し，公衆に裁判を含めた紛争の
解決の途を選択させればよいと思います。代替的紛争解決が充実すれば，結果
として，裁判所の事件負担が軽減し，遅延も少なくなるのでないかと思います。

　講演の内容は以上ですが，最後にもう一言言わせて下さい。去年の12月に
オライリー先生と「思い出のサンフランシスコ」という歌で有名なトニー・ベ
ネットのコンサートを見に行ったときに，次の言葉でわたくしの短いスピーチ
を締めくくると約束したのです。「わが心は，サンフランシスコではなく，デ
モインに留まる」。ご静聴ありがとうございました。

［付　記］

　本講演の基礎となった資料は多いが，代表的な文献はつぎのとおりである。まず，
代替的紛争解決については，Leo Kanowitz, "Alternative Dispute Resolution,"
American Casebook Series（West Publishing Co. 1985）. Goldberg, Green and
Sander, "Dispute Resolution"（Little, Brown and Company 1985）. また，アメリカ
の当事者主義の動向については，Stephan Landsman, The Adversary System
（1984）. Marvin Frankel, Partisan Justice（1980）がある。

第Ⅰ編　論　説

A Comparison of the Japanese and American Legal System

Kunio Shiibashi

Thank you, Faith. As she introduced me, I teach civil procedure (and some other law courses) at Yamanashi Gakuin University in Kofu City.

So todey I'd like to overview both Japanese and American judicial systems, focusing on civil litigation (not criminal litigation), and compare them and point out some interesting differences.

The cases we handle in civil litigation are civil cases (or disputes) such as car accident cases, landlord-tenant cases, divorce and so on. And when we say "civil procedure," it usually means the procedure in the district court, not small claims court or other informal courts.

It is said that ideal civil procedure must fulfill the next four elements (requirements). That is civil procedure must be fair, impartial, inexpensive and speedy. But it is very difficult to fulfill these four requirements. If we put stress on the first two ele ments (fairness and impartiality), the procedure tends to be more slow and expensive. On the other hand, if we put stress on the latter two elements (speed and low cost), the procedure tends to become cheap justice. By this, I mean, not giving full procedural safeguard to parties, or, not giving due process to parties.

So it is our task to create civil procedures which fulfill four elements. It is very difficult, but worth thinking of.

Before I talk about the problems of civil procedure in the district court, I'd like to mention a little bit about a very important new wave in the civil dispute resolutions. That is called the access-to-justice movement or more popularly here, it is called "alternative dispute resolutions." When you have a civil dispute (a legal problem), the way to resolve it is not limited to going

14

to a district court. There are several other ways. I'd like to explain them very briefly.

First, as for divorces, for example, we have family courts in Japan. I don't think you have this kind of court in Des Moines, but I hear the family court we have came from the United States. So it may familiar to some of you. First of all, in Japan, when e want to get divorced, we don't have to go to any court at all. A couple can go to the town office and fill out a divorce form. And that's it. But when they can't settle it themselves, they then have to go to a family court first. In family court, we can get a kind of counseling service and mediation, but not judgment.

Mediators consist of three persons, one is a judge and the other two, one a man and the other a woman, are not lawyers but ordinary citizens who usually occupy a high social position. Mediators listen to what the husband and wife want to say, and give them advice, hoping dissuade them from divorcing. But if it is certain that a couple want a divorce, they then talk about the terms (conditions) of divorce, such as custody and alimony and division of property. It's a mediation, so if the husband and wife don't agree to the conditions, mediation cannot be executed. Then they have to go to district court to get divorce judgment which contains the terms of divorce.

Second, there is a small claims court, like "People's Court" on TV. In the district court, the procedure is formal and complicated, so you have to ask a lawyer to represent you and so you must pay the attorney fee and other court costs. So if the amount of money you sue for is not so large, the litigation doesn't pay, even if you win.

In the small claims court, the procedure is informal and simple. And you don't have to ask lawyers to represent you. Rather, you can go by yourself. The judge will take care of the problem speedily. The small claims court may not give full procedural safeguard, in other words, the due process, is an appropriate process for small claims.

Third, in connection with small claims in Japan, we have mediation. In

Japan, we also have small claims courts. Although there are some differences, their procedures are fundamentally the same as those of district courts. Japanese small claims courts are not so publicly accessible. In mediation, the mediators consist of three persons like divorce mediators. One is a judge, and the other two are lay citizens. The procedure is informal. The mediators can propose an equitable resolution which is not strictly required by law. Mediations cannot be valid unless both parties agree. If they don't agree, they have to go to a district court.

Fourth, there is an arbitration. Arbitrators may not be a lawyer, but has special expertise in a particular field, such as dealing commercial problems. The district court judge has very thorough knowledge of law, but may not have special expertise.

Besides mediation, arbitration, small claims court, as I stated above, there are more dispute resolutions such as tribunal for various types of disputes.

These dispute resolutions, generally speaking, have more simple and informal procedures as compared to district court procedures, and they are more inexpensive and speedy. But you must also realize that the merits of these resolutions are not limited to cost and speed. Formal procedure is not necessarily the best solution. It is fundamentally an all-or-nothing resolution. So it may be good for cases such as car accident cases, but not good for family disputes or other continuous relationship problems.

Let's now turn to procedure in the district court. I think the biggest difference between both systems is when and how many times a party can

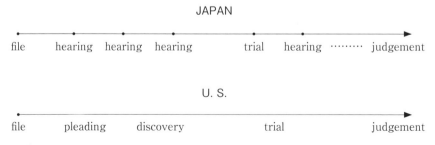

plead facts and present evidence, and how to prepare them.

Let me first overview the Japanese system, which is mainly based on the German system. In Japan, when we have legal problems, we go to a practicing attorney's office and consult with him/her. And when we decide to sue, the attorney prepares the complaint and files it in the court.

When the suit is filed in the court, the case is allotted to a certain judge, and the judge sets the first date to meet, two or three months after the filing. That is called the oral argument day or court appearance day. It is called the oral argument day, but substantially it is not an oral argument day at all. That is, by the time of the first oral argument day, the attorney who represents a defendant should produce the pleading (written document) called the answer. But it happens rarely in Japanese practice. Ordinarily, defendant's lawyer brings the answer on the first oral argument day. So it is not actually an oral argument, but just an exchange of pleadings (defendant-answer, plaintiff-second pleading), and the judge can ask several questions to clarify the facts, and attorneys can explain a little orally. It is usually only a 5–15 minutes session. Then they set the next oral argument day to be held about one or two months later. And this goes on and on. And after several sessions, if it becomes clear that there is an important issue of fact which both parties claim differenty, the judge sets a date for parties to present evidence, such as witness examination. This is comparable to the American trial. But that is not the end of litigation. If the case is very simple and only contains one single issue of fact, it is not necessary to go any farther. But usually the case contains more than one issue, so until all issues of facts are determined by witness examination and the evidence presentation, the judge doesn't close sessions for oral argument.

This is the Japanese system, that is, piecemeal presentation.

While in the U.S., you have only one trial, whether it may continue only 2 or 3 days or more than one month. It is one continuous trial. The stage before the trial is called the pretrial and in that stage both attorneys make

第Ⅰ編 論　説

efforts to clarify the issues of facts to be tried by using interrogatories and requests for admissions. And also they work very hard to prepare evidence to be presented at the trial by taking depositions or requesting the producing of documents, etc. Interrogatories, requests for admission, request for document, physical examination or entry into real estate are called discovery. American lawyers prepare very thoroughly using discovery devices. In Japan, we don't have a discovery system.

After overviewing both systems, we can point out the merit of Japanese piecemeal presentation.

If the case is very simple and contains only one issue of fact, one trial is probably preferable. But usually the case contains more than one issue of fact to be resolved. For example, in a motor car accident case, you sue for damage. In this case, there are two main issues of fact. That is whether the defendant is negligent or not, and second, if the defendant is negligent and liable, how much money he must pay. So there are two problems, negligence and damage. And the important thing is if the defendant is not negligent, you don't have to proceed to the damage problem at all.

More generally speaking, when the case contains several issues of fact, there is a logical order for the problems to be discussed (tried).

So if you use the piecemeal presentation system and discuss the issues one by one, you can avoid confusion, as well as reach the conclusion without any waste of cost and time.

While like American system, if you try all the issues in a single trial, you must prepare every possible fact and all evidence, some of which eventually turn out to be unnecessary. This system requires full preparation by attorneys and so it requires a lot of time and money.

On the contrary, you can easily recognize the pitfalls (or defects) of our piecemeal presentation. That is delay. A party can present as much evidence as he wants with no time limitation. Of course, if the party tries to intentionally or maliciously drag it out, the court can dismiss the presentation of further evidence. However, the court usually doesn't refuse any evidence, because the judge is afraid that he can't find truth because of refusing that evidence. And also it is difficult for the judge to ascertain whether the intention of the party is malicious or not.

In 1977, in Germany, they drastically changed their code of civil procedure. German civil procedure, as was adopted in the Japan system, has a piecemeal presentation system. But now they dispose of the case in one trial if possible. So before the first trial, the court asks both attorneys to exchange pleadings and interrogatories fully, and on the first trial day, the court calls every possible witness. So, the German system is, in a sense, approaching the American system. But on the other hand, in the United States, you have also some problems. the first problem as I already mentioned is delay. You have only one trial, so once the trial starts, it finishes in 2 or 3 days or at most, in one month. But in your system, the pretrial stage takes a great deal of time, that is in the time between the filing and the trial. And, in the pretrial stage, American judges don't do anything at all. The American system is called an adversary system, which means a party or lawyer who represents the party dominate the procedure. The attorneys do care about winning the case, but don't care much about court delay. They take as much time as they want to win the case.

Let me now talk a little bit about how the attorneys charge their fees. In the United States, I know you have a time charge system, but in a case involving a motor car accident, the attorneys charge on the contingent fee basis. That is, if an attorney loses, he doesn't charge any attorney's fee, but if he wins, he charges a lot. For example, 1/3 of the amount of money the party is suing for. If the party sues for 10 thousand dollars and wins, the attorney takes 3 or 4 thousand dollars. So American attorneys zealously and energetically represent the party to win!

But in Germany, they have the fixed fee system. for example, if an attorney prepares a document, he charges for it. And if he appears in the

第Ⅰ編　論　説

court, he charges for that. So the attorney fee doesn't vary if he loses or wins. So it could be said that German attorneys are more justice-oriented rather than client-oriented. But, they may not represent the client as zealously as American attorneys would.

In Japan, we have graduated scale of fees. It is a one-half contingent system. The first half is paid by the client in advance, and the second half is paid if the suit is successful.

For example, if the amount of money the party sues for is 10 thousand dollars, the rate is 10%. So if he wins, the attorney gets 20% or two thousand dollars, and if he loses the attorney gets 10%, or one thousand dollars. But if the amount sued for is I million dollars the rate is 1% if he loses, and 2% if he wins. These figures can actually vary from attorney to attorney.

The second problem of the American judicial system is that it is difficult to search for the truth because of partisan presentation of evidence. For example, suppose there is a very important witness, but if neither party calls him as a witness, the factfinder, either the jury or the judge, cannot hear the testimony. The court could call that witness on his own motion, but under the American adversary system, the judge should be passive, so usually doesn't call a witness.

The third problem is cost. As I said before, you dispose the case in one trial, so on the trial day, you must prepare all possible witnesses and other evidence, some of which eventually turn out unnecesary.

To correct these pitfalls in the adversary system, there are some proposals. First, the judge should be more active to schedule the discovery, or call witnesses on his own motion to search for the truth, or to settle the case in earlier stage of litigation to lessen the dalay.

The second proposal is in regard to the attorney's ethics. That is, an attorney represents a client, but he is also an officer of court. So he should be more justice-oriented rather than clientoriented. For example, the attorney should tell the truth, even if it is unfavorable to his client.

The third proposal is to lessen the jury trials, because a jury trial is costly and slow. Also a jury trial doesn't fit the modern civil trials which are usually difficult for laymen to understand.

The fourth proposal is to have uncontinuous trial. As I said before, holding only one trial is inconvenient for all possible witnesses to come to court at the same time.

There are some other proposals which I can't refer to now.

Overviewing both systems, we can recognize that recent criticism focuses on court delay. And there are some proposals to change the system along this line.

Speaking for myself, I'd like to put stress on due process or full procedural safeguard. I think there are many things to learn from the American adversary system. And to avoid delay, we should develop alternative dispute resolutions and let people choo se any device of resolutions including court procedure. That even tually will lessen the caseload in the court.

That's all I have now. But let me say one more word that I Promised Faith I would conclude with when we went to see the Tony Bennett (who is famous for his song called "I left my heart in San Francisco.") concert last December. I will conclude my short presentation with this: "I will never leave my heart in San Francisco, but rather in Des Moines." Thank you.

2　アメリカ民事訴訟における当事者主義の基礎研究

は し が き

　1960 年代以降の訴訟の爆発的増加を一つの背景として，近年，アメリカ合衆国では，訴訟の基本原理である当事者主義（アドヴァサリ・システム adversary system）の是非をめぐる議論が盛んである[1]。当事者主義は訴訟法上のある一つの法テクニックを指すものではなく，いわば陪審制度を背景に成立したアメリカの当事者主導の訴訟構造全体を示す言葉であり，その内容としては，訴訟における当事者（弁護士）や裁判官の役割，開示手続，証拠規則，弁護士倫理，上訴規則などそれ自体きわめて多くの論点をもつ重要な諸問題を内包するきわめて広い概念である。本稿では，アメリカ民事訴訟における個別・具体的テーマを研究するための基礎作業として，当事者主義をめぐる最近の動向やその背景，当事者主義の意義および内容，当事者主義概念形成の歴史などを検討することにしたい。

---

(1) Stephan Landsmam, The Adversary System (1984) [herein after Landsman]. Stephan Landsman, Readings on Adversarial Justice : The American Approach to Adjudication (American Casebook Series 1988). Arther R. Miller, The Adversary System : Dinosaur or Phoenix, 69 Minnesota Law Review 1 ～(1984) [herein after Miller]. また，西ドイツ民事訴訟との比較も行なわれている。John H. Langbein, The German Advantage in Civil Procedure, 52 The University of Chicago Law Review 823 ～(1985). 同論文に対する反響として，Ronald J. Allen, Stefan Kock, Kurt Riechenberg & D. Toby Rosen, The German Advantage in Civil Procedure : A Plea for More Details and Fewer Generalities in Comparative Scholarship, 82 Northwestern University Law Review 705～(1988). John H. Langbein, Trashing the German Advantage, 82 Northwestern University Law Review 763～(1988). Ronald J. Allen, Idealization and Caricature in Comparative Scholarship, 82 Northwestern University Law Review 785～(1988).

第 I 編　論　説

1　当事者主義に対する批判とその背景

(1)　当事者主義をめぐる最近の動向

　当事者主義は民事・刑事共通の概念であって，民事訴訟に特有の概念ということではないが[2]，民事訴訟の観点からアメリカの当事者主義の内容を一言で捉えるならば，手続の進行および資料の収集の双方の局面において，当事者（実際には弁護士）に主導権を与え，事実認定者（裁判官または陪審）は受動的な態度に終始する原理であると言えよう[3]。そして，このような伝統的な当事者主義の把握に対しては，つぎのような批判の声が向けられている。

　(イ)　訴訟遅延　　第一は，手続の進行面に関連して，当事者主義は訴訟遅延の原因となっているとの批判である。この批判の要点をわが国の民事訴訟の訴訟構造と比較しつつ説明すれば以下のとおりである。周知のように，わが国では職権進行主義が採られており，訴え提起後は，裁判所が期日に当事者双方を呼び出し，そこで弁論を聴取し，証拠調べを行なう。そして，併行審理主義（雨垂れ方式）の下，一月なり二月なりの時間的間隔をおいて，このような期日を重ねて行くことによって，徐々に争点および証拠を整理していくわけである。これに対して，合衆国では，訴えが提起され，訴状や答弁書の交換（訴答）後，トライアルにいたるまでの間，裁判所が争点や証拠の整理のために自ら乗り出すことはないのが通常である。トライアルは第一審裁判所の訴訟手続全体（訴え提起から判決まで）の流れの中ではいわば最終的な段階に位置するものであって，陪審裁判を想起すれば明らかなように，トライアルが始まる時点では，当事者間で争点や証拠方法の整理は完了している。また，トライアルは一回かぎ

---

　(2)　本稿では民事訴訟の観点から考察しているので，司法取引（プリー・バーゲニング）など刑事訴訟に固有の問題は扱っていない。合衆国における手続上の諸問題については，ヒロシ・モトムラ「アメリカにおける民事・刑事裁判訴訟手続の重大局面とこれに対する対策」法の支配74号42頁以下参照。また，当事者主義をわかりやすく簡潔にまとめた講話として，ロン・L・フラー（平野龍一訳）「当事者主義」ハロルド・J・バーマン編（平野龍一ほか訳）『アメリカ法のはなし』31頁以下。

　(3)　James & Hazand, Civil Procedure 4-8 (1985). 高橋宏志「米国ディスカヴァリー法序説」法学協会百周年記念論文集第3巻552頁参照。

2 アメリカ民事訴訟における当事者主義の基礎研究

りのものであって，その平均日数も 1983 年の統計によれば 3〜4 日であり[4]，トライアルがいったん始まってしまえば遅延は問題とならない。そこで，批判の対象となるのは，訴答後トライアルにいたるまでの段階，すなわち，プリトライアルである。プリトライアルでは，前述のように裁判官は関与しないのが原則であって，当事者双方の弁護士が，質問書，証言録取書などの開示の諸方法を駆使して，争点や証拠を整理していくのである。しかしながら，裁判所の関与なしに，開示手続が当事者（実際には弁護士）間の自主的な交渉の中でスムーズに行なわれるとの期待は裏切られた。というのは，当事者の主たる関心は，当然のことながら，効率的な事件処理ではなく，勝訴することにあり，そして，勝訴するためには，開示手続を濫用し，訴訟を引き延ばす戦術も有効だからである。弁護士にとっても，依頼者の勝訴のために忠誠を尽すという倫理的責務のほかに，訴訟が長びくことは弁護士報酬の増大（弁護士報酬がタイム・チャージ制の場合）につながるので，事件の迅速処理に対する配慮は二の次になる。

　このように主としてプリトライアル段階の開示手続の濫用から生じる訴訟遅延を是正する方策としては次のようなものが提唱されている。

　第一は，開示手続の制限である。制限の方法としては，質問書の数を限定することや開示範囲の基準を訴訟物から争点に変更するなどの改正案が出されたが実現されなかった。改正の結果，裁判官によるコントロールを認め，裁判官は開示が濫用にあたると判断したときには，当事者の申立てがない場合でも職権によって開示を制限できることとした（連邦民訴規則 26 条(b)(1)）[5]。

　第二は，16 条のプリトライアル・カンファランスの規定を改正して，手続進行についての裁判官の積極的関与を実現した。改正の結果，訴状提出後 120 日以内に行なわれるスケジューリング・カンファランスとトライアルの直前（たとえば 10 日前）に行なわれるファイナル・カンファランスの 2 回が必ず開かれ

---

(4)　Richard A. Posner, The Federal Court 68 (1985).

(5)　開示手続の濫用とその改革の動向については，小林秀之『アメリカ民事訴訟法』186 頁以下，同「アメリカ合衆国における訴訟促進・審理の充実の動向」ジュリスト 914 号 89 頁以下。高橋一修「アメリカ連邦民事訴訟規則の開示手続とその 1970，80，82 年改正について(1)」法学志林 79 巻 4 号 13 頁以下参照。

第Ⅰ編　論　説

ることになった。スケジューリング・カンファランスでは，プリーディングの
訂正，当事者の併合，各種の申立て，開示手続の完了などについてのタイム・
リミットを設定し，手続の進行スケジュールを決める。ファイナル・カンファ
ランスでは，尋問する証人の順序や時間などトライアルを円滑に行なうための
最終的打ち合わせを行なう。

　第三は，民訴規則11条を改正して，弁護士に対して，訴状，答弁書，各種
申立書などすべての書面に署名を要求することによって，濫訴，濫申立を防ぎ，
迅速な事件処理に協力させることとした。

　㈤　真実の発見　　訴訟資料の収集に関連して，当事者主義の下における弁
護士の党派的（partisan）資料提出では真実の発見は困難であり，ひいて，適
正な裁判が実現できないとの批判である[6]。この点に関する批判者の主張と
してはつぎのようなものがある。たとえば，プリトライアル段階で証人の証言
を採るとき，または，トライアルで証人尋問をするときに，弁護士があらかじ
め証人に接触し，自己に有利な証言をするように教唆，教育するおそれがある
ので，これを防止する必要があること，第二は，前述のように，弁護士は依頼
者のために勝訴することを第一と考え，裁判所のオフィサーとして真実を発見
することは二の次としているので，この弊害を除去するためには，弁護士に有
利，不利を問わずすべての資料を開示させるべきであり，また，そのために，
現在広く認められている弁護士・依頼者間の証言拒絶権は限定的に解釈すべき
であるとする[7]。第三は，裁判官は資料収集にもっと積極的に関与すべきで
あり，たとえば，裁判官が職権で証人を呼び出したり，または，弁護士の交互
尋問だけにまかせずに自らも尋問をすべきであるとの批判である[8]。しかし，
このような批判に対しては伝統的な立場からの再反論も出されている[9]。

---

(6) Marvin E. Frankel, Partisan Justice (1980) はこのような立場を代表する著作である。

(7) Frankel, The Search for Truth Continued : More Disclosure, Less Privilege, 54
University of Colorado Law Review 51〜(1982).

(8) Stephan A. Saltzburg, The Unnecessarily Expanding Role of American Trial Judge,
64 Virginia Law Review 1〜(1978).
　　もっともザルツブルグ教授自身は裁判官による証人尋問や証人呼出に対して否定的で
ある。

(2) 批判の背景としての訴訟の激増

1960年代以降，合衆国における訴訟事件が激増し，これが当事者主義批判の背景となっている。たとえば，1960年に連邦地方裁判所に提起された事件は7万9200件（民事事件5万1063件，刑事事件2万8137件）であり，控訴裁判所は3765件（民事事件2188件，刑事事件623件）であったのに対し，1983年にはそれぞれ27万7031件（民事事件24万1159件，刑事事件3万5872件），2万9580件（民事事件2万0199件，刑事事件4790件）となった。地裁で約3.5倍，控訴裁判所で約7.9倍の増加で[10]である[11]。

このような訴訟の急増の理由として，ミラーはつぎの四つの理由をあげている。第一は，弁護士の増加とその性格の変化である。第二は，実体法上の新しい権利が大幅に増加したことである。第三は，アメリカの裁判制度はアクセスが容易であること。第四は，アメリカ特有の弁護士報酬制度である。

第一について，アメリカの弁護士数はわが国と比較するともともと多かったが，1960年以降の25年間に二倍になったといわれている。このような弁護士の増大によって必然的に弁護士間の競争が激しくなり，ひいて，未開拓の分野にも進出し，事件を掘りおこすことになった。また，注目しなければならない

---

(9) たとえば，前注(7)のフランケル判事に対する反論として，Albert W. Alschuler, The Search for Truth Continued, The Privilege Retained : A Response to Judge Frankel, 54 University of Colorado Law Review 67～(1982).

(10) Posner, supra note (4) at 61, 64. また，合衆国の連邦裁判所における事件負担に関する文献として，David S. Clark, Adjudication to Administration : A Statistical Analysis of Federal District Courts in the Twentieth Century 55 Southern California Law Review 65～152 (1981). William P. Mclauchlan, Federal Court Caseloads (1984) などがある。

(11) 訴訟事件の急増にともなって合衆国において顕著になった現象の一つとして，裁判以外の紛争解決方法（Alternative Dispute Resolution）の研究があげられる。Leo Kanowitz, Alternative Dispute Resolution (American Casebook Series 1985). Goldberg, Green, Sander, Dispute Resolution (1985). また，最近では民事訴訟のテキスト・ブックにも裁判以外の紛争解決に関する章が設けられている。Cound, Friedenthal, Miller, Sexton, Civil Procedure chapter 15 (American Casebook Series 4th ed. 1985). 合衆国における裁判以外の紛争解決の動きを紹介する文献も少なくないが，さしあたり，小島武司「代替的紛争解決と法的基準」染野義信博士古希記念論文集『民事訴訟法の現代的構築』173頁以下および同論文に引用されている諸文献参照。また，大沢秀介「アメリカにおける代替的紛争解決運動に関する一考察」法学研究61巻5号327頁以下参照。

第 I 編　論　説

のは，数の増大だけでなく，弁護士の質の変化である。1960 年代後半から 70
年代はじめにかけては社会の変革期であり，この時期にはテスト訴訟などの訴
訟を通しての社会改革が盛んであり，この時期に法学教育を受けた学生は公共
弁護士など訴訟志向の弁護士となることが多かった。また，ロースクールでも
リーガル・クリニックや弁護士倫理など訴訟志向の学生に向いた講座が開設さ
れた。また，弁護士の広告など従来制限されていた行為が許されるようになり，
依頼者の拡大をはかることができるようになった[12]。

　第二について，1960 年代には，公民権法 (Civil Rights Act) や投票権法 (Voting Rights Act) をはじめとして数多くの立法がなされた。この結果，政治的
諸権利，環境保護，消費者保護などの領域で訴訟が提起されるようになった。
また，この時期には議会だけでなく，裁判所もデュープロセスや平等保護に強
い関心を示し，従来認められていなかった権利を承認した[13]。

　第三について，アメリカで提訴が容易な理由としては，訴額に関係なく提訴
手数料が一定で廉価であること（連邦地裁で 60 ドル）があると思われるが，つ
ぎのような事情もある。裁判所に提出する訴状について，過去においてはファ
クト・プリーデングとよばれるように請求を支える事実の詳細な提示が求めら
れていた。しかし，現在の連邦民事訴訟規則の下では，いわゆるノーティス・
プリーディングとよばれ，請求について簡潔で明瞭な陳述があればよいとされ
ている。そこで，原告は提訴前に詳細な調査をせずに容易に提訴できるのであ
る[14]。

　第四については，まず，弁護士報酬の自己負担制があげられる。敗訴者負担
制度で敗訴したときには相手の弁護士費用も負担しなければならないとすれば，
根拠の薄弱な訴えの提起を抑制する効果が期待できようが，アメリカではこの
効果は期待できない。つぎに，全面成功報酬制（コンティンジェント・フィー）
があげられる。これによれば，依頼者は提訴のときに弁護士報酬を払わず，ま

---

(12)　Millar, supra note 1 at 3-5.

(13)　Id. at 5-8.

(14)　Id. at 8-9. また，最近のプリーディングの動向については，Marcus, The Revivial of
　　　Fact Pleading under the Federal Rules of Civil Procedure, 86 Columbia Law Review
　　　433〜(1986) 参照。

た，結局敗訴したときには全く支払わなくてよい。そこで，貧困な依頼者も容易に弁護士に依頼できるのである。このほか，最近の公民権法に関する事件については，弁護士報酬についての規定もあるので，弁護士がこの種の事件を受任する経済的誘因となっている。また，税法上，訴訟費用は控除の対象となるので，依頼者によっては訴訟を引き延ばして訴訟費用が増大しても経済的に見合う場合も存在する[15]。

2　当事者主義の意義および内容

当事者主義の意義と内容については，従来あまりにも基本的な原理であり，自明であると考えられたせいか，意外にもこれを詳細に論じた文献は少ない。ここでは，最近，当事者主義について精力的に研究成果を発表しているステファン・ランズマンの所説[16]を詳細に紹介したい。

ランズマンは当事者主義をつぎのように理解する。すなわち，当事者主義は，ある一つの法技術（technique）を指すものではなく，また，複数の法技術の単なる寄せ集めを意味するものでもない。当事者主義は，訴訟過程全体の中で，それぞれが重要性をもつ多くの相関連する手続が統一的に機能することによって成り立つ概念なのであり，その中心となるのは，高度に構造性のある訴訟手続の下において，対立する当事者が激しい資料提出，立証活動を行ない，その衝突の中から生じる情報に基づいて，中立かつ受動的な事実認定者が下す判断が，当事者双方および社会一般にとって最も納得のいく事件の解決となる可能性が高いということである[17]。

そして，ランズマンは，右のように当事者主義を定義することによって当事者主義の全ぼうを示しうるだけでなく，当事者主義の内容をなす，審理の方法（高度の構造性をもつ手続の下に行なわれる当事者の立証活動の衝突），手続に不可欠な訴訟主体（対立当事者および事実認定者），各訴訟主体の役割（資料の提出，

---

(15) Millar, supra note 1 at 9–11.
(16) ランズマンは当事者主義については伝統的な立場を基本的に支持しており，裁判官の積極的介入に賛成の当事者主義改革論者とは異なる。
(17) Landsman, supra note 1 at 2.

第 I 編　論　説

紛争の裁定），そして，すべての訴訟主体の目標（当事者および社会一般にとって
納得のいく紛争解決）を示すことができるとする。

　そこで，当事者主義の主たる内容としては，第一に，中立かつ受動的な事実
認定者，第二に，当事者による証拠の提出，第三に，高度に構造性をもつ訴訟
手続が挙げられる。

(1)　中立かつ受動的な事実認定者 (neutral and passive factfinder)[18]

　当事者主義は中立かつ受動的な事実認定者に依っている。事実認定者は当事
者が主張・立証を尽した後にはじめて判断すべきものとされている。また，事
実認定者はみずから積極的に証拠の収集や事件の解決に乗り出すべきでもない
とされている。事実認定者がこのような受身の姿勢をくずすときは，事実関係
について早まって一面的な解釈をするおそれがあり，また，すべての証拠を正
当に評価できなくなるという危険をおかすことになる。

　さらに，事実認定者が中立かつ受動的であることは，たんに当事者双方の主
張・立証を公平に扱うことを保証するだけでなく，社会一般に対して裁判制度
が信頼できるものであることを確信させるのである。事実認定者が事実の探索
などをして訴訟に積極的に介入していくときは，中立者ではなく党派的な存在
とみられる可能性が高い。中立性は公正の外観を保証するのである。

　この中立性と受動性の原理は，当事者主義の目的が真実発見ではなく紛争解
決であることと適合している。裁判制度は，一般に，真実発見と当事者間の紛
争解決という 2 つの目的を実現すべきものであるが，それぞれの目的の達成に
とって最善の手続構造は異なるであろう。たとえば，裁判官が積極的に訴訟に
介入し，事実探索者の役割を与えられているところでは，真実発見の実現が期
待されている。このようなアプローチの代表例は東ヨーロッパの社会主義国の
裁判制度に見い出される。しかしながら，裁判官に中立かつ受身の役割が与え
られているところでは，当事者が設定した枠組みの中での紛争解決にエネル
ギーを投入することが期待されているのである。アメリカの当事者主義は伝統
的に後者の途を選択してきたのであり，紛争の解決という目的を優先させてき

---

(18) Id. at 2-4.

たのである。

　事実認定者の中立性と受動性は，また，アメリカにおいて，法律専門家である裁判官よりも素人の陪審が好まれていることと合致する。裁判官は申立てに対して裁定を下すなど訴訟のマネジメントに深くかかわっており，中立性・受動性が損われる可能性が高い。これに対して，陪審は裁判官のように訴訟に関与することはないので，中立性・受動性が損われる可能性は低い。また，陪審は12人とか8人とかの複数の人間によって構成されているので，その中の1人に偏見をもつものがあっても陪審全体としては公正な判断を下す妨げとはならない。これに対し，1人の裁判官の場合には，その者が偏見をもっているときには，その偏見がもろに判決に反映されてしまう。さらに，陪審の場合には，陪審の選任が行なわれるので，偏見のある陪審員はそのプロセスで排除せられるのに対し，裁判官の場合には陪審と同じようなメカニズムは存在しない。このような理由で，裁判官よりも陪審の方が中立性・受動性の要請に適っており，アメリカの当事者主義の訴訟において陪審が好まれる理由となっている。

(2)　当事者による証拠の提出 (party presentation of evidence)[19]

　事実認定者の中立性・受動性の要請と関連して，当事者は判決の基礎となるすべての証拠を提出する責任があるとの原理が当事者主義の第2の内容となっている。この原理は，事実認定者が当事者間の論争に巻き込まれることを防ぐだけでなく，各当事者に最も説得力のある証拠を発見し，提出することを促す。この原理によれば，事実認定者は各当事者が何が最も重要な証拠であると考えているかを観察できるメリットがある。また，当事者にとって最も重要な問題に訴訟の焦点をあわせることができ，当事者のニーズに適った判決が下される可能性が高まる。裁判官主導の手続では当事者のニーズが十分に認識されないおそれもあり，ひいて，紛争解決のコストが増大する可能性もある。

　法律問題および訴訟手続は複雑であるので，当事者は一般にみずから訴訟を追行することはできない。当事者主義は，判決の基礎となる証拠の収集・提出を法律の専門家である弁護士に依っている。弁護士には法律問題の整理，証拠

---

(19) Id. at 4.

第 I 編　論　　説

の収集など法律知識を提供することが期待されており，弁護士がこのような責務を果さないときは，訴訟の健全な展開は実現せず，当事者主義は機能しない。弁護士が自らの責務を果さないときは，資料提出，真実発見などについて裁判官に期待せざるを得なくなり，裁判官主導の手続におちいることになる。

(3)　高度に構造性のある訴訟手続(highly structured forensic procedure)[20]

　プリトライアルおよびポストトライアルを規整する訴訟規則，トライアルを規整する証拠規則，弁護士の行為を規整する倫理規則はいずれも当事者主義にとって重要である。

　訴訟規則は，当事者主義の下において，少なくとも2つの機能を果している。第1は，当事者間の対決がトライアルで頂点に達するような訴訟構造を作り出していることである。このような訴訟構造によって，当事者に判決の基礎となる証拠を提出させ，また，偏ぱな判断に結びつきやすい事実認定者による職権探知を抑えている。第2に，当事者主義的な訴訟手続は，当事者双方に最善の立証を尽させる機会を平等に保障することによって攻撃防御の公正さを確保することに役立っている。平等性を保障するメカニズムとしては，ブリトライアル開示や反対尋問などがあげられる。

　証拠規則はトライアルでの証拠調べを規整するが，当事者主義訴訟の特色として，信用性のない証拠の証拠能力を否定し，事実認定者を誤った判断に導くおそれのある情報を排除している。また，当事者の一方に偏見を生じさせるおそれのある証拠を禁じている。このような厳格な証拠排除によって，事実認定者の中立性と受動性を維持しているのである。また，証拠規則は，弁護士に対して証拠の許容性に関する明確な基準を提供することによって，資料提出の主導権を大幅に認めている。反対に，裁判官に対しては自由に証拠を選択することを認めておらず，裁判官が訴訟手続を管理する権限は制限されている。

　当事者主義を無制約に認めることは，弁護士が勝訴のためにあらゆる手段を講ずる傾向を助長することにつながる。弁護士倫理は手続の高潔さを保つために，相手方に対するいやがらせや事実認定者の判断を誤まらせるような行為を

---

(20)　Id. at 4-6.

規制している。しかし，一方では依頼者の利益を熱心に代弁する責務をも課しており，依頼者に対する絶対的な忠誠も求められている。

当事者主義的訴訟構造を構成する内容の1つとして上訴手続もある。上訴裁判所は事実審裁判所の記録を審査して，当事者や裁判官の行為が法規に合致しているか否かを審査する。そして，過誤がある場合にはその救済措置を講じる。上訴裁判所による審査は，上訴審での取消しを避けるために，弁護士や裁判官が事実審レベルで法の要求するところに従って行動するように監視しているのである。

3 当事者主義概念の形成

制度は歴史の所産であると言われる[21]が，当事者主義もその例外ではない。当事者主義の訴訟構造が全体として成立したのは18世紀になってからであるとされるが，その内容をなす諸制度は何世紀にもわたって発展してきたものである。本章では，当事者主義概念の形成の歴史を検討する[22]。

1 中世の手続[23]   現在の当事者主義を理解するためには，11世紀のイギリスに遡る必要がある。この当時の裁判の方法としては，神判（ordeal），免責宣誓（compurgation），決闘（battle）がある。当事者主義の下における法廷での当事者の対決は決闘に似ているので，当事者主義の起源を決闘に求める説もあるが，これは歴史的には正しくない。というのは，イギリスでは1066年のノルマンの征服によってはじめて決闘がもたらされたこと，また，決闘の結果が悲惨であったことや当事者に代って決闘を行なう闘士を雇える金持ちに有利であったことなどから，イギリスではそれほどポピュラーな裁判方法ではなかったと想像されている。神判などの中世の裁判はすべて神の介在を前提とし

---

(21) 中村英郎「民事訴訟における制度と理論の法系的考察」民事訴訟論集第5巻3頁。

(22) ここでもランズマンの所説を紹介するが，当事者主義の歴史については，Marian Neef & Stuart Nagel, The Adversary Nature of the Ametican Legal System from a Historical Perspective 20 New York Law Form 123〜（1974）も有益である。また，イギリスの陪審制度の展開については，プラクネット『イギリス法制史総説篇上』189頁以下参照。

(23) Landsman, supra note 1 at 8-10.

第Ⅰ編　論　説

ており，現在の当事者主義とはかけ離れたものであるが，つぎの2点で当事者主義概念の形成に寄与している。第1は，当事者が訴訟において中心的な役割を果すという原理を確立することに寄与したこと，第2に，中世の手続は，当事者に大きな役割りを与えた反面，裁判官の役割りを限定したことである。

　2　陪審制度の発展[24]　　陪審制度の起源は明らかではないが，たとえば，1215年の第4回ラテラン公会議において教会が神判に関与することが禁じられたことからもわかるように，12，3世紀に神判などの中世の裁判手続が衰退したことと対応して，これらに代る裁判方法として定着していった。しかし，初期の陪審は，現在のように事件についての知識をもたない者が選ばれるのではなく，事件の生じた地域の住民でかつ事件について個人的知識を有する者によって構成された。また，陪審員には裁判の2週間前に通知がなされ，この期間に陪審員は当事者との接触を含め事件に関する調査を行なうことができた。したがって，この時期の陪審員は受動的な事実認定者ではなく積極的な事実探索者であった。しかし，14，5世紀にかけて，中立かつ受動的な陪審への変化がみられた。たとえば，当事者による陪審員の忌避が認められ，偏見のある陪審員が排除できるようになったことや陪審員と当事者の接触も著しく制限されるようになったことである。陪審員の個人的知識を利用することは1670年のブッシェル事件でも認められたけれども，15世紀以降は法廷で提出される弁護士の弁論や証人の証言などの資料を判断の基礎とするようになっていた。フォーテスキューによれば，1470年頃までには，陪審は現在と同じく偏見のない公平な事実認定者と目されるようになっていた。

　陪審員の判断については，たとえば，裁判官の指示に従わないときは制裁を受けるなど，その独立性が認められていなかったが，1670年の有名なブッシェル事件では，政府の圧力に屈することなく，陪審員の判断の独立性，無答責が確認された。この頃より，陪審は政府の圧制に対する砦としてみなされるようになった。

　また，陪審制度の存在によって，イギリスにおいてはヨーロッパ大陸諸国で優勢になった糾問型の裁判を妨ぐことができ，この結果，拷問による自白の強

---

(24) Id. at 10-14.

要も行なわれなかった。

3　陪審以外の諸制度の展開[25]　　1200年から1700年の間に，陪審以外にも多くの法律制度が変化し，当事者主義手続への途をつくった。

まず，弁護士（法律家）が代言者および裁判所のオフィサーとしての地位を確立した。弁護士はインズ・オブ・コート（Inns of Court）とよばれる組織を設立して，弁護士の養成を行なった。ここで教育を受け，高度の法律知識を身につけた弁護士が法律家の中心となり，司法制度を支配するようになった。

また，陪審の事実探索者としての役割が減少するにつれて，訴訟における弁護士の責任が増大し，陪審に対し判断の基礎となる証拠を提供する役割をうけもつようになった。その結果の一つとして，1577年には弁護士 —— 依頼者間の証言拒絶特権が認められるにいたった。この特権によって弁護士の証拠収集は助長されたのである。

弁護士は，また，依頼者の代言者としてでなく，司法部においてもその地位を確立した。13世紀までには，イギリスの法律と訴訟手続はきわめて技術的となり法律専門家が裁判官になる必要が生じた。それまでは，王の家臣から裁判官が選ばれていたが，13世紀の終り頃には，法律家が司法部を支配するようになった。裁判官は弁護士のエリートである高等弁護士（serjeant）の中から選ばれた。このように裁判官が少数のエリートによって構成されたことは司法部の官僚化を妨げる結果となった。ヨーロッパ諸国におけるように裁判官が多数いて官僚化が行なわれたところでは職権探知主義的な訴訟方式も可能であったろうが，イギリスではそのような裁判官の官僚制がなかったので，職権探知主義方式は不可能であったのである。

陪審の役割が変化するにつれて，証人の証言に関する取扱いも変化した。陪審が事実探索者であったときには，証人の証言はそれほど重要視されず，また，証人がその意思に反して証言を強制されることもなかった。しかし，陪審が受動的な事実認定者になることに対応して，証言の価値が見直され，裁判官に証言を確保する義務を課する法律（Marian Statutes of 1554-1555）も制定された。また，証言の重要性が認識されるようになった結果として，証言を規整する証

---

(25) Id. at 14-18.

第Ⅰ編　論　説

拠法則も整備されるようになった。たとえば，「ベスト・エヴィデンス・ルール」「オピニオン・ルール」「ヒアセイ・ルール」など，陪審の判断を誤まらせるような証拠を排除する証拠法則があげられる。

　13世紀から17世紀において，右のような当事者主義の基礎となる諸制度が発展したけれども，この時代の裁判が真に当事者主義になったというわけではない。この時代には，裁判官は積極的な探知者であり，また，当事者には，弁護士代理，有利な証人の呼び出し，反対尋問などの諸権利は認められていなかった。また，陪審は一応中立かつ受動的な事実認定者になっていたが，裁判官の指示に従わなければならず，それに反すると監獄，罰金の制裁を課せられた。また，上訴手続も存在しなかった。この時代には，まだ証拠による事実審理というよりはきわめて技術的なプリーディングの作成に実務家のエネルギーの大半が費されていたのである。

　4　当事者主義の確立[26]　　当事者主義が全体として成立したのは18世紀のことである。この社会的背景としては，政治的および経済的変革がある。経済的には産業革命がおこり，近代の産業国家が出現し，政治的には，フランス革命やアメリカ革命がおこり，自由・平等思想や個人主義思想が台頭した。しかし，英米の伝統においては，このような新しい社会のニーズを充たす裁判制度として陪審など既存の諸制度を利用し新しい内容を盛り込んでいったのである。

　陪審については，前述のブッシェル事件などによって政府の圧制に対する砦とみなされるようになり，その結果，合衆国憲法は陪審裁判を受ける権利を保障した（6条，7条参照）。陪審員についても，18世紀になると，事件の生じた近隣地域から選任される必要がなくなり，個人的知識に頼らない事実認定者に純化していった。

　裁判官について，合衆国では建国初期の頃には，政治的，党派的存在と考えられ，政争に巻き込まれることもあったが，マーシャル長官の時代には政治的中立性が確立された。また，法廷においても，裁判官の行為には厳しい制限が課せられ，中立かつ受動的な裁判官が形成された。

---

(26) Id. at 18-25.

弁護士の行為基準も，裁判所のオフィサーとして真実発見をするということではなく，依頼者の利益を熱心に代理することが強調された。1821 年のキャロライン女王に対する姦通罪の訴追において，弁護士の Brougham 卿が「弁護士の唯一の義務は依頼者を熱心に代理することである」と宣言した事件がその代表である。

証拠規則や訴訟規則もこの時期に当事者主義的要請に合うように改革された。証拠法の分野では，反対尋問権の保障が強調されるようになり，また，その結果として，反対尋問を受けない伝聞証拠などは厳しく排除されるようになった。また，訴訟法の分野では，有名な 1848 年のニューヨークのフィールド法典に代表されるように煩瑣になりすぎたプリーディングを簡素化して，紛争の実体の解決をはかれるように改革された。また，上訴の手続も整備された。

4　今後の課題 —— 個別問題の研究

以上のことをまとまれば，次のように言えよう。当事者主義は，決して訴訟法上のある一つの法テクニックを指すわけではなく，陪審制度を背景として歴史的に発展したアメリカの当事者主導の訴訟構造全体を意味するものである。その中心となるのは，当事者提出と当事者進行の原則である。

そして，近年の訴訟の爆発的増加や開示制度の濫用を背景として，このような当事者主導のやり方は，訴訟遅延（およびコストの増加）や真実発見の困難を生じており，改革を必要としている。改革の方向としては，資料収集および手続進行の双方に，裁判官がもっと積極的に関与すべきとするものであり[27]，あるいは，弁護士に対して，依頼者への忠誠だけでなく裁判所のオフィサーとしての使命を自覚し，また，この方向で弁護士倫理を改正すべき[28]だとするのが大筋である。

しかし，当然のことながら，当事者主義の改革を論じるにあたっても，より具体的な個別問題を検討することが不可欠である。開示手続の諸問題を別としても，アット・ランダムに個別問題を列挙すれば，次のようなものがある。

---

(27) Steven Flanders, Blind Umpires-A Response to Professor Resnik, 35 Hastings Law Journal 505～(1984). Resnik, Managerial Judge 96 Harvard Law Review 376～(1982).

第 I 編 論　説

　第1は，裁判官の関与についてである。たとえば，改革論者は，必要とみとめれば，裁判官は自ら証人を呼び出したり，証人尋問をすべしとするが，その必要は本当にあるのか。もしあるとしても，どのような場合にどのような方法で行なうべきものなのか。また，陪審の判断の公正を確保するために，裁判官は証拠の要約（サメイション summation）をすべきとする意見があるが，これも陪審の判断の独立性との関係で問題となろう[29]。

　第2は，証人の証言の取得に関する問題である。西ドイツでは，弁護士が証人に事前に面接するのは禁止されており[30]，悪く言えば，事実認定に役立つ証言が十分に集まらないのではないかとの危惧をいだくが，良く言えば，弁護士の指導，教唆による汚染を防げるわけである。また，西ドイツでは証人尋問は弁護士による交互尋問制ではなく，裁判官主導で行なわる。この点，アメリカでは，プリトライアルの段階から弁護士は敵性証人をも含めてすべての証人に接し証言を採ることができる。そこで，アメリカで問題となるのは，自己側の証人（当事者，証人，専門家証人）は別としても，その証言の信用性が高いと予想される中立の証人に対して，事前に面接し，教唆・指導することによって，証人を汚染するおそれはないか。また，あるとしたら，それをどのように妨ぐかが重要となろう[31]。

　第3に，依頼者の有利・不利にかかわらず，弁護士に，すべての事実や証拠を開示すべきとする批判は，従来広く認められている各種の証言拒絶権を限定

---

(28)　裁判官の積極的関与と並んで，弁護士倫理の改革も当事者主義をめぐる議論の大きな柱となっている。David Luban (ed.), The Good Lawyer-Lawyers' Roles and Lawyers' Ethics (1984). Michael Davis & Frederick A. Elliston (ed.), Ethics and the Legal Profession (1986). Geoffrey C. Hazard, Jr., Ethics in the Practice of Law (1978). 霜島甲一「アメリカにおける弁護士倫理の立法過程」『弁護士倫理の比較法的研究』119 頁以下。中村治朗「弁護士倫理あれこれ ── アメリカの論議を中心として ──（上）（下）」判例時報 1149 号 3 頁以下，1150 号 3 頁以下参照。また，民事訴訟における弁護士の役割の重要性については，谷口安平「弁護士と法・事実 ── 民事訴訟における弁護士の役割 ── 」民事訴訟雑誌 34 号 37 頁以下参照。

(29)　Saltzburg, supra note 8 at 22.

(30)　木川統一郎『訴訟促進政策の新展開』287 頁参照。

(31)　Stephan Landsman, Reforming Adversary Procedure : A Proposal Concerning the Psychology of Memory and the Testimony of Disinterested Witnesses, 45 University of Pittsburgh Law Review 547〜(1984).

2 アメリカ民事訴訟における当事者主義の基礎研究

ないし廃止すべきと主張するが，証言拒絶権の限定ないし廃止が本当に必要かどうかも個々の証言拒絶権の根拠や範囲を個別的に検討して行かなければならない[32]。

第4に，弁護士の濫訴や濫申立てを妨ぐために，連邦民訴規則11条は，弁護士に「立止って考えさせるために」各書面に署名することを義務づけ，これに反する場合に各種の制裁を果すことにしたが，これなども，日米では，訴えの利益（司法判断適合性）に関する相違や訴状に貼用する印紙代の相違（日本では訴額に応じて印紙代も膨大になるおそれがあり，濫訴を妨ぐ一手段となっているが，米連邦地域では係争価額に関係なく一定なので，このような抑制は働かない）などの理由により，日本法の解釈に直接に役立つような示唆は得られないであろうが，アメリカ民訴の理解の手がかりとしてはおもしろい問題であると言えよう[33]。

以上のほかにも，無数ともいえる研究テーマがあると思うが，今後は，これら一つ一つの個別問題を研究していきたいと思っている[34]。

---

(32) Note, Developments in the Law-Privileged Communications-98 Harvard Law Review 1450〜 (1985). なお，同ノートの紹介として，拙稿「アメリカ証拠法における証言拒絶権（紹介）」山梨学院大学法学論集11号171頁以下がある。

(33) Federal Judicial Center, An Empirical Study of Rule 11 Sanctions (1985). American Bar Associations, Sanctions-Rule 11 and Other Powers-(2 nd ed. 1988).

(34) 当事者主義を中心に，日米の民事裁判制度を概観・比較した講演として，拙稿「日本民事裁判制度の比較」社会科学研究（山梨学院大学社会科学研究所）5号（1989年）。

3 アメリカ民事訴訟法のしくみ

は じ め に

わが国におけるアメリカ民事訴訟法の研究の成果を振り返ると，個別論点については数多くの優れた研究があるし，また，優れた翻訳書も存在する。しかしながら，日米の民事訴訟法の基本的な性格の違いやその背景を明らかにしたうえで，アメリカ民事手続の全体のしくみを解明する試みはあまり多くなかったように思われる。

本稿は，連邦民事訴訟規則[1]の内容を中心に，アメリカ民事訴訟手続のしくみを分かりやすく，体系的に解明することを目的とする[2][3]。分かりやすくというのは，個々の論点を解説するだけでなく，アメリカ民事訴訟法の初学者がアメリカ民事訴訟法の性格ないし全体構造を理解できるように，アメリカの民事訴訟手続の背景となっている諸制度の検討も行っていることを意味している。

わが国の民事訴訟法を一通り学習した者がアメリカ民事訴訟を勉強するにあたり，陥りやすい誤りとしては，民事訴訟法の性格，全体構造およびその背景が日米ではきわめて異なるにも拘わらず，ついわが国の理論や実務を基準にして類推し，アメリカの訴訟手続を理解しようとすることにあるように思われる。

アメリカの民事訴訟法の教科書（ケース・ブックやホーン・ブックなど）とわ

---

(1) わが国では，民事訴訟法があり，また，その下に，民事訴訟規則がある。しかしながら，周知のように，アメリカの連邦レベルでは，市民の権利・義務を定める実体法は，市民の代表者で構成される議会が制定する「法律」でなければならないけれども，訴訟法は権利・義務を定めるものではなく，単にそれを実現する手段・方法を定めているに過ぎないので，市民の代表が定める必然性はなく，かえって，裁判手続という専門的なことがらについては，専門家である裁判所に任せた方が良いとの考えから，「法律」ではなく「規則」の形で定められている。例えば，連邦民事訴訟規則，連邦刑事訴訟規則，連邦証拠規則である。

41

第Ⅰ編　論　説

が国の教科書を見比べると，その内容の違いに戸惑うことが少なくない。すなわち，わが国の教科書には必ず載っているような内容がアメリカの教科書には全く記述がないことがしばしばある。もちろん，その逆もある。

　ここでは，アメリカ民事訴訟法の初学者が抱く素朴な疑問，あるいは，誤りやすい例を三つほど挙げて，問題の提起とする。

　第一は，証明責任の分配である。わが国の民事訴訟法の教科書において，証明責任の分配は重要論点の一つとして必ず記載されている。しかしながら，ア

------

(2) アメリカ合衆国は，連邦と50の州から成る，連邦と州の2元性の国家なので，民事訴訟法も連邦民事訴訟規則および50の州法がある。以前には，連邦規則だけでなく，全米50州のすべての法律を知らなければ，アメリカ民事訴訟法をわかったことにはならないとする者もいたようであるが，それはかえってアメリカの法学教育の実態を知らない者の見解であろう。本稿では，アメリカ人が初めて本格的に法律を学習するロー・スクールでの授業や法律家の登竜門である司法試験（正確には，bar examination なので，弁護士資格試験。各州ごとに実施される）の試験問題に焦点を合わせているが，アメリカのロー・スクール，少なくとも全米に名が知られている有名ロー・スクールでは，全米各州から学生が入学し，また，卒業後は全米各地で弁護士として働くのである。したがって，ロー・スクールでは，その学校が所在する州の州法に特化して学習することは考えられないし，また，全米各州の法律はどうなっているかなどという百科事典的な知識を詰め込む教育をやっている学校があるとは考えられない。ロー・スクールでは，合衆国（連邦）最高裁判所の判例が多く掲載されているケース・ブック（case book）を教科書として使い，参照文献として，連邦民事訴訟規則を使うのが一般的であると思われる。アメリカの司法試験は各州ごとに行われるので，確かに，論文試験については各州の州法が出題される可能性はあるが（ちなみに，択一科目は全米で共通である），これも，通常の学生ならば，ロー・スクールを卒業した後で，司法試験を受ける前に，予備校等に通って，受験する州の試験勉強を集中的に行う中で，その州の特色ある制度を洗い出しておけば万全であると考えられる。民事訴訟法については，従前は論文式試験のみであったが，2015年から全米共通の択一試験科目に加えられた。

(3) 体系的ということに深い意味はない。系統立てて記述する程度の意味であり，もっとわかりやすく言えば，アメリカのケース・ブックではなく，わが国の教科書ないし基本書のような体裁であることを意味する。アメリカで言えば，ホーン・ブック（horn book）スタイルのことである。私は，教材としては，ケース・ブックの方が優れていると感じるが，ケース・ブックは授業の中で使われることによって効果を発揮するものであって，授業の中でのいわゆる先生との一問一答方式（ソクラテス・メソッド）によって理解を深めたり，他の学生との白熱した議論の中で論理を研ぎ澄ますといったプロセスがなければ，あまり意味はない。この点，独習の場合には，教科書スタイルの方が効率的かつ体系的に理解ができるものと思われる。ただ，教科書スタイルの欠陥としては，ときに説明が抽象的になり，具体的に何が言いたいのかが初心者にはわかりづらいことである。本稿で，グラノンの事例を多数引用したのは，理解が深まるようにとの配慮からである。

メリカの民事訴訟法の教科書を見ても証明責任の分配は記述されていない。アメリカには，「民事訴訟法」とは別に，「証拠法」の科目があるので，証明責任の分配は証拠法の教科書に記載されているのではないかと思われるかもしれないが，そのようなことはない。たしかに証拠法の教科書には，証明責任の意義や証明の程度は説明されているが，証明責任の分配についての記述はない。アメリカの証拠法は，陪審制度を背景に成り立っているものであり，その内容を一言でいえば，陪審が誤った事実認定をしないように，正確な判断の妨げとなるような証拠を排除するためのルールが規定されているのである[4]。それでは，アメリカのロー・スクールでは，どの教科で証明責任の分配を学習するのであろうか。

　第二は，訴訟要件である。訴訟要件も，わが国の教科書では必ず記載があり，訴訟要件を具備しないときは「訴え却下」となるのに対し，訴訟要件を具備しており，本案審理を経たうえで原告が敗訴する「請求棄却」と峻別される。「訴え却下」と「請求棄却」のちがいを理解することが初学者の基本である。しかしながら，よく知られているように，アメリカでは，このような訴え却下と請求棄却を峻別する単語はない。いずれも「dismiss」（退ける）であって，日本語に翻訳するときには，文脈に応じて訳し分けなければならないのである。アメリカには，訴訟要件という概念はないのであろうか。また，訴訟要件は，わが国では，職権調査事項であるが，もしアメリカにも訴訟要件があるとしたら，どのように行使されるのであろうか。

　第三は，いわゆる人的管轄権（personal jurisdiction）の問題に関する。人的管轄権は，一見わが国における土地管轄の問題に似ているが，全く異なる問題であり，わが国の土地管轄を類推して理解することはきわめて危険である。わが国の土地管轄の一般原則とも言うべき普通裁判籍は，被告の住所地となっており（民訴法4条），原告が被告のところに赴いて裁判をすることが原則となっている。訴訟の準備ができている原告が不意打ちを食らう被告のところに赴くのが公平であると考えられるためである。しかしながら，アメリカの人的管轄権では，原告が自らの州内にある裁判所に訴えを提起できることは当然の前提

──────────
(4) 田邉真敏『アメリカ連邦証拠規則』(2012)

第 I 編 論 説

となっており，問題は，他州（または他国）の人や会社をどのような適正な手
続（due process 合衆国憲法修正 5 条）の保障があれば被告として管轄権を及
ぼすことができるかということである。たとえば，イーリー事件[5] の概要は
つぎのようなものであった。ペンシルヴァニア州民であるトンプキンスがペン
シルヴァニア州内を走っているイーリー鉄道会社（本社はニューヨーク州）の
線路沿いを歩いているときに，走行中の列車の突起物がぶつかり負傷した。ト
ンプキンスは，ペンシルヴァニア州の裁判所ではなく，州籍相違を理由に，わ
ざわざ被告の本社所在地であるニューヨーク州の連邦地方裁判所に提訴した。
わが国の土地管轄の普通裁判籍を類推すれば，原告が被告の本社地に赴いて提
訴しているのであるから，何の問題もないと思われるかもしれないが，本件で
は，ニューヨーク州の実体法の適用は認められず，ペンシルヴァニア州の実体
法を適用すべきとされたのである。なぜニューヨーク州の実体法の適用は認め
られなかったのであろうか[6]。

　以下では，アメリカ民事訴訟法の性格とその背景について簡単なコメントを
したうえで，アメリカ民事訴訟法の個別テーマを 3 つ取り上げて検討する。

　個別テーマについては，具体的な事例に即して理解できるように，グラノン
から多くの事例を引用している[7]。なお，事例はグラノンの翻訳であるが，コ
メントの部分は，グラノンの解説を読んだ上での，筆者の寸評である。

I　アメリカ民事訴訟法の性格とその背景

　アメリカ法の入門書では，アメリカ法のさまざまな特色やその基本的な内容
が紹介されているが[8]，その内容を繰り返しても意味はない。ここでは，こ

---

(5)　Erie R. Co. v. Tompkins, 304 U.S. 64（1938）

(6)　原告のトンプキンスが，地元のペンシルヴァニア州ではなく，ニューヨーク州で裁判
　を起こしたことについては，次のような背景がある。ペンシルヴァニア州の法律では，
　トンプキンスのような鉄道会社の敷地である線路沿いを歩く不法侵入者に対しては，鉄
　道会社は重過失がある場合にのみ責任を負うとされていた。これに対して，ニューヨー
　ク州の法律では，過失があれば責任を負うとなっており，トンプキンスにとっては有利
　な法律であったのである。裁判所は，このようなフォーラム・ショッピング（forum
　shopping 法廷地漁り）は許されないとしたのである。

(7)　Joseph W. Glannon, The Glannon Guide to Civil Procedure, Wolters Kluwer 2013.

3　アメリカ民事訴訟法のしくみ

れらの諸背景がアメリカ民事訴訟法の性格にどのような影響を与えているかを中心に検討する。

1　判例法主義

判例法主義について，ここでは，第1に，一次法源と二次法源に分ける法源論，第2に，訴訟法と実体法の関係（訴訟ありきの法体系），そして，第3に，利益衡量による個別事件の最善の解決を通しての正義の実現等を検討する。

① 一次法源と二次法源 ── 日米における学説の位置づけのちがい ──

アメリカでは，法源を一次法源と二次法源に分けて説明される。一次法源は，制定法（成文法）と判例法である。ここでの制定法は，立法府が制定した法律に限らず，憲法，条約，行政令，規則等も含まれる。アメリカでは，この一次法源である制定法と判例法が「法（law）」とされている。これに対して，二次法源，たとえば，ロー・スクールのロー・レヴューに掲載される学者の論文はわが国のように重視されてはいない。教科書を見ても，わが国では学者の個人名を付した学説が頻繁に引用，記述されているが，アメリカの教科書では，このようなことはない。アメリカで，人名で表記されるのは，事件の当事者であったり，判決を下した裁判官であることが多く，ロー・スクールの授業においても，学説について議論することはほとんどない。判例法主義であり，授業の中心は，あくまで判例を分析，学習することにある。アメリカの法律の学習においては，学説はほとんど考慮されていないのが実情である[9]。

二次法源の一つである学説がわが国ほど重視されていないことは上記の通りであるが，二次法源には学者の論文以外のものもある。たとえば，契約法の授業で利用される統一商事法典（Uniform Commercial Code ＝ UCC）は，個々の学者が書く論文とは違って，権威ある団体が総力を結集して編纂したものであるので重視されており，また，現在では，すべての州で採用されているので，

───────────

(8) 伊藤正己・木下毅『アメリカ法入門［第5版］』(2012) E・アラン・ファーンズワース（笠井修・髙山佳奈子訳）『アメリカ法への招待』(2014)

(9) Eldon H. Reiley・Connie de la Vega, The American Legal System for Foreign Lawyers (2012) Chapter 2 参照

第I編 論 説

一次法源に格上げされている。同様に，やはり契約法の授業でよく利用される
リステイトメント（Restatement）は判例を詳細に分析，整理し，条文の形に
まとめたものであり，これも二次法源であっても，重視されている。

② 訴訟法と実体法の関係（訴訟ありきの法体系）

わが国の法学部では，まず民法（実体法）を学習し，その後で，民事訴訟法
（訴訟法）を学習するのが通常の順序であろう。その一例としては，民事訴訟
法の授業で習う当事者能力や訴訟能力は，「民法その他の法令に従う」（民訴法
28条）となっており，当事者能力や訴訟能力を学習するためには，民法の権利
能力や行為能力の理解が不可欠の前提となっているのである。しかし，アメリ
カの法体系は訴訟ありきなのであり，契約法，不法行為法等々の実体法が裁判
を前提として成り立っているのである。また，消滅時効についても，周知のよ
うに，わが国では実体法の問題として捉えており，実体法上の権利が消滅する
のに対し，訴訟を念頭におくアメリカでは，あまり長く放置された事件につい
ては人々の記憶も曖昧になり，証拠も散逸してしまうため公正な裁判が期待で
きないという理由で，出訴期限が制限されているのである。つまり，期間を徒
過すれば，裁判所に救済を求めることができないということであって，実体法
上の権利が消滅してしまうという法律構成にはなっていない。

この他の例としては，アメリカの契約法における詐欺防止法（Statute of Frauds）
が挙げられる。これは，現在のアメリカでは，一定の重要な契約については書
面によることが要求されている法律のことである。重要な契約としては，第一
に，結婚を対価とした契約，第二に，契約成立時から1年以内に履行を完了で
きない契約，第三に，土地など不動産の売買契約，第四に，遺言執行者あるい
は遺産管理人が自らの資産で，死者の生前の債務を支払うことを約した契約，
第五に，500ドル以上の物品の売買契約，第六に，他人の負債や債務の不履行
に対する保証契約が挙げられている[10]。詐欺防止法は，もともとは1677年に
イギリスで制定された法律であるが，その理由としては，それ以前には，原告
が裁判所に提訴し，審理の際にはあらかじめ示し合せておいた証人と結託して

___

(10) 福田守利『法の国アメリカを学ぶ』(2005) 217頁参照

3 アメリカ民事訴訟法のしくみ

裁判官を欺き，勝訴判決を得るような事態が生じていたのであり，これを防止するために，重要な契約については書面でなされていなければ，訴えを受けつけないことにしたのである。この例からもわかるように，契約法（実体法）の規定が訴訟を前提として構成されているのである[11]。

　ここで，本稿の「はじめに」で示した，証明責任の分配をどの教科で学習するのかについての簡単な解答を示せば，「実体法」の授業で学習することになる。不法行為の例がわかりやすいので，不法行為の例を挙げてみる。周知のように，アメリカの不法行為は，まず，大別して，故意による不法行為（意図的不法行為 = intentional torts），過失による不法行為（negligence），無過失の不法行為（厳格責任 = strict liability）等に分けられるが，さらに，個々の不法行為類型に分かれている。たとえば，故意による不法行為には，人に対する不法行為として，暴行着手（assault），暴行（battery），不法監禁（false imprisonment）があり，物に対する不法行為として，不動産への侵害（trespass to land），動産への不法侵害（trespass to chattels）がある。そして，これらの個々の不法行為類型ごとの成立要件があるわけであるが，（訴訟ありきの法体系の中で，）裁判を前提として授業を行うアメリカでは，成立要件というよりは，原告がまず証明すべき事実は何か（prima facie case）という言葉を使うのである。たとえば，暴行（battery）について原告が証明すべき事実は，第一に，有害なまたは攻撃的な接触であること，第二に，原告の身体に対するものであること，第三に，故意，第四に，因果関係である。ちなみに，損害はこの不法行為の要件ではない。そして，原告が証明責任を果たせば，今度は被告が防御（抗弁）をしなければならない。被告が証明責任を果たすべき抗弁事由としては，たとえば，原告の同意，正当防衛，第三者防衛，財産防衛等がある。このように，不法行為の学習は，個々の不法行為類型ごとに，原告の証明すべき事実は何か，またこれに対する被告の防御（抗弁）は何かを勉強することに尽きるのである。

---

(11) Claude D. Rohwer・Anthony M. Skrocki, Contracts in a Nutshell (7th ed. 2010) p180.

第 I 編　論　　説

③　利益衡量主義

　判例法主義の帰結の最後として，徹底した利益衡量がある。わが国のような
成文法の国では，法規範は，あらゆる事件に対処し，解決できるように作られ
ている。そのため，ややもすれば，条文は抽象的で難解になり，法学者による
緻密な解釈論が展開されることになる。これに対して，判例法主義のアメリカ
では，法規範（判例）は，個別事件の諸ファクター（要因）を徹底的に比較衡
量して作られるので，自ずとその射程には限界がある。アメリカでは，先例拘
束の原則があるので，同一の事件であれば，先例によって拘束されるが，事件
を構成するファクターに違いがあれば先例拘束の原則は適用されず，別の規範
が出されることになる。上記の人的管轄権を例に取れば，つぎのようなことで
ある。人的管轄権の問題の核心は，他州（または他国）の人ないし会社をある
州の裁判所の管轄権に服させることができるかである。たとえば，アメリカ合
衆国の北東部に位置する州（ニューヨーク州および隣接する州）で自動車（フォ
ルクスワーゲン）を販売する会社がある顧客に自動車を販売したとする。その
後，その顧客はその自動車を使ってオクラホマ州に引っ越していった。そこで
自動車に不具合のあることを知り，販売会社を被告として訴訟をオクラホマ州
で提起した（ワールド・ワイド・フォルクスワーゲン事件　1980 年参照）[12]。この
事件について，当時の判例理論では，「予測可能性がないこと」(unforseeability)
との理由で人的管轄権は認められなかった。このような事例であれば，2011
年のニカストロ判例で打ち出された最新の理論である purposeful availment
（法廷州の意図的な利用）の理論によっても人的管轄権は否定されるであろう[13]。
しかし，もし，顧客が移動した州がニューヨーク州の隣接州であったとしたら
どうなるであろうか。おそらく，逆に，人的管轄権は認められるであろう。な
ぜならば，隣接州においては被告は販売に力を入れており，言い換えれば，意
図的にその州を利用していたからである。また，その結果として，予測可能性
がなかったとも言えないからである。このように同じような事件であっても考
慮すべきファクターに違いがあれば，結論も異なってくるのである。

---

(12)　World-Wide Volks Wagen Corp. v. Woodson, 444 U.S. 286.

(13)　J. McIntyre Machinery, Ltd. v. Nicastro 131 S. Ct. 2780 (2011). 樋口範雄・柿嶋美
　　子・浅香吉幹・岩田太編『アメリカ法判例百選』(2012) 156 頁参照。

3 アメリカ民事訴訟法のしくみ

わが国のような成文法の国では，個別事件に法律を適用すれば必ず正しい答えが引き出されるという，いわば演繹法であるのに対し，アメリカの判例法主義は個別事件の諸要因を徹底的に比較衡量し，最善の答えを引き出す，いわば帰納法である。

また，わが国の法解釈は，上記の実体法との整合性を含めて，論理的整合性に力点が置かれているが，アメリカ法はプラグマティックであり，かつ，手続上の正義（法の適正手続，due process）に力点が置かれている。すなわち，アメリカ合衆国憲法に規定されているように弁護士依頼権，証人に対する質問権，通知（notice）[14]等々が手続保障ではきわめて重要なのである。

2 陪審制度

アメリカ合衆国憲法修正 7 条は，民事事件において陪審審理を受ける権利を定めている。陪審制度は，歴史上有名なゼンガー事件に象徴されるように，アメリカでは「自由の砦」として，基本的人権の一つとされている。もちろん，すべての民事事件に陪審裁判が認められているわけではないし[15]，また，陪審裁判は権利であり，義務ではないので，放棄することもできる[16]。さらに

---

(14) 通知と送達に関するグラノンの事例。Glannon p161 参照

『Lは，Wに対して不法行為の「暴行」（battery）に基づく訴えを州裁判所に提起した。原告の弁護士は，訴状等の送達に関する規則を調べ，その結果，規則によれば，訴状等の送達は第一種の郵便（first class mail）によればよいと理解した。弁護士は訴状と呼出状（召喚状）をWに対して，Wの自宅の住所に第一種郵便で送達した。Wは，他の郵便物と共に，Lの弁護士からの訴訟等を受け取り，それを開封することもなく，散乱した台所のテーブルに置いておいた。その後，Wの母親が誤って，大量の広告ちらしと共に訴状等の入った郵便物をゴミ箱に捨ててしまった。

Wが訴状に対する答弁書を提出しなかったので，LはWに対する欠席判決を得た。3か月後，Lは，判決内容を実現するために，Wの自宅を売却するための判決後の手続（強制執行手続）を開始した。これによって，Wは初めて事件のことを知り，連邦民事訴訟規則 60 条(b)と内容が基本的に同じである，判決に関する救済を定める州の規則に基づいて，判決に関する救済の申立てを行った。この申立ては認められるであろうか。』

→この設問では，適法な送達はなされたが，現実の通知（actual notice）がなかったケースである。このような場合，アメリカでは，適法な送達があったことを理由に判決に関する救済の申立てができないというわけではない。判決が無効だからというわけではないが（連邦民事訴訟規則 60 条(b)(4)），おそらく 60 条(b)(1)の規定によって，判決に関する救済の申立てを認めるであろう。

第Ⅰ編　論　説

は，アメリカ民事訴訟手続の流れは，①訴状と答弁書の交換（pleadings），②争点と証拠の整理段階であるプリトライアル（pretrial），③陪審審理が行われるトライアル（正式事実審理，trial）の3段階に分けられるが，アメリカでは，トライアルに至る前に，プリトライアルの段階で，和解等により，大半の事件は処理されている。したがって，提起された事件の中で陪審審理を受ける事件の割合はきわめて低い。それにも拘わらず，陪審審理がアメリカ民事訴訟手続の基本構造であり，資料提出の局面および訴訟進行の局面において，徹底した当事者主義が採られている背景に陪審制度があるのである。

　陪審制度の帰結として，「事実問題は陪審に」，「法律問題は裁判官に」という役割分担がある。すなわち，事実認定は陪審の役割であって，裁判官は事実認定の責任は負わないのである。わが国の裁判官は定期的に期日を開いて，当事者から訴訟資料を収集し，適正な事実認定をするために必要であれば，釈明権を行使して資料の提出を促すこともできる。これに対し，アメリカの裁判官は，そのような釈明をする必要もないし，また，事実認定に口を出すこと（干渉すること）は陪審の行うべき任務を妨げるものとして行ってはならないのである[17]。

　訴訟の進行面について，わが国では，「職権進行主義」の下，裁判官が期日を定期的に開催して資料を提出させ，徐々に心証を形成して行くわけであるが，裁判官が事実認定を行わないアメリカでは，争点および証拠の整理は，基本的に当事者間で行われ，裁判官が関与するわけではない。裁判官が関与するのは，たとえば，当事者の一方から相手方当事者に開示の要求があり，当事者間では開示をすべきか否かを決することができない場合に，裁判官に判断してもらう場合等である。開示手続は裁判所で行われるわけではなく，たとえば，開示方

───────────

(15) 合衆国憲法修正第7条は，『係争金額が20ドルを超える普通法上の訴訟において，陪審員による裁判を受ける権利は，これを保障する。…』。阿部竹松『アメリカ憲法［第3版］』（2013）578頁参照。すなわち，陪審審理を受ける権利はコモン・ロー（普通法）上の請求に限定されており，エクイティ（衡平法）上の請求には認められていない。また，金額上の制約もある。

(16) 連邦民事訴訟規則38条。渡辺惺之・吉川英一郎・北坂尚洋編訳『アメリカ連邦民事訴訟規則』（2005）145頁参照。

(17) 田辺公二「米国民事訴訟における釈明」同『民事訴訟の動態と背景』（1964）289頁以下参照。

3 アメリカ民事訴訟法のしくみ

法の一つである証言録取書を取る場合には，いずれかの弁護士の事務所を使って
なされることがある。このように，争点と証拠の整理は，当事者間で行われ
るのが基本であるが，近年では，事件数の増加等の理由によって，当事者任せ
にするとなかなか整理が進まず，ひいては，訴訟遅延になるとの懸念から，被
告が送達を受領後 120 日以内に，裁判官が関与するスケジューリング・カン
ファランス（審理計画）を開催し，審理の促進に努力している。しかし，これ
は，開示手続の終了は何時頃か，和解の協議を何時頃開くか，トライアル・カ
レンダーに何時頃載せるか等々の大まかな協議をするだけであって，日本のよ
うな職権進行主義になるわけではない[18]。

　裁判官の役割である法律問題の一つは，審理の終了時に，事件に適用される
法律を陪審に説明する，裁判官の説示（instruction）である[19]。説示を行うの
は，裁判官の権限であり，かつ，責務であるが，説示の作成にあたっては，裁
判官が一人で作成するわけではない。アメリカでは，説示に関する書式ないし
モデル案が数多く出版されており，事件の両当事者の弁護士は，これらの書式
を参照して，それぞれ，説示案を作成するのである。説示案は，パラグラフ毎
に区切って書かれ，番号がふられている。裁判官は両弁護士の作成した説示案
を参照し，両弁護士と協議しながら，最終の説示を決定していくのである。し
たがって，裁判官の職責である説示についても，実質を見ると，当事者の弁護
士が下準備をしており，当事者主導の色彩が強い。このような裁判官の仕事ぶ
りは，アメリカが陪審制であり，裁判官が事実認定の責任を負わないことが大
きな理由であるが，これ以外に，アメリカの裁判官の選任制度がわが国とは大
いに違うこともある。周知のように，アメリカでは，わが国のいわゆるキャリ
ア・システム（官僚裁判官制度）とは異なり，法曹一元制度であり，ある州の
連邦地方裁判所の裁判官として選任されると，ずっとその職にとどまる。わが
国ように，若くして判事補になり，その後，キャリア・アップしていくシステ
ムとは異なる。したがって，一般論で言えば，アメリカの裁判官は法律家とし

---

(18) 連邦民事訴訟規則 16 条参照。
(19) アメリカ民事訴訟における裁判官の陪審への説示については，ハロルド・ヴィエー
　　ター（椎橋邦雄訳）「アメリカ民事訴訟における陪審への説示」山梨学院大学法学論集
　　75 号（2015）328 頁以下参照。

第 I 編　論　説

ての豊富な経験を持つ者の中から選ばれている。

　しかしながら，アメリカの裁判官が事実認定をせず，また，訴訟の進行についても当事者任せであるように見えるからと言って，アメリカの裁判官が事件に精通していないとか，訴訟指揮能力に疑問があるというわけではない。アメリカの裁判官，とりわけ，連邦裁判所の裁判官は，概して，きわめて優秀である。たとえば，証人尋問で，一方の弁護士が質問をするとき，相手方の弁護士がその質問に対して異議（objection）を出すことがよくあり，このような場合，裁判官は，即答で，異議を却下（overruled）するか，認める（sustained）かを即断しなければならないのである。裁判官が証拠規制の内容を熟知しているのは当然であるが，トライアルの時点では事件の内容にも熟地しているのである。

3　州と連邦の 2 元性

　アメリカ合衆国は 50 の州で構成される連邦国家であるが，この州をわが国の都道府県と同じようなものと考えるのは大きな間違いである。わが国において，地方自治体は条例を制定することはできるが，上位の規範である憲法や法律は全国で一律に適用される。これに対して，アメリカの民事裁判手続や事件に適用される実体法は州によって異なるのであり，それぞれの州があたかも独立国であるかのような様相を呈しているである。したがって，アメリカの人的管轄権をわが国の土地管轄と同様に考えると誤ることになる。わが国の土地管轄権はわが国に管轄権（裁判権）があることが前提となっており，それをどこの裁判所が分担するのが適切かという問題であり，分担の基準は当事者間の公平などで決めている。この点について，アメリカの人的管轄権の核心は，連邦裁判所または州の裁判所にかかわらず，ある州の裁判所が他州民に対して管轄権を行使できるかであり，管轄権を及ぼしても合衆国憲法修正第 5 条の「適正な手続」が保障されているか否かであり，2011 年のニカストロ事件の判旨によれば，他州民である被告が法廷州を意図的に利用したか，ないしは，意図的な関連（コンタクト）を持っていたか否かである。一例を挙げてみる。
『メアリ・スミスは 55 歳のマサチューセッツ州民である。彼女は離婚しており，収入も少なく，普段は旅行にも行けないくらい貧しい生活をしている。しかし，娘がカリフォルニア州で結婚式を挙げるので，それに出席するため，節約し，

3 アメリカ民事訴訟法のしくみ

何とか旅費を工面して，カリフォルニア州に行き，結婚式に出席するためにレンタカーを借りて走行中，エクソン・モービルのトラックと衝突事故を起こした。エクソン・モービルは全米各州で営業を行い，マサチューセッツ州には大きな事務所も存在した。メアリがマサチューセッツ州に帰宅した後で，エクソン・モービルは，カリフォルニア州の裁判所に損害賠償を求めてメアリを提訴した』[20]。

このような事例で，カリフォルニア州の裁判所は管轄権を有するかとの設問に対して，①彼女はほんの2，3日しかカリフォルニア州には滞在していないのであるから管轄権はない，②収入の少ないメアリにとって，カリフォルニア州で裁判をするのは極めて不便であるから管轄権はない，③エクソンはマサチューセッツ州に大きな事務所もあり，同州で提訴することに支障がないのに，収入の少ないマサチューセッツ州民のメアリにカリフォルニア州で防御させるのは不合理であるから，管轄権はない，との解答肢があるが，これらはすべて不正解である。正解は，カリフォルニア州で防御することは不便であっても，メアリは，カリフォルニア州の管轄権に服するである。なぜならば，メアリは意図的にカリフォルニア州に赴き，そこで事故を起こしてしまったからである。わが国の土地管轄を決める基準の要素とされる，被告の事情，当事者間の力の格差，証拠確保の利便性等は全く考慮されていない。わが国の土地管轄は，アメリカ民事訴訟法においては，人的管轄権（personal jurisdiction）の問題ではなく，ある州に管轄権があることを前提に，一つの州に複数の地区（district）がある場合に，どこの地区の裁判所で行うかを決める裁判地（venue）の問題に近い。

II　連邦裁判所の事件管轄権（federal subject matter jurisdiction）

連邦裁判所の司法権の範囲は，合衆国憲法（連邦憲法）第三条第二節に限定列挙されている。すなわち，司法権はつぎの諸事件に及ぶ[21]。

①アメリカ合衆国憲法，連邦法，アメリカ合衆国が既に締結した条約または

---

(20) グラノン　注7 p91 参照。
(21) 阿部竹松『アメリカ憲法』（3版）415頁。

第Ⅰ編 論　説

　　将来締結する条約に基づいて発生する普通法および衡平法上のすべての事
　　件，
②外国の大使，その他の外交使節，領事に関するすべての事件，
③海事および海上管轄に関するすべての事件，
④アメリカ合衆国（連邦政府）が紛争当事者である争訟，
⑤二州または二州以上の州間の争訟，
⑥一州と他州の市民との間の争訟，
⑦異なった州の市民間の争訟，
⑧異なった州の公有地払い下げに基づいて生じる当該州の市民間の争訟，
⑨一州または当該州の市民と外国，外国の市民または臣民との間の争訟。
　上記の諸事件の中で，民事訴訟で問題となるのは，①のいわゆる連邦問題，
および，⑦の州籍相違事件の二つである。

1　州籍相違事件

　合衆国憲法第三条第二節の規定を受けて，合衆国法典（連邦法令集）28 U.
S.Code §1332 は，州籍の異なる市民間の民事事件で，利息と費用を除いて，
訴額が 7 万 5000 ドル（7 万 5000 ドルと 1 セント以上）を超えるものについて連
邦管轄を認めている。
　訴額についての事例を挙げる。Glannon p18 参照。
『WはPに対して建設事故で被った損害を求めて連邦裁判所に提訴した。事故
の結果として，Wは足首をひどくねじってしまった。WはPに事故を起こした
過失があると主張する。しかしながら，Pは，自らには過失がなかったとして，
否認する。Wは損害として 10 万ドルを請求する。』
→この事例では，訴額の判定基準が問題となる。すなわち，Wが請求している
金額が 10 万ドルなのであるから，それを認めればよいとの考えもありえるが，
それを認めると，紛争の実態とはかけ離れた法外な金額を請求することにもな
りかねない。裁判所は原告が主張する訴額をそのまま認めることはなく，合理
的な陪審ならばWの主張する損害が 7 万 5000 ドルを超えると判断するであろ
うことを基準としている。
　次に，訴額の合算についての事例を紹介する。Glannon p20 参照。

3 アメリカ民事訴訟法のしくみ

『M』は州籍相違に基づき連邦裁判所にOを訴え，名誉棄損の損害額として2万5000ドルの請求および，この請求とは関係のない過失の請求として6万5000ドルを求めた。Mは，また，過失請求の共同被告としてPを訴え，Pに対して6万5000ドルの過失請求を行った。Mの請求には「共通の分割できない利害」（common undivided interest）はないものと仮定する。』

→複数の被告に対する請求が共通の分割できない利害，すなわち，たとえば，同一事件から生じた請求を除いては，複数の被告に対する個々の請求を合算することはできない。したがって，MのOに対する訴えは9万ドルで，7万5000ドルを超えることになるが，Pに対する請求は6万5000ドルであり，要件を満たさない。

　もう一つ，請求の合算についての事例を挙げる。Glannon p22 参照。

『次の中で，すべての請求が連邦裁判所に適切に提起されるものはどれか。（伝統的な合算の法理が適用されるものとする）

Aニューヨーク州民のLとMがアイオワ州民のCを過失で訴える。Lは事故の損害として6万ドルを請求し，Mは自身の事故で2万5000ドルを請求する。

Bニューヨーク州民のLがアイオワ州民のCを訴え，事故の損害として6万ドルを請求する。Cは，反訴として，10万ドルを請求する。

Cニューヨーク州民のLがアイオワ州民のCとMを訴え，CとMの車の衝突によって被った損害を請求した。Lは，CとMのどちらか，あるいは，双方に過失があるとして10万ドルの損害賠償を求めた。

Dニューヨーク州民のLがアイオワ州民のCおよび，同じくアイオワ州民であるM医師を訴える。LはCが事故を引き起こしたと主張し，事故による足の骨折の損害として6万ドルを請求する。Lは，さらに，M医師に対して，事故後の足の治療に過失があったとして，3万ドルの損害賠償を求めた。』

→請求は密接なものであれば合算できるが，そうでない場合は合算できないのが伝統的な法理である。まず，Aでは，請求は別個独立であるので合算はできない。したがって不適格である。Bでは，反訴の額は10万ドルであるが，そもそも，訴額は原告の請求によって決まるので，原告の6万ドルの請求では不適格である。Cでは，2人に対する請求は同一の自動車事故から生じたもので

55

第Ⅰ編　論　説

あり，密接である。したがってこれが正解となる。ちなみにDでは，それぞれの被告に対する訴えは別のものであり，両者を合算することはできない。したがって不適格である。

※　州籍（domicile）…州籍相違事件であるためには，まず，州籍はどのように決められるかを明らかにしなければならない。英語でいう「ドミサイル」のあるところが州籍となる。ドミサイルは，わが国の「住所」，「居所」とは一致しない概念である（「本居」と訳されることもある）。ドミサイルになる要件は二つあり，「期間を定めずに（永久に）住み続ける意思」と「ある州に住むこと」である。たとえば，ニューヨーク州民の両親からニューヨーク州で生まれ育った子はニューヨーク州民である。この子が大学卒業時まではずっとニューヨークに住んでいたが，イリノイ州にあるロー・スクールに通うためにイリノイ州に住み始めた場合，どちらの州の州民になるであろうか。それは子の意思によって異なってくる。すなわち，もしその子の気持ちがロー・スクールを卒業するまではイリノイ州にいるが，卒業後はニューヨーク州に戻ってくるつもりであれば，その子の州籍はずっとニューヨーク州のままであり，イリノイ州民になることはない。イリノイ州には「期間を定めずに住み続ける意思がない」からである。それに対して，もし子がロー・スクール卒業後も，イリノイ州で就職し，ずっとイリノイ州に住み続けるつもりであれば，ロー・スクールに進学しイリノイ州に住み始めたときからイリノイ州民となるのである。

　具体例を挙げる。Glannon p5
『モンタナ州で生まれ育ったマーラは，高校を卒業した後，デンバーの美容学校で美容師になるための2年間のプログラムに参加するために，コロラド州へ引っ越した。彼女は本当に美容師になりたいかどうかどうかははっきりわからなかったが，家から出たいと強く思っており，両親が授業料を払ってくれたので，家を出ることにした。マーラは美容師の仕事が気に入り，その後美容師としての仕事につけたなら，デンバーあるいはモンタナ州等の西部のどこかに住もうと思っていた。しかし，美容師の仕事を好きになれないときは学校を辞め，できればデンバーで何か仕事を探すつもりであった。マーラは6か月契約でアパートを借りた。デンバーに引っ越した後，マーラの州籍はどこになるであろ

3 アメリカ民事訴訟法のしくみ

うか。』

→設問のような場合には，マーラの州籍はコロラド州になる。なぜならば，美容学校のプログラムは2年間であるが，マーラの気持ちとしてはその後も，期限を定めずに，コロラド州に住む意思があるからである。

ちなみに，会社については，州籍は二つある。一つは，会社が設立された州であり，もう一つは，会社の本社（principal place for business）のある州である。

具体例を挙げる。Glannon p10 参照。

「Oはオレゴン州に住んでおり，そこを離れるつもりはない。Oはアイダホ州で働いている。Oは，カリフォルニア州の連邦裁判所に訴えを提起し，アイダホ州民のCおよびB社を被告とした。B社はカリフォルニア州で設立され，本社はアイダホ州にある。Oはそれぞれの被告に対して20万ドルの損害賠償を求める。B社はオレゴン州に125人の従業員を擁する大きな販売事務所を有している。B社の社長であるRはオレゴン州に住んでいる。」

→この設問の場合，原告Oの州籍はオレゴン州である。働いているアイダホ州ではない。被告のCはアイダホ州民であり，また，B社の州籍はカリフォルニア州とアイダホ州である。オレゴン州に大きな事務所があることや社長がオレゴン州に住んでいることは関係ない。したがって，原告と被告の州籍は完全に相違し，また，訴額は7万5000ドルを超えているので，管轄権は適切である。

別の具体例を挙げる。Glannon p12 参照。

「テキサス州のAとPは，契約の不履行を理由に，A社をテキサス州西部地区の連邦裁判所に訴えた。A社は芝刈り機を製造する会社である。同社はデラウェア州で設立された。同社はテキサス州エルパソに大きな組み立て工場を有しており，そこでは500人の社員が働いている。テネシー州にも別の工場があり，そこでは芝刈り機のハンドルを製造しており，25人の社員が働いている。会社の本部は，オクラホマ州のタルサにあるオフィスビルの12階の一角にある小さな事務所にある。そこでは，総勢15人の役員や社員が働いている。」

→この設問については，まず，被告の州籍がどこにあるかが問題となる。設立されたデラウェア州は州籍の一つである。問題は，本社がどこであるかである。これについては役員等のいる司令塔が本社であるとする説（brain test）と大き

57

第I編　論　説

な工場があるところとする説（muscle test）があるが，前者が支配的である。
したがって，500人の社員がいる工場のあるテキサス州は州籍とはならず，役
員等15人が働いているオクラホマ州が本社であり，州籍となる。したがって，
原告と被告の州籍は完全に相違しているので，事件は審理される。

※　完全なる州籍相違（complete diversity）

　わが国の民法に相当する，アメリカの契約法，不法行為法，不動産法（real
property 不動産の売買や賃貸借を扱う）等々の民事実体法は州法である。州法上
の請求は州裁判所で行うのが原則である。たとえば，A州の州民であるXが同
じA州の州民であるYを訴えるのは，A州の州裁判所になる。これに対し，A
州の州民であるXがB州の州民のYを相手に訴えるのが州籍相違事件であり，
このときは，訴額の制限はあるが，州裁判所ではなく，連邦裁判所でも審判さ
れることができる。その理由としては，州裁判所は，自州の州民の保護に傾き，
他州の州民にとっては不利な裁判になるのではないかとの懸念があるためであ
る。そこで，州の利益とは距離をおく連邦裁判所のほうがより公平な裁判が期
待できるとの理由から州籍相違事件には連邦裁判所の管轄権が認められている
のである。

　上記のことから，州籍相違は「完全なる州籍相違」でなければならないとさ
れる[22]。完全なる州籍相違とは，原告と被告の間で，同じ州の者が一組もい
てはならないということである。たとえば，原告がA州民で，被告がB州民と
C州民であれば，完全な州籍相違になる。しかし，原告がA州民で，被告がB
州民とA州民である場合は，原告と被告の一人が同じ州の州民であるので，完
全なる州籍相違とはならない。この例で，裁判所がA州の州裁判所であっても，
原告，被告それぞれに自州の州民がいるので，公平に裁判されるからである。

具体例を挙げる。Glannon p9 参照。

『次の中で州籍相違管轄が欠けているのはどれか。

A ヴァージニア州のマディソンとジェファーソンおよびマサチューセッツ州の

---

(22) Strawbridge v. Curtiss 7 U.S. (3 Cranch) 267. 2 L.Ed.435 (1806).

3 アメリカ民事訴訟法のしくみ

ゲリーがニューヨーク州のハミルトンおよびペンシルヴァニア州のフランクリンを訴える。

Bヴァージニア州のマディソンがメリーランド州のラファイエットおよびワシントン社を訴える。ワシントン社はデラウェア州で設立され，本社はメリーランド州にあり，そして，ヴァージニア州に大きな事務所がある。

Cヴァージニア州のマディソンが，デラウェア州で設立され，ヴァージニア州に本社があるアダムス社を訴える。

D裁判所は，上記のBおよびCについては管轄権を欠く。』

→この設問に対する正解はCである。というのは，原告の州籍はヴァージニア州であり，また，被告の州籍もヴァージニア州だからである。つまり，完全州籍相違がないのである。

別の事例を挙げる。Glannon p14 参照。

『ミズーリ州民のCおよびアイオワ州民のRは次の者を被告として訴える。Jはバーモント州民である。アメリカ市民のGはずっとフロリダ州に住んでいたが最近イギリスへ引っ越し，そこで期限を定めずに住むつもりである。フランス女性のTはアイオワ大学の1年間の客員教授としてアイオワ州に引っ越し，そこで終身在職権（tenure）を得て，ずっと留まりたいと願っている。この訴訟は州籍相違に基づいて連邦裁判所に提起された（Tはまだ合衆国の永住権を取得していないとする）。』

→この事例では，原告の州籍はミズーリー州とアイオワ州である。被告Jの州籍はバーモント州である。また，被告Gはアメリカ人ではあるが，現在はイギリスに住み，そこにずっと住み続けるつもりであるので，州籍はアメリカにはない。フランス女性Tは外国人であるが，連邦裁判所の管轄権はアメリカ人と外国人との間の争訟に及ぶ。（合衆国憲法第三条第二節第一項）参照。したがって，結論としては，もしGが訴訟に留まるときには，管轄権がないが，原告と被告TおよびJの間では訴訟が行われることになる。

※　最少州籍相違（minimal diversity）

　しかし，近年，クラス訴訟のように，多数の者が原告となる訴訟では，原告

第Ⅰ編　論　説

の中に被告と同じ州籍の者が存在することが多いので，完全なる州籍相違には
ならなくなる。しかし，クラス訴訟のような複雑な訴訟の裁判には，州裁判所
よりも連邦裁判所のほうが適しているので，クラス訴訟については，完全なる
州籍相違でなくともよいとの規定がある[23]。

2　連邦問題

　連邦裁判所の管轄に服する今一つの類型としては，連邦法上の請求に認めら
れる，いわゆる連邦問題がある。これは連邦法上の請求なので，訴額にかかわ
らず連邦裁判所に管轄権がある。すなわち，7万5000ドルを超えなければな
らないという制限はない。

　しかし，連邦問題で連邦裁判所に管轄権がある場合でも，州裁判所の管轄権
と競合することが多く，連邦裁判所の専属管轄になるためには，当該連邦法で
専属管轄が規定されている場合のみである。連邦裁判所の専属管轄に属する事
件の代表としては，パテント（patent）事件がある。

　連邦問題で注意しなければならないことが2つある。1つは，原告の請求が
連邦法上の請求でなければならないことである。被告が反訴で連邦上の請求を
しても連邦問題とはならず，連邦裁判所の管轄権は生じない。今1つは，原告
の請求は連邦法上の請求でなければならず，州法上のものであってはならない
ことである。これは当然のことであるが，日本人にはわかりにくいことである。
というのは，アメリカでは，民事の基本法，たとえば，契約法，不法行為法，
不動産法（不動産の売買や賃貸借を扱う）等々はすべて州法であり，一見，連邦
法の問題に見えるものも，結局，たとえば，契約不履行の問題であれば，州法
上のことなのであり，連邦問題とはならない。

具体例を挙げる。Glannon p29 参照。
『C社は元社員であるGを文書による名誉棄損があったとして，不法行為請求
を提起した。この訴訟は連邦地方裁判所に提起され，Gは，C社が連邦の建設
プロジェクトにおいて水で薄めたコンクリートを使っていたとの虚偽の報告を

---

(23)　28 U.S.C. §1332 (d)(2)参照。

60

連邦当局に対して行ったと主張されている。Gは，当局に報告書を提出したことは認めるが，その報告書は言論の自由を保障する合衆国憲法修正第一条によって保護されると答弁した。Gは，また，連邦内部告発者保護法（Federal Whistleblower Act）に基づく反訴を提起した。同法は連邦政府に対して行った報告が誤りだとして解雇もしくは懲戒を受けた者に対する損害賠償を認める法律である。訴状に対して答弁した後，Gは連邦裁判所の事件管轄権を欠くとして，訴え却下の申立てを行った。この申立てはどのように処理されるべきか。』
→この事例において，原告の請求は文書による名誉棄損に基づく不法行為訴訟である。不法行為訴訟は州法であるから，連邦問題とはならない。また，この事例で，被告が連邦法上の請求を反訴として行っているが，連邦問題となるか否かに反訴は関係ない。したがって，この事例は連邦問題ではなく，連邦裁判所の管轄権には入らないので，訴え却下の申立ては認められる。

別の事例を挙げる。Glannon p34 参照。
『2012 年，Mはルイビルとナッシュビル間の鉄道の無料パスの更新を拒絶された。そこで，Mは，契約の不履行を理由に鉄道会社を訴え，鉄道事故による損害賠償責任を放棄する見返りとして，Mに無料パスを生涯更新し続ける合意があったと主張する。Mは，鉄道会社が更新を拒絶したのは無料パスを禁じる連邦法が新たに作られたからであるが，この法律は，この法律制定後に発行されたパスのみに適用されると主張した。当事者の双方はケンタッキー州民である。鉄道会社が連邦裁判所の管轄権を欠くとして訴え却下の申立てを行った。裁判所はどのように処理すべきか。』
→この事例では，連邦法という言葉は出てくるが，原告の請求は，契約不履行なのであり，すなわち，州法上の請求である。したがって連邦問題とはならず，連邦裁判所の管轄にはならない。したがって，訴え却下の申立ては認められる。

別の事例を挙げる。Glannon p35 参照。
『弁護士のMは，特許法違反の訴訟でGを訴訟代理する（特許事件は，28U.S.C.§1338 (a)に基づいて連邦裁判所に提起されなければならない）。裁判所はGの特許は無効であると判示した。というのは，Gが特許を求めている製品の販売から

第 I 編 論　説

1 年以内に特許保護の申請をしなかったからである。

　特許侵害訴訟の敗訴の後，Gは，州法上の不法行為請求である弁護過誤を理由に，Gを州裁判所に訴えた。Gは，Mが前の訴訟でできたはずの説得力ある主張をしなかったために敗訴したのであり，もししていれば特許は有効であると認定されたであろうと主張した。Mは州法上の弁護過誤訴訟の却下の申立てを行い，連邦特許法の下で生じた請求であるので，連邦裁判所に提起されなければならなかったと主張した。』

→この事例では，原告の請求は弁護過誤という州法上の請求であるが，連邦法とまったく関係がないとは言えない。この訴訟では，連邦裁判所の専属管轄である特許が有効であることを主張しなかったことに過失があったとされており，連邦問題が前提とされているのである。

　州法上の請求が連邦問題に基づいて（arising under）生じたか否かの判断は難しく，ちなみに，この事例の正解は，この訴訟は，特許法に基づいているのか否かは不明というものである。

グラノンの事例　Glannon p37 参照。

『Eは契約不履行を理由にFを訴え，Fは 2011 年 1 月 1 日にハイリスクの証券をLに売り渡すことに合意したが，指定の期日に交付しなかったと主張した。Fは，売買に合意した後，しかし交付の期日前に，そのような販売は違法だとする連邦法が制定されたことを抗弁として主張した。』

→この事例では，合衆国憲法第三条第二節の規定と連邦法令集 28 U.S.C.§1331 の規定の解釈をめぐって判例が対立していることが背景にある。すなわち，Mottley 判決では §1331 を狭く解釈し，連邦問題となるためには，原告の請求が連邦法上のものでなければならないとした。これに対して，Osborn 判決では，合衆国憲法第三条第二節の「arising under」を広く解釈し，被告が連邦問題を持ち出した場合であっても，その連邦法上の抗弁が訴訟の「構成要素」（ingredient）となっているときには連邦問題として，連邦裁判所の管轄を認めるのである。したがって，この事例の正解は，憲法の規定の解釈からは連邦法に基づいて生じたとされるが，§1331 の規定の解釈からは連邦問題とはならない。

3 アメリカ民事訴訟法のしくみ

グラノンの事例　Glannon p38 参照。

『連邦下院のスミス議員が，28 U.S.C.§ 1331 の要件に7万5000 ドルと1セント以上の係争価額でなければならないとする法案を提出することができるか。』
→連邦問題については，州籍相違事件のように係争価額が7万5000 ドルを超えなければならないという制限はない。しかし，連邦法によってこのような制限を設けることは違憲とはならない。

グラノンの事例　Glannon p41 参照。

『原告は，連邦法であるランバン法に基づいて被告を訴える。どこの裁判所に提起することになるか。』
→連邦問題だからと言って，連邦裁判所に訴えなければならないということはない。多くの場合は，州裁判所と競合する。連邦裁判所の専属管轄となるのは，その連邦法に専属管轄が明記されている場合に限られる。

グラノンの事例　Glannon p42 参照。

『フロリダ州民のAはケンタッキー州民のMを連邦裁判所に訴える。Aは，Mはごみ処理会社 AD 社の運転手であり，過失によってトラックから危険物質を散乱させたため，Aの不動産が汚染されてしまったと主張した。Aは，また，同じ訴訟で，フロリダ州の会社である AD 社に対して連邦有毒物運送法違反を理由に訴えた。この法律は二重のコンテナを備えていないトラックによる有害物質の運送を禁じており，また，これによる損害の賠償を認めている。Aの損害額は数十万ドルに達するとみられている。

　　Mは訴状に対して，運転に過失がなかったと答弁した。AD 社は連邦有毒物運送法が二重のコンテナを要求していることは認めるが，そのトラックから有毒物質が散乱したことは否認する。トラックにはそのような物質は積んでいなかったのであり，汚染物質は別のトラックが散乱したに違いないと主張した。』
→まず，AのMに対する訴えは州法の不法行為の問題であるから，連邦問題とはならない。しかし，Aはフロリダ州民でMはケンタッキー州民であるので，州籍相違が認められ，連邦裁判所に管轄権があることになる。

　　つぎに，Aの AD 社に対する訴えは連邦法である有毒物運送法に基づく訴

63

第 I 編 論　説

訟なので，連邦問題の要件を満たし，連邦裁判所に管轄権があることになる。
　したがって，両請求について連邦裁判所に管轄権があることになる。

グラノンの事例　Glannon p45 参照。

『モンタナ州民の I は，U 社を訴える。U 社はデラウェア州で設立され，本社
はモンタナ州にある。I は連邦法である「雇用における年齢差別の禁止法」に
基づいて，連邦裁判所に訴える。I は，U 社が年齢を理由に I を解雇し，若い
社員に入れ替えたと主張する。I は，また，訴状において第二の請求を提示し，
I を解雇することは雇用契約の違反になると主張した。さらに，I は，第三の
請求として，I が解雇される 1 年前に，U 社が I が創作した砥石車のデザイン
を盗用したと主張する。I は，雇用の過程においてではなく，自らの手で砥石
車を発明したのだから，U 社には I の同意なくしてそのアイデアを使用する権
利はないと主張した。
　連邦裁判所が事件管轄権を持つのはどの請求についてか。』
→まず，第一の請求は，連邦法に基づくものであるため，連邦問題の要件を満
たし，連邦裁判所に管轄権がある。
　第二の請求は，契約違反に基づく請求であるから，州法上の請求であり，連
邦裁判所に管轄権はないはずである。
　第三の請求は，不正使用にかかるものであり，これも州法上の請求である。
したがって連邦裁判所の事件管轄権にはならない。
　問題は第二の請求である。第二の請求は州法上の請求であるから，それだけ
では，連邦裁判所の管轄にはならないが，連邦問題と同一の事実関係から生じ
たものであるときは，28 U.S.C. § 1367 (a) に基づいて付加的管轄権 (supplemental
jurisdiction) として連邦裁判所の管轄が認められるのである。したがって，正
解は，第一と第二の請求である。

グラノンの事例　Glannon p46 参照。

『ウィスコンシン州民の T はウィスコンシン州民の賃貸人 I を訴え，T が I か
ら賃借している建物が倒壊したときに受けた損害を請求する。T は，連邦住宅
法に基づいて補助金を受けている賃借人に賃貸する建物に適用される連邦法上

の建築基準に従っていなかったことに過失があると主張した。Ｉは責任を否認する答弁書を提出し，その後，両当事者は開示の段階に進んだ。

　10か月後，Ｔは事件の審理を担当することになった連邦判事に不満を抱くようになった。Ｔは，その請求が連邦問題となるか否かについて若干の疑問を持ったので，同事件は連邦法の下で生じたものではないと主張して，連邦裁判所の管轄権の欠缺を理由に，訴えの却下を申し立てた。この申立てはどのように扱われるか。』

→この事例では，まず，連邦裁判所に訴えたことが管轄権の欠缺に対する異議の放棄とはならない。また，10か月間争ったことも異議の放棄とはならない。したがって，裁判所がこの訴訟が連邦法の下で生じた事件であるとの要件を満たさないと判断するときには，異議を認めることになる。

Ⅲ　人的管轄権（personal jurisdiction）

　人的管轄権は，連邦裁判所であると州裁判所であるとを問わず，ある州に存在する裁判所の管轄権に被告が服するか否かの問題である。人的管轄権を生じさせる伝統的な事由としては，①被告が法廷州の州民であること（州籍を持っていること），②法廷州に存在するときに，訴状等を交付送達されること，③被告が管轄権に同意していることである。近年では，判例の展開に呼応するような形で，各州でいわゆるロング・アーム法が制定されている。

1　伝統的な事由
① 　法廷州の州民であること
　Ａ州の州民である原告Ｘがａ州の裁判所にＹを提訴したとする。このとき，ＹもＡ州に州籍を持つ州民であれば，Ｙに対して対人管轄権が生じる。上記のように，州籍は，期限を限定して他州へ行き，そこで生活している場合にも州籍は変わらないので，Ａ州の裁判所の管轄に服する。

② 　法廷州内に存在すること，および，法廷州内での交付送達
　被告が法廷州に存在し，かつ，法廷州で交付（直接）送達を受けること。

第 I 編　論　説

　他州の州民であっても，被告が法廷州へ行き，そこで交付（直接）送達を受けたときは，人的管轄権が生じる。法廷州に行った理由や滞在時間には関係なく生じる。たとえば，ニュージャージー州民である夫が出張旅行および子供らを訪問するために，カリフォルニア州の空港にいたときに，カリフォルニア州裁判所の召喚状（summons）および別居中の妻の離婚申立書の送達を受けたときには，被告の夫に対する人的管轄権があるとされた[24]。

グラノンの事例　Glannon p72 参照。

『Nは，契約違反でJを訴えるために，オレゴン州で弁護士Mに依頼した。Nは報酬としてMに 300 ドル支払うことに同意した。Mは仕事を行った。しかし，Nはカリフォルニア州へ行ってしまい，Mに報酬を支払わなかった。MはNに報酬を求める訴えをオレゴン州の州裁判所に行い，Nが本件とは関係のない用事でオレゴン州を訪問中，オレゴン州で訴状等の送達を行った。Nはすぐにまたカリフォルニア州に戻ってしまい，それ以後オレゴン州に来ることはなかった。ペノイヤー判決に示された人的管轄権に関する理論によれば，オレゴン州の裁判所に人的管轄は生じるか。』

→オレゴン州の裁判所はNに対して人的管轄権を行使できる。ペノイヤー判決で示されたように，他州の人であっても，ある州の中に現実に存在するときに，訴状等の送達を直接に受けた場合には，当該州の人的管轄権が生じる。設問のように，Nがオレゴン州に滞在した理由が別の用事であっても構わないし，また，オレゴン州内で送達を受けた後に，カリフォルニアに行き，そのままそこに滞在していても構わない。

③　被告の同意（consent）

　被告の同意は明示でも黙示でもよい。異議を留めぬ出廷（general appearance）を通してなされたものであってもよい。しかし，人的管轄権を争うためだけに出廷する限定的出廷（special appearance）の場合には，同意にはならない。

---

(24) Burnham v. Superior Court 495 U.S. 604 (1990)。また，前掲注(13)・アメリカ法判例百選 152 頁参照。

④ ロング・アーム法

州によっては，他州民に人的管轄権を行使できる状況を規定するロング・アーム法を制定している。しかし，州はいかなる内容でも規定できるわけではなく，合衆国憲法が保障する適正手続条項に反してはならないとの制限がある。したがって，その内容は，以下に紹介する連邦最高裁判所の判例に倣った内容になっている。

2　人的管轄権に関する判例の展開

ペノイヤー事件で明らかにされたように他州の人間であっても法廷州に存在しかつ法廷州内で交付送達を受けた場合には，人的管轄権が生じる。ということは，逆に，他州（たとえばB州）の人間が法廷州（たとえばA州）にやって来て，A州で事故を起こしたが，原告がA州で裁判を起こし，送達をしようとしたときに，被告はすでにB州に戻っている場合には，被告に対して管轄権を生じさせることはできなくなる。したがって人的管轄権の最大の問題は，他州の被告が法廷州とどのような関わり（コンタクト）を持った場合に人的管轄権を生じさせることができるかである。言い換えれば，被告にどのような適正手続（デュー・プロセス）を与えるかが課題となる[25]。

州外の被告に対して人的管轄権を認めることになった画期的な判例としては，1945年のインターナショナル・シュー判決がある[26]。

この事件の概要は以下のようであった。靴類の製造・販売を業とする被告のインターナショナル・シュー会社は，デラウェア州で設立され，本社はミズーリ州セントルイスにある。同社はワシントン州には営業所を有していなかったが，1937年から1940年までの間，ワシントン州に居住する10人余りのセールスマンを雇い，展示会等を催して靴の販売を行っていた。セールスマンに支

---

(25) 1980年代までの判例の展開については，坂本正光『アメリカ法における人的管轄権の展開』（1990年）がある。

(26) International Shoe v. State of Washinton Office of Enemployment Compensation and Placement, 326 U.S. 310（1945）。また，前掲注(13)・アメリカ法判例百選 P154 参照。

第Ⅰ編　論　説

払う報酬の総額は毎年3万ドルを超えていた。

　ワシントン州では，雇用主に対して失業保険基金への保険料を支払うことを要求していた。インターナショナル・シュー会社が保険料を支払わなかったためワシントン州がその支払いを求めて提訴したのが本件である。被告はワシントン州の裁判所の管轄権は被告には及ばないと争った。確かに，従来の伝統的な理論では，他州の法人が法廷州内で交付送達を受けていないのであるから人的管轄権が認められない可能性があった。しかしながら本件の判旨によれば，インターナショナル・シュー会社のワシントン州内での活動は組織的かつ継続的な取引であり，その取引の過程で，同社はワシントン州の保護を享受したのである。本件で訴えられている義務は，まさにこのような活動から生じたものであった。公正さと実質的正義についての伝統的な観念によれば，法廷州で同社が負う義務を法廷州が同社に強制することを正当化するような法廷州との関連に，当該活動が相当することは明らかであるとしたのである。

　このように，インターナショナル・シュー社は，ワシントン州に営業所や自社の社員はいないものの，継続的かつ組織的な取引を行っていたのであり，一般的管轄権があると認められたのである。

　上記に対して，継続的かつ組織的な取引ではなく，単発の契約であっても，まさにその契約から生じた請求権が訴訟の対象となっているときは，人的管轄権が認められるとする判例もある[27]。

グラノンの事例　Glannon p76 参照。

『Cはバーモント州に住む大工であるが，バーモント州以外でも仕事をしている。バーモント州の顧客の他に，Cには，ニューヨーク州およびマサチューセッツ州にも若干の顧客がいる。昨年，Cはニューヨークの顧客のためにガレージを建設し，また別のニューヨークの顧客の家の増築工事も行った。これは年間の建設の仕事の5パーセントであり，ニューヨークでの年間の仕事の平均である。

---

(27)　McGee v. International Life Ins. Co., 355 U.S. 220 (1957)

3 アメリカ民事訴訟法のしくみ

Cがマサチューセッツ州の仕事をするために自動車を運行中，マサチューセッツ州内で，ニューヨーク州民のMと交通事故を起こした。Mはニューヨーク州の州裁判所に損害回復を求めるためにCを提訴した。』

→もしCがニューヨーク州と組織的かつ継続的に関わりをもっていれば，一般的管轄権が生じる。すなわち，請求の内容に関わりなく，ニューヨーク州に人的管轄権が生じる。しかしながら，この設問では，Cとニューヨーク州との関係は，一般的な管轄権を生じさせるほどのものではない。したがって，事件がCのニューヨーク州における建築契約に基づく請求であるならばともかく，設問の場合は，マサチューセッツ州で起きた自動車事故の請求であるので，ニューヨーク州の人的管轄権は生じない。

グラノンの事例　Glannon p80 参照。

『Bは，医療用のソフトウェアを開発するⅠ社の副社長である。Bは，ヴァージニア州に大きな研究施設があるM病院が，自社とライバル関係にある MS 社と契約を締結する計画があることを知る。MS 社はヴァージニア州に事務所があるヴァージニア州の会社であり，遺伝子の研究機関を支援するためのソフトウェアを開発している。Bは，M病院の副院長に電話をかけ，MS 社の製品の欠陥を詳細に説明した。この説明を聞いた結果，M病院は MS 社との契約を破棄した。MS 社は，事情を知り，取引を妨害したとの理由で，Bをヴァージニア州で訴えた。Bは人的管轄権の欠缺を理由に，訴えの却下を申し立てる。』

→Bはヴァージニア州に行ったわけではないので，コンタクトがないようにも見える。しかしながら，ヴァージニア州のM病院に電話をかけ，契約成立の妨害行為をしたのであるから，法廷州であるヴァージニア州を意図的に利用したと言えるのであり，Bの人的管轄権は認められる。したがって，Bの訴え却下の申立ては却下される可能性が高い。

グラノンの事例　Glannon p83 参照。

『ウィスコンシン州民のFは，ミネソタ州の姉を訪問したときに，姉の大学時代のクラスメートであるLに会った。Lはミネソタ州の自動車セールスマンである。FはLと話をし，自分はウィスコンシン州民であることをLに伝えた。

第 I 編 論　説

FはLから高価なマセラッティーを買う契約をした。Lはウィスコンシン州との州境から20マイルのところで中古車を取引している。家に帰った後，FはLに小切手を送る。Lは小切手を現金にしたが，車は買わず，Fと再び連絡を取ることはなかった。Fは詐欺を理由にウィスコンシン州でLを訴える。Fがウィスコンシン州で訴えを起こした理由の一つは，ウィスコンシン州が詐欺に対して厳しい法律を制定しており，自動車の販売に詐欺があったときには三倍賠償を認めていることである。ウィスコンシン州の裁判所はLに対する人的管轄権を持つであろうか。』

→Fが自らの州であるウィスコンシン州で裁判をしたいのは理解できるし，さらには，ウィスコンシン州の法律が自動車取引の詐欺に厳しい法律を制定していることも同州で裁判を起こしたい気持ちになることは理解できる。また，Lはウィスコンシン州の州境から20マイルのところにいるのであるから，ウィスコンシン州の裁判所で裁判をしても，それほど不便ではないかもしれないが，これらの事情は，人的管轄権の有無の判断には関係はない。大事なことは，法廷州のウィスコンシン州とLのつながりである。Lはウィスコンシン州に行ったことはなく，契約はミネソタ州で結ばれたのである。Fがウィスコンシン州民であることは知っていたが，契約の交渉や締結はミネソタ州で行われたのである。したがって，Lには，人的管轄権を生じさせるほどの法廷州とのつながりはなかったと言える。

意図的な利用（purposeful availment）

　人的管轄権の展開において，現在の判例理論となっているのは，2011年のニカストロ判決で判示された「意図的な利用」の理論である。すなわち，被告が法廷州を意図的に利用した，あるいは，意図的に関連を持った場合に管轄権が生じるものとする。

　ニカストロ事件の概要は以下のようであった。イギリスの会社であるマッキンタイヤー社が製造した金属切断機を使用していたニュージャージー州のニカストロがこの機械を操作中に指を切断してしまった。ニカストロはマッキンタイヤー社を被告として製造物責任訴訟をニュージャージー州の一審裁判所に提起した。被告マッキンタイヤー社は法廷州であるニュージャージー州とは「最

小限度のコンタクト（minimum contact）」がないと争った。最高裁判所は，
マッキンタイヤー社の製品がニュージャージー州で流通（stream of commerce）
があるだけでは同社がニュージャージー州を意図的に利用したとは言えないと
して，人的管轄権を否定した。

グラノンの事例　Glannon p87 参照。
『A社はジョージア州でドリル・プレス（穿孔盤）を制作している。同社は，
ペンシルヴァニア州のE社を含めて，数社の問屋に卸している。同社は 2011
年にE社に対して 500 台の穿孔盤を販売した。E社は，その中から 3 台をメ
リーランド州のM社に販売した。M社から穿孔盤を購入した会社の従業員であ
るPがメリーランド州でそれを使用中に怪我をした。PはA社に対してメリー
ランド州の州裁判所に訴えを提起し，損害賠償を求めた。A社は，この他には，
メリーランド州とコンタクトはない。ニカストロ判決の後，メリーランドの裁
判所はどのような判断をするであろうか。』
→確かにA社の製品は，流通の流れによって，メリーランド州まで到達してい
るが，メリーランド州へは，問屋を通して 3 台しか販売されていないのである。
したがって，ニカストロ判決で示されたようにA社は，メリーランド州を意図
的に利用しているとは言えないので，人的管轄権は生じない。

グラノンの事例　Glannon p88 参照。
『A社はジョージア州でドリル・プレス（穿孔盤）を制作している。同社は，
ペンシルヴァニア州のE社を含めて，数社の問題に卸している。同社はE社に
500 台のドリル・プレスを販売し，メリーランド州で製品が販売されたならば
リベイトを提供することに同意した。メリーランド州には販売店はない。E社
はメリーランド州のアナポリスにあるM社に 5 台の穿孔盤を販売する。M社か
ら穿孔盤を購入した会社の従業員であるPがメリーランド州でそれを使用中に
怪我をした。PはA社に対してメリーランド州の州裁判所に訴えを提起し，損
害賠償を求めた。A社は，本件以外は，メリーランド州とコンタクトはない。
ニカストロ判決の後，メリーランド州の裁判所はどのような判断をするであろ
うか。』

第 I 編 論　説

→この設問は，前問と同じような内容であるが，大きく異なることとして，販売店のないメリーランド州において精力的な販売活動を行い，メリーランド州での製品の販売にリベイトを払っている点である。このことによって，A社は意図的にメリーランド州を利用しているとも言えるので，A社に人的管轄権が生じるとされているようである。

グラノンの事例　Glannon p90 参照。

『A社はジョージア州でドリル・プレス（穿孔盤）を制作している。同社は，ペンシルヴァニア州のE社を含めて数社の問屋に卸している。同社はE社に対して年間およそ 500 台を販売している。E社はさらに，メリーランド州を含めた 10 州に販売している。E社はメリーランド州では年間およそ 100 台を販売している。同社はメリーランド州のアナポリスにあるM社に 1 台を販売する。M社から穿孔盤を買った会社の従業員であるPがアナポリスでそれを使用中に怪我をした。PはA社に対してメリーランド州の州裁判所へ訴えを提起し損害賠償を求めた。A社は，本件以外は，メリーランド州とコンタクトはない。ニカストロ判決の後，メリーランド州の裁判所はどのような判断をするであろうか。』

→メリーランド州では毎年およそ 100 台もの穿孔盤が販売されているので，継続的かつ組織的なコンタクトが築かれているので，A社に人的管轄権が生じることは認められるであろう。

V　裁判地（venue）

1　裁判地の意義と内容

　アメリカ合衆国は 50 の州で構成されているが，連邦地方裁判所（federal district court）が存在する地区（district）は全米で 94 ある。すなわち，人口も少なく，面積も小さい州には一つの地区しかないが，たとえば，カリフォルニア州，ニューヨーク州，テキサス州等，人口も多く面積も広い州には複数の地区がある。裁判地（venue）は，ある州に連邦裁判所の事件管轄権および人的管轄権が存在することを前提に，地区が複数ある場合，どこの地区の裁判所で

3 アメリカ民事訴訟法のしくみ

裁判をするのが当事者にとって便宜であるかを決めるものであり，わが国の土地管轄に近い概念である。

　裁判地と事件管轄（subject matter jurisdiction）では，つぎのような諸点で違いがある。

①　裁判地に対する異議は時宜に適ってなされないときは放棄したものとみなされるが，事件管轄については放棄はできない。

②　裁判地の問題については，裁判所は職権で取り上げる義務はない。

③　裁判所は職権で事件管轄の有無を考慮しなければならない。

③　裁判地については，当事者の合意によって決めることができる。

④　裁判地の問題は，訴訟の開始時に決着されるが，事件管轄は訴訟の終了時まではいつでも問題とすることができる。

⑤　裁判地が不適切と判断された場合の解決方法は，通常，適切な裁判地への訴訟の移送であるが，事件管轄の欠如は訴訟の却下となる。

⑥　裁判地が不適切であっても判決の効力に問題はないが，事件管轄の問題があれば，判決の効力について問題が生じる[28]。

　また，裁判地と人的管轄権では，つぎのような違いがある。

①　裁判地は，人的管轄権と異なって，訴えの提起があった当初の請求に適用され，後に追加される請求によって左右されない。

②　追加された請求が当初の請求と十分な関連性を有するときは，これらの請求は「付加的」，「付随的」，「派生的」な請求となる。

③　裁判地が不適切あるとの主張は被告に証明責任のある抗弁であるが，人的管轄権の存在は原告が証明しなければならない[29]。

　連邦レベルでは，裁判地の一般的規定は 2011 年に大幅に改正された。新しい法律の下では，①すべての被告が同一の州に居住するときは，いずれかの被

---

(28)　Gene R. Shreve, Peter Raven-Hansen, Charles Gardner Geth, Understanding Civil Procedure. 5th ed.（2013），p.153 参照。

(29)　Id. at 154-155 参照。

第Ⅰ編　論　説

告が居住する地区，28 U.S.C.A. §1391 (b)(1)，②請求権の発生原因である事件（作為）または不作為の主要な部分が発生した地区，または，訴訟の目的となっている財産の主要な部分が存在している地区，§1391 (b)(2)，③上記の基準を満たす地区がないときは，被告が裁判所の人的管轄権に服する地区であれば，どこの地区でもよい，§1391 (b)(3)。

　　具体例を挙げる。『インディアナ州の南部地区に住むＤがＴとＨを被告として訴えた。Ｔはケンタッキー州の西部地区に住んでおり，Ｈはテネシー州の西部地区に住んでいる。Ｄは，同人がオハイオ州の南部地区に建設を計画している建物への融資の取引から生じた損害賠償を求めて訴えを提起した。ＤのＴに対する請求は詐欺に基づくものであり，Ｈに対する請求は連邦貸付真実性（公正貸付法　Truth in Lending Act）違反に基づくものであった。融資に関する当事者間の交渉はテネシー州の西部地区で行われた。Ｄは，被告がプロジェクトに対する融資の初回の割賦金（分割払込み金）を提供した後，また，Ｄが建設を始めた後になって，被告らがプロジェクトの完成のために必要なその後の割賦金の支払いを拒絶したと主張した。このＤの訴訟の裁判地はどこが適切か。』

→この問いに対する解答としては，(A)ケンタッキー州西部地区，(B)インディアナ州南部地区，(C)オハイオ州南部地区，(D)ＡとＣの両方が正解，との４つの選択肢から正解を選ぶことが求められている。

　　まず，本問の場合，被告らは同じ州あるいは同じ地区には住んでいないので，§1391 (b)(1)の適用はない。

　　つぎに，§1391 (b)(2)の適用の有無を確かめることになる。この規定では，請求を生じさせた主要な出来事または不作為があった地区，または主要な財産が存在する地区である。オハイオ州南部地区は建物の建築がなされたという主要な出来事が起こった地区であり，また，被告が２回目以降の融資割賦金の支払いを怠ったという不作為がなされた場所でもある。したがって，(C)が正解である。ちなみに，§1391 (b)(3)によれば，被告Ｈが居住するケンタッキー州の西部地区も正解ではないかとの疑問が生じるかもしれない。しかしながら，§1391 (b)(3)は，同条の(b)(1)と(b)(2)のいずれも適用がされないときに，補充的

3 アメリカ民事訴訟法のしくみ

に使われる規定であるので，本問のように(b)(2)が適用される場合には，(b)(3)の適用はないのである。

　次に，会社が被告のときの規定を紹介する。会社が被告の場合，複数の地区の中でビジネスをしているのは一つの地区に限定されているときには裁判地との関係では，その地区のみが会社の所在地となる。具体例を挙げる。
『カリフォルニア州民のＣがコロラド州のアスペンにスキーに行った。コロラド州は一つの地区しかない州である。身体が引き締まっていないと感じていたＣは友人のＪからエクササイズ・マシーン（運動器具）を購入した。Ｊはカンザス州出身で，アスペンでＣと２週間共に過ごすために，自宅のあるテキサス州からアスペンまで運動器具を運んでいた。その運動器具はテキサス州の会社であるＳ社によって製造されたものである。Ｓ社はテキサス州のみで製品を販売しており，ビジネスをしているのはテキサス州の西部地区のみである。Ｃは運動器具をカリフォルニア州のロサンゼルスに持ち帰り，そこでその器具を使って怪我をしてしまった。
　ＣはＪおよびＳ社に対し州籍相違訴訟を連邦裁判所に提起し，Ｊには運動器具の維持に過失があったとし，また，Ｓ社にはその設計に過失があったと主張した。Ｃの訴訟の裁判地はどこになるべきか。』
→この設問に対する正解は，§1391(b)(2)に基づいて，カリフォルニア州南部地区が適切な裁判地となる。というのは請求権を生じさせる原因となった出来事の主要な部分がそこで生じたからである。
『ＡはＣ社に対して州籍相違訴訟を連邦裁判所に提起したいと考えている。Ｃ社はイリノイ州北部地区に工場と本社を構えているが，イリノイ州の他の地区とは関係（コンタクト）を持っていない。請求は，イリノイ州の工場でのトースターの製造過程に過失があり，このトースターによってジョージア州の中央地区にあるＡの自宅が消失してしまったことに基づく。』
→Ｃ社はイリノイ州北部地区にはコンタクトがあるが南部地区にはまったくない。したがって，§1391(d)によれば，Ｃ社は北部地区に所在する（reside）とされる。したがってイリノイ州南部地区は適切な裁判地とはならない。また，イリノイ州南部地区は，請求権を生じさせる出来事の主要な部分が生じていな

75

第 I 編 論　説

いので，適切な裁判地とはならない。請求権を生じさせる出来事はジョージア
州南部地区で生じており，ここが適切な裁判地となる。しかし，裁判地は一つ
に限定されるわけではなく，イリノイ州北部地区でも請求権を生じさせる出来
事の主要な部分は起きているのであるから，ここも適切な裁判地の一つとなる。

『EX 社は，CP 社に対して，混ぜ物をした品質の悪い化学製品が提供されたた
めに，大量のゴム製品の製造が台無しになったとして，州籍相違訴訟を提起し
た。EX 社は，同社のミネソタ工場に来て化学製品の純度について誤った説明
をしたセールスマンの C も共同被告として訴えた。EX 社はデラウェア州で設
立され，その本社と工場はミネソタ州のみにある。CP 社はフロリダ州で設立
され，本社はニューヨーク州の西部地区にあり，そして，大きな工場がミシガ
ン州の東部地区とアイオワ州の北部地区にあった。セールスマンの C はニュー
ヨーク州の北部地区に住み，そして，ミシガン州の CP 社の工場に定期的に訪
れている。品質の悪い化学製品は CP 社のアイオワ工場で製造された。』
→裁判地として適切な地区は一つとは限らない。本問の場合，§1391 (b)(1) に
よれば，被告は共にニューヨーク州に住んでいるので，ニューヨーク州の北部
地区および西部地区が裁判地となる。また，§1391 (b)(2) によれば，請求権を
生じさせた出来事の主要な部分が起きた場所として，ミシガン州が適切な裁判
地となる。

2　フォーラム・ノン・コンヴィーニエンスと移送

　フォーラム・ノン・コンヴィーニエンス（不便宜地裁判所の法理）とは，「訴
えを受けた裁判所が，裁判管轄権を有するにもかかわらず，当事者・証人の便
宜などのため，裁判管轄権を有する他の裁判所で審理するほうが妥当と考えた
場合に，裁判権を行使せず，訴えを却下ないしは移送することを認める法理」
である[30]。

　具体例を挙げる。「たとえば，R がオクラホマ州でドイツ車のアウディを運
転中に事故に会い，ドイツの会社であるアウディ社に対して損害賠償を求めて，

---

(30)　小山貞夫『英米法律語辞典』(2011) 448 頁。

3 アメリカ民事訴訟法のしくみ

訴えを提起したいとする。事故の後，Rはアリゾナ州に引っ越すが，テキサス州の人身傷害（personal injury）専門の弁護士に依頼する。弁護士は，アウディ社の大きな流通施設があるテキサス州の西部地区に訴えを起こす。この事件は，米国市民と外国人との間の事件であるので，§1332(a)(2)に基づいて，連邦裁判所に提起した。連邦裁判所は，事件管轄権を有するだけでなく，アウディ社がテキサス州において大いに取引を行っていることに鑑み，人的管轄権を認めることができる。そして，裁判地についても，被告のアウディ社がテキサス州西部地区で活発な営業を行っているのであるから，テキサス州西部地区が適切である。したがって，同地区の連邦裁判所がRの請求を審理することはできるのである。しかしながら，常識的に見て，テキサス州で裁判を行う意味はない。というのは，Rの請求を生じさせた出来事の主要な部分は，ドイツまたはオクラホマ州で起きているのであり，原告はオクラホマ州の病院で治療を受けたのであり，そして，現在は，アリゾナ州に住んでいるのである。この事件をテキサス州で審理する必要性は見当らないのである」[31]。

　上記のように，ある裁判所に事件を審理する権限はあるが，現実の諸事情に照らして，他の裁判所で審理した方がより良いと考えられるときには，裁判所は，裁判地不適切ということで，訴えを却下できるのである。

　しかしながら，訴え却下になると，原告はあらためて別の裁判所に訴えを提起しなければならないし，また，この間に，出訴期限が過ぎて，訴えができなくなるおそれもある。このような事態を防ぐために，連邦議会は，移送に関する法律を改正した。28 U.S.C.§1404(a)は次のように規定する。

　「当事者および証人の便宜のため，正義の要請に適うときは，連邦裁判所は，事件を審理する権限のある他の地区の連邦裁判所またはすべての当事者が合意した地区の連邦裁判所へ事件を移送することができる。」

　この移送の規定によって，原告は訴状を作成しなおすこともなく，送達の手間もなく，そして，出訴期限の問題に直面しなくて済むのである。

　したがって，現在では，訴え却下ではなく，訴訟の移送が多く利用されてい

---

(31)　グラノン　注(7)189頁参照。

第 I 編　論　　説

るが，移送では処理できない場合もある。たとえば，連邦裁判所が移送できる
のは他の地区の連邦裁判所であって，外国の裁判所に移送することはできない
のである。この場合には，訴え却下をすることになる。ちなみに，州裁判所に
ついては，他の州の裁判所に移送はできないので，やはり，訴え却下となる。

移送についての具体例を挙げる。Glannon p191 参照。

『コンピューター・プログラマーのＣはテキサス州北部地区に住んでおり，Ａ
社とプログラミングの仕事をする契約をした。Ａ社はデラウェア州で設立され，
本社はイリノイ州の北部地区にある。Ａ社はテキサス州の北部地区に事務所
を有するが，テキサス州のその他の地区に事務所はない。Ａ社は，テキサス
州以外の３つの州で大量の取引をしている。Ｃは自宅から電話およびメールを
使って，テキサス州の事務所およびイリノイ州の事務所にいるＡ社の社員と
契約について交渉した。Ｃは自宅でプログラミングの仕事をし，これはＡ社
のテキサス州の取引に利用されることになっていた。Ａ社は，Ｃが半分の仕事
しかしなかったとして，支払いを拒絶した。Ｃは，契約の下で要求されている
仕事はすべて行ったと考え，Ａ社に対して，20万ドルの契約金の支払いを求
める訴えをテキサス州北部地区の連邦裁判所に提起した。』

→このＣの訴えに対して，Ａが移送を申し立てられるところはどこかを検討
する。まず，テキサス州の南部地区への移送はどうか。これについては，
§1391⒟の規定により，会社であるＡについては，裁判地の関係では，西部
地区のみに所在するとみなされるので，南部地区の裁判所には審理する権限が
ないので，移送できない。イリノイ州の北部地区はどうか。ここにはＡ社の
本社があり，人的管轄権は生じるので，ここへの移送は可能である。しかしな
がら，原告はテキサス州北部地区で，仕事をし，Ａ社の社員と交渉し，損害
を被っている等の諸事情を考慮すれば，裁判地としては，テキサス州北部地区
がより妥当であり，イリノイ州北部地区へ移送することはないであろう。

　グラノンの事例　Glannon p193 参照。

『ヴァーモント州民のＣはカリフォルニア州民のＢおよびニューヨーク州民の
Ｔとカリフォルニア州で事故を起こした。Ｃは，ＢおよびＴの過失を主張して，

ニューヨーク州のアルバニーにある州裁判所に訴えを提起した。Ｃは，Ｂに対して，Ｂがアルバニーを訪問中に訴訟書類の送達を行う。Ｂがニューヨーク州裁判所での裁判から逃れるための理由として最善なものは何か。』

→このような設問に対しては，まず，州裁判所から連邦裁判所への移送（removal）が考えられるが，被告が法廷州の州民であるときは，§1441(b)(2)の規定により，移送はできない。この設問では，法廷州はニューヨークであり，Ｔはニューヨーク州民なので，この制度は利用できない。次に，人的管轄権の欠缺を理由に，訴え却下の申立てができるかである。Ｂはカリフォルニア州民であるが，ニューヨーク州に滞在している間に訴状等の送達を受けているので，人的管轄権は生じており，訴え却下はできない。また次に，州裁判所は他の州の州裁判所に移送することはできない。最後に，Ｂの最善の方策としては，自身がカリフォルニア州民であること，事故はカリフォルニア州で生じたこと，事故に関する証拠もカリフォルニア州で多く収集できること等の諸事情を示して，フォーラム・ノン・コンヴィーニエンスに基づく訴えの却下の申立てをすることである。

グラノンの事例　Glannon p 195 参照。

『Ｚは，オハイオ州民であるトラック運転手のＰおよびその雇い主であるＬ社に対して，ケンタッキー州西部地区で生じた事故の損害賠償を求めて州籍相違訴訟を提起した。Ｚはイリノイ州北部地区の連邦地方裁判所に訴えを提起した。そこにはＬ社の本社が存在している。オハイオ州に住んでいるＰは，裁判地が不適切であることを理由に，訴えの却下を申し立てた。』

→被告Ｐは，連邦民事訴訟規則 12 条(b)(3)に基づいて，不適切な裁判地を理由に訴えの却下の申立てができるので，わざわざ移送の申立てをすることは考えられない。そこで，当事者の申立てが無くても，裁判所が職権で移送をできるかが問題となるが，§1406(a)によれば，裁判所は職権で，移送をすることもできるし，また，却下をすることもできることになっている。

第 I 編 論　説

V　小　括

　本稿では，まず，いわば総論として，アメリカ民事訴訟法の性格とその背景を検討した。アメリカ民事訴訟法の背景には，わが国にはない，判例法主義，陪審制度，州と連邦の2元性などがあり，これらがアメリカ民事訴訟法の性格に大きく影響しているのである。判例主義の帰結として，まず，判例および制定法が一次的法源として，学習の対象となるのに対して，学者の論文は二次法源として，わが国ほど重視されていないこと，つぎに，訴訟法ありきの体系であり，訴訟法としては，あくまで適正な手続（due process）が強調され，さらには，判例による正義の実現のため，事件の諸要因を徹底的に利益衡量する分析手法が取られているのである。

陪審制度の帰結については，裁判官が事実認定を行うことがないことから，資料の収集面や訴訟の進行面の双方について徹底した当事者主導の手続が貫かれていることである。

　州と連邦の2元性の帰結としては，まさに本稿で論じたように，連邦裁判所の管轄権の範囲，どのような手続保障があれば，他州や他国の被告に管轄権を及ぼせるかの問題，適切な裁判地はどこか，等のわが国では見られない重要な課題が存在するのである。

　本稿の後半では，アメリカ民事訴訟法の3つの個別の論点を検討した。いずれも州と連邦の2元性に関わる問題なので，日本人には分かりにくい問題であり，具体的なイメージが湧くように，事例を数多く引用した。今後は，研究方法の見直しも含め，さらに，アメリカ民事訴訟法の全体のしくみの解明に取り組んで行きたい[32]。

（32）　本稿でほとんど触れられなかった，州裁判所から連邦裁判所への移送（removal）やロング・アーム法等の問題にも言及したいと考えている。

4 民事訴訟手続の円滑化と弁護士の責任
—— アメリカ連邦民事訴訟規則 11 条の検討を中心に ——

1 は じ め に

　アメリカ連邦民事訴訟規則 11 条は，不当提訴を抑止し，また，訴訟手続の効率化をはかるために，訴答書面など裁判所に提出する書面について，弁護士に対して，根拠のない書面を提出してはならず，また，訴訟引き延ばしや訴訟費用の増加などの不当な目的で書面を提出してはならない義務を課している。そして，本条の違反がなされたときは，裁判所は，当該書面を却下することができるだけでなく，当事者または弁護士に対して然るべきサンクションを課すことができるとされている。規則 11 条は，1938 年の連邦民事訴訟規則制定の当初から存在したものの，あまり利用されることもなく，1970 年代にいたるまでは，注目される規定ではなかった。

　しかしながら，1970 年代に顕著になった，訴訟の爆発的増加，訴訟当事者による開示手続の濫用，弁護士の代理人的性格の行き過ぎなどの諸事情は，伝統的なアドヴァサリ・システム ——訴訟の進行面および裁判資料の収集面の双方において，当事者（実際には弁護士）が主導し，裁判官は中立的かつ消極的な態度に終始する建 前—— に修正を迫ることになった。すなわち，一方において，裁判官に対しては，訴訟の急増によって生ずるおそれのある訴訟遅延を防ぐために，また，開示手続の濫用にみられるような当事者の恣意的な訴訟活動をチェックするために，「管理者的裁判官」と呼ばれるような積極的な訴訟指揮が期待されるとともに，他方において，弁護士に対しては，依頼者の利益を最大限に擁護すべきとする代理人的役割だけでなく，裁判所のオフィサーとしての公共的な役割が強調されることになったのである[1]。

　このような状況の中で，規則 11 条は，訴訟手続を促進ないし効率化する手段の一つとして注目され，1983 年には弁護士への監督を強化する方向で大きく改正された。この改正に対しては，訴訟促進ないし手続の効率化を推進する

81

第 I 編　論　説

との肯定的評価がなされる一方で，制裁の是非をめぐる派生的訴訟（satellite lit-
igation）が生ずるので，かえって訴訟が遅延するのではないか，また，新しい
権利の開拓に努力する原告弁護士の熱意を挫くことになるのではないかなどの
否定的評価も根強く存在し，両者の間で激しい論争が戦われてきた。そして，
およそ 10 年の論争の末，1993 年には再び大幅な改正がなされた。以下におい
ては，1938 年規定の内容と改正の経緯，1983 年の改正規定の内容と問題点，
1993 年の改正規定の内容とその評価などを検討する[2]。

　また，1983 年の改正における大きな特色は，手続の効率化をはかるために，
弁護士自身の責めに帰すべき行為によって手続濫用がなされたときには，弁護
士に対して相手方の支出した費用（弁護士費用を含む）を賠償させるというサ
ンクションを強調したことにあるが，わが国の民事訴訟手続を円滑に進めるた
めの方法としても，弁護士自身の責めに帰すべき行為によって訴訟遅延が生じ
たときには，このために相手方が余計に支出した費用を弁護士に賠償させるこ
とも検討されてよいのではないかということを提言したい。

2　1938 年規定の内容と改正の経緯

　1938 年に制定された連邦民事訴訟規則の 11 条は次のように規定していた。
「訴答書面への署名
　弁護士によって代理される当事者のすべての訴答書面においては，少なくと
も一人の弁護士がその個人名を署名しなければならず，又，その住所を記載し

---

(1)　アドヴァサリ・システムの現代的展開については，椎橋邦雄「アメリカ民事訴訟にお
　　ける当事者主義の基礎研究」山梨学院大学法学論集 15 号 66 頁以下，スティーヴン・ラ
　　ンズマン（椎橋邦雄訳）「アメリカ合衆国におけるアドヴァサリ・システム —— 民事訴
　　訟法改革への挑戦 —— 」山梨学院大学法学論集 24 号 443 頁以下参照。
(2)　規則 11 条に関する文献には枚挙にいとまがないが，とりあえず，William W.
　　Schwarzer, Rule 11: Entering a New Era 28 Loyola of Los Angels L. Rev. 7-37 (1994).
　　シュウォーザー判事は，制裁の発動に積極的である。Georgene M. Vairo, The New
　　Rule 11: Past as Prologue, 28 Loyola of Los Angels L. Rev. 39-87 (1994). ヴァイロ教授
　　は制裁の発動には慎重である。また，1983 年改正後の規則 11 条に関する統計的調査と
　　しては，Lawrence C. Marshall, Herbert M. Kritzer, and Frances Kahn Zemans, The
　　Use and Impact of Rule 11, Northwestern University L. Rev. 943-986 (1992) が詳細で
　　ある。

なければならない。弁護士によって代理されない当事者は，訴答書面に自らの
氏名を署名し，住所を記載しなければならない。規則又は法律によって別段の
定めのある場合を除いて，訴答書面については，真実確言（verification）を行
ない，又は，宣誓供述書を添付する必要はない。宣誓の上でなされた答弁書の
主張は，二人の証人の証言又は状況によって補強される一人の証人の証言に
よって覆される，との衡平法上のルールは廃止される。弁護士による署名は，
その弁護士が訴答書面を閲読したこと，その弁護士の有する知識，情報及び確
信から判断して，訴答書面は十分な根拠を有すること，そして，訴答書面は遅
延の目的で提出されたものではないこと，の認証（certificate）となる。訴答書
面に署名のないとき，又は，本条の目的に反する意図で署名がなされたときは，
訴答書面は，虚偽（sham）で誤った（false）ものとして却下されることがあり，
又，訴答書面が送達されなかったものとして訴訟が進行することがある。故意
による本条の違反に対しては，弁護士に対して然るべき懲戒的措置が課せられ
ることがある。中傷的又は下品な事項が主張されるときにも，同じような措置
がとられることがある。」

　この条文からわかるように，弁護士は，訴状や答弁書などの訴答書面（プ
リーディング・pleadings）に署名しなければならず，そして，弁護士の署名（弁
護士に代理されていないときは当事者の署名）がないときには，訴答書面は却下
され，あるいは，訴答書面が送達されなかったものとして訴訟が進められるこ
とがあった。本条の趣旨は，根拠のない訴答書面を提出してはならないという
「道徳的責任（moral obligation）」ないし「誠実さ（honesty）」を弁護士に課す
ことであるとされている。したがって，条文にあるように，署名することに
よって，弁護士は，第一に，訴答書面を閲読したこと，第二に，その弁護士の
有する知識，情報及び確信に照らして，訴答書面には十分な根拠があること，
第三に，訴訟遅延の目的で訴答書面を提出したのではないことを認証したとみ
なされるのである。そして，弁護士が故意に（wilful）本条に違反したときには，
裁判官が弁護士に対して，戒告，一定期間の業務停止，弁護士資格の剥脱の勧
告など，然るべき制裁を課すことができるとされたのである。

　しかしながら，この規定が利用されることは少なかった。その理由としては，
第一に，制裁の対象となるのは弁護士の故意による違反行為だけに限定されて

第 I 編　論　説

いたことである。また，このような悪質な違反行為が少なかっただけでなく，故意という主観的要素を認定することは困難であったことがある。第二に，裁判官による制裁の発動は必要的（shall）ではなく，裁判官の裁量（may）に委ねられていたため，制裁を発動することには消極的になる傾向があったことである。第三に，当時は濫訴による弊害のおそれもなかったため，不当な提訴に対しては，11 条に目を向けるまでもなく，訴え却下の申立て（12 条(b)(6)），サマリ・ジャッジメントの申立て（56 条），プリトライアル・カンファランスなどの方法で対処すれば十分であったことである。第四に，1983 年の改正で強調された相手方の弁護士費用を負担するという制裁方法は当時は活用されなかったため，相手方が不当提訴であるとの申立てをするインセンティブがなかったことである。このような理由によって，1970 年代になるまでは，規則 11 条はそれほど利用されることもなく，注目を集めることもなかったのである[3]。しかし，前述のように，70 年代に生じた，訴訟の急増，開示手続の濫用，弁護士の当事者主義的性格の行き過ぎなどを背景に，弁護士の行為を規制する方法として規則 11 条が見なおされたのである。

3　1983 年改正規定の内容と問題点

1　1983 年改正規定の内容と 1938 年規定との相違

1970 年代における上記のような諸事情を背景に 1983 年に改正された規則 11 条は次のように規定していた。

「訴答書面，申立書及びその他の書面への署名：制裁

弁護士によって代理される当事者のすべての訴答書面，申立書及びその他の書面においては，少なくとも一人の弁護士がその個人名を署名しなければならず，又，その住所を記載しなければならない。弁護士によって代理されない当事者は，訴答書面，申立書及びその他の書面に自らの氏名を署名し，住所を記載しなければならない。規則又は法律によって別段の定めのある場合を除いて，

---

(3)　規則 11 条の歴史および改正以前の実状については，D. Michael Risinger, Honesty in Pleading and Its Enforcement: Some"Striking"Problems with Federal Rule of Civil Procedure 11, 61 Minnesota L. Rev. 1-62（1976）参照。

訴答書面については，真実確言を行ない，又は，宣誓供述書を添付する必要はない。宣誓の上でなされた答弁書の主張は，二人の証人の証言又は状況によって補強される一人の証人の証言によって覆される，との衡平法上のルールは廃止される。弁護士又は当事者による署名は，弁護士又は当事者が訴答書面，申立書又はその他の書面を閲読したこと，相当な調査を行なった上で形成された知識，情報及び確信から判断して，書面は，事実上十分な根拠を有し，かつ，現行法によって又は現行法の拡張，変更，破棄の誠実な主張によって正当化されるものであること，そして，又，書面は，いやがらせ，不必要な訴訟遅延，不要な訴訟費用の増加等の不当な目的のために提出されたのではないこと，の認証となる。訴答書面，申立書又はその他の書面に署名がないときは却下される。ただし，訴答者又は申立人が署名のないことを知って直ちに署名するときはこのかぎりでない。訴答書面，申立書又はその他の書面において，本条に違反した署名がなされたときは，裁判所は，申立て又は職権によって，書面に署名した者，代理された当事者，又は，その双方に対して，相当額の弁護士費用を含む，訴答書面，申立書又はその他の書面の提出によって相手方当事者が被った出費の相当額の支払いを命じる等の適切な制裁を課さなければならない。」

　1983年の改正規定は，次のような点において1938年規定と相違する。第一に，当事者による開示手続の濫用を背景に，11条の対象となる書面も訴答書面だけでなく，開示に関する書面にも適用されることになったことである。第二に，従来は，弁護士に制裁を課すことができるのは，弁護士の故意（害意bad faith）による違反であったが，このような認定の困難な主観的な要件に代えて，「相当な調査」をしたか否かという客観的な基準を採用したことである。第三に，本条違反があれば，裁判所は，当事者の申立てがなくとも，職権で制裁を課すことができるとされたことである。第四に，本条違反があったときは，裁判官は，裁量的ではなく（may），必ず制裁を課さなければならない（shall）とされたことである。第五に，裁判官の課す制裁方法として，金銭制裁，すなわち，本条違反をおかした弁護士は，相手方当事者の弁護士費用を賠償（負担）することが強調されたことである。

第 I 編　論　説

2　1983 年改正規定の問題点

　裁判官による弁護士への監督を強化することによって不当提訴の抑止および
訴訟手続濫用の防止をはかることを目的とした 1983 年の改正には次のような
問題点があると指摘されている[(4)]。

　第一は，制裁の要件を弁護士による「故意または意図的な行為」から事実及
び法律について提訴前に「相当の調査」をしたか否かにしたことである。これ
によって，制裁の対象を故意または害意に基づくきわめて悪質な行為だけでな
く，弁護士の過失による行為にも拡大するとともに，認定の困難な主観的要素
を排除して，客観的な基準にしたとされている。しかしながら，このような
「客観的な」基準もそれほど明確ではないとの指摘もある。事実上の調査につ
いて，たとえば，弁護士が訴状を作成するときに，依頼人の話すことだけを基
礎にすればよいのか，もし，それだけでは足りないとするならば，どの程度の
調査をすれば相当の調査と言えるかは明確ではない。事件によっては，提訴の
時点までに十分な資料を収集できないことも予想されるのであり，そのために，
アメリカの民事訴訟では開示手続が用意されているのである。また，相当の調
査をしたか否かの基準の一つに，弁護士の専門分野や経験なども考慮するなら
ば，基準はますますケース・バイ・ケースになり，弁護士からは自らの行為が
11 条違反になるか否かを判断することは難しいであろう[(5)]。

　第二は，請求については，「現行法によって，又は，現行法の拡張，変更，
破棄の誠実な主張によって法律上正当化される」ことを要求していることであ
る。これは，請求の法律的な根拠が一般に承認されていることは必要でないが，
なんらかの根拠（たとえば，判例・学説において通説・多数説である必要はないが，
少数説ないし有力な異説としてすでに提唱されていること）がなければならないと
解されるおそれがある。したがって，ある訴訟において，まったく新奇の法律
的な根拠に基づく請求をする場合に，単に結果的に請求が棄却されるだけでな

---

(4) 1983 年改正の問題点については，Melissa L. Nelken, Sanctions Under Amended
　　Federal Rule 11 Some"Chilling"Problems in the Struggle Between Compensation and
　　Punishment, 74 The Georgetown Law Journal 1313-1353（1986）参照。

(5) 事実調査に関する大まかな目安としては，浅香吉幹「裁判所へのアクセスと訴訟手続
　　の濫用 —— アメリカ連邦民事訴訟規則 11 条の改正をめぐる議論からの示唆 —— 」石井
　　紫郎・樋口範雄編『外から見た日本法』161，162 頁参照。

4 民事訴訟手続の円滑化と弁護士の責任

く，そのような訴えを提起した弁護士に対して制裁が課せられるおそれがあるのである。このようなことは，公民権訴訟において，新しい権利の開拓に努力する原告弁護士の熱意を挫くことになると指摘されている。たとえば，教育における人種差別の撤廃を実現した，有名な Brown v. Board of Education[6] なども，当時の判例・学説の状況に照らせば，改正 11 条によって弁護士に制裁が課せられる事件であった可能性もあるのである[7]。

　第三は，弁護士に対する制裁方法として，金銭制裁，すなわち，不当提訴・手続濫用をした弁護士は，そのために相手方が負担した弁護士費用・訴訟費用を賠償しなければならないことを強調したことである。このために，弁護士費用・訴訟費用の回収をはかるために，11 条の申立てが増加し，また，その申立ての是非をめぐる争いが生じるため，訴訟はかえって遅延するのではないかとの懸念があった。事実，1938 年から 1970 年代半ばまでの間には 11 条違反を理由とした申立ては 19 件にしかすぎなかったものが，改正後は数年でおよそ 3000 件の制裁に関する判例が登載されているのである。

　第四は，第三に関連して，相手方の弁護士費用を弁護士に賠償させるのは，弁護士費用の負担は各自負担を原則とするアメリカン・ルールを変更するものではないかとの批判である[8]。しかし，これに対しては，規則 11 条は敗訴者負担制度を採ったわけではなく，弁護士が訴訟手続を濫用した場合の制裁として課すのであり，その範囲は限定されており，弁護士費用の負担に関する一般原則を変更するものではない，との反論がなされている。

　第五は，規則 11 条の違反があったときには，裁判官は必ず制裁を課さなければならないとの規定に改められたものの，どのような違反に対してどのような制裁を課すのかの選択は裁判官の裁量に委ねられているため，全国的にみれば，制裁の適用が不統一になるとの批判である。事実，統計調査によれば，各巡回区によって，厳しい適用をする所もあれば寛容な適用をする所もあり，全

---

(6) ブラウン事件については，伊藤正己・堀部政男・外間寛・高橋一修・田宮裕編『英米判例百選 I （第 2 版）』(1978 年) 61 事件　参照。

(7) 法的主張に関する許容性については，浅香　前注(5)163 頁参照。

(8) また，弁護士に金銭制裁を課すのは，授権法の範囲を逸脱しているとの主張もある。Stephen B. Burbank, The Transformation of American Civil Procedure: The Example of Rule 11, 137 University of Pennsylvania L. Rev. 1925～ (1989) 参照。

第Ⅰ編　論　説

国的に確立された基準があるわけではない。

　第六は，制裁を受けるのは，弁護士か当事者本人かが明確でないことであり，このため，弁護士と当事者（依頼者）間の信頼関係が破壊されるおそれがあることである。たとえば，弁護士は，制裁を受けることをおそれて，十分な事実上および法律上の根拠のない事件は受任しないことも生じるであろう。また，根拠のない請求をしたことによって制裁を課せられそうになった弁護士が，責任は当事者にあることを示すために，弁護士 —— 依頼者間の証言拒絶特権の対象となっている情報を暴露するようなことになれば，依頼者は弁護士を信頼して自由にコミュニケーションを交わすことができなくなるであろう。

　第七は，弁護士が互いに制裁の申立てを繰りだすことは，弁護士間の友好的関係を損ねるおそれがあることである。

4　1993年改正規定の内容と評価

1　1993年規定の内容

　10年余りの論争の末，規則11条は，1993年，次のように改正された。

「訴答書面，申立書及びその他の書面への署名；裁判所への表示；制裁

　(a)署名　　すべての訴答書面，申立書及びその他の書面においては，少なくとも一人の弁護士がその個人名を署名しなければならず，又は，弁護士によって代理されない当事者は自らの氏名を署名しなければならない。各書面には，署名者の住所，及び，もしあれば，電話番号を記載しなければならない。規則又は法律に別段の定めのある場合を除いて，訴答書面については，真実確信を行ない，又は，宣誓供述書を添付する必要はない。署名のない書面は却下されなければならない。ただし，署名の遺漏を知った弁護士又は当事者が直ちに訂正するときはこのかぎりでない。

　(b)裁判所への表示（representations）　　（署名，登録，提示，又は，後における弁論のいずれによるかを問わず），裁判所に対して訴答書面，申立書又はその他の書面を提出することによって，弁護士又は弁護士によって代理されない当事者は，当該状況の下で相当とされる調査をした後に形成された知識，情報及び確信に照らして，以下の各号を認証したものとみなされる。

⑴書面は，いやがらせ，不必要な訴訟遅延，不要な訴訟費用の増加等の不当な目的のために提出されたのではないこと。

⑵書面に記載された請求（claims），防御，及びその他の法律上の主張は，現行法によって，又は，現行法の拡張または破棄のためのいいがかり的でない（nonfrivolous）主張によって，又は，新しい法の確立のためのいいがかり的でない主張によって正当化されるものであること。

⑶主張（allegations）及びその他の事実上の主張は，証拠による裏付けがあること，又は，さらに調査若しくは開示を行なう相当な機会があれば，証拠による裏付けが得られる可能性が高いととくに認められること。

⑷事実上の主張に対する否認は，証拠による裏付けがあること，又は，情報若しくは確信の欠如に基づくことが相当であるととくに認められること。

⒞制裁　　告知（notice）及び対応するための相当な機会が与えられた後で，裁判所が⒝項違反があると判断するときは，裁判所は，以下の規定にしたがって，⒝項に違反した弁護士，ロー・ファーム若しくは当事者に対して，又は，⒝項違反に責任のある者に対して，適切な制裁を課すことができる。

⑴開始方法

(A)申立てによる場合　　本条に基づいて制裁を求める申立ては，他の申立て又は要求とは別個になされなければならず，又，⒝項違反とされる特定の行為を記述しなければならない。制裁を求める申立書は規則5条に規定された方法で送達されるが，制裁を申し立てられた書面，請求，防御，法律上の主張，事実上の主張，否認が撤回されず，又は，適切に訂正されなくても，申立書の送達後21日間（又は，裁判所が定める期間）は，申立書は裁判所に登録若しくは提出されてはならない。裁判所は，適切であれば，申立てについて正当であると認められた当事者に対して，申立てを提出するために，又は，申立てに反対するために負担した相当の費用及び弁護士報酬を付与することができる。例外的な事情がないかぎり，ロー・ファームは，そのパートナー，アソシエイト及び職員がおかした違反に対して連帯して責任を負う。

(B)裁判所の職権による場合　　裁判所は，その職権に基づいて，⒝項違反と考えられる特定の行為を指定し，弁護士，ロー・ファーム又は当事者に対して，その行為が⒝項違反ではないことを示すように指示する命令（show cause

第 I 編　論　説

order）を出すことができる。

(2)制裁の性質；制限

本条の違反に対して課せられる制裁は，そのような行為の繰り返し，又は，同様な状況に置かれた他の者が類似の行為をすることを防ぐために必要な制裁に限定されなければならない。以下の(A)及び(B)の規定する制限にしたがって，制裁としては，非金銭的な性質を有する命令，裁判所への罰金の支払い命令の他に，申立てに基づき，かつ，効果的な抑止のために正当化される場合には，違反の直接の結果として負担した相当の弁護士報酬及びその他の費用の一部又は全部を申立者に付与するための支払い命令がある。

(A)金銭制裁は，弁護士によって代理されている当事者に対しては，(b)項(2)号違反を理由に課せられることはない。

(B)制裁を課せられるべき当事者若しくは弁護士によって，又は，制裁を課せられるべき当事者若しくは弁護士に対して，訴えの取り下げ若しくは請求の和解がなされる前に裁判所が理由開示命令を出していなければ，裁判所は職権によって金銭制裁を課すことはできない。

(3)命令

制裁を課すときは，裁判所は，本条違反を構成すると認定した行為を指摘し，課した制裁の根拠を説明しなければならない。

(d)開示手続への不適用　　ディスクロージャー及びディスカヴァリの要求，回答，異議及び申立ては，規則 26 条ないし 37 条にしたがい，本条の(a)項ないし(c)項の規定は適用されない。」

この条文からもわかるように，1993 年の規定は，1983 年の内容と比べて，次のような改正をした[9]。

第一は，開示に関する書面は，開示の規定（26 条〜37 条）に委ねることにして，本条の適用からはずしたことである。第二は，11 条の違反があったときは，必ず制裁を課さなければならないとしていた規定から，裁判官の裁量によって

---

(9) 1993 年の改正の内容については，注(2)のシュウォーザー論文およびヴァイロ論文のほか，たとえば，Howard A. Cutler, A Practitioner's Guide to the Amendment to Federal Rule of Civil Procedure 11, 67 Temple L. Rev. 265-295 （1994). Carl Tobias, Some Realism About Empiricism, 26 Connecticut L. Rev 1093-1103 （1994）参照。

制裁を課すか否かを決めるという規定に戻したことである。第三は，訴え提起時の書面に対する署名だけでなく，その後の弁護士の行為（たとえば，弁論）についても継続的に監督することにし，不当な提訴を防ぐだけでなく，手続の濫用も防止するようにしたことである。第四は，本条違反の申立てがあっても，裁判所は直ちに制裁を発動するのではなく，いわゆる「セーフ・ハーバー（safe habor）規定」を設けて，申立てがあっても，21日間は違反と主張されている行為を訂正または撤回するか否かを検討する機会を与えた。第五は，裁判所は，制裁を課す前に，違反と主張されている行為を明示して，弁護士や当事者に対して，違反をしていない理由を述べさせる機会を与えた（show cause order）。第六は，訴えの取り下げや請求の和解がなされる前に，裁判所が理由開示命令（show cause order）を出していなければ，金銭制裁は課せられないとしたことである。第七は，弁護士費用の賠償という金銭制裁は11条違反の申立てを誘発したという反省から，制裁の目的は違反行為の抑止にあるとして，弁護士費用の賠償という制裁の強調をさけたことである（金銭制裁を課すときにも，弁護士費用の負担の転換ということだけでなく，罰金として裁判所に支払うという制裁にも注目すべきとする）。第八は，制裁を課すときは，裁判所は，違反行為を指摘し，また，制裁の根拠を説明しなければならない。第九は，制裁は，弁護士だけでなく，当事者にも課せられることがあるが，(b)(2)については，弁護士によって代理されている当事者には金銭制裁を課すことはできないとしたことである。第十は，制裁の対象は，署名をした弁護士だけでなく，ロー・ファームも連帯して責任を負うことを明らかにしたことである。

5　1993年改正に対する評価

　1993年の改正は，不当提訴の抑止および手続濫用の防止についての実効性を保ちつつ，1983年の改正によって生じた弊害，たとえば，新しい権利の開拓に努力する弁護士の意欲を挫くこと，派生的訴訟が多発したこと，制裁の発動に対して手続保障がなかったことなどを改善することを目的としたものであった。そして，規定の文言からはそのような意図が汲み取れるのであり，今回の改正には肯定的な評価をする者が多い。

第 I 編　論　説

　第一に，派生的訴訟を抑えるためには，11 条の目的は，弁護士報酬を含む
訴訟費用の転換にあるのではなく，弁護士のミスコンダクトの抑止にあること
を明確に打ち出し，そのために非金銭的な制裁を強調したことである（金銭制
裁のときも，相手方が支出した費用の負担ではなく，裁判所に払う懲罰金であるべ
きとする）。これによって，相手方が 11 条の申立てをするインセンティヴを少
なくしたのである。

　第二に，制裁の発動に対する手続保障としては，まず，セーフ・ハーバー規
定を設けることによって，直ちに制裁を課すのではなく，違反と申し立てられ
ている行為を再考させ，自ら誤りであったと気づいたときには撤回させる機会
を与えたのである。撤回した場合には制裁は課せられない[10]。次に，制裁を
課す前に，裁判所は，違反とされる行為を明示して，弁護士または当事者に違
反をしていない理由を述べさせる機会を与えていることである。さらに，裁判
所は，制裁を課すときにも，違反行為を指摘し，また，制裁の根拠を説明しな
ければならないこと，などである。

　第三に，公民権訴訟の原告弁護士の熱意を挫くのではないかとの批判に対し
ては，たとえば，法的主張については，「新しい法律を確立するためのいいが
かり的でない主張によって正当化されるものであること」の文言が付加された
り，事実主張については，「さらに，調査又は開示のための相当な機会があれ
ば，証拠による裏付けが得られる可能性が高いことが認められること」の文言
があるなど，規定の上では，公民権訴訟の原告弁護士がとくに不利な適用を受
けることはないようになっている。

　しかしながら，実際にこのような改正の意図が実現するか否かは今後の動向
を見守らなければならないであろう。

　このような肯定的評価に対して，たとえば，スカーリア合衆国最高裁判所判
事は，違反があったときの制裁の発動が必要的（shall）から裁量的（may）に
戻ったこと，金銭制裁の発動を抑えたこと，セーフ・ハーバー規定により裁判
所は 21 日間は制裁を課すことができないことにしたことは，11 条を効果のな

---

　(10)　改正以前においては，合衆国最高裁判所は，Cooter & Gell v. Hartmarx Corp. 496
　　　U. S. 384（1990）において，訴えの取り下げがあった後でも，制裁を課すことができる
　　　と判示していた。

いものにするとして，今回の改正には否定的な評価を下している。

6　訴訟の円滑化と弁護士に対するサンクション

1　合衆国における弁護士の制裁に関する近時の動向

　訴訟の爆発的増加や手続の濫用に対処して，訴訟を円滑に進めていくための方策として規則11条が見直された理由は，不当提訴を含めた手続の濫用があった場合に，実際に訴訟追行にあたる訴訟代理人である弁護士に責任があれば，その弁護士のミスコンダクト（非行）によって相手方が支出した弁護士費用を含む訴訟費用をその弁護士に賠償させるというサンクションを課すことが効果的であると考えられたからである。また，合衆国においては，州の最高裁判所の下に設置された懲戒機関が弁護士の監督・懲戒にあたるというのが伝統的な方法であるが，これだけでは開示手続の濫用にみられるような近年の行きすぎた弁護士の訴訟追行を是正するには不十分であることが，裁判官に弁護士の行為を監督させる規則11条が注目された理由であろう。

　合衆国においては，たとえば，不当提訴，トライアル期日の欠席，質問書に対する回答の懈怠，トライアルにおける不当な異議の提出など，訴訟手続において弁護士の訴訟手続の濫用があった場合に，裁判所が弁護士に対して制裁を課すことができるのは規則11条の場合に限られるわけではない[11]。

　まず，第一に，裁判所は，規則または法律に規定がなくとも，訴訟手続の秩序を保ち，裁判を公正に運営するために，その固有の権限として，弁護士に制裁を課すことができる。ただし，この場合は，弁護士の故意による手続濫用がなければならない。

　第二に，この裁判所の固有の権限を明文化したものとして裁判所侮辱（contempt of court）がある（たとえば，18 U. S. C. 401, Federal Rules of Criminal Procedure 42）。裁判所侮辱があった場合は，裁判所は弁護士に対して拘禁また

---

[11]　合衆国における弁護士の制裁については，David W. Pollak, Sanctions Imposed by Courts on Attorneys Who Abuse the Judicial Process, 44 The University of Chicago L. Rev. 619-640（1977）. Stephen G. Bene, Why Not Fine Attorneys?: An Economic Approach to Lawyer Disciplinary Sanctions, 43 Stanford L. Rev. 907-941（1991）参照。

第 I 編　論　説

は制裁金を課すことができる。しかし，この裁判所侮辱による弁護士への制裁
もそれほど活用されているわけではない。その理由としては，この場合も故意
による（mens rea）侮辱行為がなければならず，たんに過失による行為は対象
とされていないからである。また，裁判所侮辱には，直接侮辱（direct
contempt）と間接侮辱（indirect contempt）の二種があり，直接侮辱について
は略式で（summarily）制裁を課すことができる一方，間接侮辱の場合には十
分な審問の機会を与えなければならないという相違があるが，具体的に両者を
区別することはきわめて困難だからである。

　第三に，合衆国法典 28 編セクション 1917（28 U. S. C. 1927）がある。同セク
ションは，「合衆国または合衆国の領土内の裁判所において訴訟追行を認めら
れた弁護士その他の者が不合理かつ悪質に（vexatioesly）訴訟手続を増大させ，
そのために費用が嵩んだ場合には，裁判所はその者に費用の負担を求めること
ができる」と規定している。しかし，この場合も，弁護士の行為は「不合理か
つ悪質」でなければならないので，たんなる過失による行為には適用されない
とされている。

　以上に対して，規則 11 条は故意または悪意がある場合だけでなく，弁護士
の過失によるミスコンダクトにも適用されるため，その効果は大きいと評価さ
れているのである。

　2　日本法への示唆

　1970 年代の訴訟の爆発的増加を背景に，合衆国において 1983 年に規則 11
条がドラスティックに改正された主たる理由は，不当な提訴を抑止することに
あった。しかし，これは，合衆国においては，もともと裁判へのアクセスが容
易であるとの事情を前提としている。したがって，裁判へのアクセスが容易で
なく，かえって，訴訟事件が少ないことが問題となっているわが国においては，
規則 11 条の不当提訴抑止の面というよりは，手続を円滑に進めるために弁護
士が果たすべき責任について注目すべきであろう[12]。

---

(12) 弁護士費用を敗訴者に負担させることによって乱訴を防止する試みとしては，内田
　武吉「訴訟促進のための乱訴防止」早稲田大学創立 80 周年記念講演集『法学の潮流』
　19 頁以下がある。

４　民事訴訟手続の円滑化と弁護士の責任

　たとえば，わが国では弁護士の都合によって，期日に欠席し，または，一定の期限に提出すべき書面の提出を懈怠するなど，弁護士自身の責めに帰すべき行為によって，訴訟の遅延が生ずるような場合でも，弁護士のミスコンダクトから生ずる不利益は当事者が負うことになる。たとえば，時機に遅れた攻撃防御方法は却下され，ひいて，当事者に敗訴の判決が下されることなどである。たしかに，弁護士は当事者の訴訟代理人であり，代理人の行為の結果は本人に帰すことは当然である。しかしながら，弁護士は訴訟の追行については包括的な代理人であり，手続は，当事者本人ではなく訴訟代理人である弁護士を基準に進められる（たとえば，訴訟代理人がいれば，当事者に交替があるような場合でも，訴訟手続は中断しない）。したがって，訴訟の進行について，弁護士自身の責めに帰すべき行為によって訴訟遅延が生ずる場合には，当事者本人に対して不利益を生じさせるだけでなく，弁護士自身に対してもなんらかのサンクションを課すことは合理的であろう。

　しかし，弁護士に制裁を課すときには，どのような制裁を，どのような手続によって行なうかが問題となる。伝統的な方法としては，懲戒機関による弁護士の懲戒がある。たとえば，わが国では，弁護士法の定める懲戒がある。弁護士法56条は，懲戒事由として，①弁護士法に違反したとき，②所属弁護士会若しくは日弁連の会則に違反したとき，③所属弁護士会の秩序又は信用を害したとき，④その他職務の内外を問わずその品位を失うべき非行があったとき，の４つを挙げている。また，57条では，懲戒の種類として，戒告，２年以内の業務の停止，退会命令，除名を規定している。しかし，過失による期日の欠席とか書面の提出懈怠など弁護士の手続上のミスコンダクトがこのような懲戒の対象となることは少ないと思われるし，また，綱紀委員会および懲戒委員会における懲戒手続はこのようなミスコンダクトを防止ないし是正するには不適当であると思われる[13][14][15]。

　そこで，このような弁護士のミスコンダクトに対しては，弁護士自身に対して直接に金銭的な制裁を課すこと，すなわち，弁護士のミスコンダクトによって相手方が負担した費用を賠償させることが考えられてよいと思われる。そして，この場合には，弁護士報酬も費用の中に含まれるとするのが相当である。わが国では訴訟費用には弁護士の費用は含まれないが，ここで問題としている

第Ⅰ編　論　説

のは，一般論として，弁護士費用を敗訴者に負担させるべし，ということではなく，弁護士のミスコンダクトに対する制裁の場面についてのみ論じているのであり，この場合には，弁護士のミスコンダクトによって相手方が支出した費用のすべてについてその合理的な範囲で賠償を認めるのが妥当であるからである。実際に弁護士に対してこのような制裁を課しているアメリカにおいても弁護士費用の負担原則は本人負担が採られているのである。残念ながら，わが国では，このような制裁を弁護士に課す法律上の根拠がないので，解釈論としては無理であろうが，規則11条のアイディアは検討に値すると思われる[16]。

7　おわりに

現在，裁判のスピード・アップを大きな目的の1つとした民事訴訟法の大改正作業が進行している。このために，攻撃防御の提出については，伝統的な随時提出主義から適時提出主義に改正しようとの動きもあり，たとえば，答弁書，

---

(13) 萩原教授は，争点等の整理手続の法規制を実効あらしめるためには，当事者または弁護士に対してのサンクションが伴なわなければならないとし，このサンクションには，失権効，訴訟費用の負担および弁護士倫理の3つがあるとする。そして，失権効については，わが国でも外国でもうまく機能していないし，また，訴訟費用の負担による方策は，訴訟代理における弁護士強制が法律上ないし事実上存在し，弁護士費用の訴訟費用化が行われている訴訟制度においては極めて有効であるが，わが国ではそのような条件は整っていないとする。そこで，正当な理由のない新たな攻撃防御方法の提出を弁護士倫理違反として，弁護士会における綱紀・懲戒制度による方策がベストであるとする。萩原金美「民事訴訟法改正と争点等の整理手続 ── 弁論兼和解の立法論的検討に関連して ── 」判例タイムズ812号22頁。

(14) 懲戒手続は，事後的かつ懲罰的性格であり，ミスコンダクトの事前防止やミスコンダクトによって被害をうけた者の救済は考えられていない。また，手続的にも，ミスコンダクトをおかした弁護士の懲戒の申立てを相手方弁護士に期待するのは現実的でないであろう。

(15) 訴訟の引延しについては，弁護士倫理に次のような規定がある。「弁護士は，怠慢により，又は不当な目的のため，裁判手続を遅延させてはならない」(55条)。しかし，弁護士倫理には，この規定に違反したときのサンクションは規定されていない。なお，訴訟の引延しと弁護士倫理については，高橋宏志「民事訴訟引延しと弁護士倫理・懲戒」NBL575号8頁以下参照。

(16) わが国の実定法としては，民事訴訟法91条が参考となろう。なお，弁護士費用の負担については，伊藤眞「訴訟費用の負担と弁護士費用の賠償」中野貞一郎先生古稀祝賀『判例民事訴訟法の理論（下）』89頁以下参照。

準備書面，書証等の提出期限を定め，期限を経過したときは，特段の事情の疎明がないかぎり，そのような攻撃防御方法の提出ができなくなるとの案が検討されている。また，訴訟引延しのために当事者双方が欠席と期日の申立てを繰り返す場合の対策も検討されている。しかしながら，民事訴訟法の規定がどのように改善されようとも，民事訴訟において本来主導的な役割を果たすべき弁護士の訴訟追行が旧態依然としていたのでは，改正は有名無実に帰するであろう。

アドヴァサリ・システムを採るアメリカでは，事実上，弁護士が訴訟手続において主導的な役割を果たすが，その反面，弁護士の手続濫用に対する制裁など，弁護士の訴訟追行をいかに規律すべきかについて大いに論じられている[17]。そして，既存の伝統的な懲戒機関による監督・懲戒では不十分であると思われたことが，たとえば，裁判官が弁護士を監督・制裁する規則11条が見なおされる理由となったのである。

わが国においても，弁護士の訴訟追行はいかにあるべきか，また，それを実効あらしめるにはどうするべきかなどを多角的に検討すべき時機に来ていると思われる[18]。

［追　記］

中村英郎先生には学部（上訴・強制執行法）および大学院の授業をとおして民事訴訟法を指導していただいた。とりわけ，大学院のときは，小人数であったこ

---

(17) 合衆国における弁護士の規制に関する近時の動向については，David B. Wilkins, Who Should Regulate Lawyers?, 105 Harvard L. Rev. 799-887 (1992) 参照。ウィルキンス論文は，弁護士を規制する方法としては，州の最高裁判所の下に設置される伝統的な懲戒機関のほかに，弁護過誤訴訟などによって弁護士の民事責任を追求する方法，裁判所，証券取引委員会，内国歳入庁などの機関にそれらの機関に関係する弁護士を監督・規制させる方法，さらには，弁護士を規制する機関を法律によって新たに設置する方法があるとする。そして，これらの4つの方法を，利益衡量的観点および弁護士の独立に対する観点から比較検討し，これらの方法の組合せによって弁護士を規制すべきとする。また，Developments in the Law : Lawyers' Responsibilities and Lawyers' Responses, 107 Harvard L. Rev. 1547-1674 (1994) 参照。

(18) 弁護士の行為の規律については，加藤新太郎「真実義務と弁護士の役割」『弁護士役割論』246頁以下参照。また，弁護士の民事責任については，鈴木重勝「弁護士の民事責任」篠原弘志編『判例研究　取引と損害賠償 —— 不法行為責任を中心として —— 』245頁以下参照。

第 I 編　論　　説

ともあり，思い出に残っていることも少なくない。授業内容はもとより，授業の
合間に話された，学問（論文作成）に対する厳しい姿勢，学者としての礼儀作法，
民事訴訟法における歴史的研究の重要性などは今でも心の糧となっている。先生
は近年ますますご健勝であるので，今後とも厳しい叱正を賜りたいと願っています。

　なお，本論文の作成にあたっては，山梨学院大学社会科学研究所より研究助成
金を受けた。

5 サマリ判決の機能と認容基準の変化

1 はじめに ── サマリ判決の再評価とその背景 ──

　アメリカ民事訴訟手続の開始から終了までは，大まかに言って，第1に，訴答（プリーディング），第2に，開示およびプリトライアル，そして，第3に，トライアル（正式事実審理）の各段階がある。サマリ判決（サマリ・ジャッジメント summary judgment）は，トライアルにいたる前に下される判決である（トライアル省略判決）。サマリ判決が1855年にイギリスではじめて立法化されたときは，言わば，わが国の手形・小切手訴訟にあたるものであり，手形・小切手に基づく事件については，トライアルを開くまでもなく，訴答書面や書証に基づいて，原告に迅速な権利実現を与えることが目的であった。したがって，サマリ判決の申立者はもっぱら原告であった。その後，この制度がアメリカに導入されることになり，1938に連邦民事訴訟規則が制定されたときは，サマリ判決は手形・小切手事件だけでなく民事事件一般について認められるようになり，また，原告だけでなく被告も申立てができるようになった。すなわち，規則56条によれば，当事者のサマリ判決の申立てに基づき，裁判所が，訴答書面，宣誓供述書，開示手続で得られた資料を基礎として，事件の重要な事実のすべてについて真の争点がなく，法律問題だけで判決できると判断するときはサマリ判決の申立てを認容しなければならない[1]。これによって，サマリ判決の申立者に迅速な救済を与えるとともに裁判所にとっても効率的な訴訟運営を図ることができるのである。しかしながら，従来は，サマリ判決の認容基準が著しく厳しかったために，事実上，サマリ判決は効果的に活用されていなかった。近年，サマリ判決がとくに注目を集めているのは，被告が申立てをする場合であり，それは次のような背景があるためである。

　周知のように，アメリカ合衆国においては，1970年代以降，訴訟の爆発的増加および開示手続の濫用が顕著になっており，このような事態に対処するた

99

第I編　論　説

(1) 連邦民事訴訟規則　56条　サマリ判決
(a) 権利主張者のためのサマリ判決　　請求，反訴請求若しくは共同訴訟人間請求に基づいて権利の回復を求める当事者又は宣言的判決の獲得を求める当事者は，訴訟の開始から20日経過した後又は相手方当事者によるサマリ判決の申立ての送達後は何時にても，サマリ判決を基礎づける宣誓供述書の提出の有無にかかわらず，権利主張者の請求の全部又は一部を認容するサマリ判決を申し立てることができる。
(b) 相手方当事者のためのサマリ判決　　請求，反訴請求若しくは共同訴訟人間請求が申し立てられている当事者又は宣言的判決が求められている当事者は，サマリ判決を基礎づける宣誓供述書の提出の有無にかかわらず，何時にても権利主張者の請求の全部又は一部を棄却するサマリ判決を申し立てることができる。
(c) 申立て及びその手続　　サマリ判決の申立書は，その審理のために設定された日より少なくとも10日前までに送達されなければならない。相手方当事者は，審理日に先立って，サマリ判決を認容することに反対する宣誓供述書を送達することができる。裁判所は，訴訟記録中の訴答書面，証言録取書，質問に対する回答，自白及び宣誓供述書があるときはそれを加えたものを判断資料として審理し，その結果，重要な事実のすべてについて真の争点が存在せず，申立当事者が法律上の判断のみで判決を受けることができるときには，直ちにサマリ判決を下さなければならない。裁判所は，損害額について真の争点が存在する場合にも，責任の有無の争点だけについて，中間判決としてサマリ判決を下すことができる。
(d) サマリ判決の申立てによって全部判決がなされなかった事件　　本条に基づく申立てによるサマリ判決によって事件の全部又は求められた救済の全部が終局的に解決されずトライアルが必要となるときは，裁判所は，サマリ判決の申立ての審理において，訴答書面及び証拠を検討し又弁護士に質問して，可能な場合には，実質的に争いのない重要な事実及び現実かつ誠実に争われている事実を確定しなければならない。裁判所は，これに基づいて，損害額の範囲又は他の救済等の実質的に争いのないと判断される事実を特定し，事件の適正な事後手続を指示する決定を下さなければならない。このように特定された事実はトライアルにおいては証明されたものとみなされ，トライアルはこれを前提として進められなければならない。
(e) 宣誓供述書の様式，追加的証言，必要とされる防御　　宣誓供述書は，サマリ判決を基礎づける場合と反対する場合とにかかわらず，宣誓供述者が自ら直接得た知識に基づいて作成されたものでなければならず，証拠として許容されるようなものを記載していなければならず，又，宣誓供述者が宣誓供述書に記載されている事項について証言する能力があることを積極的に示したものでなければならない。宣誓供述書の中で引用されている書面の全部又は一部については，その宣誓付き又は認証付きの写しを宣誓供述書に添付し又は宣誓供述書と共に送達しなければならない。裁判所は，証言録取書，質問書に対する回答又は追加的宣誓供述書によって宣誓供述書を補充し又は反対することを許すことができる。サマリ判決の申立てがなされ，これが本条の規定する方法で基礎づけられたときには，相手方当事者は，訴答の中の主張又は否認だけでなく，宣誓供述書その他本条で規定されている方法により，トライアルに付すだけの真の争点が存在することを示す特定の事実を述べなければならない。相手方当事者がこのような対応をしないときには，裁判所は，適切であれば，相手方当事者敗訴のサマリ判決を下さなければならない。

5 サマリ判決の機能と認容基準の変化

めに諸々の方策が検討されてきた。たとえば，訴訟の爆発的増加に対しては，訴訟以外の紛争解決方法（ADR）の整備の他に，訴訟内においても，濫訴防止のための連邦民訴規則11条の改正，裁判官による訴訟管理および和解推進の強化を図るための16条の改正がなされた。また，開示手続の濫用に対しては，開示を制限するために26条の改正がなされている。サマリ判決もこのような方策の一つとして注目を集めているのである。すなわち，サマリ判決はトライアルを開く前に事件を処理するので，一方において，膨大な事件を抱える裁判所にとっては訴訟促進を図るための有効な手段となる。他方，あまり根拠のないと思われるような原告の請求に対しても，被告は開示手続に応じなければならないため，開示にかかる膨大な費用をさけるために，原告の不当な和解要求に応じざるを得ないこともあるが，このような場合に，被告にとっては訴訟の早い段階で原告の訴えを却けることのできるサマリ判決を活用できるメリットは大きい。

　このように，サマリ判決は訴訟の迅速な処理に役立つ制度ではあるものの，他方において，トライアルを開かずに訴訟を終決させるので，憲法上当事者に保障されている民事陪審審理を受ける権利（修正7条）を侵害するおそれもある。このため，従来，裁判所はサマリ判決の認容には慎重であり，認容基準は厳しかった。しかしながら，訴訟促進の流れを反映してか，1986年にいたって，合衆国最高裁判所はサマリ判決の認容基準を緩和する三つの判決を相次いで出し，トライアルにおいて本案について証明責任を負わない当事者がサマリ判決の申立てを行なう場合には，従来よりも軽減された申立者の証明でサマリ判決

(f) 宣誓供述書を提出できない場合　サマリ判決の申立てに反対する当事者の宣誓供述書から判断して，その当事者が，諸々の理由により，自らの反対の立場を正当化するために不可欠な事実を宣誓供述書の中で提出することができないと認められるときには，裁判所は，サマリ判決の申立てを却下することもでき，又は，宣誓供述書の獲得，証言の録取，開示手続その他適当であると認める措置の続行を命じることもできる。

(g) 害意に基づいて作成された宣誓供述書　裁判所が，本条に従って提出された宣誓供述書が害意に基づくものであり，又は，遅延のみを目的とするものであると考えるときは，裁判所は，かかる宣誓供述書を提出した当事者に対して，合理的な弁護士報酬を含め，かかる宣誓供述書の提出によって相手方当事者が被った合理的な費用を直ちに支払うよう命じることができる。この決定に従わない当事者又は弁護士は裁判所侮辱の罪に問われることもある。

第 I 編　論　　説

を認容できるとしたのである[2]。

2　認容基準に関する判例の変遷

　ここでは，1986年より前の代表的な三つの判例と1986年の合衆国裁判所の
三つの判例を簡単に紹介する。いずれの事件も被告がサマリ判決の申立てを行
なった場合であり，1986年以前の三つの事件では申立てはすべて却下され，
1986年の合衆国最高裁判所の三つの事件はすべて認容された。

　(A)　1986年以前の判例

　(1)　Arnstein v. Porter（154 F. 2d. 464）　この事件は，アメリカの有名な
作曲家であるコール・ポーター（被告）に対し訴訟狂である原告が自分の作曲
を盗用されたとして，著作権侵害に基づく損害賠償を求めた事件である。被告
は，原告の曲を見たこともなければ聞いたこともなく，原告の曲に対するアク
セスがまったく無いので，盗作することはありえないとして，サマリ判決の申
立てを行なった。しかし，裁判所は，つぎのような理由でサマリ判決の申立て
を却下した。すなわち，裁判所は，申立者である被告が原告の曲に対してアク
セスがなかったことを「僅かの疑いもないほどに」証明しないかぎりはサマリ
判決の申立ては認容されないとの基準を立てたのである。このような基準はサ
マリ判決の認容を事実上不可能にするくらい厳しい基準である。というのは，
盗用されたとする原告の曲が楽譜として出版されているとか，レコードとして
販売されているものであればまだしも，原告が盗用されたとする曲の中には単
に自筆の楽譜を自室の中においていたが，泥棒に入られたことがあり，その泥
棒が被告である可能性もなくはないという荒唐無稽な主張に基づくものもある

---

　(2)　サマリ判決に関する文献としては，とりあえず，ジェイムズ・R・ピールマイヤー
　　（椎橋邦雄訳）「アメリカ合衆国におけるサマリ・ジャッジメント」山梨学院大学法学論
　　集21号85頁以下。ライル・E・ストロム（椎橋邦雄訳）「合衆国連邦地方裁判所にお
　　けるサマリ判決の実務」山梨学院大学法学論集23号138頁以下。Jeffery W. Stempel,
　　A Distorted Mirror: The Supreme Court's Shimmering View of Summary Judgment,
　　Directed Verdict, and the Adjudication Process, 49 Ohio State Law Journal 95-193
　　(1988). Samuel Issacharoff and George Lowenstein, Second Thoughts About
　　Summary Judgment, 100 The Yale Law Journal 73-126 (1990) などがある。

のであり，このようなものについてまでアクセスがまったく無いことを被告が
証明するのは至難の業だからである。もちろん，トライアルが開かれて審理さ
れたとしても，このような原告の請求が認容されることはほとんどありえない
であろうが，裁判所は，それはトライアルで陪審の判断することであり，本案
についてのトライアルにおける証明責任の分配とは無関係として，陪審審理を
受ける権利を最大限尊重して，サマリ判決の認容基準を立てたのである。

(2) Lou Poller v. Columbia Broadcasting System（CBS）（368 US 464）　　こ
の事件は，原告である地方（ミルウォーキー）のUHFのテレビ局の持ち主が全
国放送のネットワークをもつ被告CBSに対して，被告が番組提供などの提携
契約を一方的に打ち切ったのは，被告らが共謀して，原告テレビ局の事業継続
を不可能にし，ひいて，その地域のテレビ事業を独占する計画の下に行なった
ものであり，これはシャーマン反トラスト法に違反するとして，三倍賠償を求
めた事件である。被告は共謀の事実はないとしてサマリ判決の申立てを行なっ
た。

　原告によれば事実の概要は次のとおりである。被告は地域のテレビ事業を独
占する計画の下に，まず，ミルウォーキー地域にあるもう一つのUHFテレビ
局を買収した。このテレビ局の設備は原告のものよりも劣っていた。そして，
被告はこのテレビ局に番組を提供するために，原告との提携契約を一方的に打
ち切った。このため，原告は事業を継続することが困難になり，ひいて，不当
に安い値段で被告にテレビ局の施設を売り渡さざるを得なくなった。その後，
被告はUHFのテレビ局の経営を止め，被告のVHFテレビ局の独占的放送網
を実現したのである。このような主張に対し，被告は共謀の事実はなかったと
し，UHFテレビに進出したのも，また，後に採算が合わないために経営を止
めたのも単に経営上の理由からであると主張した。この事件のサマリ判決の認
容の基準に関する裁判所の判旨の要点としては，まず非申立者（原告）の主張
を全部認める，言い換えれば，非申立者の主張を最大限有利に推定するという
基準を立てたことである。したがって，サマリ判決の申立てを認容させるため
には，申立者が共謀の事実がないことを証明しなければならず，とくに本件の
ような複雑な独禁法事件において共謀の動機や意図などの主観的な事柄が主要
な問題となる場合には，それを証明する手段は，主として，共謀者の手中にあ

第Ⅰ編　論　説

り，また，共謀者は計画を隠すものであるので，サマリ判決の申立てはまれに
しか認められないと判示した。

　(3)　Adickes v. Kress（398 U. S. 144）　　公民権運動家である白人の女教師
アディクス（原告）が教え子である黒人の子供数人と共に，昼食をとりにクレ
ス（被告）のレストランに赴いたところ，原告だけが昼食の提供を拒否された。
また，原告はレストランを出た直後に放浪の罪（vagrancy）で警察官に逮捕さ
れた。原告は，これは被告と警察官の共謀（conspiracy）であり，憲法と公民
権法に違反するとして訴えを提起した。これに対し，被告は共謀の事実はな
かったとして，サマリ判決の申立てを行なった。裁判所は，このサマリ判決の
申立てを却下して，次のように判示した。原告は，彼女が昼食の提供を拒否さ
れたときに店内に警察官がいたこと，そして，その同じ警察官が彼女を逮捕し
たことを主張するだけで，積極的に店と警察官の間に共謀があったことを証明
したわけではないけれども，警察官が店内にいた事実だけでも，店と警察官の
間に昼食を拒否することについての何らかの了解に達する可能性はあるのであ
り，サマリ判決の申立者がサマリ判決を得るためには，共謀の成立する「可能
性が全くない」ことを証明しなければならない。

　(B)　1986年の合衆国最高裁判所判決

　(1)　Matsushita Electric Industrial Co. v. Zenith Radio（475 U. S. 574）　　こ
の事件は，アメリカの多数の電気製品製造業者および販売業者が日本の電気製
品製造業者およびアメリカにおける日本企業の小会社多数に対して起こした独
禁法訴訟である。原告は，被告がアメリカの市場からアメリカの会社を締め出
すために，多年にわたって，アメリカで不当に安く電気製品を販売してきたが，
これは反トラスト法に違反すると主張した。この訴訟の中で，被告日本側が原
価を割って販売する掠奪行為はなかったとして，サマリ判決の申立てを行なっ
た。この申立てに対し，合衆国最高裁判所は，いつ実現できるかわからない市
場の獲得のために，長年にわたって掠奪的価格で販売を続けてきたとのサマリ
判決の非申立者（原告）の主張する経済理論はきわめて受け入れがたく，これ
を裏付ける直接的な証拠がないかぎり採用できないとして，サマリ判決の申立
てを認容した。

　(2)　Celotex Corporation v. Catrett（477 U. S. 317）　　夫が死亡したのは被

告（セロテクス・コーポレーション）が製造した石綿に曝されたためであるとして，未亡人（カトレット）が提起したのは不法死亡訴訟（wrongful death action）である。被告は，死者が石綿に曝されたことを証言できる証人の名前さえも原告は明らかにしていないとして，サマリ判決の申立てを行なった。この申立てに対して，合衆国最高裁判所は，被告の製品に死者が曝されていた事実をトライアルにおいて証明する責任はサマリ判決の申立てをしていない当事者（原告）にあるのであり，サマリ判決の申立者は，非申立者が本案についての立証責任を果たすだけの証拠が存在しないこと「指摘する」だけでよいとして，サマリ判決の申立てを認容した。

(3)　Anderson v. Liberty Lobby（447 U. S. 242）　被告（リバティ・ロビー）が雑誌記事の中で原告（アンダーソン）を人種差別主義者，ファシストなどと書いたことに対する名誉毀損訴訟である。ちなみに，アメリカでは，名誉毀損訴訟の原告が「公的人物」である場合には，被告に「現実の害意」があったことを証明しなければならないが，この「現実の害意」の証明については，民事事件の一般的な証明度である「証明の優越」では足りず，「確信を抱くに足る明白さ」で証明しなければならないことになっている。被告が「現実の害意」がなかったとして，サマリ判決の申立てを行なった。この申立てに対し，合衆国最高裁判所は，トライアルにおいて証明責任を負う当事者は，トライアルを開くだけの十分な証拠が存在することを示さねばならないのであり，さらに，サマリ判決の申立ての場合にも，本件では，「確信を抱くに足る明白さ」の証明度をもって「現実の害意」の存在を証明しなければならないとして，サマリ判決の申立てを認容した。

3　認容基準の変化に対する評価

(A)　1986 年以前の基準と 1986 年の基準の比較

　サマリ判決の認容に関する 1986 年以前の基準と 1986 年の最高裁判所の基準を整理して比較すれば，次のとおりである。まず，1986 年以前は原告のトライアルを受ける権利を尊重して，サマリ判決の認容基準はきわめて厳しかった。すなわち，本案についての証明責任の分配（トライアルにおける証明責任の所

在）とサマリ判決の申立てを基礎づけるための証明責任は全く別個の問題であるとされ，本案については証明責任（本証責任）を負わない被告がサマリ判決の申立てを行なう場合にも被告（申立者）にはサマリ判決を認容させるための重い証明責任が課せられていた。そして，その内容としては，サマリ判決の申立ての審理に際しては，まず非申立者（原告）の主張が全部認められた。言い換えれば，最大限，非申立者の有利に推定された。つぎに，サマリ判決の申立者は，事実上の真の争点がないことを「僅かの疑いもないほど」に証明しなければならなかった。言い換えれば，真の争点が存在する「可能性が全くないこと」を証明しなければならなかった。最後に，申立者の証明活動に対し，非申立者は何もしなくともよいとされていた（但し，この点については，1963年の56条(e)の改正参照）。

　これに対して，1986年の合衆国最高裁判所の認容基準は次のように緩和された。第一は，本案についての証明責任の分配とサマリ判決の証明責任は連動するものであり，たとえば，本案について証明責任を負わない被告がサマリ判決の申立てを行なう場合には，申立者はサマリ判決を認容させるために重い証明責任は負わないとされた。第二に，非申立者の主張を最大限有利に推定することもなくなった。第三に，本案について証明責任を負わないサマリ判決の申立者は事実上の真の争点がないことを「指摘すればよい」とされた。そして，第四に，サマリ判決の申立を却けるためには，非申立者（原告）が事実上の真の争点が存在することを指図評決（directed verdict）における substantial test と同じ基準，すなわち，勝訴の評決を受ける程度の証明をしなければならないとされた。したがって，また，勝訴できるための証明責任の程度が「証拠の優越」ではなく，「明白かつ確信を抱くに足る証明」のときは証明度はより高くなる（アンダーソン事件参照）。

　(B)　1986年の認容基準に対する評価

　サマリ判決の認容を著しく制限していた従前の基準を大幅に緩和した1986年の合衆国最高裁判所の判例に対しては，次のような賛否両論がある。賛成意見の理由としては，第一に，1986年の基準は，被告によるサマリ判決の利用を容易にしたため，根拠のない事件を訴訟の早い段階でふるい分けることができるので，裁判所としては訴訟促進をはかることができる。第二に，被告とし

ては，開示手続の費用を節約でき，また，原告の不当な和解要求に応じること
もない。第三に，どうせトライアルまで行っても，指図評決によって陪審審理
を受けられない事件であれば，トライアルに行く前に訴えを却けても憲法違反
にはならない。第四に，サマリ判決を下すには資料が不十分であると裁判所が
判断する場合には，開示手続の続行も認められているのであるから（56条(f)参
照），資料が十分でないために誤判になるおそれはない。

　これに対して，反対意見の理由としては，第一に，サマリ判決が認容される
ときは訴訟促進につながるかもしれないけれども，サマリ判決が却下されると
きは，裁判所は，サマリ判決のための審理に加えて，トライアルでも審理を開
かなければならないため，二重手間になり，かえって訴訟遅延の原因ともなり
かねない。第二に，たしかに被告にとっては都合がよいであろうが，原告の権
利保護は薄くなる。とりわけ，原告が普通の市民であり，被告が巨大な企業や
政府である場合のように両者の力関係にアンバランスがあるときは，とくに問
題である。第三に，指図評決の場合はトライアルまで一応行くのであり，憲法
違反のおそれはないかもしれないが，サマリ判決はこれとは異なるので指図判
決と同視することはできず，修正7条違反のおそれはある。第四に，トライア
ルでの証拠が得られない段階で判決することは，裁判資料が十分でないので，
誤判を生じるおそれがある。たとえ，開示手続ですべての証人の証言録取書を
とっており，トライアルでは新しい証人が存在せず，したがって，新しい証言
が期待できない場合であっても，そのためにトライアルが不要になることはな
いのである。というのは陪審（事実認定者）は，トライアル前に開示で得られ
た資料を見るわけではなく，トライアルにおいて提出された証拠にのみ基づい
て事実認定をするわけであるが，トライアルにおける証人尋問は陪審の面前で
なされるので，陪審は証言内容を知るだけでなく，証言をするときの証人の表
情や態度を観察することができ，証言の証拠価値をより正しく判断できるから
である。

4　今後の動向

　1986年以前の基準の下では，サマリ判決を認容させることはきわめて困難

第Ⅰ編 論　説

であり，したがって，また，サマリ判決の制度が利用されることも多くなった。
しかし，訴訟の爆発的増加や開示手続の濫用という事情を背景として，サマリ
判決制度が見直され，そのため，合衆国最高裁判所は認容基準を緩和し，サマ
リ判決の利用を容易にした。その後，下級裁判所においてもこの最高裁判所の
判例の基準を採用するところが増加している。また，最近では，この最高裁判
所の判例の内容を取り入れ，かつ，指図評決の制度と一体化を図るような民事
訴訟規則の改正作業が進められている。しかしながら，他方において，最高裁
判所の判例に対しては，上記のような反対論も少なくなく，規則改正が実現す
るか否かは現時点では微妙である。アメリカにおける今後の動向を見守りたい。

　［後　記］
　　学会報告にあたり，当日，司会の労をお取りいただいた，小林秀之教授，また，
　貴重なご質問，ご教示を賜った，林田学教授，徳田和幸教授，萩原金美教授，伊
　藤眞教授に心よりお礼申し上げます。

6 アメリカ民事訴訟における
中立証人汚染防止の試み

1 はじめに —— 証人準備の功罪 ——

　当事者，実際にはその訴訟代理人である弁護士が証人尋問を主導する交互尋問制度の下においては，証人尋問を効果的かつ効率的に行なうための前提として，弁護士による事前の証人準備（witness preparation）が不可欠である[1][2]。しかしながら，他方では，弁護士と証人予定者との事前の接触は，証人の証言内容を歪曲し，真実の発見を困難にするとの懸念もある。このため，ドイツでは弁護士と証人予定者との事前接触は禁止されている[3]。

　そこで，このような証人準備による弊害については次のことが問題となる。第一は，偽証教唆は別として，弁護士のどのような行為によって，証人の証言がどのように歪曲されるかである。第二は，弁護士との事前接触によって，証人の証言が歪曲されるとするならば，どのような方法によってこれを防止または匡正することができるかである。反対尋問などの既存の方法が有効であれば

---

(1) 証人準備とは，弁護士と証人予定者との間に交わされるすべてのコミュニケーションであり，トライアルまたはその他のヒヤリングでなされる証言の内容または証言の仕方を向上させるために行なわれるものである。John S. Applegate, Witness Preparation, 68 Texas Law Review 277, 278 (1989). 証人との事前面接ないし事前打ち合せのことである。アメリカ法では，witness の語は，証人の他に，当事者本人および鑑定人（専門家証人）も意味する。なお，弁護士との間で交わされるコミュニケーションの秘密の保護については，当事者本人（依頼者），証人，鑑定人で次のような相違がある。まず，弁護士と依頼者の間で交わされたコミュニケーションについては，コモン・ロー以来の伝統的な弁護士 —— 依頼者間の秘匿特権（attorney-client privilege）によって保護される。この保護は絶対的なものとされている。弁護士と証人予定者との間で交わされたコミュニケーションについては，ヒックマン事件で認められた弁護士の「職務上の所産の法理（work product doctrine）」によって保護される。しかし，これは絶対的な権利ではなく，相当な理由が示されれば開示しなければならない。Hickman v. Taylor, 329 U.S. 395, 511, 67 S. Ct. 385, 91 L. Ed. 451 (1943). また，鑑定人の意見の基礎となった事実やデータは開示しなければならない。連邦民事訴訟規則 26 条(b)(4)参照。

第 I 編 論　説

問題はないが，既存の方法が十分でないとすれば，新たな方策が検討されなけ
ればならない。この点について，スティーブン・ランズマン教授は，中立証人
に対する弁護士の示唆的な行為を防ぐための方法として，事前面接に相手方弁
護士を立ち合わせること，また，事前面接でのやりとりをすべて速記または機
械によって記録にとることとし，これに違反した場合には，証拠法上および倫
理規則上のサンクションを課すことを提案している[4]。

---

(2)　アドヴァサリ・システムを建前とするアメリカでは，証人準備を含む訴訟の準備は当
　事者の代理人である弁護士の当然の責務とされている。1983 年に採択されたアメリカ
　法曹協会（American Bar Association）の弁護士業務模範規則（Model Rules of
　Professional Conduct）第 1・1 条は，「弁護士は，依頼者に対し，十分な代理をしなけ
　ればならない。十分な代理には，その代理に合理的に必要な法的知識，熟練，完璧さ及
　び準備を要する」と規定している。霜島甲一ほか『弁護士倫理の比較法的研究』12 頁
　参照。また，弁護士は，裁判所のオフィサーとして，効率的な訴訟運営に協力するとい
　う観点からも証人準備は不可欠である。とくに，アメリカでは次の二つが問題となる。
　第一は，事実認定者が陪審である場合には，陪審はトライアルの前には事件について
　まったく何も知らされず，白紙の状態でトライアルに臨むので，陪審が証人に適切な質
　問をすることは期待できないことである。また，裁判官の場合にも，開示手続は原則と
　して当事者間で行なわれ，裁判官がすべての開示資料を見るわけではないので，証人尋
　問を主導する立場にはない。したがって，それだけ重い責任が弁護士にかかってくるこ
　とになる。第二は，アメリカでは，陪審制度を背景として，伝聞証言の禁止など，諸々
　の証拠排除法則が存在するため，事前打ち合せによって，予め証人に対してこのような
　法則を説明しておかないと，証言に混乱が生じ，整然とした尋問ができなくなってしま
　うことである。Bruce A. Green,"The Whole Truth?": How Rules of Evidence Make
　Lawyers Deceitful, 25 Loyola of Los Angels Law Review 699, 706（1992）.
(3)　木川統一郎『民事訴訟法改正問題』1 頁，25 頁参照。
(4)　Stephan Landsman, Reforming Adversary Procedure: A Proposal Concerning the
　Psychology of Memory and the Testimony of Disinterested Witnesses, 45 University
　of Pittsburgh Law Review 547, 558（1984）. なお，中立証人とは，当事者の一方または
　訴訟手続と客観的に特別の利害関係をもたない者である。当事者と家族関係，雇用関係，
　取引関係などを有する者は中立証人ではない。また，専門家証人も中立証人ではない。
　対象を中立証人に限定した理由としては，第一に，中立証人の証言の証拠価値が一般的
　に高く，事実認定にとって重要だからである。当事者のいずれかと利害関係を持ってい
　る者の証言は陪審（事実認定者）は割り引いて評価する。第二に，裁判資料の収集の責
　任が当事者にあるアドヴァサリ・システムの下では，弁護士の資料収集の自由を最大限
　保障しなければならないからである。当事者，当事者と利害関係をもつ者，専門家証人
　と弁護士の接触まで制限しては，弁護士の訴訟準備は十分できなくなる。また，当事者
　（依頼者）と弁護士の間のコミュニケーションは秘匿特権によって絶対的な保護を受け
　るし，また，弁護士と当事者の接触に制約を課すことは，弁護士依頼権の保障，ひいて
　は，デュー・プロセスの違反のおそれもあり，憲法上の問題を生じる。

2 証人準備の方法と証言の変化

　事前面接における弁護士の行為によって，証人の証言がどのように変化するかをいくつかの場合に分けて，検討する[5]。

(1) 一般的なアドヴァイス

　これは，弁護士が証人に対して，たとえば，トライアルにはどのような服装をして行くべきか，法廷のどこに座って誰に向って話し掛けるか，どのような口調・態度で話すべきか，宣誓とはどのようなことで，また，違反するとどのような制裁があるか，証拠排除法則にはどのようなものがあるか，などについての一般的説明をすることである。このようなアドヴァイスは，証言の内容にかかわるものではないので，証言内容そのものを歪曲するおそれは少ない。しかしながら，証言の証拠価値は証言内容のみで決定されるわけではなく，証言をする際の証人の表情や態度によって変化する（demeanor evidence の効用）。したがって，このようなアドヴァイスによって，証人は誠実な人間であるとの印象を与えたり，また，事前面接において弁護士には自信なさそうに話していたことを冷静に，自信をもって，落ち着いた口調・態度で証言させることによって，結果として，本来，与えられてしかるべき証拠価値よりも不当に高い証拠価値を受けることもある。

(2) 法律の説明

　これは，弁護士が証人に事件について適用される法律を説明することである。証人の有する情報の中から，事件に関連し，また，法律的に意味のある情報を引き出すためには，証人が事件に適用される法律について理解していなければならないからである。しかし，法律を説明することは，その反面，法律の抜け穴を知らせることになり，偽証を誘発するおそれもある。

---

　(5) 以下の分類は，主として Applegate　注(1)298 頁以下による。

第 I 編　論　　説

(3)　事件の脈絡の告知

　ある証人が知っているのは事件の一部であるが，弁護士がその証人が経験した事実と証人の知らない事件全体との脈絡を教えることである。他の証人の情報を与えることは，一方では，その証人の思い違いを防ぐなどの良い面もあるが，他方，弁護士が構想する事件全体の訴訟戦略の一環に組み込むために証言内容が変形されるおそれもある。このため，他の証人と一緒にグループで行なう事前打ち合せにおいては，他人の情報によって証言が歪曲させられる可能性がとくに高い。また，他人から聞いた話の証言は伝聞証拠となり，排除されなければならない。

(4)　事実関係の細部にわたる質問

　事前面接において，弁護士は事件の事実関係を明らかにするために，証人に事実関係を詳しく質問するが，このときの弁護士の質問の仕方によって証人の記憶が変容し，その結果，証言内容が変化することがある。とりわけ，証人の記憶があいまいなことについて，一定の方向に導くような質問がなされると，証人は無意識のうちに記憶を変容してしまうとされている。心理学上の研究によれば，人間の記憶過程は，出来事を最初に知覚し，情報が符号化され，貯蔵され，あるいは記憶システムに入り込む段階（獲得期），ある出来事とその出来事に関する情報のある特定部分を再生するまでの間の期間（保持期），そして，貯蔵された情報を再生する段階（検索期）の三段階に分けられる。人間の記憶はこの保持期と検索期において，外部からの示唆（情報）を受けることによって変容し，そして，いったん記憶が変容すると元の記憶に戻ることはないといわれている[6]。

　質問の仕方によって記憶が変容する例として，次のような興味深い実験がある[7]。一つは，被験者に交通事故のフィルムを見せ，「車が衝突したときに，大体どのくらいの速度で走っていたか？」という，衝突した車の速度を尋ねる

---

(6)　E・F・ロフタス（西本武彦訳）『目撃者の証言』20 頁以下参照。また，G・R・ロフタス，
　　E・F・ロフタス（大村彰道訳）『人間の記憶』参照。
(7)　E・F・ロフタス，ジョン　C・パーマー「自動車事故の再構成」U・ナイサー編（富田
　　達彦訳）『観察された記憶（上）』130 頁以下参照。

質問であった。英語で「衝突した」を意味する単語には，「ぺちゃんこになった」(smashed)，「激しくぶつかった」(collided)，「どしんとぶつかった」(bumped)，「ぶつかった」(hit)，「接触した」(contacted) などがあるが，質問に使われた言葉の違いによって回答は次のように異なったのである。すなわち，「ぺちゃんこになった」という動詞が使われたときは，平均速度評価は40.8マイル，「激しくぶつかった」が使われたときは，39.3マイル，「どしんとぶつかった」が使われたときは，38.1マイル，「ぶつかった」が使われたときは，34.0マイル，「接触した」が使われたときは，31.8マイルという結果であった。また，別の実験においては，50名ずつのグループの被験者に交通事故のフィルムを見せ，一方のグループには「車が互いにぺちゃんこになったとき大体どのくらいの速度で走っていたか？」と質問し，また，他のグループには「車が互いにぶつかったとき大体どのくらいの速度で走っていたか？」と質問した。そして，その一週間後に，被験者を再び集め，今度はフィルムを見せずに，「あなたは壊れたガラスを見ましたか？」との質問を行なった（実際には，この事故ではガラスは壊れなかった）。この質問に対して，「ぺちゃんこになった」との動詞を使って質問されたグループの回答は，イエスが16名，ノーが34名であったのに対し，「ぶつかった」との動詞を使って質問されたグループの回答は，イエスが7名，ノーが43名であった。

　このような実験結果からわかるように，同じフィルムを見ても，質問の仕方によって回答は異なってくるのである。このように質問の仕方によって証言内容が一定の方向に誘導されるときは，証人は記憶の変容を認識せず，自覚のないままに証言内容が変化する。そこで，問題となるのは，偽証の場合のように，証人が意識して虚偽の証言をするときには，反対尋問によって証人を動揺させ，偽証を暴くこともできるが，記憶の変容の場合には，たとえ客観的には誤りであるにしても，証人は主観的には真実であると信じているので，反対尋問によって証人を動揺させ，真実を暴露するという可能性はきわめて小さいことである。

(5)　リハーサル

トライアルまたはデポジションの前に，主尋問，反対尋問を行なって，証人

第 I 編 論　説

尋問を予行演習することである。これによって，弁護士は証人に自己の役割を
理解させ，その結果，相手方の反対尋問によって動揺させられることもなく，
首尾一貫した内容の効果的な証言をさせることができる。しかしながら，この
方法には危険も伴う。というのは，証人が事前にトレーニングないしコーチさ
れたことが陪審に明らかになると，そのことによって証言の証拠価値がまった
く認められなくなるおそれがあるからである。このような例として，トライア
ングル社事件がある。トライアングル社の衣服製造工場で火災が発生し，146
人の犠牲者が出た。出火の原因は突き止められたわけではないが，多数の犠牲
者を出した理由は，扉に鍵をかけてはならないとの安全規則を経営者が遵守し
ていなかったためと思われた。そこで，検察が経営者を故殺罪（manslaughter）
で提訴した。この裁判において，検察側の証人として，火災に巻き込まれた同
社の女子従業員である Kate Alterman が事故の惨状を証言した。これに対し，
被告人側の弁護士は，反対尋問において，証言の信用性を攻撃するために，証
人の証言は自発的な記憶に基づくものではなく，検察官によるコーチを受けた
結果であることを示そうとした。そして，そのために証人に証言を3回繰り返
させ，その証言の言葉使いがきわめて酷似していることを強調することによっ
て証言の信用性を失わせることに成功したのである。このように，反対尋問
が成功する場合には，かえってその証言に本来認められて然るべき証拠価値が
まったく認められないことも生じる[8]。

3　歪曲証言を匡正するための既存の方法と中立証人汚染防止の試み

(1)　歪曲証言を匡正するための既存の方法

　弁護士との事前接触によって，証人が汚染され，証言が歪曲されるとするなら
ば，どのような方法によってこれを防止・匡生できるかが問題となる。この
ための既存の方法としては，反対尋問[9]，陪審に対する説示[10]，心理学者の

---

(8)　Landsman, supra note (4) 547, 548.
(9)　Landsman, supra note (4) 570.
(10)　Id. at 571.

114

活用⁽¹¹⁾ がある。

(A) 反対尋問　　アドヴァサリ・システムの下では，当事者はそれぞれ自らにとって利益となる情報のみを提供する。言い換えれば，それぞれが真実の反面のみを提示する。反対尋問は，証人が知ってはいるが，その提供を拒んでいる情報を暴露することによって証言の信用性を確保するための最も効果的な方法と考えられている。アメリカでは，反対尋問が成功し，真実が明らかにされた有名事件は枚挙にいとまがない⁽¹²⁾。しかしながら，反対尋問がいわれるほど効果的であるかは疑わしいとの指摘もある⁽¹³⁾。すなわち，弁護士との事前打ち合せの結果，証人が余裕をもって冷静に証言するときは，反対尋問によって動揺させることはできない。さらに，偽証のように，証人が虚偽であることを自覚して証言しているときは，まだしも反対尋問が功を奏する場合もあるが，弁護士との接触の結果，証人の記憶が無意識のうちに変容し，自覚のないまま証言内容が変化するときは，証人は主観的には真実を証言していると思い込んでいるのであって，反対尋問によって最初の記憶に戻すことは不可能に近いのである。

また，反対尋問には次のような二つの問題がある⁽¹⁴⁾。第一は，トライアングル社事件で見られたように，反対尋問が功を奏しすぎる場合もあることである。証人が事前にコーチされたことが反対尋問で暴露されたために，本来証言に与えられて然るべき証拠価値がまったく認められなかったのである⁽¹⁵⁾。第二は，他の思惑から反対尋問ができない場合もあることである。すなわち，厳しい反対尋問をするとその証人に過度の同情が集まることが予想される場合や反対尋問によって自らに不利な証言が出てくる可能性がある場合などである。

(B) 陪審に対する説示　　証言の前に，証人は真実を証言するとの宣誓を行なうが，これによって素人である陪審は証人が真実を語るものと考える。また，陪審は，通常，証人が事前に弁護士と打ち合せをしていることは知らない。そ

---

(11) Id. at 572.
(12) 反対尋問については，フランシス　L・ウェルマン（林勝郎訳）『反対尋問の技術（上）（下）』，ロイド　P・ストライカー（古賀正義訳）『弁護の技術』参照。
(13) Applegate, supra note (1) 309.
(14) Landman, supra note (4) 571.
(15) Id.

第Ⅰ編　論　説

こで，裁判官が証人は事前に弁護士と打合せていることを説示によって知らせることによって，陪審が用心深く証言を判断できるようにする方法である。しかし，裁判官および法律学者の多くは，このような方法によって歪曲された証言を正す効果は少ないと考えている。

(C)　心理学者の活用　　これは心理学者（専門家）に証言の証拠価値を判断させ，陪審の事実認定に役立たせる方法である。この方法は陪審の事実認定権を侵害するおそれもあるので，実務ではほとんど利用されていない。また，もしこれを許せば，当事者は次から次へと専門家を繰り出すことになり，いわゆる「専門家同士の争い」の状態に陥ることになる。

(2)　中立証人汚染防止の試み

(A)　ランズマン教授の改善策　　スティーヴン・ランズマン教授は，すでに見たように弁護士との事前接触によって生じる証言の歪曲を反対尋問などの既存の方法によっては十分に防止・匡正することはできないとして，次のような改善策を提案している[16]。

　まず，プリトライアル段階における弁護士の示唆的な行為（suggestive conduct）によって証言が歪曲されることを防止する方策としては，誘導質問，新しい情報の提供，他の証人が行なった証言に言及すること，面接に他の証人を参加させること，証人の記憶を呼び起こすために文書をみせることなどを禁止する他に，事前面接に相手方の弁護士を立ち合わせること，および，事前面接でのやりとりをすべて記録することの二つを提案している。相手方弁護士を立ち合わせれば，それによって示唆的な行為や質問が抑制されるであろうし，また，そのような行為がなされたときは，相手方弁護士は異議を留めることができる（偏見防止の申立て motion in limine によって裁判所の審査を受ける）。相手方弁護士を立ち合わせたときの事前面接は開示手続のデポジションをとる要領で行なわれる。事前面接のやりとりのすべてを記録にしておけば，示唆的な行為があったかどうかが問題となったときに裁判所はその記録に基づいて審査することができる。

---

(16) Id. at 556.

6 アメリカ民事訴訟における中立証人汚染防止の試み

相手方の弁護士を立ち合わせることの例外として，次の場合には，一方の弁護士のみによる面接が許される。第一は，たとえば，事件に関係する証人の氏名を尋ねるとか証拠の所在場所を尋ねるなど，質問の範囲が明確で，示唆の危険の少ない場合である。また，示唆のおそれはないとして，相手方が立ち会いを放棄するときにも当然一方の弁護士のみによる面接が許される。第二は，後になっては，重要な情報が失われてしまう場合や裁判手続の進行が著しく阻害される場合である。第三は，中立証人が相手方弁護士の立ち会いを望まない場合である。中立証人の協力を得るためには，相手方のいる前で早期に微妙な情報を明らかにしたくないとの中立証人の希望を入れる必要があるからである。一方の弁護士のみによる面接の場合にはやりとりのすべてを記録しておくことがとくに重要である。

トライアル段階において，事前面接による証言の歪曲に対処する方法としては，次の四つがある。第一は，反対尋問および証人の弾劾である。反対尋問と弾劾は，事前面接での弁護士の不適切な行為を暴露し，証言の証拠価値に問題があることを示す方法としていつでも活用されるべきである。事前面接でのやりとりの記録を弾劾のために用いることができる。第二は，陪審に対する説示である。示唆的行為を禁止するルールに違反したことを相手方の弁護士が立証した場合には，相手方弁護士は，ルール違反した事実および違反によって証言が歪曲されたおそれがあることを説示によって陪審に知らせることを求めることができる。第三は，心理学者の利用である。重大な違反が生じたときは，相手方弁護士が心理の専門家を申請し，不適切な示唆が証言の歪曲に与える効果についての意見を述べさせる機会を与えるべきである。第四は，証言の排除である。ルール違反が故意であり，かつ，目に余るときは，裁判所は，違反した弁護士が歪曲された証言を証拠として使用することを禁じることができる。

弁護士倫理規則においては，ドイツの弁護士倫理規則を参考にして，弁護士と中立証人の事前接触を制限する規定を設けるべきであるとする。

(B) ランズマン説に対する批判　ランズマン教授の改善策については，つぎのような批判がある。まず，スティーヴン・ソールツバーグ（Stephen Saltzburg）教授は，改善策は証言の歪曲を減少させる方策であると評価しつつも，次の理由で反対する[17]。第一は，調査の早い段階では，誰が当事者にな

第Ⅰ編　論　説

るか，また，そもそも訴訟が実際に提起されるかどうかもわからないのであり，訴訟を始める前にある程度の自由な調査は不可欠である。第二は，ランズマン説は，中立証人が敵対する弁護士の面前で進んで質問を受けることを前提にしているが，実際には，証人の多くは訴訟に巻き込まれることを嫌っており，弁護士の説得によってようやく協力してくれる場合が多いのである。したがって，はじめから対立する弁護士の面前で質問をすることは，証人を躊躇させ，証人の協力を得られない結果ともなる。第三は，開示手続では，味方証人，敵性証人，中立証人のすべての証言を強制的にとることができるので，証人が協力的でないことはあまり問題とならないと考えられるかもしれないが，デポジションをとる前にある程度の情報を得ていなければ，質問も十分にできないのである。また，証人が非協力的である場合には，証言を強制できても，完全な証言をとることはできない。第四は，ある証人が本当に中立ないし独立していることをどのように確かめることができるかである。敵対する弁護士が立ち合っているときには，証人はどちらか一方の味方であることを明らかにすることには躊躇を覚えるであろう。証人は一対一のときの方が率直に話をする。第五は，改善策は，弁護士と依頼者にとって事前の証人準備は悪いことであるとの前提に立っているが，この意味はそれほど明らかではない。証人がトライアルでうまく証言できなくとも，当事者双方が等しく被害を受けるわけではない。勝訴が証人の証言にかかっている当事者は，証人が見事に証言してくれることを願うであろうが，相手方は証人ができるだけ事前の準備なしに証言することを願っているのである。最後に，改善策の前提と異なって，中立証人の証言よりも事前に準備された「利害関係をもつ証人」の証言の方がより説得力をもつこともある。もちろん，陪審は利害関係のある証人の証言をいくらか割り引いて評価するのであろうが，それでも十分に準備された証人の証言が上回ることもあるのである。以上のように批判した上で，ソールツバーグ教授は，トライアルの前の一定の時点において，証人がそれ以前になした陳述のすべてを相手方弁護士に開示することを弁護士に要求する規定を設ける方がより効果的ではないかと主張する。

(17) Stephen Saltzburg, Lawyers, Clients, and the Adversary System, 37 Mercer Law Review 684-686 (1986).

また，アップルゲイト助教授は次のように批判する。ランズマン説は，証人準備は弁護士の質問とそれに対する証人の答えのみであると前提し，そのため，相手方弁護士を同席させたり，記録をとることに不都合はないとするが，証人準備の中には，証人が出来事を再構成することを助けることが含まれる。そして，この過程においては，事実に関する他の情報源，従前の陳述，他の証人の陳述，文書などに言及することは避けられないので，プライヴァシーが必要となるのである。また，このような過程でのやりとりを記録しても，整理されたものではないので，混乱を生じさせるだけである[18]。

グリーン助教授は，事前接触による証言歪曲を匡正するための方法としては，陪審に対して説示を与えることが重要であると主張する[19]。

4 結 び

証人準備の是非について，ドイツとアメリカは対照的なちがいを見せている。ドイツでは，弁護士の事前接触は，証人を汚染するものとして，禁止されている。また，ドイツでは，交互尋問制は採られておらず，証人尋問は主として裁判官が行なう。これに対し，アドヴァサリ・システムを採るアメリカでは，証人準備は弁護士の当然の職務であるとされ，トライアルまたは正式な開示手続の前に，弁護士は証人と自由に接触することができる。しかしながら，事前接触による弊害については，従来は，偽証教唆を禁じるだけで，弁護士の行為をどのように規整すべきかについては理論的にほとんど検討されていなかった。その理由としては，第一に，たとえ相手方の弁護士に不適切な行為があったとしても，明日は我が身という弁護士同士の互いの配慮により，あえて問題とすることがなく，したがって，裁判においてもこのような問題は提起されなかったためであり[20]，第二は，証言の歪曲があっても反対尋問によって匡正できると考えていたためであると思われる。

しかしながら，これまで述べたように，弁護士の質問の仕方によって証人の

---

(18) Applegate, supra note (1) 337, 338.

(19) Green, supra note (2) 710.

(20) Applegate, supra note (1) 279.

第 I 編　論　説

記憶が変容し，証言内容が変化する場合には，反対尋問によって正すことは期待できないのである。その意味で，アドヴァサリ・システムを維持しつつ，そのメカニズムから生じる弊害の一つである事前接触による証言歪曲を防止する試みとしてランズマン説は理論的な一石を投じるものと評価できよう。

　木川博士は，わが国が交互尋問制度を導入したのは誤りであったとし，今後の方向としては，弁護士と証人の接触を禁じ，また，証人尋問は，裁判官が主導するドイツ型が望ましいとされている[21]。しかしながら，交互尋問制度を維持するとするならば，弁護士による事前の証人準備は不可欠である。従来この点については実務の知恵に委ねられ，あまり理論的な検討が加えられたことがなかったわが国にとってアメリカの議論は大いに参考になると思われる。

---

(21)　木川統一郎「交互訊問制度の運用と将来」『民事訴訟法改正問題』63 頁以下参照。また，John H. Langbein, The German Advantage in Civil Procedure, 52 The University of Chicago Law Review 833-835 (1985) 参照。わが国の証人準備については，小島武司＝高谷進＝豊田愛祥『民事実務読本 III』47 頁以下参照。

7 アメリカ民事訴訟における裁判所の 選任による専門家の現状と課題

1 専門訴訟と裁判官の役割

　医療過誤，薬害，知的財産事件などの専門訴訟において，裁判官が専門家の知見を必要とすることは日米で変わりがないものの，両国の訴訟制度の違いから，裁判官が専門家の知見を必要とする理由や状況は同一ではない。

1 陪審裁判と専門家証人の証人適格

　訴訟制度の違いの第一は，アメリカでは陪審制度が採られていることである[1]。陪審審理においては，わが国の鑑定人に相当する専門家証人（expert witness）が行う証言の証拠価値を評価し，請求に関する事実認定を行うのは陪審であり，裁判官ではない。したがって，裁判官自らが事実認定をするために専門家の知見を必要とするわけではない。陪審審理における裁判官の役割は，陪審が適正な事実認定ができるようにするため，門番（gatekeeper）として，いわゆるジャンク・サイエンス（ニセ科学）が法廷に持ち込まれないようにすることであり，専門家については，当事者の申請した専門家がトライアルにおいて証言をする適格があるか否かを判断することである[2]。

　専門家証人の証人適格，言い換えれば，専門家がトライアルにおいて証言する資格があるか否かを判断する基準は，従前は，1923 年のフライ判決[3]で出

---

(1) 民事事件のすべてが陪審事件というわけではないし（合衆国憲法修正第七参照），また，陪審事件であっても，その大半は陪審審理まで進むことなく，プリトライアル段階で決着がついてしまうものの，アメリカの民事訴訟の基本構造は陪審裁判である。

(2) アメリカ民事訴訟におけるジャンク・サイエンスおよび専門家証人の証人適格の問題については，椎橋邦雄「アメリカ民事訴訟における専門家証人の証人適格」早稲田法学 72 巻 4 号 187 頁以下参照。アメリカ民事訴訟における専門家については，杉山悦子「民事訴訟と専門家(5)―専門家の訴訟上の地位と手続規律をめぐって―」法学協会雑誌 121 巻 4 号 471 頁以下に詳しく紹介されている。また，小川嘉基「アメリカの連邦裁判所における専門家の活用」判例タイムズ 1149 号 70 頁以下参照。

第Ⅰ編　論　説

された「一般的承認（general acceptance）」のルールであった。このルールの下では，裁判官自らが専門家証人の適格があるか否かの判断に頭を悩ませることはなかった。というのは，申請された専門家証人の理論ないし方法論が当該専門分野の専門家の間で「一般的承認」を受けているかを確かめればよく，いわば，専門家の判断に委ねていればよかったからである。しかしながら，この基準の下では，専門家として証人適格を認められるためには，当該専門分野における一般的承認，言い換えれば，多数の専門家によって承認されていなければならないのであり，新しく提唱された理論は，たとえ将来有望な理論であっても，一般的な承認を得られない間は，証人適格を認められないことになり，科学技術が日進月歩で発展している現代にあっては，時代の要請にそぐわないものとなっていた。

　このような状況の下で，1993 年，ダウバート判決が下されたのである[4]。ダウバート判決では，フライ判決の「一般的承認」の基準に替えて，専門家の証言の基礎にある理論ないし方法論が，①実験によって理論の正しさを確かめることができるか，②専門誌に発表されたり，他の専門家の検討を受けたことがあるか，③成功または失敗の確率はどの程度か，④同じ分野の専門家によってどの程度承認されているか等の基準を総合的に考量して判断されることになった[5]。

　ダウバート判決で注目すべきことは，専門家証人の証人適格を判断する基準の変更だけでなく，判断の主体の変更である。すなわち，「一般的承認」の基準の下では，裁判官は専門家の判断に丸投げすればよかったのであるが，ダウバート判決の下では，裁判官がジャンク・サイエンスを法廷に持ち込ませない門番の役割を自ら果たさなければならなくなったのである。

　このように，裁判官が専門的知識を必要とするようになったのは，専門家の証人適格の有無を判断するためであり，トライアルにおいて事実認定を適正に行うためではない。また，プリトライアルであっても，主たる目的はやはり証拠の許容性を判断するためであり，争点整理のためではない。したがって，こ

---

(3) Frye v. United States 293 F. 1013, 1014.

(4) Daubert v. Merrell Dow Pharmaceuticals, Inc. 113 S. Ct. 2786.

(5) 椎橋・前掲注(2)199，200 頁参照。

の場合，裁判官が専門的知見の提供を受ける専門家は，トライアルで証言を行う専門家証人ではなく，科学理論や専門用語を説明，解説する「通訳」としての専門アドバイザーである。後述のように，裁判所の選任する専門家証人については 1975 年に制定された連邦証拠規則 706 による明文の規定があるものの，専門アドバイザーについてはこのような根拠条文もなく，また，実際の利用の仕方も，裁判官が自らの友人・知人の専門家や同僚の裁判官にプライベートに紹介された専門家からまったくインフォーマルな形で情報を得ることがなされていた。これでは，当然のことながら，手続の透明性ないし当事者の手続保障の観点からは大きな問題がある。ダウバート判決を一つの大きな契機として専門アドバイザーの規整のあり方が問題とされるようになったことは当然の流れである。

2　アドヴァサリ・システムの下における弁護士と裁判官の役割分担

わが国においては，刑事手続と民事手続の間に共通する基本原理が存在するとの観念は希薄であるが，アメリカにおけるアドヴァサリ・システム（当事者主導手続または弁護士主導手続）は，もちろん刑事手続に固有の要素はあるものの，基本的に刑事手続と民事手続に共通に適用される概念である。そして，アドヴァサリ・システムを構成する要素の中には，たとえば，弁護人依頼権や証人に対する尋問権などが存在し，これらは憲法上保障された権利となっている（日本国憲法 37 条 2 項，3 項参照[6]）。また，アドヴァサリ・システムは，言論の自由や集会結社の自由など自由社会の根幹を支える基本的人権に基礎を置くものと考えられている[7]。アドヴァサリ・システムとデュー・プロセス（適正手続）とは同義ではないものの[8]，その内容は重複するところが多い。アメリカの民事訴訟においては，弁護士を通して，当事者が専門家を含む証拠を提出すること自体に憲法的な価値が認められているのであって，裁判官の裁量に

---

(6) Monroe H. Freedman, Our Constitutionalized Adversary System, 1 Chapman Law Review 57 (1998).

(7) Geoffrey H. Hazard, Jr., Ethics in the Practice of Law 123 (1978).

(8) Fleming James, Jr. Geoffrey C. Hazard, Jr. John Leubsdorf, Civil Procedure (5th ed. 2001) p6.

第 I 編 論 説

よって事件が効率的に処理されればよいというものではない。

また，民事訴訟におけるアドヴァサリ・システムの特徴としては，裁判官の受動性ないし消極性（passivity）が挙げられる[9]。アメリカの民事訴訟においては，事実関係を調査・分析し，証拠を収集し，訴訟において当事者のために主張・立証をするのは弁護士の役割である。プリトライアルにおける争点整理も弁護士の主導で行われるのであって，もし専門家の知見が必要であるならば，双方の弁護士がそれぞれの専門家を雇って，専門的知見を得るのである。プリトライアルで争点整理を担当する裁判官が専門的知見を必要とするときは，当事者が雇った専門家からの説明を受けることもある。プリトライアルにおける争点整理は，裁判官自らが事実認定をするためのものではなく，陪審の審理対象を明確にするためのものにすぎない。上記のように，プリトライアルにおいて裁判官が専門的知見を必要とするのは，主として，証拠の許容性，すなわち，専門家証人の証人適格を判断するためであり，したがって，プリトライアル段階で裁判官が必要とする専門家は，法廷で証言をする専門家証人ではなく，一般的な専門知識を提供する専門アドバイザーである。

ちなみに，アメリカにおいては，ドイツと異なり，民事事件は単に私人間の紛争を個別に解決すれば足りるとするものではなく，歴史的な先例に限らず，日常的な民事事件においても，個別事件の解決を図るとともに，個人の権利や自由を促進することを意図するものと理解されている。このような意味においても，アメリカにおいては，民事訴訟は単に私人間の紛争を効率的に処理すればよいというものではなく，憲法上保障された権利を実現するための場となっているのである[10]。

---

(9) Freedman, supra note 6 at 64. また，アドヴァサリ・システムの意義および内容については，椎橋邦雄「アメリカ民事訴訟における当事者主義の基礎研究」山梨学院大学法学論集 15 号 66 頁以下参照。

(10) Hein Köetz, Civil Justice Systems in Europe and the United States, 13 Duke Journal of Comparative & International Law 61（2003）.

2 専門家証人の現状と課題

1 専門家証人の利用の実情

アドヴァサリ・システムの下では，専門家証人を含む証拠は当事者が提出するのが原則である。わが国の鑑定人は裁判所が指定するのに対して，わが国の鑑定人に相当する専門家証人は当事者が自ら報酬を支払って雇い，プリトライアルでの争点整理に利用し，また，トライアルにおいて証言をさせる。専門家証人は，中立ではなく，当然のことながら，報酬を支払ってくれた当事者に有利な証言をする党派的な証人である。党派的な専門家証人の弊害については，アメリカの学者および実務家からも古くから指摘されており[11]，また，専門家証人の中立化の試みも繰り返し行われている[12]。このような経緯もあり，1975年に制定された連邦証拠規則は，その706において，裁判所が自らの職権によって専門家証人を選任できる規定を設けた。しかしながら，このような規定ができたにもかかわらず，この規定に基づいて，裁判所が専門家証人を選任することは，hen's teeth rare（きわめて稀であることの例え）と形容されるほど利用されることは少ないといわれている。そこで，党派的専門家証人の弊害が指摘されているにもかかわらず，なぜ裁判所の選任による専門家証人の利用が少ないのかが当然の疑問として生じる。

このような疑問に答えるべく，フェデラル・ジュディシャル・センターは現役の連邦地方裁判所の裁判官全員に対してアンケートを実施し，その結果を公表した[13]。このレポートについては他の論文でも紹介したところであるが[14]，

---

(11) 古典的な文献としては，ジェローム・フランク著（古賀正義訳）『裁かれる裁判所 上』130頁以下。また，John H. Langbein, The German Advantage in Civil Procedure, 52 University of Chicago Law Review 823（1985）.

(12) 小島武司「専門家証人の中立化（上）（下）」判例タイムズ235号2頁以下，同236号31頁以下参照。

(13) Joe S. Cecil & Thomas E. Willging, Court-Appointed Experts : Defining the Role of Experts Appointed Under Federal Rule of Evidence 706（Federal Judicial Center 1993）.

(14) 椎橋邦雄「アメリカ民事訴訟における裁判所の選任による専門家の利用状況」法学新報113巻9・10号。

第 I 編　論　説

ここでもその要点を紹介しておく。

(1)　どの程度利用されているのか。どのような事件で利用されているのか。

「連邦証拠規則 706 の権限を行使して専門家を選任したことがありますか」との質問表を 537 人の連邦地方裁判所の現役裁判官全員に対して送付した結果，431 人から回答を得た（回答率 80%）。431 人中 86 人（20%）の裁判官が選任したことがあると回答している。この 86 人の中，1 回だけ選任した裁判官は 45 人（52%），2 回〜4 回は 31 人（36%），5 回〜9 回は 6 人（7%），10 回〜19 回は 3 人（3%），20 回以上は 1 人（1%）であった。したがって，専門家を一度も選任したことがない裁判官は回答者の 80% になる。

連邦証拠規則 706 に基づく専門家の利用が少ない理由は，頻度順に，次の通りである。

第一は，規則 706 の専門家の助力を必要とする事例はきわめて稀であることである。規則 706 に基づく専門家の選任を 1 回だけ行ったことのある 45 人の裁判官の中 32 人は，自らが専門家を選任したのは異常な状況の下で行ったのであり，このような状況は再び起こらなかったと回答している。異常な状況とは，たとえば，子供の健康被害に基づく損害賠償請求事件などの公益性の高い訴訟において原告の資力がないために専門家が雇われておらず，当事者の提出した証拠のみに基づいて判決を下すことがいかにも正義の観念に反するような場合，また，当事者双方に専門家は確保されているが，その専門家の意見がまったくかみ合わず，素人である裁判官や陪審にとってまったく理解不能の場合である。

第二は，アドヴァサリ・システムの尊重である。規則 706 に基づいて専門家を選任したことのある裁判官の多くはアドヴァサリ・プロセスへの信奉を宣言しており，また，陪審は専門的証拠を評価する能力があることを認めている。専門家を職権で選任するのはアドヴァサリ・プロセスが機能しない場合のみである。

第三は，適切な専門家を見つけ出すことの困難さである。専門家はそれぞれの学説ないし個人的な価値観に基づいて事件を判断するのであり，ほとんどの分野において，中立ということはありえないとされている。裁判所が専門家の選任を躊躇する背景には，真に中立的な専門家を選任することの困難さが存在

する。

　第四は，専門家に対する報酬の確保の困難さである。専門家に対する報酬は，一定の場合を除いて，当事者が負担することになっている。したがって，当事者が報酬を支払わなければ専門家を選任することはできない。裁判所の選任した専門家の証言によって敗訴した当事者がその支払いに応じないことは当然予想される。このため，当事者が報酬の支払いに同意している事件のみにおいて専門家を選任する裁判官もいる。

　第五は，選任の必要性を早期に認識することの困難さである。当事者が裁判所に対して規則706に基づく専門家の選任を提案することは稀であるので，裁判官が訴訟の早期の段階で裁判所の選任による専門家の助力の必要性を認識することが困難になっている。

　第六は，規則706に基づく専門家の選任手続に対する認識の欠如である。規則706が利用されることはめったにないので，この手続に関する情報はほとんどなく，裁判官の中にはこの手続を知らない者もいる。

　「連邦証拠規則706に基づいて選任された専門家はどのようなタイプの事件において役に立つと思われますか」との質問に対しては，537人の裁判官の中，385人が回答し，その87％（336人）は少なくとも何らかの状況において役に立つ可能性が高いと回答している。内訳は，特許法事件が52％（176人），製造物責任事件が41％（137人），独占禁止法事件が33％（111人），商標権事件が26％（88人），証券法事件が24％（82人），不法行為事件が23％（76人），雇用差別事件が15％（23人），その他が30％（102人）であった[15]。

　(2)　選任の時期，選任のイニシャティブおよび専門家の選定

　①　選任の時期

　「訴訟のどの時点で専門家を選任しましたか」との質問に対しては過半数が訴訟の早期の段階で専門家を選任していると回答している。しかし，トライアルの直前になって選任したとの回答も少なくなく，さらに，ベンチ・トライア

---

(15)　規則706に基づいて選任された専門家は，人身傷害事件において選任された医学専門家，特許および企業秘密事件において選任されたエンジニアリングの専門家，そして，商取引事件において選任された会計学の専門家が多く，この3つの事件類型で選任全体のおよそ3分の2を占めている。

第Ⅰ編　論　説

ル（裁判官による審理）ではトライアルの開始後および終了後に選任された事例もある。

専門家の選任の時期が遅くなる理由としては，事件内容に関する知識不足のために専門家の助力が必要であるか否かの判断ができなかったこと，和解による解決に期待して，その可能性があるうちは専門家の選任を控えたこと，そして，裁判官は，最終プリトライアル・カンファランスのときまで，当事者が自ら雇った専門家を提出できるか否かを知ることができないなどである。

②　選任のイニシャティブ

「誰が選任手続を開始したか」との質問に対しては，61人中54人の裁判官は自らが行ったと回答している。当事者から提案をすることはほとんどない。

③　専門家の選定

「専門家をどのようにして探し出しましたか。中立的な専門家を見つけ出すことは困難でしたか」などの質問に対しては，意外にも66人中6人のみが中立的な専門家を見つけ出すことが困難であったと回答している。多くの裁判官が困難を感じなかったのは，裁判官が知り合いの専門家を選任することが多いからであるとされている。調査によれば，裁判官は個人的または仕事上の関係に基づいて以前から知っている専門家を選任する場合がはるかに多く，当事者によって指名された専門家を選任することは少ない。このようなインフォーマルな選任のやり方は問題もあり，改善の提言もなされている。

⑶　専門家とのコミュニケーション

①　専門家と裁判官とのコミュニケーション

訴訟の係属中に，当事者のいないところで，裁判官と選任された専門家がコミュニケーションを交わしてよいか否かについては連邦証拠規則706は明白には規定していない。合衆国裁判官倫理規範は，裁判官と専門家証人との記録に残らない接触には反対しているものの，裁判官に対するインタビューの結果によれば，当事者のいないところで裁判官と専門家のコミュニケーションがかなり行われていることが判明した。「あなたは当事者のいないところで直接に専門家とコミュニケーションを交わしたことがありますか」との質問に対して「はい」と答えた者が過半数に上っている。ただし当事者のいないところでは専門家とのやり取りは，主として，規則706の専門家を引き受けてもらうため

の依頼交渉手続上の事柄についてであり，請求の内容に関するものではない。

② 専門家と当事者とのコミュニケーション

専門家と当事者との間のコミュニケーションについても連邦証拠規則706は明文規定を置いていない。調査によればおよそ半数の裁判官は，専門家と当事者の一方との直接のコミュニケーションを許している。専門家と当事者の一方が直接にコミュニケーションを交わす代表的な事例としては，専門家が当事者の被害の程度を判定するために診察をする場合がある。このような場合，相手方当事者が診察に同席することはプライバシーの侵害にもなりまた，専門家が診断のための情報を取得する妨げともなる。したがって，診察は専門家と当事者の一方だけで行われ，診察の報告書が裁判所や相手方当事者に提出される。

(4) 専門家に対する報酬

裁判所の選任による専門家に対しては，裁判所が相当と認める額の報酬が支払われる。刑事事件および合衆国憲法修正第5条が規定する正当な補償による公用収用の手続については，法律で定められた財源から支払われるが，一般の民事訴訟事件においては当事者が報酬を負担する。報酬は，裁判所が命じる割合および時期に，当事者によって支払われなければならない。

(5) 裁判所の選任による専門家の証言が訴訟の結果に与える影響

「争点は裁判所の選任による専門家の助言または証言に沿った形で解決されましたか」との質問に対しては大半（58人中56人）の裁判官が「はい」と回答している。このように，裁判所の専門家が訴訟の結果に与える影響は絶大である。連邦証拠規則706(c)は，裁判所は，裁量権を行使して，裁判所が専門家証人を選任した事実を陪審に開示することができると規定している。裁判官の中には，専門家の信用性の評価に資するとして裁判所の選任した専門家であることを陪審に知らせることが大事であると考える者がいる一方で，裁判所の選任した専門家であることを知らせると陪審が自動的にその専門家の証言価値を高く評価してしまうことを懸念する者もいる。

2 専門家証人の課題

(1) 利用の少なさ

上記のように，調査によれば，連邦地方裁判所の裁判官の80％は，連邦証

第 I 編　論　説

拠規則 706 を根拠に専門家証人を選任したことはない。また，選任したことが
ある裁判官の過半数は 1 回だけ利用した者である。このように，裁判所の選任
による専門家証人の利用は少ないが，このことが問題とされることはない。1
回だけ専門家を選任したことがある裁判官は，上記のように，規則 706 は，た
とえば，当事者の一方に資力がなくて専門家を雇えないとか，双方の当事者に
専門家はいるが意見が真っ向から対立して収拾がつかないなど異常な状況にお
いて行使されるべき例外的手段にとどまるべきであり，一度しか利用しなかっ
たのは，異常な状況は二度となかったからであると述べている。規則 706 を利
用した裁判官も証拠の当事者提出に価値を認めるアドヴァサリ・システムを信
奉しており，裁判所が自ら専門家を選任するのはアドヴァサリ・システムが機
能しない場合のみであると考えている。

(2)　専門家に対する報酬

　裁判所の選任による専門家証人に対する報酬の規定が整備されていないこと
が裁判所の専門家を利用することが少ない現実的な理由となっている。上記の
ように，刑事事件および公用収用事件について公の財源から支払われるので問
題はない。しかし，民事事件については当事者の負担となるので，裁判所の選
任した専門家証人の証言によって敗訴した当事者が支払いを拒むこともある。
このため，裁判所は，当事者双方が報酬の支払いに同意している場合にのみ専
門家を選任することにしたり，または，あらかじめ当事者に報酬を予納させる
こともある。さらに問題となるのは当事者の一方に資力のない場合である。こ
のような場合には，裁判所は資力のない当事者に勝訴の見込みがあることを前
提にして，資力のある当事者にとりあえず全額を支払わせることも行っている。
専門家に対する報酬に関する規定の不備が規則 706 の利用を妨げている実務上
の最大の理由であり，報酬を公の財源で負担するなどの改善提言がなされてい
る。

(3)　手続保障および手続の透明性

　裁判所の選任する専門家証人については連邦証拠規則 706 の規定があり[16]，
手続のガイドラインが定められ，当事者に対する手続保障や手続の透明性もは
かられている。

　第一に，専門家証人の選任過程において，選任する前に当事者に通知するこ

とによって，当事者に異議を述べる機会を与えている。第二に，裁判所は当事者に候補者を提出するように求めることができ，当事者間で合意された専門家を選任するようにしている。第三に，専門家証人は証人となることに同意しないかぎりは選任されることはない。第四に，専門家証人は，書面または当事者が出席するカンファランスにおいて，証人としての義務を裁判所によって知らされる。また，これによって，当事者も専門家証人が行う任務の範囲を知ることができる。第五に，専門家証人に対して，当事者は法廷においては反対尋問をすることができ，プリトライアルでは証言録取書を取ることができる。

---

(16) 連邦証拠規則 706 は次のように規定する。
  (a) 選任
    裁判所は，職権または当事者の申立てに基づいて，専門家証人が選任されるべきでない理由を示すように当事者に命じることができ，また，候補者を提出するように当事者に求めることができる。裁判所は，当事者間で合意された専門家証人を選任することもできるし，また，自ら指定して選任することもできる。専門家証人は，証人となることに同意しないかぎりは，裁判所によって選任されることはない。このようにして選任された証人は，証人の義務を裁判所によって書面—この書面のコピーは書記課に保管されなければならない—で知らされるか，または，当事者が出席する機会が与えられなければならないカンファランスにおいて知らされなければならない。このようにして選任された証人は，認定結果があれば，それを当事者に対して助言しなければならない。何れの当事者も証人の証言録取書を取ることができる。また，裁判所または当事者は，証言をさせるために，証人を呼び出すことができる。証人は，その証人を呼び出した当事者を含む，それぞれの当事者の反対尋問を受けなければならない。
  (b) 報酬
    本条の規定に基づいて選任された専門家証人は，裁判所が相当と認める額の報酬を受ける権利を有する。このようにして決められた報酬は，刑事事件および合衆国憲法修正第5に規定する正当な補償による公用収用の手続においては，法律で定めた財源から支払うことができる。その他の民事事件においては，報酬は，裁判所が命じる割合および時期に，当事者によって支払われなければならず，その後は，他の訴訟費用と同様に負担される。
  (c) 選任の開示
    裁判所は，裁量権を行使して，裁判所が専門家証人を選任した事実を陪審に開示することができる。
  (d) 当事者が自ら選任する専門家
    本条の規定は，当事者が自ら選任した専門家証人を呼び出すことを制限するものではない。

第 I 編　論　　説

3　専門アドバイザーの現状と課題

1　専門アドバイザーの利用の実情

　1993 年のダウバート判決以降，裁判官自らが門番として当事者の提出する
専門家証人の証人適格ないしトライアルにおける証言資格の有無を判断しなけ
ればならなくなるとともに，証拠の許容性の判断のための専門的知見を裁判官
に提供する専門アドバイザーの必要性はますます高まっている。しかしながら，
専門家証人については連邦証拠規則 706 があり，その利用のガイドラインが規
定されているにもかかわらず，専門アドバイザーについては，このような根拠
規定もなく，したがって，また，専門アドバイザーの利用手続も明確になって
いない点が問題となっている。

　繰り返しになるが，規則 706 は，専門家証人について次のように利用手続の
ガイドラインを規定し，手続保障および手続の透明性をはかっている。第一に，
専門家証人は法廷で証言する者であるので，専門家証人に対しては反対尋問を
することができるし，プリトライアルでは証言録取書をとることができる。第
二に，専門家証人の選任過程においては当事者の意見を聴くなどの措置を講じ
ている。たとえば，裁判所は，専門家証人が選任されるべきでない理由を示す
ように当事者に命じることができ，また，候補者を提出するように当事者に求
めることができる。また，運用においても，裁判所は当事者間で合意された専
門家証人を選任するよう努めている。第三に，裁判所の選任による専門家証人
は，証人としての義務を書面によって，または，当事者が参加するカンファラ
ンスにおいて知らされなければならないし，当事者は専門家の義務の範囲を知
ることができる。第四に，当事者は専門家証人の認定について通知を受ける。
第五に，本条の規定にかかわらず，当事者は自ら雇った専門家証人を申請する
ことができる。

　しかしながら，専門アドバイザーについては規則 706 の適用がなく，当事者
の手続保障や手続の透明性についてはまったく配慮がなされていなかった。実
際に，専門アドバイザーの利用に関する実情としては，たとえば，医療過誤の
事件について裁判官が友人の医師にまったくプライベートな場所で相談をする

132

ようなことも通常行われていたのであり，当然のことながら，このような裁判官と医師とのコミュニケーションについては訴訟の当事者にはまったく知らされていなかったのである。

他方，規則706の規制を受けずに専門アドバイザーを利用できることの利点もある。専門アドバイザーは法廷で証言をするわけではないので，反対尋問や証言録取書をとる必要はないし，裁判官は，裁判官室その他の場所で臨機応変に，柔軟な形で説明や助言を受けることができる。専門家としても，党派的な尋問を受けるよりも，当事者のいないところで裁判官と自由に話すほうが好ましいであろう。

2　利用手続きの改善提言

裁判所の固有の権限に基づいて専門アドバイザーを選任することができるとした有名な判例としてはライリー事件がある[17]。この判例において，裁判所が専門アドバイザーを選任するときの当事者に対する手続保障として次の点を提言している。

第一は，専門家を選任する前に，専門家の氏名を当事者に知らせ，偏見や経験不足などを理由に当事者に異議を述べる機会を与えることである。第二は，専門アドバイザーの任務の範囲を書面にして，当事者に知らせることである。第三に，専門アドバイザーは，任務の完了後に，報告書を提出することである[18]。

このような問題提起を受けて，近年では，専門アドバイザーの選任に関する手続保障や手続の透明性をはかるための提言がなされている。

たとえば，ライリー判決と重複する点もあるが，次のような提言がある[19]。第一に，裁判所は，専門アドバイザーを選任する前に当事者に知らせ，選任に異議を述べる機会を与えることである。このような措置はすでに規則706において講じられているところである。ただし，規則706の実務においては，どの

---

(17) Reilly v. United States, 863 F. 2d 149.

(18) id. at 159.

(19) note, Improving Judicial Gatekeeping : Technical Advisers and Scientific Evidence, 110 Harvard Law Review 941（1997）.

第Ⅰ編　論　説

程度当事者の意向に配慮するかは裁判官によって一様ではない。当事者の同意がなければ選任しない裁判官がいる一方で，個人的または仕事上親密になった専門家を選任する裁判官もいる。専門アドバイザー場合は専門家証人と異なり，反対尋問などによって偏見を暴くことはできないので，選任の過程で当事者の意向を反映させることが選任の正当性を増大させることになるし，また，偏見のある者を排除できることにもなるので，選任過程に当事者を参加させることはきわめて重要である。第二に，専門アドバイザーの任務を書面または当事者の出席するカンファランスで明確にすることである。このような規定もすでに規則706に存在する。任務の範囲を明確にすることは一方で専門アドバイザーの仕事をやりやすくするだけでなく，当事者に知らせることによって，選任の正当性を高めたり，当事者の協力を得られることによって手続が迅速に進むなどの利点もある。第三に，専門アドバイザーの分析結果や勧告を報告書にすることである。また，報告書には，当事者がチェックできるように，裁判官と専門アドバイザーとの間で交わされた議論も記録されていなければならない。

　また，このような改善策を証拠規則の改正によって実現すべきとの提言もなされている[20]。連邦証拠規則706に続けて，707に専門アドバイザーの規定を設けるものである。すなわち，「裁判所は，職権または当事者の申立てに基づいて，専門アドバイザーが選任されるべきでない理由を示すように当事者に命じることができ，また，候補者を提出するように当事者に求めることができる。裁判所は，当事者間で合意された専門アドバイザーを選任することもできるし，また，自らが指定して選任することもできる。裁判所は，専門アドバイザーが同意しないかぎりは，選任することはできない。本条に基づいて選任された専門アドバイザーは，専門アドバイザーの義務を裁判所によって書面―この書面の複写は書記課に保管されなければならない―で知らされるか，または，当事者が出席する機会を与えられたカンファランスにおいて知らされなければならない。裁判所は，裁量権を行使して，当事者の存在しないところで専門アドバイザーと相談することができる。裁判所が別段の定めをしないかぎり，専

---

(20) note (Robert L. Hess Ⅱ), Judges Cooperating with Scientists : A Proposal for More Effective Limits on the Federal Trial Judge's Inherent Power to Appoint Technical Advisers, 54 Vanderbilt Law Review 547 (2001).

門アドバイザーは当事者と面談してはならない。専門アドバイザーは，規則706(b)に基づく専門家証人と同様の方法によって報酬の支払いを受けなければならない。専門家が規則706(a)の下で想定されている証拠を提出する場合には規則706の規定が適用される[21]」。このような提案に対しては，規則706の「専門家証人」を単に「専門アドバイザー」に置き換えただけであり，両者の役割の違いを反映させていないと批判するコメントもある[22]。

4　民事訴訟における専門家の位置づけ

　アメリカの民事訴訟において，裁判官が専門的知見を必要とするのは次の二つの場面である。

　第一は，プリトライアルにおいて，当事者が申請した専門家証人が証人適格を有するか否か，言い換えれば，証拠の許容性を判断するときである。裁判官は，ジャンク・サイエンスが法廷に持ち込まれないように門番としての役目を果たさなければならないので，専門家から知見を得て，当事者の申請した専門家証人がダウバード判決の基準を満たしているか否か判断する。この場合に，裁判官に専門的知見を与えるのは，助言者としての専門アドバイザーである。

　第二は，トライアルにおいて，事実認定者が適正な事実認定を行うために専門家の知見を必要とするときである。アメリカにおいては陪審裁判が基本であり，事実認定者は陪審である。また，当事者提出原則の下で証拠は当事者が提出するのであり，専門家についても当事者が報酬を支払って専門家を雇い，専門家証人として提出する。裁判所は，アドヴァサリ・システムが機能しないきわめて例外的な事情において，規則706に基づいて自ら専門家証人を選任する。

　このように，アメリカでは，裁判官が専門的知見を必要とする理由や状況はわが国と大いに異なる。わが国においては，同一の裁判官が争点整理を行い，

---

(21)　id. at 587. 杉山・前掲注(2)524頁。

(22)　Sophia Cope, Comment : Ripe for Revision : A Critique of Federal Rule of Evidence 706 and the Use of Court-Appointed Experts, 39 Gonzaga Law Review 163, 177(2003). また，Karen Butler Reisinger, Court-Appointed Expert Panels : A Comparison of Two Models, 32 Indiana Law Review 225 (1998) 参照。

第Ⅰ編　論　説

また，証拠調べをして事実認定をする。もちろん，民事陪審は存在しない。わが国では，争点整理をより迅速に行い，事実認定をより適正に行うために専門家の知見が必要とされるのである。

　民事訴訟における専門家の活用についての日米の相違は，比較法的に見れば，ドイツ型とアメリカ型に由来する。ドイツ型審理とアメリカ型審理の相違についてはすでに優れた業績が存在するが[23]，専門家の活用について両国の制度を簡単に比較すれば次のとおりである。アメリカでは，当事者の証拠提出に憲法上の価値を認め，双方が報酬を支払って党派的な専門家を雇い，専門家証人として提出する。党派的専門家証人の証拠価値は反対尋問等によって激しく攻撃することができる。他方，ドイツにおいては，裁判所の指定する中立的な専門家である鑑定人に全幅の信頼をおいている。鑑定人の中立性を担保するために忌避の制度もおかれている。鑑定人に対する質問は主として裁判官によって行われ，弁護士が厳しい反対尋問をすることはないといわれている。どちらの制度にも一長一短があり，Timmerbeil によれば[24]，どちらか一方が勝っているわけではなく，両者は引き分けであるとしている。しかしながら，当事者の証拠提出に価値を認めるアメリカ法的な視点から見ると，ドイツ型の制度には次のような難点がある。たとえば，医療過誤事件における医師の過失について二つの専門的見解があるとする。第一の見解は従来から存在する多数説で，この見解によれば医師に過失があるとされる。第二の見解は新しい有力説で，この見解によれば医師に過失はないとされる。原告としては当然第一の見解に与する専門家の鑑定人を望むわけであるが，裁判官が第二の見解に与する専門家を指定した場合には敗訴することになる。要するに，裁判官が指定する鑑定人によって訴訟の結果が決まってしまうのである。

　わが国では，交互尋問制度の導入などドイツとは異なる点もあるものの，裁判所の指定する鑑定人に重きをおいている点は同じである。平成15年の改正によって専門委員制度が導入され，争点整理段階における専門的知見の導入については画期的な改正がなされたが，鑑定人については基本的に従前と同じで

────────────

(23) 田辺公二「英米型事実審理と大陸型事実審理」『民事訴訟の動態と背景』1頁以下。

(24) Sven Timmerbeil, The Role of Expert Witnesses in German and U.S. Civil Litigation, 9 Annual Survey of International & Comparative Law 163 (2003).

ある[25]。

制度は歴史の所産であり，専門家の活用のあり方についても各国の歴史や訴訟制度に規定されることは当然である[26]。しかし，多面，制度は，万古不易ではないのであり，時代の要請や思潮に応じて発展すべきである。わが国の専門家の活用のあり方についても改めて検証すべきときが来ているように思われる。この点については，小島武司教授が注目すべき提言をされているので紹介しておきたい。この理論は，ドイツ型とアメリカ型を越えた第三の証明モデルであり，その要旨は「中立的な専門家である鑑定人を中心にすえて，客観的な専門知見の導入の可能性を開くこととし，補完的に当事者の吟味の機会を保障する装置として，第一次的に反対尋問の機会を当事者に与え，第二次的には，必要とあれば，私的鑑定の道も開く」というシステムである[27]。

このような考え方は，American Law Institute & UNIDROIT が最近公刊したPrinciples of Transnational Civil Procedure の規定の中にも見られる。すなわち，専門家を規定する26条において，まず，裁判所は中立的な専門家を選任する（26条1項）としたうえで，当事者も専門家を提出できると規定し（26条3項），大陸法とコモンローの融合をはかっている。このように，裁判所の選任する中立的な専門家を主とする一方で，当事者にも専門家の提出を認めることによって当事者の手続保障もなされているのである[28]。

手続保障が憲法上の要請に基づくものであるならば，民事訴訟における専門家の活用のあり方についても，当事者提出主義を保障する方向での改善が望まれるのではないかと思われる[29][30]。

---

(25) 鑑定に関する改正としては，鑑定人に対する質問の方法に変更があったことが挙げられる。このような改正の背景に，弁護士による不適切な反対尋問権の行使があったとすれば，弁護士としては反省してしかるべきであろう。

(26) John C. Reitz, Why We Probably Cannot Adopt the German Advantage in Civil Procedure, 75 Iowa Law Review 987 (1990).

(27) 小島武司「民事訴訟審理における鑑定・私的鑑定—第三の証明モデルの提唱—」賠償医学13号49頁以下。

(28) ALI/UNIDROIT, Principles of Transnational Civil Procedure, Rule 26 (2006).

第Ⅰ編　論　　説

（29）わが国における私鑑定についての文献としては，とりあえず，中野貞一郎「私鑑定
について」判例タイムズ 642 号 27 頁，同「私鑑定について（再論）」判例タイムズ 689
号 22 頁，木川統一郎「争点整理過程で提出された私鑑定書の取扱いについて」判例タ
イムズ 1071 号 54 頁，加藤新太郎「民事鑑定をめぐる二，三の問題」判例時報 1291 号 3
頁，福永清貴「民事訴訟における私鑑定の限界」民事訴訟雑誌 48 号 226 頁などがある。

（30）本稿では，紙数の制約もあり，わが国の鑑定人や専門委員との詳しい比較はしてい
ない。わが国の鑑定人と専門委員に関する文献には枚挙の暇がないが，さしあたり，鑑
定人については，木川統一郎編著『民事鑑定の研究』，木川統一郎「民事鑑定における
心証形成の構造」石川明先生古稀祝賀『現代社会における民事手続法の展開　下巻』29
頁以下，西口元「鑑定の実情と課題」小山稔・西口元編集代表『医療訴訟』203 頁以下。
また，専門委員については，西口元「専門委員の機能と役割」前掲書 155 頁以下。西口
元「弁論活性化方策としての専門委員の活用—法律家と専門家の架橋」判例タイムズ
1191 号 46 頁以下。

138

8 アメリカ民事訴訟における専門家証人の証人適格

1 はじめに —— 科学裁判とジャンク・サイエンス ——

　薬害訴訟，公害訴訟，医療過誤訴訟などの科学裁判においては，事実認定者の有する一般常識では科学的争点を適正に判断することができないために，専門家（鑑定人）の果たす役割がきわめて大きい[1]。アメリカ合衆国では，アドヴァサリ・システムの下，専門家は，裁判所が選任するのではなく，専門家証人として当事者が提出する建前になっている[2]。したがって，アメリカでは，専門家証人の党派的な利用による弊害は古くより存在するが[3]，このような弊害は最近のいわゆるジャンク・サイエンスの出現によって一層顕著になっている[4]。アメリカにおいては，専門家証人は，事実上，成功報酬で雇われることが多く，また，訴訟での証言依頼によって生計を立てている者も少なくない。そこで，専門家証人は勝訴して報酬を得るために，「サキソフォン」と称されることもあるように，弁護士の主張にあわせてどのような伴奏（証言）も自在に行なう危険がある。専門家証人は法廷でどのような証言をしてもそれに対して責任を問われることはないので[5]，専門誌には発表できないような内容，または，同じ分野の専門家の批判に耐えられないような内容を平気で証言する

---

(1) 中野貞一郎編『科学裁判と鑑定』所収の諸論文参照。小林秀之『証拠法［第二版］』78頁以下，小島武司「鑑定と科学的争点」『民事訴訟の基礎法理』95頁以下，同「アメリカ合衆国における鑑定」比較法雑誌18巻1号163頁以下参照。

(2) 各国における鑑定人の位置づけの相違については，谷口安平「訴訟思想と鑑定人の責任」法學論叢128巻4・5・6号40頁以下参照。

(3) Lee M. Friedman, Expert Testimony, Its Abuse and Reformation, 19 Yale Law Journal 247〜 (1909–1910).

(4) ジャンク・サイエンスについては，Peter W. Huber, Galileo's Revenge —— Junk Science in the Courtroom —— (1993) 参照。また，平野晋「アメリカの教訓 —— 悪質クレームとジャンク・サイエンスを中心に —— 」木川統一郎編著『製造物責任法の理論と実務』187頁以下，平野晋『アメリカ製造物責任法の新展開』264頁以下参照。

(5) 谷口，前注(2)50頁以下参照。

第Ⅰ編　論　説

こともあるとされている。たとえば，エレベーターからの転落が癌の原因であるとか，消防士が肺癌になった理由は長年の喫煙ではなく火事現場の煙が原因であるとの証言などである[6]。

　専門家の意見は陪審の心証形成に大きな影響を与えるものと考えられるので，裁判官には，ジャンク・サイエンスが法廷に持ち込まれないように，専門家証人の証人適格を事前に審査して，スクリーンする役割が課せられており（連邦証拠規則 104 (a) 参照[7]），裁判官がどのような基準で証人適格を認めるのかが重要な問題となってくる。

　1975 年に制定された連邦証拠規則は専門家証人の証言に関するコモン・ロー上の制限を緩和し，証言の許容を広く認めている[8]。一方，判例においては，1923 年のフライヤー事件で示された「一般的な承認（general acceptance）」という厳格な基準がリーディング・ケースであったが，1993 年，合衆国最高裁判所は，ダウバート事件において新しい基準を示し，現在アメリカではこの判例をめぐって大きな議論が巻き起こっている。

　以下においては，専門家証人の証人適格とサマリ・ジャッジメント，専門家証人についての連邦証拠規則の規定，専門家証人の許容基準をめぐる判例の変遷などについて検討する。

2　専門家証人と連邦証拠規則

(1)　専門家証人の証人適格とサマリ・ジャッジメント

　専門家証人の証人適格の有無はサマリ・ジャッジメントとの関連で大きな問題となる。アメリカの民事訴訟手続は，訴答，開示（プリトライアル），トライアルの順序で進行するが，サマリ・ジャッジメントは，重要な事実について真

---

(6) Graham C. Lilly, An Introduction to the Law of Evidence (3rd Ed. 1996) 566.
(7) 連邦証拠規則 104 (a) は次のように規定する。
　　「許容性一般の問題　　証人適格，秘匿特権の存在又は証拠の許容性に関する予備的な問題は，本条 (b) の規定にしたがって，裁判所が決定しなければならない。この決定を行なうにあたっては，秘匿特権に関する規定を除いて，証拠規則に拘束されない。」
(8) たとえば，陪審の常識または経験によって理解可能なことがらについては，専門家の意見は認められていなかったが，このような制限がなくなった。

正の争点がなく，法律問題だけで判決ができる場合には，事件をトライアルに
付す前に，実体についての終局判断を下すことができる手続である。サマリ・
ジャッジメントのメリットとしては，訴答書面や宣誓供述書などの資料に基づ
いてトライアル前に事件を解決できるので，裁判所にとっては効率的な訴訟運
営をはかることができるし，また，申立者に迅速な救済をあたえることができ
ることである。しかし，サマリ・ジャッジメントは，他方で，合衆国憲法修正
第七で保障された陪審審理を受ける権利を侵害するおそれがあるために，従来
裁判所はサマリ・ジャッジメントの申立てを認容するには慎重であった。たと
えば，被告がサマリ・ジャッジメントの申立てをする場合には，裁判所は，可
能なかぎり非申立者（原告）の有利に証拠を評価して，非申立者が争点の存在
することを示すほんの僅かでも証拠を出していれば証拠提出責任は果たされた
として（scintilla test 微量ルール），サマリ・ジャッジメントの申立てを却下して，
事件をトライアルに付していた。しかしながら，1970 年台以降の訴訟急増を
背景に，真の争点のない事件を訴訟の早い段階で処理することによって訴訟促
進をはかるため，裁判所は，サマリ・ジャッジメントの認容基準を緩和した。
すなわち，トライアルにおいて請求について証明責任を負う当事者に対してサ
マリ・ジャッジメントの申立てがなされた場合には，申立てを却下させるため
には，ほんの僅かの証拠では足りず，証拠の優越又はそれ以上の証明をしなけ
ればならないとされたのである（substantial test 実質的ルール[9] [10]）。

　科学的争点が問題となっている事件においては，主張を裏付ける証拠として
専門家証人の証言が不可欠であるため，専門家証人の証人適格が認められない
ときは，真の争点がないとして，ただちにサマリ・ジャッジメントによって請
求が棄却されてしまう結果となるのである。

(2)　専門家証人に関する連邦証拠規則の規定

1975 年に連邦証拠規則が制定されたが[11]，専門家証人の証言の許容性に関

---

(9)　サマリ・ジャッジメントの機能と認容基準の変化については，椎橋邦雄「サマリ判決
　　の機能と認容基準の変化」民事訴訟雑誌 40 号 213 頁以下参照。

(10)　証拠提出責任と説得責任の区別などアメリカにおける証明責任については，小林秀
　　之『新版・アメリカ民事訴訟法』203 頁以下参照。

第 I 編　論　説

するコモン・ロー上の制限を緩和している。ここでは，証人適格の有無を判断
するにあたってとくに重要である規則702および703を中心に，専門家証人に
関する連邦証拠規則の規定を概観する。

　まず，規則702は，「科学的，技術的又はその他の専門知識が，事実認定者
の証拠の理解又は争点事実の認定の助けとなるときは，知識，技能，経験，訓
練又は教育によって専門家として認められた証人は，意見その他の形で証言を
することができる」と規定する。この規定は，専門家証人の証言の許容性につ
いて，緩やかな基準を採っているといわれている。すなわち，第一に，証人が
「専門家」として認められること，第二に，証言が証拠の理解または争点事実
の認定の「助け（assist）」になることの二つの要件を満たせばよいとされてい
るからである。

　専門家として認められるか否かは，知識，技能，経験，訓練，教育を基準と
して判断されるが，特定の学位など一定の絶対的な基準があるわけではなく，
証言対象に応じて柔軟にかつ緩やかに解されている。たとえば，土地の価格に
ついては，土地の所有者や銀行員が専門家と認められている。また，自動車整
備工，石工，機械工なども経験や訓練によって技能を有する専門家として認め
られることがある。

　専門家の証言が証拠理解や事実認定の助けになるか否かについては，証言が
関連性ある証拠でなければならないことは当然であるが[12]，証言が信用性
（reliability）のあるものでなければならない。裁判所は，証言の基礎となって
いる推論や方法論が科学的に正当であり，適切に争点事実に適用できるもので
あることを事前に評価しなければならない。

　次に，規則703は，専門家による意見証言の基礎として，「特定の事件にお
いて，専門家の意見又は推測の基礎となる事実又はデータは，審理のとき又は
それ以前に専門家が認知し又は知るところとなったものであればよい。証言事

---

(11)　連邦証拠規則の翻訳として，法務大臣官房司法法制調査部編『アメリカ合衆国連邦
　　証拠規則』がある。
(12)　関連性ある証拠はすべて許容される（規則402参照）。しかしながら，関連性ある証
　　拠であっても，不公正な偏見，争点の混乱，陪審の誤導，不当な遅延，時間の浪費，不
　　必要な重複証拠の提出などのおそれが証拠の証明価値よりも実質的に大きいときには，
　　証拠は排除される（規則403参照）。

142

項についての意見又は推測を形成するにあたって，事実又はデータが，その特定の分野の専門家によって合理的に依拠されるタイプのものであれば，その事実又はデータは証拠として許容されないものでもよい」と規定する。

専門家の証言を評価するにあたっては，専門家の証言の基礎となっている事実を確定しなければならない。専門家の意見の前提となっている事実が誤ったものである場合には，専門家の意見の価値も失われることになろう。しかし，専門家の意見の基礎となる事実の取得については，しろうとの意見証言の場合と比較して[13]，緩和されている。すなわち，専門家証人の場合には，みずから直接入手したものにかぎられず，他の者が行なった検査や調査に基づいてもよい。入手の時期もトライアル以前にかぎられず，トライアルのときに知り得た事実，たとえば，先行した証人の証言に基づいて証言することもできる。また，仮定の事実を前提にして意見を述べることもできる[14]。さらに，従前は，専門家の意見の基礎となる事実はトライアルで許容されるものでなければならなかったが，この要件も緩和されて，一定の場合には，許容されない証拠，たとえば，伝聞証拠であってもよいとされたのである[15]。専門家は，また，主要な争点についても意見を述べることができるとされた[16]。

アメリカにおいては，専門家証人は当事者が提出すべきものと考えられているが，裁判所がみずから選任することもある[17]。

---

(13) しろうとの意見証言については，「証人が専門家として証言するのではないときは，意見又は推測の形でなされる証人の証言は，(a) 証人の知覚に合理的にもとづくとき，及び，(b) 証人の証言の明確な理解又は争点事実の認定に役立つときに限られる」（規則701）と規定されている。

(14) 規則705は「裁判所が別段の要求をしないときは，専門家は，はじめは基礎となる事実及びデータについて証言することなしに，意見又は推測の形で証言し，その理由を述べることができる」と規定し，直接尋問においては，意見の基礎になっている事実又はデータを開示しなくてもよいとされている。もっとも，「専門家は，いずれにせよ，反対尋問においては，基礎となる事実又はデータを開示しなければならないことがある」（同条後段）とされている。

(15) したがって，本来ならば許容されないはずの伝聞証拠が専門家証人を利用することによって法廷にもちこまれる危険もある。Ronald L. Carlson, Experts as Hearsay Conduits: Confrontation Abuses in Opinion Testimony, 76 Minnesota Law Review 859 ～(1992).

第Ⅰ編　論　説

3　証人適格をめぐる判例の変遷
── フライヤーからダウバートへ ──

(1)　Frye v. United States（293 F. 1013, 1014）

---

(16)　規則 704 は，主要な争点（ultimate issue）に関する意見について，「(a)(b) に規定されている場合を除き，意見又は推測の形でなされた証言が許容されるものであるときは，それが事実認定者によって判断されるべき主要争点にかかわるという理由で異議を受けることはない」と規定している。もっとも，「(b) 刑事事件における被告人の精神状態又は状況に関して証言する専門家証人は，起訴された犯罪又は防御の要件を構成する精神状態又は状況を被告人が有していたか否かについては意見又は推測を述べてはならない。このような主要争点は事実認定者のみが判断すべき事項である」とされている。

(17)　規則 706 は，裁判所が選任する専門家として，次のように規定している。

「(a) 選任　　裁判所は，職権又は当事者の申立てに基づいて，専門家証人が選任されるべきでない理由を示すように当事者に命じることができ，又，候補者を提出するように当事者に求めることができる。裁判所は，当事者間で合意された専門家証人を選任することができ，又，自らが選んで選任することができる。専門家証人は，証人となることに同意しないかぎりは，裁判所によって選任されてはならない。このように選任された証人は，証人の義務を裁判所によって書面 ── この書面のコピーは書記課に保管されなければならない ── で知らされるか，又は，当事者が参加する機会が与えられなければならないカンファランスにおいて知らされなければならない。このように選任された証人は，鑑定結果があればそれを当事者に対して助言しなければならない。いずれの当事者も証人の証言録取書を採ることができる。又，裁判所又は当事者は証言をさせるために証人を呼び出すことができる。証人は，その証人を呼び出した当事者を含む，それぞれの当事者の反対尋問を受けなければならない。」

「(b) 報酬　　このように選任された専門家証人は裁判所が認める相当の額の報酬を受ける権利を有する。このように決められた報酬は，刑事事件，民事事件及び修正第五の下に認められた補償の手続において法律で定められた財源から支払うことができる。その他の民事事件においては，報酬は，裁判所が命ずる割合及び時期に，当事者によって支払われなければならず，その後は他の訴訟費用と同様に負担される。」

「(c) 選任の開示　　裁判所は，裁量権を行使して，裁判所が専門家証人を選任した事実を陪審に開示することができる。」

「(d) 当事者が自ら選択する当事者の専門家　　本条の規定は，当事者が自らの選択で専門家証人を呼び出すことを制限するものではない。」

しかしながら，このような規定にもかかわらず，アメリカにおいては，アドヴァサリ・システムが貫徹されており，battle of experts（鑑定合戦）の弊害が指摘されているにもかかわらず，職権証人が利用されることは少ないとされている。アメリカにおける専門家証人の中立化の試みについては，小島武司『裁判運営の理論』285 頁以下参照。

8 アメリカ民事訴訟における専門家証人の証人適格

　ダウバート判決以前において，専門家証人の証人適格に関するリーディング・ケースとされていた判決である。この判決においては，ジェネラル・アクセプタンス・ルール（general acceptance rule 一般的な承認）が打ち出された。事件の内容と判旨は次のとおりである。

　ジェイムズ・アルフォンゾ・フライヤーが第二級殺人の容疑で起訴された。事実審において，被告人は，被告人に対してなされた嘘発見器の結果を証言してもらうために専門家証人を申請した。しかし，この申出は却下され，被告人に対して有罪判決が下された。この器械は血圧の変化によって嘘を発見できるとされている。すなわち，真実を述べることは意識的な努力なしにできるが，嘘をつく場合には意識的な努力が必要であり，この結果血圧が上る。したがって，血圧の上昇のカーブを見れば，被験者が嘘をついているか否かは容易に発見できるという理論である。トライアルの前に被告人はこのテストを受けたので，被告人の弁護士はこのテストを行なった専門家を証人として申請したが，相手方から異議が出され，この異議が認められたため，証人申請は却下された。被告人の弁護士は陪審の面前でこのテストを行ないたいとの申立てをしたが，これも却下された。被告人の弁護士は，陪審の一般的常識や経験に属さない問題についての専門家の意見は証拠として許容されるべきであるとし，控訴した。控訴審の Van Orsdel 判事は，「・・・科学的原理または発見がいつ実験的段階から証明された段階へ移行するかを判断するのはきわめて困難である。この中間的などこかで，科学原理の証拠力が承認されなければならないであろう。そして，裁判所は，十分に承認された科学上の原理または発見から演繹された専門家の証言を許容することには大きな進歩を示してきたが，専門家の証言の基礎となった科学原理または発見はそれが属する専門分野において一般的承認を得ていることが証明されなければならない・・・」として，本件の嘘発見器の理論は，証言を許容できるほど心理学者や生理学者の間では一般的に承認されていないとして，却下した。

　このフライヤー判決の打ち出した「一般的承認」はきわめて厳格な基準であり，一方においては，ジャンク・サイエンスの横行を阻止できるとの利点もあるが，他方では，たとえ画期的な科学的理論または発見であっても，その領域

第Ⅰ編 論 説

での一般的承認を得るまでには時間がかかるので，新しい理論に対処できない
というデメリットもある。この判決は，少なくとも 1975 年に連邦証拠規則が
できるまでは，専門家証人の証人適格に関するリーディング・ケースであると
いわれているが，実際には，それほど支配的な影響はなかったともいわれてい
る。その理由としては，合衆国最高裁判所の判決ではなく，控訴審の判決で
あったこと，また，刑事事件の判決であったため，近年，ジャンク・サイエン
スが問題となっている民事の不法行為事件には参考にならなかったことなどが
挙げられる。

　1975 年の連邦証拠規則がフライヤー判決の基準を放棄したのか否かについ
ては争いがあった。規則の条文の中に盛り込まれていないこと，また，諮問委
員会のノートもフライヤー基準には言及していないことなどから，フライヤー
基準は放棄されたとの意見が有力であったが，1993 年のダウバート判決にお
いて，フライヤー基準は連邦規則の趣旨とする許容基準の緩和に合致せず，規
則の制定によって同基準は放棄されたと判示された。

⑵　Daubert v. Merrell Dow Pharmaceuticals, Inc. 113 S. Ct. 2786
　　（1993）

　腕に障害をもって生まれた子供とその両親が，子供の障害は母親が妊娠中に
服用した薬（ベンデクティン）が原因であるとして，薬を販売した会社に対し
て損害賠償を請求した事件である。

　地裁においては，広範なディスカバリがなされた後で，被告はサマリ・
ジャッジメントの申立てを行なった。この申立てを基礎付けるために，医師か
つ疫学者として十分資格を認められているラム氏の宣誓供述書を提出した。同
氏は人間が諸々の科学物質に曝された場合の危険に関する専門家であった。同
氏はベンデクティンと生まれてくる子供に対する影響に関するすべての文献
──30 以上の出版物で，これには 13 万人以上の患者に関する研究が含まれて
いる──を検討した。これらの研究では，ベンデクティンが胎児の奇形の原
因となるとはされていなかった。このように検討を基礎にして，同氏は，妊娠
の最初の 3 ヵ月の間に母親がベンデクティンを服用したことは奇形児の発生の
原因とは証明されないと結論した。

これに対して，原告側はこれらの出版物については争わず，それに代えて，原告側の八人の専門家の証言を申し出た。この八人も学位や経歴から専門家としての資格を十分認められた者であった。これらの専門家はベンデクティンが奇形を引き起こしうると結論した。この結論は，試験管を使った動物細胞の研究（in vitro），生きた動物を使った研究（in viwo），および，胎児の奇形を生じさせることがわかっている物質とベンデクティンとの化学構造の類似性をすでに発表されている疫学的研究の成果を再分析した結果であった。

地方裁判所は，科学証拠が許容されるためには，その基礎になっている原理が一般的承認を得るほど十分に確立されていなければならず，原告の証拠はこの基準を満たしていないとして，被告のサマリ・ジャッジメントの申立てを認容した。すなわち，ベンデクティンについてはすでに多くの疫学的研究がなされており，このような疫学的証拠に基づいていない専門家の意見は因果関係を証明する証拠としては採用できない。したがって，動物細胞の研究，生きた動物の研究，他の学者が行なった研究の再分析だけでは，因果関係について陪審に付すべき争点を形成するにはいたらない。すでに発表されている研究の成果を訴訟に用いるためだけに再分析しただけで，その再分析を専門誌に発表せず，他の専門家の批判を受ける機会を与えていないものは証拠として許容できない，と判示した。

控訴審も科学証拠についての一般的承認の基準を採り，事実審の結論を支持した。

合衆国最高裁判所は裁量上訴を認めて，つぎのように判示した。この70年間にわたって，フライヤー判決の一般的承認が科学証拠の許容性に関する基準であった。しかし，1975年に制定された連邦証拠規則は，その401で関連性のある証拠であれば基本的に許容しており，また，規則702は条文の中でフライヤー基準にはふれておらず，制定経過においても検討されることはなかった。また，コモン・ロー上の意見証拠に関する制限も撤廃されている。このような連邦証拠規則の許容性を緩和する趣旨に照らせば，フライヤー判決は，連邦規則に取って代られたと解釈すべきである。しかしながら，規則が科学証拠の許容について何らの制限を設けていないということではない。事実審裁判官は，関連性があるだけでなく信用性のある科学証拠を選別しなければならない。言

第Ⅰ編　論　説

い換えれば，争点事実の認定に役立つ科学知識でなければならない。そして，これを判断する基準としては，以下の四つがある。

　第一に，ある理論またはテクニックが事実認定に役立つ科学知識であるか否かの基準は，その理論またはテクニックが実験できるものであるか，実験を受けたことがあるかである。今日の科学の方法は，仮説を立て，それが証明できるか否かを検証するために実験を行なうことである。実験によって仮説が正しいか否かを確かめるという方法が科学を他の分野の研究と分けているのである。

　第二に，理論またはテクニックが出版され，同じ分野の専門家の検討を受けたことがあるか否かである。出版されるということが許容の絶対的条件ではない。新奇な理論の場合には，十分な論証がなされている場合でも出版されないこともあるからである。しかし，他の科学者の目にふれて，検討されれば，その方法論が誤っていないかどうかを指摘される機会を提供しているのであり，方法が信頼できるものであるかどうかの基準となるのである。

　第三に，特定の科学技術（テクニック）の場合には，裁判所は，通常，その顕在的または潜在的な失敗の確率（rate of error）はどの程度かを検討する。

　第四に，理論またはテクニックが同じ分野の専門家の間でどの程度の承認を受けているかである。これは，フライヤー判決のように，一般的な承認を受けていなければならないということではないが，相当の承認を受けているものは許容性が高くなるであろうし，反対に，ほとんど支持を受けていない理論に対しては懐疑的になるであろう。

　これらの基準は，専門家の意見の基礎となっている科学の方法が適切であるか否かを判断するためのものであり，意見の結論を判断するためではない。

　このように，ダウバート判決では，フライヤー判決の「一般的承認」の代わりに，①実験によって方法論の正しさを確かめることができるか，②専門誌に発表されたり，他の専門家の検討を受けたことがあるか，③成功または失敗の確率はどの程度か，④どの程度同じ分野の専門家によって承認されているかの四つの要因を基準としたのである。

---

　(18)　ダウバート判決に関する文献は枚挙にいとまがないが，とりあえず，Michael H. Graham, Federal Rules of Evidence（4th Ed. 1996）256, また，Lilly, 前注(6)565参照。

4 結 語

アメリカ合衆国においては，近年，毒性物質による人身障害を理由とする損害賠償請求事件（toxic tort cases）をはじめとして，科学的鑑定が必要とされる不法行為事件が増加している。そして，このような事件においては，1975年に制定された連邦証拠規則がコモン・ロー上の制限を緩和し，専門家証人の利用を容易にしたこともあり，ジャンク・サイエンスが横行しているとの懸念が生じている[19]。裁判官にはこのようなジャック・サイエンスを阻止する門番（gate keeper）としての役割が期待されており，最高裁判所がダウバート事件で判示した基準もそのような努力の表れである。アメリカにおいては，現在，ダウバート基準の整備のほか[20]，裁判所内における科学専門部の設置，裁判所選任の中立鑑定人の活用，特別マスターの利用，陪審への説示の改善などが検討されている[21]。

一方，わが国の裁判における専門家の利用の状況をみると，まず，先進諸外国と比べて，訴訟における鑑定人の利用が少ないことが特色として挙げられる。そして，このような状況に応じて，鑑定人に関する研究も比較的最近まではそれほど活発ではなかったように思われる。しかし，薬害，医療過誤，公害など科学鑑定が必要とされる事件は，他の先進国と同様に，わが国でも増加しており，わが国が例外ということはありえない。

わが国の鑑定制度は，基本的にはドイツ型であり，鑑定人は，当事者が提出する証人ではなく，裁判所の補助者として，裁判所が選任する。鑑定人は中立

---

(19) これらの事件は規模が大きく，社会に与える影響も広範囲に及ぶため，専門家証人の証人適格について慎重な判断が要求される。Agent Orange（枯葉剤）事件，ベンデクティン事件などの不法行為事件における専門家証人の証人適格の変遷については，Michael C. McCarthy,"Helpful"or"Reasonably Reliable"? Analyzing the Expert Witness's Methodology under Federal Rules of Evidence 702 and 703, 77 Cornell Law Review 350〜（1992）参照。

(20) Michael H. Gottesman, Admissibility of Expert Testimony after Daubert: the"Prestige"Factor, 43 Emory Law Journal 867〜（1994）参照。

(21) Jack B. Weinstein, Improving Expert Testimony, 20 University of Richmond Law Review 473〜（1986）参照。

第Ⅰ編　論　説

であり，この点，アメリカのような党派的専門家による過度の鑑定合戦の弊害
は少ない。しかし，反面，わが国ではアメリカと異なり，高い報酬を得ること
ができないなどの理由により，鑑定人の希望者が少なく，適切な人材を確保す
るのが困難な状況にあると言われている。したがって，そのようにして，適切
な人材を確保するかが課題の一つとなっている。また，鑑定意見の評価につい
て，アメリカの陪審と異なり，わが国では裁判官が事実認定者であるが，裁判
官も一般常識をもつだけであり，科学的専門知識に欠けることでは陪審と異な
らない。したがって，科学についてはしろうとである裁判官が鑑定人の専門的
意見をどのように適切に評価できるのかについても問題があろう。今後，科学
技術がますます進歩し，裁判においても科学的知識が求められることが多くな
るにつれて，鑑定人などの専門家の果たす役割もますます大きくなろう。現代
社会の要請に応じた鑑定人の制度を整備する必要はきわめて高いと思われ
る[22]。

［追　記］

　内田武吉先生には，学部では4年の民事訴訟演習（鈴木重勝先生がドイツ留学
から帰国されるまでの間）また大学院では強制執行法の授業でご指導をいただい
たほか，先生のお書きになった論文から民事訴訟法研究への意欲をかきたてられた。
たとえば，私の「民事訴訟手続の円滑化と弁護士の責任 ── アメリカ民事訴訟規
則11条の検討を中心に ── 」中村英郎古稀祝賀論文集『民事訴訟法学の新たな展
開上巻』617頁以下は内田先生の「訴訟促進のための濫訴防止」早稲田大学創立
80周年記念講演集『法学の潮流』19頁以下から得た示唆に大きく負っているので
あり，感謝の言葉しかない（なお，「ルール11と弁護士の役割」（座談会）判例タ
イムズ920号23頁以下参照）。先生には今後も民事訴訟法に限らず更に一層の御
活躍をお祈りする次第である。なお，この論文の作成にあたっては，山梨学院大
学社会科学研究所より研究助成を受けた。

---

(22) 小島武司「民事訴訟審理における鑑定・私的鑑定 ── 第三の証明モデルの提唱
　　── 」賠償医学13号49頁以下参照。同一「紛争解決制度の新展開と賠償科学」賠償
　　医学19号3頁以下参照。

第Ⅱ編

翻　訳

1 アメリカ合衆国におけるアドヴァサリ・システム
── 民事訴訟法改革への挑戦 ──

スティーヴン・ランズマン*

Stephan Landsman, The Adversary System in America ── The Challenge of Procedual Reform ──

1 アドヴァサリ・システムの意義および内容

少なくとも，18世紀の中葉以降，アメリカは民事紛争の裁判について当事者主義的なアプローチを採ってきた[1]。これは，高度に構造化された法廷手続において，敵対する当事者が提出する主張・立証の鋭い衝突の中から生じる情報に基づいて，中立かつ消極的な事実認定者が判断を下すことが，当事者および社会の双方にとって納得のいく紛争の解決となる可能性が最も高くなると仮定して，裁判制度を構築してきたことを意味している[2]。

複雑な法的メカニズムについて簡潔な定義をするときには絶えず生じることではあるが，アドヴァサリ・システムについての上記の定義は完璧ではない。アドヴァサリ・システムの重要な要素としては，中立かつ消極的な事実認定者を用いること，当事者による証拠の提出に依拠すること，高度に構造化した法定手続を利用することであるが，これらを正しく理解するためには，さらに検討・分析しなければならない。

---

* Professor of Law, Cleveland-Marshall College of Law, Cleveland State University. A. B. 1969, Kenyon College; J. D. 1972, Harvard

(1) *See* Stephan Landsman, *The Rise of the Contentious Spirit; Adversary Procedure in Eighteenth Century England,* 75 CORNELL LAW REVIEW 497 (1990).

(2) This description and the following discussion are drawn from STEPHAN LANDSMAN, READINGS ON ADVERSAR IAL JUSTICE: THE AMERICAN APPROACH TO ADJUDICATION (West Publishing Company 1988).

第Ⅱ編　翻　訳

(A)　中立かつ消極的な事実認定者

　当事者主義的アプローチは，中立かつ消極的な事実認定者に依拠することを強調する。事実認定者は，当事者がその紛争を示し，訴訟手続の中で紛争の基礎となっている事実を提出した後にはじめて判断を下すのである。事実認定者は証拠の提出について積極的に関与することを慎むべきものとされている。当事者主義の理論によれば，事実認定者がこの消極的な役割から逸脱するときは，事実認定者は事実について早まった判断を形成してしまい，当事者が提出するすべての裁判資料の価値を正しく認識することができなくなるとされている。

　ハーバード・ロー・スクールのロン・フラー教授は，このような積極的かつ探索的な裁判官についての当事者主義の立場からの懸念を次のように述べている。

　「実際上，ふつうにおこるのは次のようなことである。比較的早い時期に，証拠から，かつてみたことのある型の事実があらわれるように思われる。使いなれたレッテルが待っている。そこでそれ以上しらべないで，すぐこのレッテルをはってしまう。こういうはやまった類型化が，必ず忍耐力の乏しさ，偏見，精神的な怠惰から生れると考えるのは誤っている。それは審理を秩序だて，集中させようというもっともな意図にもとづくことが多い。何らかの仮説がないと，証言の関連性を判断する手がかりがなくなるからである。しかし，はじめ調査の指針としての一応の仮説だと考えていたことが，いつのまにかすぐに最終的な結論になってしまいがちである。なぜならば，仮説に一致するものはすべて心に強い印象を残すのに反し，仮説に反するものはすべて，注意をひかず見逃されるからである」[3]。（この部分の翻訳は，ハロルド・J・バーマン編（石川，伊藤，平野，矢沢訳）「アメリカ法のはなし」40頁（平野龍一訳）による。）

　偉大な合衆国最高裁判所判事であったベンジャミン・カードーゾは，何年も前に，同様の洞察に達していた。司法過程の性質という有名な著作において，カードーゾは次のように述べている。

---

(3) Lon Fuller, *The Adversary System,* in TALKS ON AMERICAN LAW 34 (Harold Berman ed.) (Vintage Books 1971)

1 スティーヴン・ランズマン『アメリカ合衆国におけるアドヴァサリ・システム』

「……不純な，卑俗な，邪悪な意味をもつ好意や偏見を振り廻すようなこと
は，私の知っている裁判官達の間では，その跡形さえ見当たらぬほど，皆無で
ある。しかし，われわれの外にある真理（the truth without us）と，われわれ
の内にある真理（the truth within us）とが，不可避的な関係に置かれていると
いう新しい確信が，来る日も，来る日も，私に襲いかかって，私を苦しめる。
時代精神（the spirit of the age）と言ってみたところで，われわれがそれぞれ
に感得するそれは，多くの場合，各人が，偶然にも，出生，教育，職業，交際
を，その中で受けた特定集団のもっている精神に過ぎない。いかに知性を働か
せ，いかに知性を根本的に変えてみたところで，各人が無意識的に忠誠を捧げ
ている王国を，完全に，そして何時いかなる場合にも，棄て去り，忘れきるこ
となどは，できるものではない」[4]。（この部分の翻訳は，B・N・カードーゾ
「司法過程の性質」（守屋善輝訳）180頁による。）

　早まった判断および裁判官のバイヤス（偏見）の問題は，多くの社会学者に
よって研究されている。そして，このような問題が真に存在し，また，当事者
主義的訴訟手続がこの問題を克服するために役立っていることが証明されてい
る[5]。

　当事者主義の理論は，訴訟当事者双方の主張・立証を公平に評価することを
保障するだけでなく，司法制度が信頼のできるものであることを社会一般に納
得させるためにも，事実認定者の中立性および消極性は不可欠であると主張す
る。事実認定者が積極的な質問者になったり，または，別の形で訴訟手続に巻
き込まれる場合には，少なくともアメリカにおいては，党派的であるとみなさ
れるおそれが高いのである。裁判官の中立性は，公正の外観を推進することに
役立つのである。

　過度に積極的な裁判官によって作り出される好ましくない印象に対する英米
人の懸念は古くから存在する。この問題のルーツは，チューダーおよびスチュ

---

(4) BENJAMIN CARDOZO, THE NATURE OF THE JUDICIAL PROCESS 174-75
　(Yale Paperbound 1961, 1st ed. 1921).

(5) *See* JOHN THIBAUT & LAURENS WALKER, PROCEDURAL JUSTICE 41-52
　(Wiley 1975).

第Ⅱ編　翻　訳

アートの王朝の時代まで遡ることができる。この時代においては，イギリスの
裁判官は，質問や嫌味を伴うウィットを使って，訴訟手続を支配する傾向が
あった。このような行動をしたのは，裁判官はその面前に来る者（訴訟当事者，
弁護士など）よりも優越しているとの考え方を強く持っていたからであった。
このような裁判のスタイルは，1670 年代，および，1680 年代において，ジョー
ジ・ジェフリーズ（George Jeffreys）が，はじめはハイ・コートの裁判官とな
り，後に大法官になった時代に，頂点に達した。ジェフリーズは，（当事者や
証人が）その者たちのそれぞれ独自のやり方で証言（主張）するのを聞き入れ
なかったとして，激しく攻撃された[6]。彼（ジェフリーズ）は鋭い舌鋒でなら
し，また，当事者を犠牲にしたジョークをよく飛ばした皮肉屋の裁判官であっ
た。ジェフリーズおよびスチュアート王朝の没落とともに，このような裁判官
のスタイルは不正や党派性を連想させるものとなっていった。

　中立かつ消極的な事実認定者に固執することは，法廷における真実発見とい
うものに対して与えられる重要性に関する考え方とも深くかかわっている。裁
判過程は，通常，二つの目的を果たすために用いられる。すなわち，実体的な
「真実」の発見と当事者間の紛争の解決である。ほとんどすべての裁判制度に
おいては，この二つの目的を同時に果たすことをめざしているが，それぞれの
目的の達成に最も適した手続は自ずと異なる。裁判官が制約のない「真実」の
発見を実現することが求められている場合には，訴訟手続において，裁判官に
は積極的で探索者的な役割が与えられる可能性が高いであろう。このようなア
プローチの良い例としては，今では消滅してしまった旧ソビエトなどの社会主
義諸国の裁判所で行なわれたやり方であろう。そこでは，訴訟当事者の利益よ
りも国家の利益が大事であると考えられており，探索者的な裁判官によって重
要な情報が強力に調査されたのである[7]。

---

　(6)　G. W. KEETON, LORD CHANCELLOR JEFFREYS AND THE STUART CAUSE
　　　156 1965）(quoting the remarks of Henry Booth, a Whig leader of Jeffreys's day).
　(7)　*See* MAURO CAPPELLETTI & JOHN ANTHONY JOLOWICZ, PUBLIC INTEREST
　　　PARTIES AND THE ACTIVE ROLE OF THE JUDGE IN CIVIL LITIGATION 174-77
　　　(Oceana 1975).

1 スティーヴン・ランズマン『アメリカ合衆国におけるアドヴァサリ・システム』

　裁判官に中立で消極的な役割が与えられているところでは，裁判官が自らの職権で事実についての情報を探しだすことではなく，当事者によって提示された紛争の解決にエネルギーを注ぐことが期待されている。アメリカが裁判官の中立性および消極性という当事者主義の原則を採用したことの結果として，アメリカの裁判所の役割は，重要な事実の探索ということではなく，紛争の解決にあるとされている。

　事実認定者の中立性および消極性という当事者主義の原則を採用したもう一つの重要な結果として，（当事者主義の下では）事実認定者として，プロの裁判官よりも素人の陪審が好まれていることが挙げられる。裁判官は必然的に自らの面前にある事件の管理に巻き込まれる。裁判官は絶えず諸々の決定を求められるなどの形で事件を監督する立場に置かれている。裁判官がこのような機能（役割）を果たす過程においてその中立性と消極性は失われていく。これに反して，陪審員はこのような局面に巻き込まれることはない。陪審は決定を下すことはなく，また，非常に耳目を集めた事件を除いては，トライアルにおいて弁護士が陪審に対して事件を提示するまでは事件の争点に関わることはないのである。

　陪審は，住民一般の中からアット・ランダムに選ばれる 6 人ないし 12 人の市民によって構成される。陪審員は事件の管理に関わるわけではないので，裁判官が研修や日常の法律問題の処理における経験を通して身につけるようなバイアス（偏見）や性癖から免れている。陪審は 12 人の人間によって構成されているので，1 人の陪審員の個人的な偏見が，グループ全体で公正な結論を出す資格を損ねるとは考えられない。そのような個人の偏見は，実際，他の陪審員たちの見解によって相殺・中和されることになろう。このような状況は，1 人の裁判官の偏見が，しばしば無意識のうちに，容易に判決に影響を与えるのとは対照的である。陪審候補者は，陪審に任命される前に，その中立性について質問を受ける。このプロセスは，voir dire と呼ばれているが，この陪審選任手続によって，個々の人間が特定の事件の陪審として適しているか否かが決定されるのである。裁判官の中立性については，このような質問による吟味の

第Ⅱ編　翻　訳

プロセスはない。このような理由によって，当事者主義の期待する中立性については，裁判官よりも陪審の方がこの期待によく応える可能性が高く，当事者主義の手続の下でより好まれているのである。

(B)　当事者による証拠の提出

　事実認定者の中立性および消極性の要件と密接に関連する原則として，認定者が（その判断の）基礎とする証拠（evidence　裁判資料）は当事者が提出しなければならないとの原則がある。この要件によって，認定者は制限を受け，当事者間の争いに巻き込まれることが避けられるのである。また，この原則によって，最も説得力のある証拠を発見し，提出するのは当事者の責任であることが強調されるのである。望ましい結果としては，当事者それぞれが最も重要だと考える証拠を提出することによって，当事者が最も重要だと考える争点に訴訟の焦点が絞られていくことである。このような争点の絞り込みによって，当事者によって表明されたニーズに即した判決が促進されることになるのである。このようなやり方の利点は経済的な観点からも量ることができる。裁判官の支配する手続では，各当事者が臨むところがはっきりと示される可能性が低くなる。このような紛争の輪郭がはっきりとしない場合には，裁判官が当事者のニーズをほとんど満たさない解決をする危険が増大し，その結果，かなりの「impositional cost」（争点が十分に煮詰められることのない，きわめてずさんな救済から生じるコスト）が生じるおそれがある。そのようなコストは，当事者の指導とコントロールによるシステムの下では大幅に少なくすることができる。

　法律問題および法的メカニズムが複雑である故に，当事者本人は自らでは訴訟を追行できないのが一般である。当事者主義の下では，当事者は判決の基礎となる証言を収集し，提出する専門的技術をもった弁護士に依頼するのである。弁護士には，証拠を系統立て，また，法律上の争点を明確にするのに必要な法律家としての能力が備わっていることが期待されている。弁護士が，このような責務を果たせないときは，事案の解明は妨げられ，当事者主義の手続は不全におちいる。また，弁護士の能力が十分でないときは，重要な情報の調査のため，あるいは，手続上のバランスをはかるために，裁判官が身を乗り出すこと

1 スティーヴン・ランズマン『アメリカ合衆国におけるアドヴァサリ・システム』

になり，当事者主義の手続は損なわれるのである。このような介入は，裁判官の中立性を真に脅かすものである。

18世紀のイギリスにおける当事者主義手続の台頭は，裁判所の内外における弁護士の力の増大に伴っていた。弁護士は，1700年代の初期においては，トライアルにおいて決定的に従属的な（第二次的）な役割を果たすのにすぎなかったのに対して，世紀の終わりには，中心的な役割を果たすようになっていった。弁護士による証人の尋問，弁護士による証拠法則の巧妙な取り扱い，そして，陪審に対する弁論が訴訟手続における中心となっていった。同時に，裁判官の役割は縮小した[8]。弁護士が重要な役割を果たすシステムに移行したことはとりわけ当事者主義的であり，イギリスおよびアメリカにおける弁護士の地位を大いに高めることとなったのである。1820年代のアメリカを書いたトクヴィルは，すでに弁護士が社会の中心勢力になっており，弁護士の勢力は「すべてのコミュニティに及んでおり，また，コミュニティを構成するすべてのクラスに浸透している」ことを観察している[9]。アメリカにおける弁護士の地位は，「他の法律システムの下では，公の執行機関の裁量に大幅に委ねられているところの実体的な法律規定の執行を一般的に私的な訴訟当事者に委ねる」法律的なアプローチによって，さらに高められた[10]。

(C) 高度に構造的な法廷手続

プリトライアルおよびポスト・トライアル段階を規整する精巧な規則（訴訟規則），トライアルを規整する精巧な規則（証拠規則），弁護士の行為を規整する精巧な規則（倫理規則）は，すべて当事者主義のメカニズムを構成するものとして重要である。訴訟規則は当事者主義の手続の下で，少なくとも二つの機

---

(8) *See* Landsman, *The Rise of the Contentious Spirit: Adversary Procedure in Eighteenth Century England, supra* note 1.

(9) ALEXIS DE TOCQUEVILLE, DEMOCRACY IN AMERICA 290 (Alfred A. Knopf, Inc., originally published 1830, reprinted 1945).

(10) John Coffee, Jr., *Understanding the Plaintiff's Attorney: The Implications of Economic Theory for Private Enforcement of Law Through Class and Derivative Actions,* 86 COLUMBIA LAW REVIEW 669, 669 (1986).

第Ⅱ編　翻　訳

能を果たしている。第一は，訴訟を統制し（orchestrate），訴訟が1回または
それ以上の連続したトライアルにおける当事者の対決で最高潮に達するように
することである。このトライアルにおける対決によって，事実認定者が（判断
の）基礎としなければならない証拠が提出され，また，潜在的に偏見を生じさ
せるおそれのある独立の調査に事実認定者が乗り出すことができる可能性を減
少させるのである。第二は，当事者主義的な訴訟規則は，それぞれの当事者に
自らの裁判資料（case）を収集し，提出する合理的な機会を与えることによっ
て，手続の公正さを保障しようとしていることである。当事者間のバランスを
はかるものとして最も重要なのは，プリトライアル開示である。これは，適切
な要求がなされた場合には，それぞれの当事者に対して，相手方の証拠や証人
をトライアルの前に吟味することを許す手続である。

　トライアル，あるいは証拠規則は，当事者主義的な訴訟手続における証拠調
べの局面の高潔（integrity）を保護するものである。証拠規則は，信用性のあ
りそうもない証拠の利用を禁じている。それによって，事実認定者をミスリー
ディングな情報から遮断している。このような証拠法則の例としては，伝聞証
拠（二次証拠）を禁じる法則や意見証拠の使用を制限する法則がある。これら
2つの例は，とりわけ信用性がないとみなされるだけの欠陥が証拠にあるので
ある。さらに，そのオリジナルの形においては，そのような証拠は，当事者主
義的な反対尋問の方法によって吟味することが困難あるいは不可能なのである。
また，証拠規則は，当事者の一方に対して不公正な不利益を生じさせるような
情報の使用を制限している。この例としては，当事者の従前の犯罪歴への言及
や和解の申し込みに関する議論を制限する規則である。このような事実の暴露
は，これらが事件にとって重要でないときにも，事実認定者に不当に不利な反
応を起こさせてしまうおそれがきわめて高いのである。アドヴァサリ・システ
ムは，このような資料の提出を認めず，事実認定者の中立性を保持するために
予防的な規定を設けたのである。

　伝統的な訴訟規則および証拠規則は，訴訟の過程および事件における情報の
流れをコントロールする弁護士の力を高める傾向がある。規則によって，弁護

1 スティーヴン・ランズマン『アメリカ合衆国におけるアドヴァサリ・システム』

士は，相手方の行為および裁判官の判断を予測するための正確に体系化された諸原則を与えられているのである。規則は，裁判官が取り調べをする証拠を恣意的に選択したり，また，踏むべき手続を恣意的に選択することを禁じることによって，裁判官の権限に制約を課している。およそ 200 年ほど前に，ベンサムは，証拠排除法則は「（弁護士の）パワーのエンジンであり，卓越した英知および深遠な科学を身につけているという名声の基礎となるものである。」と述べている[11]。

　無秩序な論争主義的手続は，あらゆる手段を用いても勝訴したいという弁護士の一般的性癖にいっそう拍車をかけるものとなるので，アドヴァサリ・システムの下では，弁護士の行為をコントロールする倫理規定が設けられている。訴訟手続の高潔さを保つために，相手方に嫌がらせをしたり，あるいは，事実認定者を誤った判断に導くなどの一定の戦術は禁止されている。また，倫理規定は，一定の行為を禁止するだけでなく，弁護士に対して絶えず依頼者の利益のために熱心に代理することを要求することによって，激しい当事者間での攻防を推進する。この熱意を促進するために，弁護士にはその依頼者に対してふたごころなき忠誠を尽くすことが要求されているのである。

　当事者主義的な手続を構成するための精巧な規則を保障することは，上訴裁判所制度に対するニーズを増大させることになる。上訴裁判所は，当事者および裁判官が規則の要求するところにしたがって行動したか否かを監督する責任を負っている。上訴審の裁判官は，一審において手続上の要件が遵守されたか否かを確かめるために，トライアル手続についての逐語的な記録を審査しなければならないこともある。もし規則の遵守がなされなかったことが見つかった場合には，上訴審裁判所は，過誤の救済をするために，数多くの救済策を自由に用いることができる。上訴審で再審査を受けることがわかっていれば，上訴審で取り消されることを避けるため，弁護士や裁判官は法律の規定の遵守を励行するようになるのである。

---

(11) 2 JEREMY BENTHAM, RATIONALE OF JUDICIAL EVIDENCE 48 (1827) (5 vols.) [Facsimile of the 1827 ed. published by Garland Publishing, Inc. 1978].

第Ⅱ編　翻　訳

2　19世紀および20世紀初頭の訴訟規則における 当事者主義的アプローチの優勢

　19世紀のアメリカ民事訴訟の改革において卓越した（功績を残した）人物は，デイヴィッド・ダッドリ・フィールドであった[12]。フィールドは，ニューヨーク州の他の法改革委員とともに，1848年に民事訴訟法典を作り上げた。この法典は，20世紀にまで及ぶ手続法改革（の運動）に大きな影響を与えた。フィールドの目標は，手続法を簡素化・明確化し，これによって，事件の基礎にある事実が速やかに解明され，その事実に確立された法原理が速やかに適用されるようになることを望んだのである。フィールドは，コモンローの実務を煩わしいものにした技術的で煩瑣な制度に反対したのであり，それに代る制度を求めたのである。

　フィールドは既存のコモンロー手続の技術性には反対したけれども，訴訟の当事者主義的アプローチについては熱心な支持者であった。フィールドは，弁護士は訴訟の追行に不可欠であると考えていた。熱意のある弁護士が依頼者の請求を精力的に追求することが訴訟の中心であると考えたのである。さらに，フィールドは，裁判官の権限と融通性は最小限にとどめられるべきであるとの考えを強く持っていた。裁判官の裁量は，きまぐれと不確かさにつながるものであり，可能な限り認められるべきではないと考えていた。フィールド法典は，従前の手続よりも公開法廷での証言を要求し，また，口頭尋問に代えて書証を用いることを少なくするようにした。フィールド法典は，また，可能な限り，陪審真理を受ける権利を拡大することを求め，訴訟における個人主義的な当事者主義的メカニズムを一般的に強調した。

　フィールドのアプローチは，イギリスおよびアメリカの実務において，「エクイティ」と一般的に呼ばれている制度を縮減することであった。エクイティ

---

(12) *See* Stephen Subrin, *David Dudley Field and the Field Code: A Historical Analysis of an Earlier Procedural Vision*, 6 LAW AND HISTORY REVIEW 311 (1988).

1 スティーヴン・ランズマン『アメリカ合衆国におけるアドヴァサリ・システム』

はイギリスにおいてコモンローに代るもの（alternative）として発展してきた。エクイティ（の手続）は，コモンローに比べてよりフレキシブルな制度をめざしていた。エクイティは，コモンロー・プリーディング（訴答）の要件によって課せられた制約やコモンローの実体的規定の厳格な指示をうけないものと考えられた。エクイティは，王が任命し，王に対してのみ責任を負う大法官と呼ばれるきわめて強力な司法官によって管理された。エクイティ裁判所は，生きた証人よりも文書による情報を基礎として裁判を行った。また，多数の当事者の併合を認め，陪審の助力なしで裁判した。エクイティの裁判手続は，コモンローと比べて，当事者主義的な性格は弱く，また，民主的ではなかった。フィールドは，なるべく多くの手続で陪審を使うことを求めることによって，また，証言録取書などの書証に基づくのではなく公開法廷における証言を求めることによって，さらには，エクイティ制度をコモンローの枠組みに組み入れることを求めることによって，エクイティを制限しようとしたのである。

改革者としてのフィールドは，当事者主義的メカニズムの確立自体を目的としたわけではない。フィールドは，市民の権利と独立を称賛する個人主義的な自由放任の考え方を推進しようとしたのである。このような考え方によって，裁判官の権限には疑いの目を向けられ，制約されるべきものとされたのである。改革のプロセスにおいても，裁判官の出番はほとんどなかった。フィールドおよび他の委員は，司法部に付属する機関としてではなく，立法府の立法権限にしたがって，立法府の代表として行動したのである。

19世紀が終わりに近づくにつれて，フィールドのアプローチは攻撃に曝されるようになる。この攻撃の先頭に立ったのは，ロスコウ・パウンドであった。1906年，パウンドは，「The Causes of Popular Dissatisfaction with the Administration of Justice」というタイトルのアメリカ法の歴史の中で最も影響力のあったスピーチを行った[13]。パウンドはその当時の裁判所においては，「迅速

---

(13) Roscoe Pound, *The Causes of Popular Dissatisfaction with the Administration of Justice,* 35 FEDERAL RULES DECISIONS 273（1964）（previously published in 40 AMERICAN LAW REVIEW 729（1906））.

第Ⅱ編　翻　訳

で確かな」裁判が行われていないと批判した。パウンドは，遅延と技術性が公衆が司法過程に満足していない大きな理由であると主張した。パウンドは，また，その当時優勢であった訴訟哲学は裁判官を受動的な「アンパイア」とする「裁判についてのスポーツ理論」であると非難した。パウンドは，陪審裁判および上訴裁判所による訴訟規則の厳格な執行など，多くの当事者主義的なメカニズムを非難した。

　裁判官の息子であったパウンドは，裁判官の権限を高めることに賛成して，次のように述べている。「裁判所をその本来の正しい地位に戻すために役立つこと，長く忘れさられていた本来コモンロー裁判官に当然認められるべき威厳，権威，高貴などの特質を公衆の目に映らせることに役立つことは，すべて適切であり，歓迎すべきことである(14)。」このような見解にしたがって，パウンドは，規則制定の権限を立法府から司法部に移そうと努めたのである。

　当事者主義的メカニズムに対するパウンドの攻撃は全面的に成功したわけではないけれども，1920 年代，1930 年代の改革者に手続に対するアプローチを再考させることになった。イェール・ロースクールのチャールズ・クラークに導かれた改革者たちが最終的に行ったことは，連邦民事訴訟規則を作り直すことであった。この作り直された規則は，フィールド法典と同様に影響力があった。この規則は，1938 年，連邦裁判所によって採用され，また，アメリカ合衆国の半数以上の州において手続制度の基礎を提供したのである。この新しい規則は，当事者主義的アプローチと反当事者主義的アプローチの混合物であった。規則が規定した最も大きな 3 つの変化は，第 1 に，訴答が簡略化され，その結果，グリーヴァンス（grievance　請求）を一般的な形で記載すれば足りるようになったこと，第 2 に，併合の規定を修正して，多くの当事者を 1 つの訴訟に併合できるようになったこと，第 3 に，ディスカヴァリの手続を創設して，それぞれの当事者が他の当事者の文書や証人を調査することができるように

---

　(14) D. WIGDORE, ROSCOE POUND: PHILOSOPHER OF LAW 72 (Greenwood Press 1974) (*quoting Pound, Wig and Gown*, NEBRASKA LEGAL NEWS, July 31, 1897, at 5).

1 スティーヴン・ランズマン『アメリカ合衆国におけるアドヴァサリ・システム』

なったことである。

ノースイースタン・ロースクールのスティーヴン・サブリン（Subrin）教授によれば，新しい訴訟規則が成し遂げたことは，民事手続の多くの（規定の）基礎としてエクイティのメカニズムを採用したことである[15]。これは，訴答，併合，開示についてはとくに明らかであり，ディヴィッド・ダドリイ・フィールドの擁護したコモンローのアプローチとは際立った対照をなしている。エクイティ規則の大幅な採用と同時に，トライアル裁判官の権限と責任が高められた。1938年の改革によって，強力な大法官（司法官）というエクイティの概念がアメリカの訴訟手続に注入されたのである。

エクイティ原理の採用は，訴訟の当事者主義的アプローチの毀棄を意味するのではないかと予想されるかもしれない。しかしながら，1938年の規則については，このことは当て嵌らない。新しい訴訟規則の立案者は，当事者主義的アプローチを保持し，場合によっては，これを強化する形で，エクイティ原理と共存させたのである。まず注目すべきことは，規則を起草した諮問委員会は4人の法律教授と9人の弁護士で構成されていたことである。この委員会には1人の裁判官も入っていなかった。レポーターであったクラークは，後に，新規則は（弁護士の）事件の管理のための効果的な手段を弁護士に提供するために，弁護士によって立案されたものであることを自慢していた。ある著名な法律学者が述べたように，1938年の規則は，当事者主義的アプローチと弁護士に「信頼」を置くことを前提に作られたものであった[16]。このような態度は，プリトライアル開示のような制度についてはとくに顕著である。強力な調査の手段が弁護士の掌中に置かれたのであり，弁護士には，裁判所の監督なしに，事実を探しだし，裁判所の面前に提出することが期待されたのである。

---

(15) *See* Stephen Subrin, *How Equity Conquered Common Law: The Federal Rules of Civil Procedure in Historical Perspective*, 135 UNIVERSITY OF PENNSYLVANIA LAW REVIEW 909 (1987).

(16) *See* Judith Resnik, *Failing Faith: Adjudicatory Procedure in Decline*, 53 UNIVERSITY OF CHICAGO LAW REVIEW 494 (1986).

165

第Ⅱ編　翻　訳

　1938 年の規則に盛り込まれた当事者主義的な面は，その後拡大され，1970年に弁護士が実施するディスカヴァリに対する制約が取り除かれたときに，頂点に達した。しかしながら，その後，とりわけ，弁護士に大きな権限を与える規定や裁判官の権限を制約する規定を中心に，規則に対して批判の声が向けられるようになった。このような攻撃の中心にあるのは，裁判の迅速と確かさについてのロスコウ・パウンドの懸念の再現であった。裁判制度は，当事者主義の海に溺れており，また，急速に増大する事件数によって危胎に瀕していると批判されたのである。

3　1980 年代における反当事者主義の動き

　正しいか否かは別として，規則の立案者や裁判官など民事裁判制度に関心をもつ者は，1980 年までには，アメリカの裁判所は危機に瀕しており，過度に論争的な弁護士をコントロールし，また，増大する事件を減少させるための方策が取られなければならないとの結論に達していた。このような目的を達成するために，2 つの戦術が採用された。第 1 は，弁護士の行為を審査し，コントロールする裁判官の権限を強化することである。第 2 は，フォーマルな判決手続によることなく，裁判官は積極的に和解によって事件を終了させるべきであるとの戦術である。これら 2 つの戦術は，きわめて反当事者主義的であり，民事訴訟規則に大きな変化をもたらすものである。このような傾向を示す 2 つの改正規定を以下において検討する。第 1 は，改正された連邦民事訴訟規則の11 条である。この規定は，弁護士に対し，提出する前に訴状その他の書面を調査（検討）しなければならない厳格な責任を課している。この規定は，弁護士の行為を監督する裁判官の権限を強化する傾向を示す例である。第 2 は，当事者と裁判官の間で行われるプレトライアル・カンファランスを規整する改正16 条である。この規定は，当事者主義的なトライアルよりも和解を促進する裁判官の努力を強化する例である。この二つの規定の改正は，1938 年の時とは異なり，弁護士ではなく，委員のほとんどすべてが裁判官によって構成された委員会によって起草された。

166

1 スティーヴン・ランズマン『アメリカ合衆国におけるアドヴァサリ・システム』

(A)　規則 11 条と裁判官の権限

　1938 年の当初より，規則 11 条は，弁護士は，訴状に署名することによって，請求を「基礎づけるための十分な理由（根拠）」があり，また，「遅延を目的として（訴状を）提出したのではない」ことを保証したのであるとの趣旨の規定であった。（しかし）この規定は，実際には，遅延を生じさせたり，あるいは，過度に論争的な弁護士に制裁を課すために用いられたことはなく，また，この規定を実効あらしめるために用いられる制裁はささいなものであった。このような状況は，1983 年の改正によって一変した。改正された規則 11 条は，次のように規定している。

　「弁護士または当事者による署名は，署名者が以下のことを行なったことの証明となる。（第一は），署名者は，訴答書面，申立書，その他の書面を閲読したこと，（第二は），相当な（reasonable）調査を行なった上で，署名者が得た最善の知識，情報，信念（belief）に照らして，（各書面が）十分な事実上の基礎を有し，また，既存の法によって正当化されるものであること，あるいは，既存の法の拡大，修正，破棄を求める誠意ある議論によって正当化されること，そして，（第三は），（各書面が）嫌がらせ，または，不必要な遅延あるいは不必要な訴訟費用の増加を生じさせるなどの不当な目的のために提出されたものではないこと。……訴答書面，申立書，その他の書面がこの規定に違反して署名されたときは，裁判所は，申立てまたは自らの職権によって，署名した者，訴訟代理されている当事者，あるいは，その双方に対して，……相当な弁護士報酬など……然るべき制裁を課さなければならない。」

　1983 年の改正の起草者は，この改正は弁護士の不当な行為を減少させる大胆な試みであると考えていた。この規定は，裁判官に弁護士を規制する権限を与えるものであり，また，弁護士に対して，裁判官が決定した客観的な基準に従った行動をすることを要求するものと解されてきた。このことは，従前の規定の下での，弁護士は自らが請求には根拠（メリット）があると誠心誠意考えて行動すればよいという（弁護士の）主観は基準にできなくなったことを意味する。（反対に），この規定は，弁護士に対して事実と法について慎重な調査を要求するものであり，また，文書の提出は文書の内容に相当な基礎づけがある

167

第Ⅱ編　翻　訳

場合にのみ認めている。裁判所は自らの職権によってこの規定を実現する権限を与えられている。本条の違反が発見されたときは，裁判所は，相当な弁護士報酬の負担などの制裁を課さなければならない。裁判官には職権によって行為をするか否かの自由が与えられていること，また，ほとんどすべての場合において，当事者は自らの訴訟費用および弁護士費用を負担すればよいというのがアメリカの手続の通常の姿であるが，この規定は，この点についてきわめて対照的である。

　改正された規則11条は，裁判官に新たに大きな権限を与えている。この規定は，裁判官に対して，違反があったか否かを決定する権限また，何が適当な制裁であるかを決定する権限を与えている。これらの決定は，本質的には，アド・ホックなものであり，本条に規定されている基準によっては規制できないものである。さらに，これらの決定は，事件の基礎にある証拠を十分に調査しないでなされるのである。この規定は，新しい権利を創造しようとするような先見のある弁護士に対し，裁判官の主観によって制裁を課すのが適当であると考えるときには，いつでも制裁を課すことを認めているのである。

　この規定は，1980年代以前のアメリカ民事訴訟には存在しなかった懲罰的な要素を導入した。規則11条は，実際，制裁を課すことを要求している。この強制的な制裁の採用は，このような手段の有効性についての実験的な調査による評価なしに行われたのである。この規定は，弁護士に対する根の深い不信感および弁護士を強制的に是正したいとの要求を表わしている。この規定は，また，裁判官による苛酷な制裁のみが有効であるとの信念を表明しているように思われる。この規定は，裁判官には大いに称賛されたものの，アメリカン・バー・アソシエイション（ABA）およびほとんどすべての弁護士団体からの厳しい攻撃を受けた。この規定は明らかに反当事者主義的である。この規定は，弁護士の行為を規制するものであり，また，強い規制がなければ，弁護士は謝った行為をするという前提の下に運営されている。

　規則11条は，1983年の改正以来，広範囲に研究されており，そして，その結果は，裁判官への大きな権限の付与は，裁判官の公正と中立性を大きく損ねたということを示している。292人の連邦裁判官についての研究調査によれば，規則11条についての評価は大きく分かれている。一定の仮設例において，本

1 スティーヴン・ランズマン『アメリカ合衆国におけるアドヴァサリ・システム』

条違反を認める者もおり，反対に認めない者もいる。同じ仮設例について，かなり重い制裁を課す者もいれば，そうでない者もいる。このような認定になるということは，本条には実質的には基準がないということであり，各裁判官は自らの感情や背景に基づいて問題となっている弁護士の行為を評価していることを示している[17]。現実の訴訟の分析によれば，裁判官の偏見が存在することが示唆されている。規則11条の判例に関する研究によれば，公民権訴訟など，現状に挑戦する訴訟の原告弁護士に対して，本条が不当に大きな割合で適用されていることがわかる。公民権訴訟の原告や弁護士は，事実，公民権訴訟ではない事件の原告に比べて，六倍の割合で制裁を受けているのである[18]。

規則11条は，弁護士の提訴前の準備について好ましい影響を与えたと考える学者もいる。しかし，この好ましい影響は，裁判官の中立性の喪失などの好ましくない影響によって相殺されてしまっている。本条は，実体（メリット）についての争いとは別個の訴訟を大量に発生させている。このために，（このような事件を処理するための活動により）事件負担は増大し，効率性は低下し，訴訟コストは増加している。本条は，弁護士を互いに制裁の戦場で戦わせることにより，また，裁判官をそのような戦場に巻き込むことによって，当事者間の敵対的な関係を悪化させている。最後に，本条は，新奇な請求を訴訟に持ち込もうとする弁護士の熱意を挫く傾向があることである。

この最後の点は，ハワイ大学のエリック・ヤマモト教授の最近の論文においてよく示されている[19]。ヤマモト教授は，もし規則11条が1983年のはじめに改正されていたならば，不名誉なコレマツ事件の再審理を遅らせたか，あるいは，妨げであろうと論じている[20]。1942年に始まったこの事件において，

---

(17) *See* SAUL KASSIN, AN EMPIRICAL STUDY OF RULE 11 SANCTIONS （Federal Judicial Center, 1985）.

(18) *See* STEPHEN BURBANK, Reporter, RULE 11 IN TRANSITION: THE REPORT OF THE THIRD CIRCUIT TASK FORCE ON FEDERAL RULES OF CIVIL PROCEDURE 11 at 69 （American Judicature Society, Studies of the Justice System, 1989）.

(19) *See* Eric Yamamoto, *Efficienty's Threat to the Value of Accessible Courts for Minorities,* 25 HARVARD CIVIL RIGHTS CIVIL LIBERTIES LAW REVIEW 341 （1990）.

(20) Korematsu v. United States, 323 U.S. 214 （1944）.

第Ⅱ編　翻　訳

　一人の日系アメリカ人が西海岸にある自宅から退去せよとの軍事命令に従わなかったことを理由に有罪とされた。この事件は最後には合衆国最高裁判所にまで行ったが，最高裁判所は，「軍事上の必要」の証明があったとして，西海岸地域にある家から日系人を排除した軍の行為は正当化されると判示した。

　フリーダム・インフォメーション・アクト（Freedom of Information Act）に基づく要求によって1970年代になって得た文書は，「軍事上の必要」の主張は人種的偏見に基づく誤りであったことを示していた。この情報を手にして，コレマツの弁護士は1983年に40年経った有罪判決の取消しを求めて提訴した。このような戦術には先例はなく，また，判決の終局性についての確立された法原則に挑戦するものであった。それにもかかわらず，この訴訟は最終的に成功した。コレマツ事件において裁判所が政府の誤りを認めたこと，また，コレマツの有罪判決と何千人もの日系人の収容を正当化した命令が明白に違憲であったことが，人々の激しい抗議を生じさせ，また，合衆国議会が（このような収容によって）損害を受けた者に対して補償を支払うための適切な予算を講じる結果をもたらしたのである。このようなことは1983年のコレマツ事件がなければ不可能であったであろう。ヤマモト教授は，（コレマツ事件の）の法的主張（legal argument）は新奇であり，濫訴とのレッテルが貼られる可能性があったために，11条が改正されていたならば，弁護士にとってこの事件の追行は危険なものになっていたであろうと論じている。このようなことが起これば，弁護士が制裁を受け，政府の弁護士の費用まで払わされることになったであろう。コレマツ事件の主任弁護士は，ヤマモト教授に対して，11条が改正されていたならば，事件は一年遅延した可能性が高かったと述べている。さらに，主任弁護士は，このような遅延が生じたときは，多額の出費のための訴訟の追行は断念せざるをえなかったかもしれないと述べている[21]。コレマツ事件での（想像された）懸念は，アグレッシブで当事者主義的な（弁護士の）行為を審査し，制裁を課す裁判官の権限を拡大する規則が，一方においては，そのような裁判官の権限を規整する基準をほとんど規定してしないときに生じる危険性をドラマチックな形で示している。

---

　(21) *See* Yamamoto supra note 19, at 345 note 21.

(B) 規則16条および和解に対する圧力

弁護士と裁判官の間でのプリトライアル・カンファランスを規整する規則16条は，規則11条と同様に，1938年の連邦民事訴訟規則にはじめから挿入されていた。規則16条の生みの親の一人は，チャールズ・クラークであった。クラークは，1961年に次のように述べている。

「（規則16条は）その制定の経過からも，また，条文の文言からも，プリトライアルがトライアルに取って代ることを意図したものでないことは明らかである。この条文の全体の趣旨は，トライアルのための適切な準備をすることにある。和解交渉のための規定が作られなかったことは偶然ではない。和解交渉は適切なプリトライアルの一部ではない。和解交渉の強制は，判決のための審理をするのがその責任である裁判所の公平性を損ねるおそれがある。……第一の原則を思い起こそう。すなわち，訴訟の目的は，公正なトライアルのプロセスを経たうえで権利を確定する判決であることを。われわれの制度はアドヴァサリ・システムであり，そこでは，それぞれの当事者が，裁判所の不当な干渉を受けることなく，自らが選任した弁護士を通して主張・立証する特権を有していることを。力によって自白が強制されないことを。例外的に法的な請求が存在しないことが明白な場合を除いて，当事者はトライアルを受ける究極の権利を奪われるべきでないことを[22]。」このようなクラークの言葉は，1938年の連邦民訴規則の基礎にあった伝統的な当事者主義的価値を強調している。すなわち，裁判官の中立性，弁護士の責任，メリットについての判決を強調している。そこでは，訴訟の管理者としての裁判官または和解の推進者としての裁判官という懸念は避けられている。

規則16条の改正は1983年に行われた。この改正を起草した諮問委員会のレポーターであったハーバード大学のアーサー・ミラー教授によれば，規則16条は，「管理のための青写真」であり[23]，とくに，裁判官が訴訟プロセスの監

---

(22) Charles Clark, *To An Understanding Use of Pretrial*, 29 FEDERAL RULES DECISIONS 454, 455-56 (1961).

(23) ARTHUR MILLER, THE AUGUST 1983 AMENDMENTS TO THE FEDERAL RULES OF CIVIL PROCEDURE: PROMOTING EFFECTIVE CASE MANAGEMENT AND LAWYER RESPONSIBILITY 20 (1984).

第Ⅱ編　翻　訳

督者となることを推進するものであるとされている。この改正規則は，訴訟の
プリトライアルの段階での管理を裁判官に強制し，裁判官に管理者としてのス
タンスを押させるとともに，できるかぎり多く事件を和解によって解決するこ
とを強調している。改正された規則16条(a)は，次のように規定している。

「いずれの訴訟においても，裁判所は，職権により，以下の目的のため，訴
訟代理人たる弁護士および訴訟代理人のいない本人に対して，トライアル前の
カンファランスに出席するよう命じることができる。(1)訴訟の決着を促進する
こと，(2)管理の欠如のために訴訟が長引くことがないように，訴訟の早い段階
から，かつ，継続的に統制をすること，(3)無駄なプリトライアル活動を抑制す
ること，(4)より完全な準備を通してトライアルの質を向上させること，そして，
(5)訴訟の和解を促進すること。」

規則16条については，改正後の規定は改正前と比べて大きく異なっている
こと，また，改正後の規定は当事者主義的原則に実質的に相反することが注目
される。これについての最も重要な点は，手続制度の目的としてのトライアル
に対する力点が減少したことであろう。規則16条は今や裁判官に対してトラ
イアルを避けるための武器庫（arsenal of weapons）となっているのである。一
人の指導的な立場にある裁判官は次のように述べている。「トライアルは，最
も好まれない紛争解決手段となっている[24]。」今や，できるかぎり，トライア
ルではなく「管理」によって紛争を解決すべきとされているのである。

規則11条の場合と同様に，改正された規則16条によって裁判官に与えられ
た権限は大幅に裁量の余地が認められている。このような裁量権限の増大は，
証拠の提出を規整する明快かつ正確な手続規則の下でのトライアルを指揮する
中立かつ消極的な事実認定者に依拠する当事者主義とは矛盾するものである。
このような当事者主義的な立場に代って，裁判官が訴訟活動の中心であり，プ
リトライアルでの段階で，事件の却下や和解をもたらす戦術をアド・ホックに
積極的に進める権限をもつ管理者的裁判官が台頭している。このような積極的
姿勢が裁判官の中立性に与える危険はチャールズ・クラークが明確に認識して
いたところである。

---

(24) William Schwarzer, *The Federal Rules, the Adversary Process, and Discovery
Reform*, 50 UNIVERSITY OF PITTSBURGH LAW REVIEW 703, 718 (1989).

172

1 スティーヴン・ランズマン『アメリカ合衆国におけるアドヴァサリ・システム』

　管理者的裁判官が自らが指揮する事件に巻き込まれないようにすることはきわめて難しい。裁判官は，訴訟の早い段階から事件の管理を期待され，和解に向けて訴訟を運営して行くことが期待されているのである。このことは必然的に，まだ事実が十分に解明されていない段階，すなわち，適切な判決を下すための基準がほとんどない段階で，裁判所にあらゆる種類の判断をさせることになる。このような活動は，まさにフラー教授やカードーゾ判事がおそれている偏見を生む可能性が高い。さらに，規則16条によって与えられている裁判官のアド・ホックな活動を監督する有効な手段はほとんどない。管理者は裁量に任されており，また，裁判官は，（当事者の）弁論を聞くこともなく，また，意見を書くこともなく自由に行為することができるので，上訴裁判所による効果的な審査も期待できない。大半の事件において，裁量による管理者的裁判官の判断は効果的な異議を受けることもないため，裁判官の支配力はさらに強化されるのである。

　規則16条およびその起草者によれば，裁判官には，トライアルではなく和解によって紛争を解決することを当事者に働きかけること，また，それによって，裁判所の事件負担を軽減することが期待されている。当事者間の合意による解決を促進することは本質的には当事者主義の目的に反することではない。しかしながら，裁判官を上記のような目的を達成するためのオフィサーと考えることは，当事者主義的訴訟構造の下では大きな混乱を生じさせる。イエール大学ロー・スクールのピーター・シャック教授は，トライアルでの本案審理を担当するかもしれない裁判官が積極的に和解を勧めるときには，当事者主義的訴訟制度に，現実的にあるいは外観上，次のような三つの重大な危険を生じさせると述べている。すなわち，裁判官が当事者の申し立てていないことにまで過度に介入していく危険，裁判官が自らの予断と偏見を当事者に押し付ける危険，そして，手続の不公正の危険である[25]。

　トライアルの前，あるいは，トライアルにおいて，当事者を助け，あるいは，害する大きな権限を与えられている裁判官は，当事者に対して和解を最大限強要できる立場にある。当事者が裁判官の和解の勧奨を拒否するときには，裁判

---

(25) Peter Schuck, *The Role of Judges in Settling Complex Cases: The Agent Orange Example,* 53 UNIVERSITY OF CHICAGO LAW REVIEW 337, 359 (1986).

第Ⅱ編　翻　訳

官は，このような拒否に対して，厄介なトライアルの準備を要求したり，訴訟法上または証拠法上の問題について不利な判断をするなど，諸々の方法によって制裁を課すことができる。このようなことは，請求の枠組みを設定し，そして，それを追行する当事者の権限を根底から否定するものである。このようなことが，裁判官の過度の介入（judicial overreaching）の内容である。

　和解の実現に向けて多大の努力をする裁判官が，その和解の適否を公平無私に評価する立場に立つのは難しい。和解交渉に巻き込まれた裁判官に中立的な方法で審査することを期待することはできない。このことはとくにクラス訴訟が和解で解決したときに，それを審査することが法律で要求されている場合には，深刻な問題を生じさせるおそれがある。裁判官が自ら作り上げた和解の中で抱いた予断や偏見をその後の判断に持ち込むことを防ぐことはきわめて難しい。

　和解の努力には，残念ながら，裁判官と当事者一方との一方的な情報交換あるいは記録に残されない秘密の取り決めなど，手続法上問題のある実務が多い。和解は，事実上，公開の場で自らのグリーヴァンス（請求）を述べる機会を当事者から奪うことになり，また，裁判手続に参加する機会を否定することにもなりかねない。これは，とりわけ，当事者間の力にかなりの格差があるときに，不公正あるいは不公正の外観を生じさせることになる。和解は，トライアルほど信頼性の保障を提供できるものではない。

　和解に向けての努力およびインフォーマルでアド・ホックな管理テクニックの採用は，明らかに当事者主義的アプローチと矛盾するものである。これらは当事者主義的なトライアルの枠組みに相反し，また，裁判官の中立の原理を無視するものであり，さらに，裁判官を訴訟の支配者にさせるテクニックを認めるものである。これらは当事者主義の精神に反し，また，多くの点で当事者主義を維持しているアメリカの手続構造の中にまぎれもない緊張を作り出している。

4　アメリカ手続制度の今後の方向

　規則11条および16条の規定に関する論議からも明らかなように，アドヴァ

174

1 スティーヴン・ランズマン『アメリカ合衆国におけるアドヴァサリ・システム』

サリ・システムは攻撃を受け続けており，今後もさらに攻撃にさらされることになろう。しかしながら，当事者主義的アプローチの復活を示す動きも見られる。第一に，規則11条については，現在，改正作業が進められており，裁判官の裁量の範囲が縮小される可能性が高い。第二に，規則16条で示された管理者的裁判官や和解の推進への動きは止まったわけではないものの，現在のアド・ホックなやり方は批判されており，制約を課せられることになるであろう。このようなことは，現在進行中である，1990年の民事裁判改革法の実験的試みの中からの成果として実現するであろう⁽²⁶⁾。この法律は，全米94の連邦地区に対して，費用と遅延を減少させるための実験を行うことを求めている。このような試みは，裁判官だけでなく，各地の多くの弁護士を参加させた委員会によって行われる。このような，弁護士の参加と実験による検証を強調した民主的な手続法の改正によって，裁判官を中心とする手続は減少し，訴訟における弁護士の役割についての伝統的な考え方が維持され，裁判官の中立性の重要性および請求についてのトライアルでの審理の重要性が評価されるようになるであろう。

　1980年代の改革者が抱いていた手続モデルはエクイティに基づいていた。このようなモデルは，その性質からして，遅いものであり，効率の悪いものであった。このようなモデルが，迅速で確実であり，また，同時に，中立な事実認定者による審理を受ける権利を求めるアメリカ人の感情を満たす制度となるか否かは未解決である。さらに，陪審制度のような本質的に当事者主義的な制度が最近見なおされている。最近制定された法律は6人よりも多い数の陪審の使用を促進しており，憲法に保障された陪審制度はこれを維持する価値があるものであるとの考え方が広く共有されているように思われる。このような傾向からしても，当事者主義の要素を攻撃する改革は功を奏しないであろう。

　［追　記］
　ランズマン教授は，訳者（椎橋）の招待により，1992年11月19日より12月3日まで滞日された。この間，11月20日には大阪地方裁判所の研究会において，11

---

(26)　28 United States Code §§471 et seq.

第Ⅱ編　翻　訳

月24日には日本比較法研究所の講演会において，本論説と同じテーマで講演させていただき，また，講演の後には出演者との間で活発なディスカッションを行なうことができた。研究会に出席した方々，とりわけ，このような有意義な機会を用意していただいた，大阪地方裁判所西口元（はじめ）判事，中央大学小島武司教授には，それぞれランズマン教授ともども心からお礼を申し上げる。また，今回のランズマン教授の来日は，第一システム販売株式会社の経済的援助を得て実現したものである。同社代表取締役八巻珍男（やまき　よしお）社長にも心からお礼申し上げる。　　　　　　　　　　　　　　　　　　　　　　　　　　　　　（椎橋記）

2 民事司法改革法の制定過程の分析

リチャード・H. バッティー＝ポール・S. スウェッドランド

は じ め に

サウス・ダコダ州のジェイムス・アバラスク（James Abourezk）前上院議員
は，ワシントンのナショナル・エアポートの滑走路で4時間近く離陸できな
かったために，飛行機からの降機を求めたが，それを拒絶されたことを理由に，
1985年12月にニューヨーク・エアーに対して訴訟を提起した。1987年6月，
開示手続の終結時に，当事者双方がサマリ・ジャッジメントの申立てを行った。
およそ1年半後，地方裁判所は2つのあまり複雑でないサマリ・ジャッジメン
トの申立てに対する判断を下した。訴訟提起から3年以上経過した1989年1
月31日，地方裁判所はニューヨーク・エアーに有利な判決を下したが，その
ときすでに同社は破産していた[1]。

この事件は，前上院議員の個性や特異な法律問題を含んでいたこともあって，
世間の大きな関心を集めた。しかし，残念ながら，この事件で生じた手続上の
遅延，および，それに伴う当事者の費用の増大は特異なものではない。このよ
うな訴訟の特徴は，日常，何千とある公刊されていない民事事件と共通のもの
である。ジュディシャル・カンファランスの1989年の報告書によれば，3年
以上係属の事件数は，1984年-1989年の5年間で1万5646件（全民事事件の
6.3%）から2万2391件（全民事事件の9.2%）に増加している[2]。過度の費用
と遅延は，アメリカの民事裁判の典型的な特徴となっており，1990年の議会
の報告書の中では，「2つの関連し，かつ，悪化している社会悪」と表現され
ている[3]。

---

(1) "Judges Bristle at Biden's Civil Reform Plan," Legal Times, March 5, 1990, at 18; S.
　　Rep. No. 416, 101st Cong., 2nd Sess. (1990), reprinted in 1990 U.S.C.C.A.N. 6802, 6829.
(2) S. Rep. No. 416, 101st Cong., 2nd Sess. (1990), reprinted in 1990 U.S.C.C.A.N. 6802,
　　6829-30.

第II編　翻　訳

1　民事司法制度における過去10年の傾向

A　1980年-1990年の事件統計

　興味深いことに，1985年の27万8778件を最高に，提起された民事事件の数は着実に減少しているにもかかわらず，連邦裁判所の民事事件表（dockets）は過去5年間ますます厳しくなっている[4]。1980年以降，民事事件の提起数は，1980年の17万4370件から1990年21万1626件へと24％増加した。過去10年間における連邦裁判所判事の増加を考慮すると，これらの数字は，実際には，1980年における判事一人あたりの事件数が338件であったのに対して，1990年には判事一人あたり326件に減少したことになる[5]。連邦地方裁判所における民事事件の提起数は，1985年以降，毎年平均6％の割合で減少しており，合計で24％減少した[6]。

　しかしながら，これらの数字は誤解を生じさせる。民事事件数の現実の減少は，連邦裁判所による民事事件の解決に対する需要が減少していることの兆候と解釈すべきではない。2年前に州藩相違事件の訴額が1万ドルから5万ドルに引き上げられたにもかかわらず，現在の訴え提起数は10年前の数字をはるかに上回っている[7]。多くのアスベスト訴訟が，かつては民事事件のかなりの割合を占めていたが，その後，単純な民事事件の提起数は絶えず減少している[8]。複雑な民事事件の増加は，連邦法に基づく訴訟原因の創設や拡大に帰因している。連邦裁判所調査委員会によれば，過去20年間に，連邦裁判所の管轄を拡大したことが明白な法律（たとえば，Racketeering Influence Corrupt Organizations Act=RICO）と明白でない法律（たとえば，Ocean Thermal Energy

---

(3) S. Rep. No. 416, 101st Cong., 2nd Sess. (1990), reprinted in 1990 U.S.C.C.A.N. 6802, 6804.

(4) Administrative office of the U.S. Courts, Federal Judicial Workload Statistics, December 31, 1990, at 4.

(5) Id. at 5.

(6) Id. at 4.

(7) Id. at 5.

(8) Id. at 5.

2 R. H. バッティー＝P. S. スウェッドランド『民事司法改革法の制定過程の分析』

Conversion Act) を合わせて，議会は 195 の法律を制定した[9]。連邦裁判所の管轄を広げて全国的な問題を解決し救済を与えるという議会の政策は今後も続く可能性が高いので，連邦裁判所へのアクセスの需要はますます大きくなるであろう。近年，合衆国ジュディシャル・カンファランスは，伝統的に州裁判所の領域にあった問題を連邦裁判所の管轄を拡大して連邦裁判所の管轄に服させたことだけを理由に，女性に対する暴力やその他の法律に関する議会の提案に反対している[10]。

この 5 年間の民事事件の提起数は減少しているものの，連邦裁判所の事件表の民事事件の輻輳と遅延は改善されていない。この矛盾した状況の説明として最も明確で頻繁に引用されているのは，連邦裁判所の民事事件の事件表はアメリカ麻薬撲滅戦争の犠牲になっているということである。過去 10 年間で，刑事事件の提起数は 1980 年における 2 万 8896 件から 1990 年には 4 万 7335 件へと 59％上昇している。連邦裁判所の麻薬事件数は 1980 年から 1990 年の間に 230％急上昇している[11]。この結果，連邦裁判所に提起された民事事件と刑事事件の合計は，1980 年の 20 万 3265 件から 1990 年の 25 万 8961 件に増加した[12]。

法曹の多くは，民事事件の事件表の輻輳の原因は議会にあると非難している。新しい連邦制上の訴訟原因が不断に立法化されることは別にしても，多くの裁判官は，1987 年の量刑ガイドラインの議会による立法化は刑事事件の増加を招いたと信じている。というのは，この量刑ガイドライン法は司法取引の妨げとなっているからである。司法取引によってより軽い量刑を得る機会が減少したことによって，現在では，より多くの刑事被告人は陪審裁判に賭けるようになっている[13]。ひとたび，被告人がトライアルを受けることを選択すると，Speedy

---

(9) Report of the Federal. Courts Study Commission, Working Papers and Subcommittee Reports Volume II, Additional Documents, at 1, July 1, 1990.

(10) "Judicial Conference Opposes Expanded Role for Federal Courts," The Third Branch, Vol. 23, No.10, October 1991 at 1.

(11) "The Federal Courts Have a Drug Problem," Business Week, March 26, 1990 at 76; S. Rep. No. 416. 101st Cong., 2nd Sess. (1990), reprinted in 1990 U.S.C.C.A.N. 6836.

(12) Administrative Office of the U.S. Courts, Federal Judicial Workload Statistics, December 31, 1990, at 3.

第 II 編　翻　訳

Trial Act（刑事審査迅速化法）によって，トライアルは，マジストレイトの面前
における罪状認否の登録後，70 日以内に開始されなければならない。刑事事
件は，民事事件に優先して審理されるのである。民事事件の弁護士は，その担
当する事件が絶えず刑事事件のトライアルに優先されることに対して不満を抱
いている[14]。

　議会が司法予算を増やさず，裁判官の欠員を補充しないことも事件表に民事
事件が滞留している原因であると連邦判事や法学者は指摘している。議会は，
犯罪撲滅戦争一般には対応している。とりわけ，連邦，州および地域の法執行
機関の予算を増額することによって，麻薬撲滅運動に対処している。議会は，
FBI（連邦捜査局），DEA（Drug Enforcement Administration），国境警備隊員，
および連邦検察官の数を増やすことは承認したものの，ますます増加する刑事
事件を処理するために司法部により大きな予算を確保することはなされていな
い[15]。1980 年から 1989 年の間，正規の裁判官一人あたりの刑事事件と民事
事件の合計は，1980 年の 393 件から 1989 年の 473 件へと増加している。議会
は，裁判官一人あたりの事件負担を減少させるために，1990 年に 85 人の判事
職を増員した。これによって，裁判官一人あたりの事件負担は 1989 年の 473
件から 1990 年には 399 件に減少した。しかし，この数字は，それでも 1980 年
のレベルをわずかに上回っている[16]。

　判事職を新たに増員することと，この職に，実際に，判事を補充することは
別個のことである。議会および行政府が判事職を補充しないことは，判事の欠
員が民事事件の滞留の主要な原因であると指摘する民事司法改革論者からしば
しば批判されている。たとえ議会が 85 の新しい判事職を増員するとしても，
1990 年の 9 月における連邦地方裁判所および連邦控訴裁判所の欠員は 42 ある。
この欠員になっている判事職のうち 30 については，大統領は上院に対して推

---

(13) "The Federal Courts Have a Drug Problem," Business Week, March 26, 1990 at 77.
(14) Speedy Trial Act, 18 U.S.C. § 3161; "The Federal Courts Have a Drug Problem,"
　　Business Week, March 26, 1990 at 76.
(15) Cong. Rec. S 17577（daily ed. October 27, 1990）（statements of Sen. Graham, Sen.
　　Domenici）.
(16) Administrative Office of the U.S. Courts, Federal Judicial Statistics, December 31,
　　1990, at 3-5.

180

2 R. H. バッティー＝P. S. スウェッドランド『民事司法改革法の制定過程の分析』

薦名簿を提出もしていない[17]。現在，連邦地方裁判所および連邦控訴裁判所における判事職の欠員は 16％に達しており，判事職の欠員の合計は 100 人を超えている[18]。

B すべての者に正義を：ブルッキングス研究所の報告書

民事裁判の費用および遅延の問題に対処する必要が明確になったことによって，上院の司法委員会の議長であるジョゼフ R. バイデン上院議員は，ブルッキングス研究所に対して，全米から法曹を集めて研究チームを作り，問題点を検討し，過度の民事裁判の費用と遅延を軽減するための改善策を提言するように求めた。ブルッキングス研究所は，著名な原告側代理弁護士，被告側代理弁護士，公民権訴訟弁護士，消費者および環境団体を代理する弁護士，保険業界の代表，大企業を代理する弁護士，退役裁判官，および法学者からなる研究チームを発足させた。

ブルッキングス研究所の研究チームは，費用と遅延の問題は，法曹界のメンバーのみに関係するだけでなく，社会全体に対しても影響のある問題と位置づけた。企業や保険業界を代理する弁護士は，高騰する訴訟コストがアメリカの企業から貴重な時間，費用，専門知識を流出させ，可能な限り低コストで最良の製品やサービスを提供するというアメリカ企業の本質的な機能を阻害していると指摘した[19]。アメリカの企業は，提起された訴訟の対応にあたる外部弁護士に対して年間 200 億ドル以上の費用を使っている。大企業が，外部弁護士に払う費用は年間 3000 万ドルを超えており，年間 1 億ドルを超える会社も存在した[20]。

企業や保険業界とは通常利害が対立するグループ，例えば，公民権，消費者，

---

(17) H. Rep. No. 733, 101st Cong., 2d Sess. (1990) at 10.

(18) "Judicial Conference Opposes Expanded Role for Federal Courts," The Third Branch, Vol. 23, No.10, October 1991 at 11.

(19) Justice for All: Reducing Costs and Delay in civil Litigation, Report of a Task Force, Brookings Institution, Washington D.C., 1989 at 5-6.

(20) S. Rep. No. 416, 101st Cong., 2nd Sess. (1990), reprinted in 1990 U.S.C.C.A.N. 6802, 6809, quoting Dockser, Companies Rein in Outside Legal Bills," The Wall Street Journal (Nov. 9, 1988).

第Ⅱ編　翻　訳

環境，その他の公益グループを代理する弁護士も，民事裁判はあまりにもコストがかかり，時間がかかることに同意している。多くの民事裁判の当事者は，高い費用と遅延のために民事裁判で効果的に救済を受けることはできないと判断し，その結果，性急に和解に走り，満足のいかない金額で解決されていると感じている。代理する当事者が大企業である平均的な市民であるかに関わりなく，法曹界は，現在の制度の下における裁判の遅延は裁判の拒否を生じさせていると考えている[21]。上院の報告書に記載されているように，法外な訴訟費用は，「民事裁判制度の公正およびその正義を実現する能力に疑問を生じさせている。というのは，これらのコストは裁判所へのアクセスを不当に妨げており，また，被害を受けた当事者が適切かつ迅速な司法救済を得ることをいっそう困難にし，事件によっては，全く救済が受けられないことも生じているからである」[22]。

　ブルッキングス調査チームと連携して，ルイス・ハリス等に連邦事実審判事および連邦裁判所で訴訟をする多様な弁護士に関する包括的な調査が依頼された。この調査チームは，原告側と被告側を平等に分けて500人の開業弁護士，100人の公益弁護士，300人の企業弁護士，および147人の連邦地方裁判所判事にインタビューを行った。この調査の目的は，連邦裁判所の民事訴訟における費用と遅延について裁判官と弁護士の間にコンセンサスが存在することを確かめることであった。インタビューは，「連邦民事裁判制度において，増大する訴訟の費用と遅延が問題となっているかどうか，そして，もし問題であるならば，その問題の深刻さ，その主な原因，および可能な解決策に対する認識と姿勢」に集中した[23]。

　ハリス調査によれば，インタビューを受けた者の過半数は現在の民事訴訟の費用は「大きな問題」であると考えている。また，過半数の者は，訴訟の高い費用は普通の市民が民事裁判制度を利用することを妨げており，また，現在の

---

(21) Justice for All: Reducing Costs and Delay in Civil Litigation, Report of a Task Force, Brookings Institution, Washington D.C., 1989 at 5.

(22) S. Rep. No. 416, 101st Cong., 2nd Sess. (1990), reprinted in 1990 U.S.C.C.A.N. 6802, 6809

(23) Procedural Reform of the Civil Justice System, A Study Conducted for the Foundation for Change, Louis Harris and Associates, New York, NY, 1989 at i.

2 R. H. バッティー＝P. S. スウェッドランド『民事司法改革法の制定過程の分析』

民事裁判制度は裁判のためにより多くの財源を持つ「力の強い者」に不当に有利になっていると感じている[24]。調査の回答者は，高騰する訴訟費用の最も重大な原因は開示手続の濫用にあると考えている。また，回答者は，主要な争点に限定することなく，開示手続を多用する弁護士に対して批判的である。原告側および被告側の弁護士は共に，開示手続は，しばしば，当事者主義の下における訴訟戦術の道具として，あるいは，相手方当事者の賭け金（和解金額）をつり上げる戦略として利用されているとしている。訴訟の当事者は，開示手続の濫用，その他の費用の責任の一端は，裁判所が，開示手続をコントロールすること，もっと綿密に事件管理をすること，内容のあるカンファレンスを行うこと，より早い時期にトライアル期日を確定することを怠っていることにあるとしている[25]。また，調査は，手続改革や開示手続の争いを減少させ，事件管理を高めるための具体的方策について大きなコンセンサスがあることを示している[26]。

ハリス調査の回答から得られた手続改革の提案に基づいて，ブルッキングス調査チームは，訴訟の費用と遅延を減少させることを目標とした民事裁判制度の包括的なプログラムを実現するための提案を公表した。調査チームが提案した勧告はつぎの通りである。

勧告1：『議会は，すべての連邦地方裁判所に対して，民事裁判改革プランを作成し，実行することを指示すべきである。』

調査チームは，各連邦地方裁判所の管轄地区内の法曹の代表者で構成される立案グループの設立を勧告した。この立案グループは，開示手続を円滑化し，裁判所の事件管理を向上させ，公正，迅速かつ廉価な民事紛争の解決を図るための手続を実現するためのプランを立案する責任を負う。この立案グループは，それぞれの管轄地区のニーズを満たすための計画を作成すべきである[27]。

---

(24) Id. at iv.
(25) Id. at v.
(26) Id. at v.
(27) Id. at 12.

第Ⅱ編　翻　訳

勧告2：『各地方裁判所の改革プランのなかに事件の追跡調査または事件に応じた事件管理のシステムを導入すること。』

　すべてのプランの必須項目として事件管理のシステムが勧告されている。このシステムの下では，すでに多くの州裁判所では実施されているが，連邦裁判所は，単純な事件，複雑な事件，特別な事件の3つに事件を分類し，それぞれに対して開示手続やトライアルに割り当てる時間を決める。各地方裁判所によって，分類の仕方は異なることもあろうが，基本的な考え方は，単純な事件ないし迅速に処理しなければならない事件のための審理方式，複雑な事件のための審理方式，そして，このどちらにも当てはまらない特別な事件のための審理方式を提供することである。それぞれの審理方式は相互に関連する2つの手続を実現するものでなければならない。すなわち，早期の確定したトライアル期日を決め，開示手続に時間的制限を課すことである。迅速な審理方式による事件については，より短い開示手続の時間割り当ておよび短い期間のトライアル期日を決めることになる。複雑な事件については，開示手続およびトライアル期日について，より長い期間を設定することになろう[28]。

勧告3：『すべての複雑でない事件の審理を開始する時点において，早期かつ確定したトライアル期日を決める事件管理システムを各地方裁判所に要求する。』

　早期かつ確定したトライアル期日を決めるための手続は，ハリス調査の回答者の圧倒的多数によって重要かつ必要な改革と評価されている。早期かつ確定したトライアル期日の策定は，和解の可能性を劇的に増大させることによって司法財源を節約でき，トライアル期日が変更されることによって事件や証人の準備のやり直しにかかる費用を省くことによって当事者の出費を減らし，さらには，弁護士のスケジュールを予測できることによって，弁護士がより有効に時間を使えるようになる。複雑でない事件のためのトライアル期日は，訴訟の早期の段階，すなわち，訴状に対する最初の書面が提出された後の45日以内に開かれる必要的スケジューリング・カンファランスにおいて決定されること

----

(28) Id. at 14; S. Rep. No. 416, 101st Cong., 2nd Sess. (1990), reprinted in 1990 U.S.C.C. A.N. 6802, 6828.

184

2 R. H. バッティー＝P. S. スウェッドランド『民事司法改革法の制定過程の分析』

になる。複雑な事件については，必要的スケジューリング・カンファランスにおいて，開示手続の終結期限および訴訟を終了させる申立てに関する裁判所の決定期限を定める[29]。

勧告4：『各地方裁判所の事件管理システムにおいては，開示手続の終結期限を定めなければならない。』

　予定するトライアル期日を確定するだけでなく，裁判所は，開示手続の終結期限のためのガイドラインを設定するべきである。単純な事件については，当事者のニーズによって異なることはあるものの，開示手続の期間は50日から200日であろう。複雑な事件については，より長い開示期間が必要とされるであろう。調査チームは，開示手続は段階を設定すべきと勧告している。最初の段階では，開示手続は，事件を現実的に評価するために必要な情報を引き出すことに限定すべきである。事件がこの時点で終結しないときは，第二段階として，より詳細な開示手続が始まる。このようなやり方は，現在，カリフォルニア州の北部地区で行われているが，第二段階の詳細な開示手続をするまでもなく，多くの事件は処理されているので，開示手続のコストは大幅に削減されている[30]。

勧告5：『各地区のプランにおいて，トライアル期日および開示手続の期限を延期するための例外は，きわめて限定的な場合にのみ許される。』

　調査チームは，期間の延長を認めることに対して制限的な基準を設定することを勧告している。この厳格な基準の下では，開示手続の期間およびトライアル期日の延長は，相当な理由の証明（a showing of good cause）に基づいてのみ許されることになる[31]。

勧告6：『各地方裁判所のプランには，訴訟を終了させる申立てに対する決定のための手続を規定すること。』

---

(29) Id. at 17.
(30) Id. at 19.
(31) Id. at 21.

第Ⅱ編　翻　訳

　調査チームは，サマリ・ジャッジメント，その他の訴訟を終了させる申立てを決定するための予定を定めることを勧告している[32]。

勧告7：『各地方裁判所のプランの中に，単純な事件を除く事件のすべてについて，中立的な評価の手続，および，必要的スケジューリング・カンファランスまたは事件管理のカンファランスを訴訟の始めに開くことを規定すること。』

　訴訟の始めに，単純な事件は除いて，当事者は，地域の法曹から裁判所が選任した中立の代表者とカンファランスを開き，ADR（裁判外紛争処理手続）によって事件を解決することが適切かつ望ましいか否かについて評価し，また訴訟の早い段階で争点を整理し，開示手続をコントロールするための打ち合わせをしなければならないとすべきである。もし中立的な評価の手続によって，事件が何らかの形の裁判外紛争処理に委ねられる結果にならなかったときは，裁判所は，訴訟の早い時期に，必要的スケジューリング・カンファランスを開いて事件に関与すべきである。このヒアリングにおいて，審理方式の割り当て，開示手続のスケジュール，申立ての提出期限，および，トライアル期日を決定し，その他の問題点を解決しなければならない[33]。

勧告8：『和解カンファランスにおいては，和解を締結する権限を持つ当事者が出席するかまたは，電話に出られる状態にすべきこと。』

　和解によって事件を解決するときは，和解カンファランスに和解を締結する権限を持った当事者が出席または電話に応じることを要求することによって，和解は促進されるであろう[34]。

勧告9：『送達期限を現在の120日から60日へ短縮すること。』

　送達期限を120日とする現在の期限は不当に長すぎる。60日の期限が適切であると考えられる[35]。

---

(32) Id. at 22.
(33) Id. at 23.
(34) Id. at 25.
(35) Id. at 27.

2 R. H. バッティー＝ P. S. スウェッドランド『民事司法改革法の制定過程の分析』

勧告10：『各地方裁判所のプランに，係属中の未決の申立て事件処理の状況を
定期的に公表すること。』

　各地方裁判所に係属する未決の申立てについて四半期ごとに公表することに
よって，裁判所の説明責任を向上することができる。未処理の事件を抱えてい
る裁判官は，公表によって，事件表を絶えず最新にしておくことができるであ
ろう[36]。

勧告11：『各地方裁判所のプランに，正規の裁判官が行うのが最善である仕事
をマジストレイトに行わせないようにすること。』

　地方裁判所は，裁判の核心的な仕事をマジストレイトにさせないことによっ
て，仕事の重複を避けるべきである[37]。

勧告12：『各地方裁判所のプランに，事件表の民事事件を減少させ，輻輳を防
ぐための仕組みを導入すること。』

　地方裁判所における事件滞留の問題を分析し，そして，未決事件を減少する
ためのプログラムを策定すべきである[38]。

C　連邦裁判所調査委員会の報告書

　バイデン上院議員が民事司法改革を検討するためにブルッキングス研究所に
要請したのと同じ頃に，議会は，「連邦裁判所が現在直面する問題を検証する
ために」，また，「連邦裁判所の将来のための長期計画を作成するため」に連邦
裁判所調査委員会を立ち上げた[39]。この委員会は議員，裁判官および弁護士
で構成されていた。この委員会は，連邦裁判所の包括的な検証，とりわけ，民
事司法改革の問題を検証することを任務としていた。

　委員会の目的は，急速に事件が増加し，また，すでに多くの未処理事件を抱

---

(36) Id. at 27.
(37) Id. at 28.
(38) Id. at 29.
(39) Pub. L. No. 100-702, 100th Cong., 2ⁿᵈ Sess. (1988), reprinted in 1988 U.S.C.C.A. N.
　　4644.

第Ⅱ編 翻 訳

えている連邦民事裁判制度を崩壊の危機から救い出し，また，民事裁判制度を最も必要とする人々にアクセスを保障するという問題に対処し，改善策を提供することであった[40]。公聴会や多くの人々からのコメントを含め，15か月の調査の後，委員会は，治安判事裁判所から最高裁判所にいたるまでの連邦裁判所の改善のための多くの勧告を記載した報告書を公表した[41]。

委員会の報告書によれば，民事事件の爆発的増加はこの10年間で生じたことである。委員会の任務は，連邦裁判所制度全体についての包括的な検証を行うことであるので，民事事件の輻輳に対処するための勧告は，当然のことながら，手続の改善というよりも，組織的・構造的な問題に焦点が当てられている。民事司法改革に関する委員会の勧告は次の通りである。

1 委員会は，特定の具体的なプログラムを列挙することはなく，ブルッキングス調査チームの報告書に記載された裁判官による事件管理の考え方に賛同し，いくつかの連邦地方裁判所での成功例を引用している。各地方裁判所にはそれぞれ独自のやり方があるので，委員会は，すべての連邦裁判所に統一的な事件管理のシステムを押し付けることには慎重であった。このような姿勢はブルッキングス報告書でも指摘されていた。すなわち，意味のある裁判制度の改革は，議会によって一方的に押し付けられるものではなく，裁判所の内部から始められなければならない[42]。

2 連邦裁判所の事件表における事件の輻輳は麻薬事件の増加によるものであると認識して，委員会は，連邦検察官に対して，州裁判所で審理できる麻薬事件については，連邦裁判所ではなく，州裁判所に提起すべきことを勧告した。議会は，州に対する麻薬事件の訴追のための予算を追加し，州の麻薬事件の訴追を援助すべきである[43]。

3 議会は，また，裁判官の欠員が事件表の輻輳の原因であるとして，新しい裁判官の任命および司法予算の拡充を勧告した[44]。

---

(40) Report of the Federal Courts Study Commission, Issued April 2, 1990, at 3-25.

(41) Id. part Ⅱ at 29.

(42) Id. at 99; S. Rep. No. 416, 101st Cong., 2nd Sess. (1990), reprinted in 1990 U.S.C.C. A:N, 6802, 6817-19.

(43) Id. at 35-38.

(44) Id. at 35-36, 160.

2 R. H. バッティー＝P. S. スウェッドランド『民事司法改革法の制定過程の分析』

4 議会には，民事事件の処理の方法として，連邦裁判所が裁判外紛争解決方法を活用できるための法律上の権限を広く認めることが求められている。議会は，連邦裁判所が調停，仲裁その他の裁判外紛争処理のプログラムを活用することを認めるべきである。この勧告は，中立的な評価の手続および裁判外紛争処理に関する連邦裁判所の権限の拡充を勧告するブルッキングス報告書の勧告7と重なる[45]。

5 委員会は，議会が法律によって新しい連邦法上の訴訟原因を作るべきか，また，そのような法律の効果を評価するための部局を司法部に設置すべきか否かの検討を始めた。この新たに設置される部局は，法案に対するコメントを提出するだけでなく，立法の結果によって必要とされる追加的司法予算を予測し，また，不必要な立法がなされることがないように法案の策定過程の不備を検証する[46]。

6 委員会は，量刑のガイドラインは刑罰を歪め，連邦裁判所の刑事裁判を阻害する原因になるとして，量刑ガイドラインの廃止の検討を始めた[47]。

7 議会と最高裁判所は，各巡回区によって連邦法の解釈が矛盾することを減少させるために，特別の中立的な巡回裁判所に巡回裁判所間の矛盾する判決を審査させ，すべての裁判所を拘束するような矛盾を解消する判断を提出するようにさせるべきである[48]。

8 議会は，州籍相違事件の連邦管轄権を制限すべきである。議会は，この方向に一歩踏み出し，州籍相違事件の訴額は1万ドルから5万ドルへ引き上げられた（ちなみに，現在は7万5000ドル）。議会は，また，現在の州の労働者災害補償法は連邦法よりも手厚い保護を提供していることを理由に，州をまたがる輸送に従事する一定の労働者に対して救済を与えている連邦法の廃止を勧告している[49]。

9 委員会は，さらに，連邦事実審裁判所の一般管轄から税金の事件や疾病者

---

(45) Id. at 82-86.

(46) Id. at 89-91.

(47) Id. at 135-139.

(48) Id. at 126-129.

(49) Id. at 38-45.

第Ⅱ編　翻　訳

の事件などの特別の訴訟原因を取り除き，このような事件について特別な管
轄権をもつ裁判所に移すことを勧告している。このような提案によって，連
邦裁判所の事件負担は軽減され，特別な分野における法の統一が形成され，
結果として，法の矛盾は解消されるであろう[50]。

2　1990 年の民事司法改革法

　ブルッキングス研究所の報告書，ハリス委員会の報告書および連邦裁判所調
査委員会の報告書と並んで，アメリカ法曹協会（ABA）の報告書，合衆国裁判
所運営事務局の報告書，その他の法律諸団体の報告書が出され，議会は，法案
作成のための事実資料や理論の提供を受けた。1990 年 1 月，上院司法委員会
の議長であったジョゼフ・バイデン上院議員は，幹部議員の同意を得て，民事
司法改革法，すなわち，上院法案 S. 2027 を提出した。
　S. 2027 は，ブルッキングス報告書の勧告の多くを採用した。法案では，各
地方裁判所は，各地方の法曹によって構成されたパネルの勧告に基づいて，1
年以内に事件管理のシステムを策定し実行に移すことが求められている。自ら
の独自の計画を立案できなかった地方はジュディシャル・カンファランスが課
すモデル・プランに従うことになる。各地方裁判所の計画には，少なくとも 3
つの審理方式を用意しなければならない。どの審理方式に割り当てるかについ
ては，当事者の意見を聞いて，裁判所のクラークが決定する。どの審理方式に
するかについて意見が対立するときは，裁判官が 30 日以内にこの問題に決着
をつけなければならない。
　それぞれの審理方式について，事件管理のプランには開示手続終結の一応の
期限を定め，また，裁判官には早期の確定したトライアル期日を設定すること
が求められている。訴状に対する最初の回答書面が提出された後 45 日以内に，
裁判官が介在する早期のカンファランスが開催されなければならない。このカ
ンファランスにおいて，裁判官は，確定した開示手続のスケジュール，トライ
アル前の申立てを提出する期日，およびトライアル期日を決定する。各地方裁

---

(50) Id. at 62-62, 69-72.

190

2 R. H. バッティー＝P. S. スウェッドランド『民事司法改革法の制定過程の分析』

判所の計画は，調停，仲裁，サマリ・トライアルおよび中立的評価等の裁判外紛争処理の機会を当事者に提供するものでなければならない。各地方裁判所は，未処理事件の一覧表を作成し，また，四半期ごとに，30日以上係属している申立ての数，出されたオピニオンの数，および，裁判官によって審理された事件や陪審によって審理された事件の数など，各裁判官の事件負担に関する報告書を発行しなければならない[51]。

民事裁判の費用や遅延を軽減するためのバイデン上院議員の提案は，原則論としては，一般に支持を受けたものの，その方策については，直ちに弁護士界や裁判官から批判を受けた。とりわけ，強制的な事件管理のシステムを，それぞれの地方に適合するか否かに注意を払うことなく，広範囲に厳しく押し付けることには反対が集中した。ジュディシャル・カンファランス，アメリカ法曹協会，連邦弁護士協会（Federal Bar Association）その他の団体は，S. 2027は柔軟性なく裁判所を縛りつけるとして，反対を表明した[52]。

その後，法曹の代表と司法委員会のスタッフ・メンバーとの間で交渉と妥結がなされ，1990年の5月には改正法案が提出された。

この改正された民事司法改革法は，より包括的な法案の第1章（Title I）として採用され，1990年の司法改革法（Judicial Improvements Act），S. 2648の中に盛り込まれた。司法改革法の2章と3章には，新しく85の連邦判事職の増員と連邦裁判所調査委員会による勧告の実現策が規定された。民事司法改革法は，司法経済に対して手続上および組織上の阻害要因を改革することによって，連邦民事訴訟の費用や遅延の削減を実現することを目指している。これを実現するプロセスとして，それぞれの地方裁判所は地域の法曹から選出された者で構成される諮問グループを組織し，そして，もし必要ならば，それぞれの裁判所に費用や遅延を削減するためのプランを立案する裁判所のスタッフを選任すべきである。改正された民事司法改革法から削除されたものとしては，地方裁判所の費用や遅延を削減するプランの内容に関する強制的な規定がある。94の地方裁判所のそれぞれは計画を実現しなければならないが，ブルッキングス報告書で採用された特定の事件管理の方式に従わなければならないのは

---

(51) "Judges Bristle at Biden's Civil Reform Plan," *Legal Times*, March 5, 1990, at 19.

(52) "Biden, Judges Negotiate Civil Reform," *Legal Times*, May 14, 1990, at 7.

第Ⅱ編　翻　訳

10の試験的な地方裁判所だけである[53]。

　10の試験的な地区では，効果的な事件管理の施策を研究する4年間のプログラムを実施する[54]。これらの地区のうち，5つの地区は人口の多い都市部であり，裁判所は，1991年12月31日までに，事件管理の包括的な施策を実施しなければならない。これらの計画は3年間は継続して行われ，その後は，費用と遅延を削減するのに効果のなかった施策は計画から外される。3年間の期間後に，試験的なプランを行った地区と残りの地区のプランとの間の効率性を比較する調査が行われ，ジュディシャル・カンファランスはその結果を使用して全地域に適用される新しい事件管理のルールを作ることになっている[55]。

　議会は，ガイドラインと勧告を提供したものの，84の試験的プログラムを行わなかった地区については費用と遅延の削減プランについて特定の内容を示すことはなかった。それぞれの裁判所は，諮問グループの報告を検討した上で，その地域のニーズと状況に合わせた独自のプランを立てることが許されている。裁判所，弁護士および訴訟当事者が地域のプランを作るために果たす積極的な役割の故に，プランには，民事訴訟の費用と遅延を削減するために，法曹全体の取り組みが反映されることが期待されている[56]。地域のプランを策定するに当たっては，議会は，それぞれの地方裁判所に対して6つの訴訟管理の方式や費用と遅延の削減について考慮を払うことを要求しなかった。これら6つの方式はブルッキングス研究所が提出した勧告の中で中心を占めていたものである[57]。

---

(53) "Attacking Court Costs and Delay," ABA Journal, March 1991, Vol. 77, at 98.

(54) 以下の地方裁判所が民事司法改革法の試験的地方裁判所となっている。Southern District of California; District of Delaware; Northern District of Georgia; Southern District of New York; Western District of Oklahoma; Eastern District of Pennsylvania; Western District of Tennessee; Southern District of Texas; District of Utah; Eastern District of Wisconsin.

(55) "Implementation of the Civil Justice Reform Act of 1990," Federal Judicial Center, January 16, 1991, at 2; "Attacking Court Costs and Delay," ABA Journal, March 1991, Vol 77, at 98.

(56) "Implementation of the Civil Justice Reform Act of 1990," Federal Judicial Center, January 16, 1991, at 11.

2 R. H. バッティー＝P. S. スウェッドランド『民事司法改革法の制定過程の分析』

A 差別化された事件管理

それぞれのプランには，事件の複雑さ，トライアルまでにかかる合理的な準備の期間，および，事件の準備や処理に必要とされるその他のリソースに基づいた個性的で具体的な事件管理ができるような，組織的な差別化された事件管理の方式が取り入れられるべきである。ハリス調査の結果は，積極的な事件管理者としての連邦判事の役割の増大に対して圧倒的な支持があることを示している。回答した法曹の90％近くがこのような考え方を支持している[58]。差別化された事件管理の下では，複雑な事件である場合または係属中の刑事事件が優先される場合を除いて，訴状の提出から18か月以内に終結されなければならない[59]。S. 2648 に関する上院の報告書は次の通りである。

『差別化された事件管理のシステムは，次の3つの核となる要素の組み合わせで成り立っている。第1は，「事件志向」であり，それぞれの訴訟における事件が訴訟の進め方を決定する重要な基準としてみなされる。第2は，いっそうの予測可能性を高めるために，事件とその審理の方式の決定の間隔を調整できるようにすることである。第3は，事件は大雑把な枠組みによって分類されるものの，それぞれの事件は独自の存在であることを認識しなければならない。したがって，手続は各事件の特徴に合わせたものでなければならない[60]。』

事件管理の技法は，訴訟の開始後まもなく開催される事件管理カンファランスを通して決定されなければならない。カンファランスの前に，弁護士は，打ち合わせをした上で，特定の事件のニーズに合った事件管理のプランを準備し，提出することができる。このプランには，訴訟で審理される事件，および，事件管理の諸側面を検討するために必要と予定される時間を記載する。この事件管理プラン，および，このプランに対する異議は，カンファランスにおいて裁

---

(57) Cong. Rec. S 17575 (daily ed. October 27, 1990). (statements of Sen. Biden, Sen. Thurmond); "Implementation of the Civil Justice Reform Act of 1990," Federal Judicial Center, January 16, 1991, at 12.

(58) Procedural Reform of the Civil Justice System, A Study Conducted for the Foundation for Change, Louis Harris and Associates, New York, NY, 1989 at 54.

(59) "Implementation of the Civil Justice Reform Act of 1990." Federal Judicial Center, January 16, 1991, at 13.

(60) S. Rep. No. 416, 101st Cong, 2nd Sess. (1990), reprinted in 1990 U.S.C.C.A.N. 6802, 6827.

第Ⅱ編　翻　訳

判所が検討し，事件管理命令に盛り込まれる[61]。

B　裁判官による早期の関与

　事件の進行状況を把握するために，裁判官がプリトライアル手続の早期の段階で，かつ，継続して事件に関与することが求められている。同時に，訴訟当事者とカンファランスを開き，早期に確定的なトライアル期日を設定することも求められている。多くの裁判官は，経験によって，事件の早期の関与の必要性を認識している。これを行わないと，事件は漂流し，弁護士の都合で解決されることになる。裁判所による早期の関与は事件管理カンファランスのときに始まる可能性が最も高い。カンファランスには，2つの段階がある。カンファランスの第一段階では，訴訟当事者と弁護士が会うだけである。弁護士は，事件管理プランの準備の中で示したカンファランスの協議事項の各項目について書面で検討し，また，合意された事項および合意されなかった事項を書面に記載する。

　カンファランスの第二段階は事件管理プランを完成させる目的で裁判官が主催する。完成されたプランには，①争点の整理と明確化，②無駄な争点を除外するための事実上および法律上の合意，③訂正された訴答書面，申立て，ヒアリング，開示手続の予定された期限，および，開示手続管理のスケジュール，④早期で確定したトライアルの期日，⑤和解交渉を始める可能性があるか否か，事件をマジストレイトに付託すべきか否か，事件を裁判外紛争処理に委ねるべきか否かの検討，⑥開示手続継続の制限，⑦その他適切と思われる事項[62]が含まれている。

C　早期の確定したトライアル期日

　早期の確定したトライアル期日は，トライアルの準備の重複を防ぐことによって，費用を削減することができ，また，より積極的な審理計画によって遅延を削減することができる。アメリカの民事訴訟は当事者主義的構造であり，

---

(61) "Implementation of the Civil Justice Reform Act of 1990," Federal Judicial Center, January 16, 1991, at 13.

(62) Id. at 14.

2 R. H. バッティー＝P. S. スウェッドランド『民事司法改革法の制定過程の分析』

当事者の一方あるいは双方が訴訟の迅速な進行に積極的でないことはよくあることである。たとえば，被告はおそらく決して事件がトライアルまで行くことを望まないであろうし，また，原告の弁護士のスケジュールに合わせたような訴訟の遅延または延期に被告が同意することはないであろう。ある実務家が言っているように，『もしトライアルの期日が設定されていなければ，当事者が和解を進める状況も全く生じないであろう』[63]。

D　開示手続のコントロール

行き過ぎた開示手続の費用が，民事裁判の高い費用の最大の要因となっていると考えられている。民事訴訟は，それぞれの当事者が相手方を打ち負かすまで開示手続を続けるという消耗戦になっている[64]。事件管理プランでは，自発的な情報の交換，開示手続のスケジュール管理，段階的な開示手続，ディスカヴァリの前のディスクロージャー，開示手続における法令順守の強化等によって，効率的な開示手続を推進すべきである。

ディスカヴァリの前に行うディスクロージャーでは，当事者に対して相手方に以下のものを提出することを要求する。①請求または防御についての開示可能な実質的情報を持っていると考えられるすべての者の身元，②請求または防御と実質的に関連のあると合理的に考えられるすべての文書の，所在場所も含めた，情報，③請求されている損害額の算定，④判決をカヴァーするような保険契約の内容，⑤トライアルに召喚される可能性のある専門家の報告書の写し。

弁護士は，事件管理プランの一部として，開示手続の計画を提出し，開示を強制する申立てをする前に，開示手続に関する紛争を当事者同士で解決することを試みる[65]。

段階的なディスカヴァリは，開示手続を少なくとも二つの段階に分ける。開示手続の第一段階は，事件の現実的な評価に必要な情報を引き出すことに限定

---

(63) "Judges Bristle at Biden's Civil Justice Plan," Legal Times, March 5, 1990, at 19.

(64) Procedural Reform of the Civil Justice System, A Study Conducted for the Foundation for Change, Louis Harris and Associates, New York, NY, 1989 at 26; S. Rep. No. 416, 101st Cong. 2nd Sess. (1990), reprinted in 1990 U.S.C.C.A.N. 6802, 6823-24.

(65) "Implementation of the Civil Justice Reform Act of 1990," Federal Judicial Center, January 16, 1991, at 16.

第Ⅱ編　翻　　訳

されている。事件がこの段階で終了しないときは、開示手続の第二段階に進む。この段階では、事件をトライアルに付す準備をするために十分な開示が認められる。最初の開示手続を限定することによって、弁護士と依頼人は、費用のかさむ第二段階に進む前に、事件の内容について、より正しく評価でき、また、和解によって目に見える時間や費用を削減することができる[66]。

E　申立て実務のコントロール

申立ての提出や申立てに対する決定についての期限を設定することは、とりわけ、訴訟を終了させる申立てについては、事件管理の重要な機能である。意味のある和解交渉は、訴訟を終了させる申立てに対する決定がなされていなければ、開始できない。訴訟を終了させる申立ての決定に期限を設けることは開示手続が機能することに役立つ。というのは、現在の制度における無駄の原因は、申立てによって訴訟が解決すると、争点について開示手続を行った費用が無用になってしまうことである[67]。事件管理プランには、申立ての提出のスケジュールを盛り込むことになろう。提出される各申立てには、当事者は協議を行い、誠実に解決しようとしたことを証明する弁護士の書面を添付しなければならない[68]。

F　裁判外紛争処理

たとえば、サマリ・トライアル、調停、ミニ・トライアル、早期の中立評価等の適切な裁判が紛争処理に付する権限を検討すべきである。民事司法改革法は、94 のすべての地方裁判所の諮問グループの報告書の完成期限を 1991 年 12 月 31 日としている。3 つの試験的な地方裁判所はすでに諮問グループの報告書を公表している。

---

(66) S. Rep. No. 416, 101st Cong. 2nd Sess. (1990), reprinted in 1990 U.S.C.C.A.N. 6802, 6825-26.

(67) S. Rep. No. 416, 101st Cong. 2nd Sess. (1990), reprinted in 1990 U.S.C.C.A.N. 6802, 6830.

(68) "Implementation of the Civil Justice Reform Act of 1990," Federal Judicial Center, January 16, 1991, at 17.

2 R. H. バッティー＝P. S. スウェッドランド『民事司法改革法の制定過程の分析』

3 結　語

　立法による民事司法改革を試みるに当って，議員はそれぞれの選挙区で聞かれる心情を反映したに過ぎない。すなわち，①アメリカ合衆国の民事裁判は長すぎるとか，②民事裁判には金がかかりすぎる，である。バイデン上院議員は，民事司法改革法案の提出に当って次のように述べている。『この法律が提示する期間内に，いずれかの事態が生じるであろう。一つは，議会がこの法律に盛り込んだ訴訟管理と費用・遅延のための６つの審理の方式が全国の地方裁判所の一部となるか，あるいは，二つとして，より優れていると評価された何か別のプログラムに置き換えられることである。いずれにせよ，事態は改善されるであろう。』[70]。

　このようなシステムは，自由な社会に適う最善の制度であるというのが，裁判官，弁護士，議員，そして，市民全体の一般的な心情である。民事司法改革法を制定することによって，長い目で見れば，裁判所，弁護士，そして，訴訟当事者が費用と遅延の二重の問題に立ち向かうための一連の施策を始動させたと言えるであろう。結論として，この改革は，アメリカの市民が個人や財産上の権利を享受する自由に資するものとなるであろう。

訳者あとがき

　アイオワ州南部地区連邦地方裁判所のハロルド・ヴィエーター所長判事（当時）を通して，バッティー判事に本稿の執筆を依頼したのは，1990 年の民事司法改革法が成立して間もないころのことであった。その頃は，わが国でも民事訴訟法の全面改正の作業が開始されたばかりであり，アメリカの民事裁判改革の動きを紹介することはきわめて有益であると思われた。バッティー判事からはまもなく原稿を頂き，直ちに翻訳をしていれば，後掲の参考文献より早く，

---

(69) "Implementation of the Civil Justice Reform Act of 1990," Federal Judicial Center, January 16, 1991, at 17.

(70) Cong. Rec. S 17575 (daily ed. October 27, 1990) (statement of Sen. Biden).

第Ⅱ編　翻　訳

最初にアメリカの民事司法改革法の動きを伝える文献になったはずである。い
くつかの理由によって翻訳の時機を逸してしまったことは，バッティー判事に
大変申し訳なく思っている。現在では，後掲の文献等があり，民事司法改革法
のその後の成果等については，それらの文献を参照していただければ幸いであ
る。しかしながら，連邦判事の視点から，民事司法改革法の成立までの背景や
経緯を日本人読者のために分かりやすく書かれた本稿の内容は現在でも有益で
あるので，訳出するに至った次第である。

[参考文献]
　民事司法改革法については，以下の文献がある。併せて参照されたい。
① 古閑裕二「アメリカ合衆国における民事司法改革（上）—— Civil Justice Re-
　form Act of 1990 を中心にして」法曹時報 45 巻 11 号 1～40 頁（1993）
② 古閑裕二「アメリカ合衆国における民事司法改革（下）—— Civil Justice Re-
　form Act of 1990 を中心にして」法曹時報 45 巻 12 号 1～55 頁（1993）
③ 稲葉一人「アメリカ連邦地方裁判所による民事司法改革の展開と実施の方向
　（上）—— 1994 年の 12 月 1 日付けの議会への報告書を中心に」判例時報 1522
　号 12～21 頁（1995）
④ 稲葉一人「アメリカ連邦地方裁判所による民事司法改革の展開と実施の方向
　（下）—— 1994 年の 12 月 1 日付けの議会への報告書を中心に」判例時報 1523
　号 p17～28 頁（1995）
⑤ 小松良正「アメリカ合衆国における民事司法改革法の評価〈研究ノート〉」国
　土舘法学 30 号 129～183 頁（1997）
⑥ 大村雅彦「アメリカ民事司法の現状と改革の動向 —— 民事司法改革法（1990
　年）を中心として」大村雅彦『比較民事司法研究』（2013）125～179 頁所収
⑦ 大村雅彦「アメリカ民事司法改革の最近の動向」大村雅彦『比較民事司法研
　究』（2013）180～183 頁所収

3 アメリカ民事訴訟における
法廷地選択条項の効力

モリス・S. アーノルド

はじめに

おそらく過去 20 年間におけるアメリカ法の歴史の特色となっている訴訟の
爆発的増加のゆえに，今日では，他人と契約を締結しようとする者が，契約の
中に，当事者間に将来発生する可能性のある訴訟に関連する条項を組み入れる
ことはきわめて一般的になっている。このような条項は，契約から生ずる紛争
の解決にあたってどこの州の法律が適用されるのかを取り決める形をとること
が多い。近年，このような条項が判例において顕著になっており，これは，こ
のような条項が契約においてますます多く利用されていることを示している。
これらは，いわゆる法廷地選択条項と呼ばれるものであり，契約関係から生ず
るすべての紛争について一定の裁判所を専属的な法廷地（venue）とする条項
である。本稿ではこのような条項について検討する。

1   従来のルール

裁判所は，長い間，私的な当事者は合意によって管轄権（jurisdiction）を作
り出すことはできないと判示してきた。この明快な法理は，裁判所は法律に
よって創設されたものであるので，法律によって裁判所に与えられていない管
轄権を行使することはできないという単純な前提に基づいていた。この前提を
争う弁護士はいなかった。しかしながら，長年にわたって，多くの裁判所は，
これよりもはるかに議論の余地のある前提，すなわち，紛争解決のための専属
的法廷地についての当事者の合意には効力が認められないという前提に立って
いた。これらの裁判所がこのような結果をとった根拠は，そのような合意は，
当事者が管轄権のない裁判所に管轄権を付与しようと試みる状況の裏返しにす

199

第II編 翻 訳

ぎないというものであった[1]。しかし，このような類推はきわめて不完全で
あり，説得力に欠けるものであった。当事者が裁判所から管轄権を取り上げる
ことができないことは明白である。しかし，契約の中で指定されていない裁判
所には提訴してはならないとする契約をなぜ裁判所が執行すべきでないのかと
いう問題は上記の原則とは関係ない。このような条項は裁判所から何も奪うこ
とはない。すなわち，裁判所の管轄権は何らの影響も受けないのであり，この
ような条項の執行を求める当事者は，契約の効力を認めてもらった上で，裁判
所にその管轄権の行使を求めているにすぎないのである。一般論として，この
ような契約条項の執行を禁ずる理由は何もない。

2　近時の動向

現在でも，従来の熟慮を欠いたルールを頑なに守り，法廷地選択条項の執行
をまったく認めない地域は少なくないものの，合衆国最高裁判所は，連邦裁判
所においては，少なくとも連邦問題の事件については，従来のルールを採用し
ないことを明らかにした。Bremen v. Zapata Off-Shore Co. 407 U.S. 1 (1972)
事件において，最高裁判所は，「すべての紛争はロンドンの裁判所で処理され
る」ことを規定した法廷地選択条項に直面した。最高裁判所は，条項が「詐欺，
不当威圧または交渉力の隔絶」が存在する状況の中で作成されたというような
特段の事情がないかぎりは，そのような条項は「当事者によって尊重されるべ
きであり，裁判所によって執行されるべきである」と判示した。Id. at 12. 最
高裁判所は，このような結論を引き出すにあたって，「契約の自由という古典
的な概念」にふれ，また，「国際的な取引，貿易，契約における不可欠の要
素」として訴訟がどこで提起されるかについての不確実性を排除する必要に言
及した。Id. at 11, 13-14. 最高裁判所は，また，Restatement (Second) of Con-
flict of Laws §80 (1971) が採用した「法廷地選択事項は，不当または不合理
でないかぎり，効力を認められる」との原則にも好意的に言及している。おも
しろいことに，最高裁判所は，ブレーメン判決の結論は，National Equipment

---

(1)　一般に，Annot.,"Validity of Contractual Provision Limiting Place or Court in Which
Action May be Brought,"31 A.L.R. 4th 404 (1984) 参照。

200

Rental, Ltd. v. Szukhert, 375 U.S. 311（1964）事件において同裁判所が承認した前提の裏面にすぎないと述べている。この事件において，最高裁判所は，連邦裁判所については，ある地域において送達を受けることができない当事者が，その地域において送達を受けるための「代理人」を契約で指定することによって，有効に応訴することができると判示した。Id. at 10-11. 言い換えれば，ある地域において，応訴に合意することができるのであれば，その地域において，提訴しないことまたは応訴しないことを契約することもできるということである。

　Scherk v. Alberto-Culver Co., 417 U.S. 506（1974）事件において，最高裁判所は，再び，法廷地選択条項の問題に直面し，その執行を力強く確認し，「あらかじめ紛争が持ち込まれる裁判所を指定する契約の条項は，すべての国際的商取引にとって必須である予測可能性や規則正しさ（orderliness）の達成のための不可欠な前提である」と判示した。Id. at 516. さらに，最高裁判所は，「そのような条項は，契約の対象となった紛争が当事者の一方の利益に反する裁判所または当該紛争に慣れていない裁判所に持ち込まれる危険を回避させる」とまで判示した。

3　将来の課題

　ブレーメン判決が出たことによって，最近の判例には，法廷地選択条項を有効とする傾向がみられる。多くの裁判所は，上記の Restatement（Second）of Conflict of Laws§80 で用いられた表現，すなわち，条項は「不当または不合理でないかぎり」有効であるとの基準を採用している。この基準は，合意の執行をまったく認めないことに比べれば進歩しているものの，この基準はあまりにも幅が広いので，裁判所に具体的な指針をほとんど示していない点が問題となっている。そのために，法廷地選択条項について交渉する当事者は，合意が有効と認められるか否かを正確に予測するができない状態におかれている。

　第九巡回区控訴裁判所の最近の判例は，リステイトメントの基準の適用には困難が伴うことを議論するための格好の素材を提供している。Shute v. Carnival Cruise Lines, 897 F. 2d 377（9th Cir., 1990）は，客船の乗客が船会社に対して

第Ⅱ編　翻　訳

転倒事故によって受けた傷害の損害賠償を求めた事件であった。原告は，被告に過失があったとして，ワシントン州西部地区の連邦地方裁判所に提訴した。しかし，原告が購入したチケットには，「本契約に基づいてまたは関連して生じた紛争または問題のすべては，裁判で争われる場合には，他州または他国の裁判所を排除して，合衆国のフロリダ州の裁判所において裁判する」との条項があった。Id. at 379. 第九巡回区裁判所は，州籍相違事件であるにもかかわらず，まず Manetti-Farrow, Inc. v. Gucci Am., Inc., 858 F. 2d 509, 513（9th Cir. 1988）に依拠して，法廷地選択条項については連邦法が適用されることを宣言した（この点については，Giroir v. MBank Dallas, 676 F. Supp. 915（E.D. Ark. 1987）参照）。それから，裁判所は，法廷地選択条項は執行されるとのブレーメン判決で宣言された一般原則に言及した。しかし，同裁判所は，本件においては，当事者間の交渉力が隔絶しているので，法廷地選択条項は無効であるとして，原告に不利な契約条項の執行を拒否した。Id. at 388. 同裁判所は，「条項が当事者の自由な交渉によって取り決められた証拠はない」とし，また，本件の契約書は〔個々の内容についての変更を許すものではなく〕単に購入者に購入するか否かの選択しか与えない形式のものであったと判示した。さらに，裁判所は，「原告が〔条項〕の文言について交渉しえたことを示す記録は何もない」と判示した。id. at 288-289.

　この判決に対しては批判的な検討が加えられなければならない。同裁判所が依拠した理論は，今日のアメリカの裁判所における契約事件全般にとって新しいものではない。というのは，実際同裁判所が引用したように，同裁判所が採用した基準については数多くの先例が存在したからである。事実，ブレーメン判決の文言がこの判決の模範となったのである。407 U.S. at 12-13 および n. 14（「これは〔原告が〕変更を加える権限のない画一的で詳細な文言で書かれた契約書ではない」）参照。しかしながら，ここで問題とすべきことは，第九巡回区裁判所が適用すべきとした基準は，効用に疑問があり，正義に合致しないことである。

　まず第一に，いずれの当事者がいわゆる交渉力の隔絶を証明する責任を負うのかが問われなければならない。シュート判決では，被告に交渉力の隔絶がないことを証明する責任があるとされた。しかし，この判決は論理的でない。と

3 M. S. アーノルド『アメリカ民事訴訟における法廷地選択条項の効力』

いうのは，原告に突きつけられた契約文言の明白な趣旨を回避したいと望んで
いるのは原告であるからである。しかしながら，より基本的なこととして，
「交渉力の隔絶」という語が正確にどのようなことを意味するのかが問題とさ
れなければならない。この言葉はたしかに20世紀の裁判官をひきつけるもの
であるが，判例においてこの語が定義されたことはない。第九巡回区裁判所は
本当に，何らの証言もないのに，原告は合意文言を変更する権限がなかったと
認定したのであろうか。しかし，反証がないかぎりは，ある程度の代価を払っ
てでもチケットから法廷地選択条項を削除したいと望む者がいると考えるのが
通常であろう。もし，そうであるならば，合意を規制し，また合意の中の条項
の無効を宣言する権限はチケットの代金に反映されていたのであり，そのため
に船会社は交渉する利益を奪われたと裁判所は仮定したことになる。おそらく，
裁判所はたんに代金はある意味で「法外」になると仮定したのであろう。しか
し，そうであるならば，裁判所は，同時に，商品が取引される価格を設定する
権限を仮定したことになる。しかし，このような権限は，とりわけ生活必需品
とは呼べない商品の取引の場合には，裁判所または政府機関が何をなすべきか
についての伝統的概念では正当化されない権限である。多くの人は客船に乗ら
なくなるであろう。

　また，シュート判決では，他の船会社のチケットには法廷地選択条項がない
との証拠は何もなかった。もし存在するならば，シュート事件の原告が合意の
文言を変更する「権限がなかった」と言うのは誤りであることは明白である。
しかし，おそらく，最も基本的なことは，このような原告は，条項に違反する
までもなく，豪華客船に乗ることを止め，そのお金で何か別のレジャーに振り
向ける権限を有することである。シュート判決は，証拠もなく，「原告がチケッ
トに印刷されている文言や条件を審査する機会を有したか否か疑問である」と
述べているが，これが真実だとしても，合意によって生じた義務を無効とする
ことはない。というのは，裁判所は，以前より，契約の当事者は契約を読む義
務があり，また詐欺のないかぎり契約に拘束されると判示してきたからである。

　最後に，チケットの文言が印刷されていたという事実は，シュート判決の
採った見解とは反対に，まったく重要なことではない。契約書が印刷されてい
ることによって，船会社の役員が文言を変更することを渋るとか，担当者が弁

第Ⅱ編　翻　訳

護士に相談することが多くなって，交渉の費用が増加するおそれはある。しかし，これは，チケットの文言の変更ための代金が原告が喜んで支払う金額よりも高くなるかもしれないということを意味するにすぎない。需要と供給のカーブが交わらないという事実は，裁判所が介入する理由とはならないし，人の約束（契約）を守る義務を免除する理由ともならない。船会社が「購入するか否か」の選択しか与えないことについてはさらにその根拠を示すまでもない。というのは，これはまさにシュート事件の原告が船会社に対して言えることだからである。すなわち，何人も法律によって船で外国に行くことを強制されることはないし，また，チケットに法廷地選択条項があるのであれば利用しないと船会社に言って拒否することもできるからである。要するに，客船の所有者は船の乗船について適切であると考える法的条件をつける権利を有するとの法的命題は正しいと考えられるのである。

4　結　　語

　わたくしの考えは上記のごとくであるが，合衆国最高裁判所が将来の事件においてシュート判決の見解を採用する可能性は拒否しえない。残念ながら，現在のアメリカの裁判所ではシュート判決のとった考え方が広まっている。もしそうであれば，法廷地選択条項は，商事事件または当事者双方が知識のある者の事件においては有効であるが，他の事件においては有効であるか否かが明らかでないということになろう。このような事態の結果の一つとして，客船の所有者はチケットの値段をどのようにつけるかについて確信がもてなくなり，また，法廷地選択条項が無効であることを前提として，その分のコストを消費者に転嫁するであろう。これが成功した場合には，乗客は，他の乗客が自らの都合で船会社に生じさせたコストを支払うことになろう。このような形で契約法を二分して，ある当事者にはあるルールを適用し，他の当事者には別のルールを適用するのは，道徳的に問題があるばかりでなく，非能率な不明確性のために会社の利益が損なわれ，また，予知できない価格の転嫁が生ずることになる。

3　M. S. アーノルド『アメリカ民事訴訟における法廷地選択条項の効力』

訳者あとがき

　本論文の成立の経緯は1990年の夏に遡る。旧知のハロルド・ヴィエーター所長判事（アイオワ州南部地区連邦地方裁判所）のお取り計らいによって，同年7月にミズリー州カンザス・シティで開催された第八巡回区ジュディシャル・カンファランスに出席した折に，多くの連邦地方裁判所判事の方々を紹介していただいた。当時は，アメリカ民事訴訟の骨組や個々の理論上の問題については，翻訳書や数多くの論文等を通して，すでにわが国に紹介されていたが，アメリカ民事訴訟の実務が実際にどのように行われているかを具体的にわかりやすく解説したものは少なかった。そこで，アメリカ民訴の基本問題で，かつ，日本の読者にも興味深いと考えられた10の項目を椎橋が選択し，ヴィエーター判事を通して，連邦地方裁判所判事の方々に執筆をお願いした。本論文もその中の一つであり，アーノルド判事からは，翌年には早々と，本論文の原稿を送っていただいた。今日まで公刊が遅れてしまったのは，ひとえに訳者の責任であり，アーノルド判事にはお詫びの言葉もない。その後，本論文では，控訴審の判決を対象に論じていたシュート事件について，合衆国最高裁判所による判決が出されている。CARNIVAL CRUISE LINES, INC. v. SHUTE, 499 U.S. 585. 111 S. Ct. 1522, 113 L. Ed. 2d 622（1991）。この最高裁判決は，控訴審判決を破棄し，法廷地選択条項の効力を認めた。訳者としては，この判決の紹介を中心に，法廷地選択条項をめぐる最近の展開を詳細な補注として付けるつもりであったが，この問題については，近く別稿を発表する予定があるため，ここでは割愛することにした。

4 アメリカ民事訴訟における訴答および関連する申立て

パトリック・A. コンミー

I はじめに

　アメリカ民事訴訟における訴答の目的は，当事者の一方が提出する法理論（legal theories）および相手方当事者が提起する防御の枠組みを提供することにある。連邦民事訴訟規則は，同規則が求めていることをきわめて具体的かつ最も的確に示していることが多いので，以下，その条文を引用しながら，論述する。連邦民事訴訟規則は，「訴訟は訴状の提出によって開始される」と規定する。訴状は，簡潔かつ明解でなければならず，権利を生じさせる事実（event）を通知し（notice），また，当該事件に適用される法理論を通知するものでなければならない。

　理想的な世界では，すべての訴状は，簡潔，明解そして通知の要件を満たすものであろう。しかしながら，理想的な世界では，裁判所に対するニーズはないであろうし，また，訴訟規則が，冗長かつ不明瞭な訴状を訂正するために諸々の方法を規定し，当事者が申立てによってこれらを活用することもないであろう。

　アメリカの民事訴訟法は，形式（form）が内容（substance）よりも重要であった時代に比べれば進歩している。往時の実務においては，すべきこと，および，してはならないことの地雷の埋まった平原を慎重に航行することが要求されており，形式上のミスを犯すだけで権利の回復は永久に失われる結果となったのである。

　しかしながら，現在では，このような形式主義からの脱却が行き過ぎてしまった点もある。すなわち，訴答の記載が十分であるか否かを判断する基準として，裁判所は訴答提出者が提起するすべての法理論を検討しなければならないとされているのである。

第Ⅱ編　翻　訳

　訴答実務における第2の流れは，完全な当事者主義（アドヴァサリ・システム）からの離脱である。かつては，原告の請求を全部否認するのが良い実務であると考えられていた。したがって，原告は，主張のすべてを証明するために証拠を提出しなければならなかったのである。しかし，現在では，訴訟経済および常識によって，「訴状に記載されたすべての主張を全部否認するのではなく」，それぞれの事実主張に対して個別的かつ正確に対応することが要求されているのである。かつては，譲渡抵当権実行手続（譲渡抵当受戻権喪失手続，mortgage foreclosure）や不履行の約束手形（promissory note）に基づく回復訴訟の被告にとっては，抵当権や手形の存在を否認したり，あるいは，自白または否認するための十分な情報を欠くと主張して，原告にこれらについて証明責任を負わせることが一般的であった。百万ドルの手形に署名した者がそのことを覚えていないなどという主張は，依頼者にはおそらく理解し難いことであったであろう。

　現在の実務，少なくとも，連邦裁判所の実務においては，原告の弁護士が訴状を作成するにあたって，また，被告の弁護士が答弁書を準備するにあたっては，事実についてきわめて高度の誠実さが要求されているのである。また，申立ての実務には，事実の自白を強制する申立てがあり，これは現在も利用できるが，20年，30年前と比べれば少なくなっている。連邦民事訴訟規則11条の制裁があるために，真に紛争の対象とはならないような事実の主張はされなくなっている。

Ⅱ　連邦民事訴訟規則の条文（抜粋）

3条　訴訟の開始
　民事訴訟は，訴状を裁判所に提出することにより開始される。

4条　被告召喚（令）状
　（被告に対して訴状が提出されたことを通知する諸々の方法を規定する。）

5条　訴答及びその他の書面の提出と送達

4 P. A. コンミー『アメリカ民事訴訟における訴答および関連する申立て』

（上記の規則4条で規定されている訴状を除く，訴答の提出と通知の要件を規定する。）

6条　期間

（諸々の訴答の準備と交換のための期限を規定する。）

7条　許容される訴答：申立ての形式

（a）　訴答

　許容される訴答は，訴状，答弁書，反訴に対する原告の答弁書，答弁書の中で交差請求が提起された場合の交差請求に対する答弁書，当初は当事者でない者を規則14条の規定によって引き込む場合の第三当事者への訴状，及び，第三当事者への訴状が送達された場合の第三当事者による答弁書である。裁判所が答弁書又は第三者の答弁書に対する書面の提出を命じる場合を除いて，上記以外の訴答は許容されない。

（b）　申立書及びその他の書面

　（1）　裁判所の命令を求めるときは，ヒヤリング又はトライアル中になされる場合を除いて，命令を求める具体的な理由及び求める救済を明示した書面によってなされなければならない。書面性の要件は，申立てに関するヒヤリングの通知書の中に申立てが記載されていれば十分である。

　（2）　訴答の表題及びその他の形式に関する事項に適用される規則は，本規則の規定するすべての申立書及びその他の書面に適用される。

　（3）　すべての申立書には規則11条に基づく署名がなされなければならない。

（c）　妨訴抗弁（Demurrers），答弁（Pleas）等の廃止

　妨訴抗弁，答弁，及び訴答の不十分に対する異議は廃止される。

8条　訴答に関する総則規定

（a）　救済の請求

　救済の請求をする訴答は，本訴請求，反訴請求，交差請求，第三者請求のいずれであるかを問わず，次のように記載しなければならない。

　（1）　裁判所の管轄権の基礎についての簡潔で明解な陳述，ただし，裁判所

第Ⅱ編　翻　訳

がすでに管轄権を有しており，請求が新たな管轄権の基礎を必要としない場合を除く。

　（2）　訴答者が救済を受ける権利があることを示す請求についての簡潔で明解な陳述，及び，

　（3）　訴答者が求める救済を与える判決の申立て。複数の異なるタイプの救済を選択的に申し立てることはできる。

（b）　防御：否認の形式

　当事者は主張された各請求に対する防御を簡潔かつ明解に主張しなければならず，また，相手方当事者の主張を認否しなければならない。当事者の主張が真実であることを確信するに足る情報を持たないときは，当事者はその旨を述べなければならず，これは否認の効果を持つ。否認は，否認される主張の内容に実質的に対応するものでなければならない。訴答者が主張の一部又は適格性のみを誠実に否認するときは，訴答者は主張が真実で重要である部分を特定し，残余の部分のみを否認しなければならない。訴答者が従前の訴答のすべての主張を争うつもりでないときは，訴答者は特定の主張又はパラグラフに限定した否認をすることもできるし，訴答者が明示的に自白する特定の主張を除いて，主張をすべて一般的に否認することもできる。しかし，訴答者が裁判所の管轄権の基礎に関する主張を含め，すべての主張を争うつもりのときは，規則11条に定められた義務に従った一般的否認によって争うこともできる。

（c）　積極的防御

　従前の訴答に対する訴答において，当事者は，代物弁済，仲裁判断，危険の引き受け，寄与過失，破産免責，脅迫，禁反言，約因の減失，詐欺，違法性，共働者による傷害，消滅時効，ライセンス，弁済，免除，既判力，詐欺防止法，出訴制限法，放棄，その他積極的防御又は異議を構成する事項を積極的に記載しなければならない。当事者が誤って防御を反訴としたり，反訴を防御と表示したときは，裁判所は，正義の要請に適うのであれば，適切な表示があったものとして訴答を処理しなければならない。

（d）　否認の懈怠の効果

　訴答における主張に対して応答することが必要とされている主張は，損害額に関する主張を除き，応答の訴答の中で否認されないときは，自白とみなされ

る。訴答における主張に対して応答することが必要とされない又は許されない主張は，否認又は無効を主張されたものとみなす。

(e)　訴答は簡潔で直接的でなければならない；一貫性

　(1)　訴答における各主張は単純，簡潔及び直接的でなければならない。訴答又は申立てについて技術的な形式は要求されない。

　(2)　一つの請求又は防御について複数の陳述を選択的又は予備的にすることができ，これは一つの訴訟原因若しくは防御の形で，又は，別個の訴訟原因若しくは防御の形ですることができる。複数の陳述が選択的になされた場合，別個になされた陳述の一つが十分であれば，選択的な陳述の一つ又は複数の陳述が不十分であっても，訴答が不十分となるわけではない。当事者は一貫性を欠く場合でも，また，コモン・ロー，衡平法又は海事法に基づくか否かに関わらず，複数の別個の請求又は防御を陳述することもできる。すべての陳述は規則 11 条に規定された義務に従ってなされなければならない。

(f)　訴答の解釈

　すべての訴答は実質的正義を実現するように解釈されなければならない。

9条　訴答に関する特別事項

(a)　能力

　原告又は被告となる能力，代表者として原告又は被告になる能力又は社団という法的存在として当事者となる能力については，裁判所の管轄権を示すために要求される場合を除いて，主張する必要はない。当事者が，当事者の法的存在に関する争点，又は，原告又は被告となる当事者の能力，又は，代表者として当事者となる能力があるか否かの問題を提起したいときは，その当事者は，特別の否定事実の主張（negative averment）でしなければならず，その主張を裏付けるために，その者が特に知っている主張内容詳細（particulars）を記載しなければならない。

(b)　詐欺，錯誤，精神状態

　詐欺又は錯誤に関するすべての主張においては，詐欺又は錯誤を構成する状況は具体的に陳述されなければならない。害意，意図，知識その他人の精神状態については一般的に主張されれば足りる。

第Ⅱ編　翻　訳

(c)　停止条件

　停止条件の履行又は成就に関する訴答においては，すべての停止条件が履行されたこと又は成就されたことを一般的に主張すれば足りる。履行又は成就に対する否認は具体性を持って特定的になされなければならない。

(d)　公文書又は公務の行為

　公文書又は公務の行為に関する訴答においては，法律に従って公文書が作成されたこと又は行為がなされたことを主張すれば十分である。

(e)　判決

　国内若しくは外国の裁判所の判決又は裁断又は委員会若しくはオフィサーの判決又は裁断について訴答をするときは，そのような判決又は裁断を下す管轄権の基礎を示すことなく，判決又は裁断を主張すれば足りる。

(f)　時期及び場所

　訴答の十分性の審査にあたっては，時期及び場所の主張は重要であり，その他すべての重要事項の主張と同視されなければならない。

(g)　特別損害

　特別損害に関する項目が主張されるときは，それらは逐一陳述されなければならない。

(h)　海事法上の請求

　海事事件の管轄権があり，また，ある点では，地方裁判所の管轄権に服する救済の請求を記載した訴答又は訴訟原因の項目には，請求が海事法上の請求であること等を示す陳述を記載できる。

10条　訴答の形式

(a)　表題：当事者の氏名

　すべての訴答には裁判所の名称，事件名，受理番号及び規則7条（a）に規定された表示を記載した表題を書かなければならない。訴状においては，事件名にすべての当事者の氏名を記載しなければならないが，その他の書面においては，双方の最初の当事者の氏名を記載すれば十分であり，その他の当事者については適宜表示すれば足りる。

(b)　パラグラフ：別個の陳述

212

4 P. A. コンミー『アメリカ民事訴訟における訴答および関連する申立て』

請求又は防御に関わるすべての主張はパラグラフ毎に番号を付して行われなければならない。各パラグラフの内容は単一の状況を陳述することに適した範囲に限定される。パラグラフは後続の訴答において，番号によって引用される。別個の事件又は出来事に基づいて生じた各請求，及び，否認以外の各防御は，分けて記載した方が明解な事実の主張となる場合には，個別の訴訟原因項目又は防御項目の中で陳述されなければならない。

（c） 援用：証拠物

訴答における陳述は，同じ訴答の別の箇所において，又は別の訴答において，又は申立書の中で援用することができる。ある訴答の証拠物として付された証書の写しは，あらゆる目的において訴答の一部となる。

11条 訴答，申立書及びその他の書面への署名；制裁

すべての訴答，申立書及びその他の書面においては，少なくとも一人の弁護士がその個人名を署名しなければならず，又は，弁護士によって代理されない当事者は自らの氏名を署名しなければならない。規則又は法律に別段の定めのある場合を除いて，訴答については，真実確信を行い（verify），又は，宣誓供述書を添付する必要はない。宣誓の上でなされた答弁書の主張は，二人の証人の証言，又は，状況によって補強される一人の証人の証言によって覆される，との衡平法上の法理は廃止された。弁護士又は当事者による署名は，弁護士又は当事者が訴答書面，申立書又はその他の書面を閲読したこと，相当な調査を行った上で形成された知識，情報及び確信から判断して，書面は，事実上十分な根拠を有し，かつ，現行法によって又は現行法の拡張，変更，破棄の誠実な主張によって正当化されるものであること，そして，又，書面は，嫌がらせ，不必要な訴訟遅延，不要な訴訟費用の増加等の不当な目的のために提出されたのではないこと，の認証となる。訴答書面，申立書又はその他の書面において，本条に違反した署名がなされたときは，裁判所は，申立書又は職権によって，書面に署名した者，代理された当事者，又は，その双方に対して，相当額の弁護士費用を含む，訴答書面，申立書又はその他の書面の提出によって相手方当事者が被った出費の相当額の支払いを命じる等の適切な制裁を課さなければならない。

第Ⅱ編　翻　訳

12条　防御及び異議 ── 提出の時期と方法 ── 訴答によるか又は申立てによるか ── 訴答に基づく判決の申立て

(a)　提出の時期

　被告は，召喚状及び訴状が被告に送達された後，20日以内に答弁書を送達しなければならない。ただし，送達が規則4条（e）に基づいてなされるとき，及び，合衆国の法律に基づいて裁判所が異なる時期を命じた場合はこの限りでない。交差請求の訴答を送達された当事者は，その送達後20日以内に答弁書を送達しなければならない。被告の答弁書の中で反訴がなされているときは，答弁書の送達後20日以内に，原告は反訴に対する答弁書（reply）を送達しなければならない。又，原告の答弁書が裁判所によって命じられたときは，異なる期限が指示されていなければ，命令の送達後20日以内に送達しなければならない。合衆国，合衆国の機関又は公務員は，訴状に対する答弁書，第三者請求に対する答弁書，又は，反訴に対する答弁書を，請求が主張されている訴答が合衆国法務官に送達された後，60日以内に送達しなければならない。本規則の下で認められる申立ての送達は，裁判所の命令によって異なる日時が特定されていない限り，次のように期限を変更することができる。(1) 裁判所が申立てを認めず，又は，内容についての決定をトライアルまで延期するときは，裁判所の決定の通知後10日以内に応答的訴答を送達しなければならない。(2) 裁判所が，より明確な陳述を求める申立てを認容したときは，それに応答する訴答は，より明確な陳述の決定の送達後10日以内に送達されなければならない。

(b)　提出方法

　本訴請求，反訴，交差請求又は第三者請求のいずれかを問わず，訴答における救済の請求に対する法律上又は事実上のすべての防御は，訴答で応答することが要求されていれば応答的訴答の中で主張されなければならない。ただし，以下の防御については，訴答者の選択により，申立てによって行うことができる。(1) 事物管轄権の欠缺，(2) 人的管轄権の欠缺，(3) 不適切な法廷地，(4) 訴状の不備，(5) 訴状送達の不備，(6) 救済が与えられるための基礎となる請求の不記載，(7) 規則19条による当事者併合の懈怠。上記の防御を行うための申立ては，さらに訴答が許されているときは，訴答の前に行われなけれ

214

ばならない。防御又は異議は，応答的訴答又は申立ての中の他の一つ又は複数の防御又は異議との併合により，放棄されるわけではない。救済の請求を求める訴答に対して，相手方当事者が応答的訴答を送達する必要がないときは，相手方当事者は救済の請求に対して法律上及び事実上のすべての防御をトライアルで主張することができる。上記の防御（6），すなわち，救済が与えられる基礎となる請求の不記載を理由に訴答を退ける防御を主張する申立てにおいて，訴答以外の資料が提出され，それが裁判所によって排除されないときは，申立てはサマリ・ジャッジメントの申立てとして扱われ，規則56条に基づいて処理される。すべての当事者には，規則56状による申立てに関連して作成されたすべての資料を提出する合理的な機会が与えられなければならない。

（c）　訴答に基づく判決の申立て

　訴答の集結後，トライアルを遅延させない期間内に，当事者は訴答に基づく判決の申立てをすることができる。訴答に基づく判決の申立てについて，訴答以外の資料が提出され，それが裁判所によって排除されないときは，申立てはサマリ・ジャッジメントの申立てとして扱われ，規則56条に基づいて処理される。すべての当事者には，規則56条による申立てに関連して作成されたすべての資料を提出する合理的な機会が与えられなければならない。

（d）　トライアル前の審理

　訴答または申立てのいずれによるかに関わらず，本条（b）の（1）ないし（7）に列挙された防御，及び，本条（c）の判決の申立ては，当事者の申立てに基づいて，トライアル前に審理・決定されなければならない。ただし，その決定のための審理をトライアルまで延期することを裁判所が命じたときはこの限りでない。

（e）　より明確な陳述を求める申立て

　応答的訴答が許される訴答がきわめて曖昧で不明確であり，応答的訴答の作成を要求することが合理的にできないときは，応答的訴答を作成する当事者は，応答的訴答を提出する前に，より明確な陳述を求める申立てをすることができる。この申立てでは，不服の対象である欠陥，及び，望む詳細を指摘しなければならない。申立てが認容され，この命令が通知後10日以内，又は，裁判所が指定した期日内に履行されない場合は，裁判所は申立てがなされた訴答を排

第Ⅱ編　翻　訳

除することができ，また，公正と考えられる命令を下すこともできる。

(f)　削除の申立て

　訴答に応答する前の当事者の申立てに基づいて，又は，本規則によって応答的訴答が許されないときは，訴答の送達後20日以内に送達を受けた当事者の申立て，又は，時期を問わず裁判所の職権に基づいて，裁判所は，訴答から不十分な防御，又は，冗長，取るに足りない，不適切で抽象的な資料を削除することができる。

(g)　申立てにおける防御の併合

　本規則に基づいて申立てをする当事者は，本規則の規定する他の申立てを併合することができる。本規則に基づいて申立てを行う当事者が，本規則が申立てによって提起することを許している防御又は異議でそのとき当事者が行使できたものを除外したときは，本条（h）(2) に規定されている申立てを除いて，当事者は後に除外した防御又は異議に基づく申立てをすることはできない。

(h)　一定の防御の放棄又は留保

　(1) 人的管轄権の欠如，不適切な法廷地，訴状の不備，訴状送達の不備を理由とする防御は，以下の（A）及び（B）の場合は放棄されたものとされる。

　（A）本条（g）に規定された状況における申立てから除外されたとき，

　（B）本規則に基づく申立てによってなされておらず，また，応答的訴答にも，規則15条（a）により当然許されている訂正にも含まれていなかったとき。

　(2) 救済が認容されるための基礎となる請求の陳述に懈怠があるとの防御，規則19条に基づく必要的当事者の併合をしなかったことを理由とする防御，及び，請求に対して法的防御を陳述しなかったことを理由とする異議は，規則7条（a）に基づいて許され，若しくは，命令された訴答において，又は，訴答に基づく判決の申立てによって，又は，本案に関するトライアルにおいてすることができる。

　(3) 当事者の指摘又はその他の方法によって，裁判所が事物管轄権を欠くことが明らかになったときは，裁判所は訴訟を却下しなければならない。

13条　反訴及び交差請求

　(被告が原告に対して行う反訴，及び，共同訴訟人が他の共同訴訟人に対して提起

4 P. A. コンミー『アメリカ民事訴訟における訴答および関連する申立て』

する交差請求について規定する)。

14条　第三者引き込み訴訟

(被告が第三者に求償を求めるためなどで，被告が第三者を訴えて訴訟に引き込む
訴訟について規定する)。

15条　訴答の訂正及び補充

(a)　訂正

　当事者は，応答的訴答が送達される前であれば，又は，応答的訴答が許され
ていない訴答の場合には，訴訟が事件表 (trial calendar) に登載される前で，
かつ，訴答が送達された後20日以内であれば，何時でも当然の権利として訴
状を一回訂正することができる。その他の場合は裁判所の許可がある場合，又
は，相手方当事者の同意書がある場合に限り当事者は，訴答を訂正することが
できる。許可は正義の要請に従って自由に与えられなければならない。訂正さ
れた訴答に対する応答は，最初の訴答に応答するための期間内，又は，訂正さ
れた訴答の送達後10日以内のいずれかの長い期間内にしなければならない。
ただし，裁判所が別段の定めをした場合は，この限りでない。

(b)　証拠に整合させるための訂正

　訴答では提起されなかった争点が当事者の明示又は黙示の同意によって審理
されたときは，争点はすべての点で訴答の中で提起されていたものとみなさな
ければならない。証拠に整合させ，争点を提起するために必要な訴答のこのよ
うな訂正は，判決後も含めて，何時でも，いずれの当事者の申立てに基づいて
もすることができる。しかし，このような訂正の懈怠はこれらの争点の審理の
結果に影響を与えるものではない。訴答によって争点とされていなかったこと
を理由に，トライアルにおいて証拠に対して異議が出されたときは，裁判所は，
訴答の訂正を許すことができ，また，訂正によって，訴訟の本案の提出が促進
される場合，及び，異議当事者がそのような証拠の許容は訴訟の維持又は本案
の防御に不利になることを裁判所に納得させることができなかった場合には，
自由に訂正させなければならない。裁判所は，異議を出した当事者がそのよう
な証拠に対応することができるように裁判の続行を許すことができる。

第II編　翻　訳

(c)　訂正の遡及

(d)　訴答の追加

　上記で長々と引用した条文は，訴答及び関連する申立ての全体を示すには最適であると考えたからである。条文は，逐一引用したわけではなく，特に重要と考えられる箇所を抜粋した。これらの条文を言い換えたりすることは，かえって，誤解を生じさせたり，誤った印象を与えてしまうことになりかねない。条文は，全部ではないにせよ，重要なものは掲げたつもりであるが，本稿の主題についての一般的見解を示すには不十分であったかもしれない。

III　訴答の具体例

(1)　訴状

合衆国ノース・ダコタ州連邦地方裁判所

ロナルドA.ホッジ，
　　　原告

　　　　　　対　　　　　　　　　　　　　　　　　　　訴状
　　　　　　　　　　　　　　　　　　　　　　　　民事 No.A1-89-218

アメリカ合衆国
サラ・モーレイおよびデロルド・アズーレ
　　　被告

　原告は，以下のように，裁判所に対して訴訟原因を主張する。

1　本訴訟は，1948年6月25日の連邦不法行為請求法28 USC Section §2680（h）に基づいて提起するものである。

2　原告は，ノース・ダコタ州ビスマルクの住人である。

3　原告は，ノース・ダコタ州およびフォート・ペックの部族裁判所において

218

4 P. A. コンミー『アメリカ民事訴訟における訴答および関連する申立て』

業務を行う資格をもつ弁護士であり，また，かつては上記の部族裁判所の裁
判官であった。

4　被告のサラ・モーレイとデロルド・アズーレは，モンタナ州のフォート・
ペックインディアン保留地において勤務するインディアン事務局の警察官で
あり，1988 年 10 月 30 日には上記の身分で勤務していた。

5　1988 年 10 月 30 日の午前 2 時頃，モンタナ州のウルフ・ポイントにおい
て被告のサラ・モーレイとデロルド・アズーレは，逮捕状などの令状なしに
違法に原告を逮捕し，原告の意思に反して，かつ，相当な理由を示すことな
く，原告を拘束した。

6　原告を逮捕した後，被告のサラ・モーレイとデロルド・アズーレはモンタ
ナ州のウルフ・ポイントにある警察署に原告を連行し，そこで拘束，留置し
た後，ポプラにある警察署に身柄を移した。原告は，1988 年 10 月 30 日の
午前 4 時頃釈放された。

7　拘束の間，原告は写真を撮られ，靴や所持品を取り上げられた。また，サ
ラによって脅迫され，留置場に入れられた。

8　原告が拘束されている間，原告が何回も要求をしたにもかかわらず，サ
ラ・モーレイ，デロルド・アズーレその他インディアン事務局の警察官の誰
も原告を逮捕・拘束する相当の理由があったか否かを調査することもせず，
また，原告を裁判官またはマジストレイトのところへ連れて行くこともな
かった。

9　原告は何らの違反もしていないし，また，被告のサラ・モーレイとデロル
ド・アズーレは，原告が何らかの違反を犯していると確信するだけの相当な
理由を持っていなかった。

10　以上の理由により，原告は，自由を奪われ，病気になり，逮捕・監禁の事
実を知った者から嘲笑，軽蔑，侮辱を受け，また，職業上の信用が損なわれ
た結果，500 万ドルの損害を受けた。

11　そこで，1988 年 12 月 7 日，原告は，500 万ドルでインディアン事務局と
和解をするための請求を提出した。

12　インディアン事務局は，この提出から 6 か月以内に原告の請求に対して最
終的な解決をしなかった。

第Ⅱ編　翻　訳

したがって，原告は，以下のような判決を求める。

1　500万ドルの支払いを被告に命じること

2　費用の支払いを被告に命じること

3　裁判所が公正であると考えるその他の救済を被告に命じること

1989年10月25日

クリステンセン　＆　トンプソン
_____

モーリーC.トンプソン
原告の訴訟代理人
1720　バーント　ボート　ドライブ
P.O. Box 1771
ビスマルク，ノース・ダコタ州58502

訴状の分析

　まず，訴答に関する総則規定である規則8条に戻ってみよう。訴状のパラグラフ1は，規則8条（a）⑴の要件を満たすための努力である。同条は，「裁判所の管轄の基礎となる理由の簡潔かつ明解な陳述」を規定する。後に検討するように，規則の引用は誤りであるが，陳述された事実は「訴答や申立てについてはテクニカルな形式は要求されない」と規定する規則8条（e）⑴および「すべての訴答は実質的正義が行われるように解釈されなければならない」と規定する規則8条（f）の要件を満たしている。

　上に述べたことは，規則によって絶えず生じる矛盾を示している。すなわち，規則は，一方では，きわめて具体的な行為を要求しているようにみえるが，他方では，記載された文言から何らかの有効な請求が引き出されるならば，実質的に何でも認めているのである。

　訴状のパラグラフ2と3は，法律的には何の意味も持たない。これらは，「原告が救済を受ける権利を有することを示す簡潔かつ明解な請求の陳述」を

規定する規則8条（a）(2)の下で要求されている請求の陳述として必要とされる事実ではないからである。余分なことなのであるが，ほとんどすべての原告は自らの地位を明示する事実を記載する。例えば，本件では，弁護士であるとか，部族裁判所の元判事であったことなどであり，少なくとも，原告にすれば，部族警察に逮捕されることがあってはならない者であることを示したかったのであろう。完全な世界では，この種の証拠提示が訴状の中でなされることはないであろうが，現実には，頻繁になされている。

　パラグラフ4は，原告を逮捕した者の法的地位を記載しており，これは請求の陳述にとって必要である。

　パラグラフ5は請求の陳述であり，時間，場所，違法行為を犯した者を認定するためのものである。

　パラグラフ6と7は，パラグラフ2と3と同様に，余計な記載である。

　パラグラフ8と10は被告に対して別個の実体法上の請求を追加するものであるとの議論もあり得よう。もし，最初の逮捕と身柄拘束が正当であり，逮捕が法的には，正当であったとしても，その後の拘束中のある時点で逮捕が何らかの誤りまたはミスコミュニケーションによることを警察官が気づくべきであった場合は，警察官の調査懈怠に基づく新たな請求を生じさせるであろうか。ここでも，「簡潔かつ明解な請求の陳述」に対抗する実質的正義の規定によってもたらされる緊張と矛盾が生じるのである。

　パラグラフ11は行政的救済の途が閉ざされたことの陳述であり，地方裁判所に管轄権があることの根拠の一つとして解釈されるべきである。

　規則8条（a）(3)に基づいて，500万ドルの一般的損害に対する「救済の申立て」は「原告が求める救済を認容する判決の要求」である。例えば，原告が釈放されたとき，時価200ドルの腕時計が無くなってしまい，原告に返還されなかった場合のように，請求が特定の物についての特定損害に対するときは，規則9条（g）が適用される。

(2)　答弁書

合衆国連地方裁判所

第Ⅱ編　翻　訳

ノース・ダコタ州南西地区

ロナルド A. ホッジ,
　　　原告　　　　　　　　　　　　　　　　民事 No. A1-89-218

　　　　　対　　　　　　　　　　　　アメリカ合衆国, サラ・モーレイ
　　　　　　　　　　　　　　　　　　及びデロルド・アズーレの答弁書
アメリカ合衆国
サラ・モーレイ及びデロルド・アズーレ
　　　被告

　合衆国の副検事であるキャメロン W. ヘイデンが上記の被告を代理して以下のように, 訴状に対して答弁する。

　　　　　第一防御
　訴状は救済が認容されうるための請求を陳述していない。

　　　　　第二防御
　本訴訟は不適切な法廷地（venue）のゆえに却下されるべきである。

　　　　　第三防御
　個人の名で訴えられた被告は職務の範囲内の任務を遂行したために本件と関わったのであり, したがって, 28 U.S.C. § 2629 (d) によれば, 利害関係のある真の当事者は合衆国である。

　　　　　第四防御
　逮捕令状を執行する任務を遂行するにあたっての BIA（インディアン事務局）の警察官の行為には特権が認められる。というのは, この行為は, 形式が整っており, また, 以下のような事実の示すところによれば, 管轄権のある裁判所によって発給された令状に基づいて行われているからである。事実は以下のと

おりである。

ロバータ・アークデイルは，孫娘の実の父親で同じ家に同居しているウェイン・ウイークスの訴訟代理人である弁護士の原告が彼女の家に来たときに起こした事件の後で，フォート・ペックの Tribal Comprehensive Code of Justice の Title Ⅲ，§ 413 に基づいて，公共道徳違反行為（disorderly conduct）を理由に，原告に対する告訴状に署名した。ホッジ氏は，監護の問題を話しているときに，喧嘩腰になり，激昂し，アークデイル夫人に対して大声で威嚇した。さらに，そのとき，ホッジ氏にはアルコールの強い臭いがしていた。この事件の後，アークデイル夫人は恐怖を感じるようになり，部族裁判所の保護を求めた。アークデイル夫人の告訴状に基づいて，部族裁判所は逮捕令状を発給した。インディアン事務局は，逮捕令状を執行する権限と義務を与えられたので，1988 年 10 月 30 日頃にホッジ氏を逮捕した。逮捕のとき，インディアン事務局の職員は形式の整っている合法の令状を執行したにすぎない。逮捕のとき，職員は，ホッジ氏がノース・ダコタ州またはワシントン州の部族に登録されたインディアンとして保留地にいることを知っていた。また，ホッジ氏は部族から「インディアン特恵」（Indian preference）を与えられており，そのために，ホッジ氏は弁護士と裁判官として働くことができたのである。

　　　　第五防御
　上記の被告は，訴状の各パラグラフに対して次のように答弁する。
1　連邦不法行為請求法は，本件の管轄の基礎とはならない。管轄は，28 U.S.C. § 1346（b）によって限定される。
2　BIA は，主張の正しさについて確信が持てるほど十分な知識または情報を有していなかった。したがって，否認する。
3　BIA は，主張の正しさについて確信が持てるほど十分な知識または情報を有していなかった。したがって，否認する。
4　BIA は，被告サラ・モーレイ（サラ・フィゲロアとしても知られる）と被告ダレル（デロルドでもダロルドでもない）アズーレは，フォート・ペックに配属されていた BIA の警察官であり 1988 年 10 月 29 - 30 日に勤務していたことを認める。

第Ⅱ編　翻　訳

5　BIA は，1988 年 10 月 30 日の午前 1 時 10 分頃，部族裁判所の逮捕令状に基づいて，被告が原告を逮捕し，留置場に拘束したことを認める。BIA は，同パラグラフの残余の主張を否認する。

6　BIA は，被告は原告を逮捕した後，原告をモンタナ州ウルフ・ポイントのルーズベルト郡警察へ連行し，そこで逮捕の手続を取り，その後，モンタナ州のポプラにある BIA の警察へ身柄を移し，そして，1988 年 10 月 30 日の午前 3 時頃釈放したことを認める。BIA はパラグラフの残余の主張を否認する。

7　BIA は，原告の写真を撮ったこと，所持品を取り上げたこと，留置場に入れたことは認める。しかし，被告のモーレイが原告を脅迫したことは否認する。

8　BIA は，その職員が原告を逮捕，拘束する相当の理由があったか否かを判断することに誤りがあったとの主張を否認する。というのは，原告は部族裁判所の逮捕令状に基づいて逮捕されたのであり，職員はそのような令状が存在することを判断した後で合理的に執行したからである。BIA は，原告が保釈金を積んで釈放されたのが午前 3 時頃であったために，裁判官またはマジストレイトのところへ正式に連れて行かなかったことは認める。原告が釈放されたときにアソシエイト・ジャッジのメアリー・グノーがいたが，あくまでも原告の友人という立場においてであった。

9　BIA は，犯罪を犯したと確信するだけの合理的な理由を被告は有していなかったとの原告の主張を否認する。公共道徳違反行為の罪で原告に対して部族裁判所から逮捕令状が出されていたのである。

10　否認する。

11　BIA は，原告が，1988 年 12 月 7 日ではなく，1988 年 12 月 9 日に当局に対して不法行為請求を出したことは認める。請求の日付は 1988 年 12 月 7 日になっているが，当局が受け取るまでは，当局に提出してとはみなされない。

12　否認する。当局の行政的決定は当局に対して提出がなされたときから 6 か月以内の 1989 年 6 月 7 日に配達証明郵便によって原告に郵送された。原告は 1989 年 6 月 12 日に決定を受け取った。

　　以上により被告は，本件が却下されること，弁護士報酬および訴訟費用は原

4 P. A. コンミー『アメリカ民事訴訟における訴答および関連する申立て』

告の負担とすること。さらに，裁判所が公正で適切であると考えるその他の救済を被告に与えることを申し立てる。

ノース・ダコタ州ビスマルク　1990 年 1 月 11 日

キャメロン W. ヘイデン
合衆国副検事
P. O. Box 699
ビスマルク　　ND 58502-0699
被告のアメリカ合衆国，サラ・モーレイ及び
デロルド・アズーレの訴訟代理人

答弁書の分析

　訴状が批判の対象となりうるものとすれば，答弁書は，少なくとも規則を厳格に守っているか否かの観点から見た場合，非難の対象となりうるものである。しかし，実際に提出される答弁書にはこのようなものが多い。

　冒頭の文章は必要でない。当事者の訴訟代理人は答弁書に署名し，身分の確認をする。したがって，「被告は，答弁書において，以下のように陳述する……」以外のことを記載するのは言葉の浪費である。

　答弁書の「第四防御」の箇所は，不必要なだけでなく，不適切でもある。原告は，逮捕は令状なしで行われたこと，また，令状なしの逮捕には相当な理由がなかったことを主張した。しかし，警察官は有効な令状を所持して行動したというのが現実であろう。令状の発給にいたる事実背景のすべてを記載するよりは，答弁書では，令状なしに逮捕したという主張を単純に否定すべきであり，また，原告を逮捕するための令状を警察官は所持していたことを記載すべきである。

　第四防御に記載されている内容のいくつかについては説明を要する。部族裁判所は，保留地の中で発生した犯罪行為に関してインディアンに対してのみ刑事裁判権を有する。ホッジ氏が「インディアン」という定義に当てはまる者で

第Ⅱ編　翻　訳

ないならば，部族裁判所はホッジ氏に対して裁判権を持たないのであり，違法
な逮捕を理由とするホッジ氏の請求はより強くなろう。第四防御の最後の二つ
の文章は，ホッジ氏がインディアンであると確信するだけの合理的根拠を警察
官が有していたことを示すためであると考えられる。しかし，ホッジ氏自身が
インディアンであることを主張しているのであるから，これは争点とはなって
いない。

　第五防御は規則8条（b）の要件を満たすための努力である。すなわち，主
張された事実に対して，真実である事実は認め，真実であると誠実に確信でき
ない事実または認否をするための十分な知識がない事実は否認することである。
本件の答弁書はここでも模範的なものではない。

　訴状のパラグラフ2と3は，上述したように，本当に余分なものである。こ
れらは請求の陳述になにも付け加えるものではない。同時に，これらは答弁書
に関する限り無害である。ホッジ氏がビスマルクに住んでいたことを証明する
ためには，合衆国副検事は弁護士の登録名簿を調べるだけでよかったのである。
重要でないことを否認するために時間と労力をかけるのは無駄である。パラグ
ラフ3はホッジ氏が部族裁判所の元判事であり，弁護士資格を有する者である
ことなどを主張する。このような主張は，2，3回電話をすれば容易に確認で
きることであり，認められてしかるべきである。ただし，このような主張の関
連性については争う余地もあろう。

　残りのパラグラフの多くにおいて，答弁書は訴状で主張されている以上のこ
とを認めている。訴状は，原告が有効な令状なしで逮捕されたことを主張する。
答弁書は，原告が「部族裁判所の逮捕令状によって」逮捕されたことを認める。
しかしながら一般的に，答弁書では，原告に被告の立場や防御の理論を知らせ
ることによって，適切な防御を提起できるのである。

　規則9条（c）は，訴答においては，停止条件の発生または成就については，
単に停止条件が達成されたと記載すれば十分であると規定している。本件にお
いては，行政機関への請求の提出及びこれに対する応答の欠如若しくは遅延が
提訴の停止条件である。

　訴状のパラグラフ11及び12は，提訴のための停止条件が達成されたことを
幾分詳しく述べようとしたものと考えられる。第五防御のパラグラフ11及び

226

4 P. A. コンミー『アメリカ民事訴訟における訴答および関連する申立て』

12 にみられる答弁書のまずさを見てみよう。これらのパラグラフでは，請求が提出されたのが 7 日であるか 9 日であるかというどうでもよいことに多大の時間と労力を費やしており，また，請求を明確に否認しておきながら，請求が時効によっては消滅していないことを力説しているのである。いずれの理由にせよ，請求は否認されているのであり，これも意味のないことに大騒ぎしている例である。

　この訴状と答弁書は実際の事件から採ったものである。本稿の範囲から逸脱することではあるが，政府は後にサマリ・ジャッジメントの申立てを行い，実際にホッジ氏に対して刑事告訴がなされ，また，逮捕のために令状が発給されたとの宣誓供述書を提出した。ホッジ氏は告発を争うために，部族裁判所に出頭する取り決めをした。部族裁判所の裁判官は，ホッジ氏が出頭のためのスケジュールに責任を負うものと理解した。ホッジ氏は裁判所からの連絡を待った。裁判所はホッジ氏からの連絡を待っていたが，ついに堪忍袋の緒を切らして，逮捕令状を復権させた。出頭の取り決めについては，当事者に誤解があったとして争いがあったものの，警察官は逮捕に対して誠実に行動したのであり，法に違反する行為はなかったという理由で，原告の訴えは退けられた。

　答弁書は，また，不適切な法廷地の問題を，答弁書自体の中で申し立てるか，または別個の申立てによって提起するかの選択権を申立人が有することについての規則 12 条の内容を例示している。ここでは，被告は答弁書の中で提起した。

　以下は，規則 12 条の申立ての例である。

合衆国連邦地方裁判所

ノース・ダコタ地区

デイビッド・ジェイ・スターリング

　　　　原告　　　　　　　　　　　　　　民事 No.A1-89-233

　　　　　対　　　　　　　　　　　　　　訴え却下の申立て

アメリカ合衆国

第Ⅱ編　翻　訳
　　被告

　アメリカ合衆国は，合衆国副検事キャメロン W. ヘイデンを訴訟代理人として連邦民事訴訟規則 12 条（b）（6）に基づき，連邦不法行為請求法は過失による郵便物の紛失に基づく請求を主権免除の放棄から明らかに除外しているため，28 U.S.C.§2680（b），上記の訴訟では救済が認められるための請求の陳述がなされていないので，ここに却下の申立てを行う。
　以上により，アメリカ合衆国は，救済が認められるための請求を陳述していないことを理由に，上記の訴訟について再訴不可能な訴え却下を申し立てる。

_____

キャメロン W. ヘイデン
合衆国副検事
P. O. Box 699
ビスマルク，　ND 58502-0699
合衆国検事

　ヘイデン副検事の訴答を酷い例として用いてしまったので，素晴らしい例として，この申立てを用いるのが公正であろう。この申立ては，過度に冗長なところがなく，原告の訴状の欠陥を裁判所に示しており，また，防御の最初の段階で行っている。本件は，当事者にこれ以上の費用をかけることなく，却下された。

規則 11 条

　訴え却下となった上記の訴訟は，刑務所の囚人であるスターリン氏が弁護士をつけないで提起した本人訴訟であった。スターリン氏は政府から回復する法律上の権利があることを主張した。しかし，ほんの僅かでも調査をすれば，主張された郵便物の紛失について政府に責任を問えないことは明らかであった。もし資格を有する弁護士がこの訴状を書き，署名したならば，規則 11 条の明

らかな違反として，制裁を課せられることになったであろう。現在の実務においては，弁護士は単に訴状を書けばよいというものではない。主張する事実が権利回復を生じさせるものであることを十分に調査することが要求されているのである。

Ⅳ　結　語

　民事訴訟規則は，いかにして訴訟を開始するか，どのように訴状を作成するか，どこに，また，どのように訴状を送達するか，どこに，また，いつ訴状を提出するか，どのように訴状に対して答弁するか，いつ，どこで防御を提起するか，どのように12条の申立てを活用するかなど，裁判所を利用するための手引きを示す優れたロード・マップである。

　利用の仕方によって，規則は，良くもなれば悪くもなる。「簡潔な請求の陳述」という文言またはその帰結として，防御は，請求の法理論に対する理解を示すことなく，単に事実を詳しく述べればよいと解釈されてきた。このような解釈の結果として，きわめて多くの弁護士や当事者本人は，特定の「訴答の形式」を廃止し，実質的正義を行うべしとの文言を，権利侵害を受けたという感情に基づいて，そのような権利侵害の証明のために必要な法理論の分析をせずに，事件の細部をすべて記載するのが実務であると考えてきたのである。

　事実審裁判所において，裁判官には，提出された事実の中に有効な訴訟原因が隠れているか否かを確かめるために分析することが要求されており，訴答が法的に有効になるように必要な訂正を許さなければならないのである。

　イギリスのジョナサン・スイフトやチャールズ・ティケンズの時代の弁護士であれば，現在の実務に恐怖を感じることであろう。裁判のスピードや高度に体系化された形式の喪失は，神をも恐れぬ仕業と映るであろう。同様に，訴状の作成と密接に結びついていた実体法の厳格な体系がまったく無くなってしまったことも当時の弁護士にとっては不快なことであろう。

　結論として，裁判所がプロの弁護士としての仕事をしない弁護士に制裁を課すための規則11条の規定を活用すれば，裁判制度は機能するし，機能し続けるであろう。

第Ⅱ編　翻　訳

訳者あとがき

　ノース・ダコタ州連邦地方裁判所所長判事（当時）であったコンミー判事に，アメリカ民事訴訟における訴答（pleadings）の現在の実務を日本人に分かりやすく解説していただきたいとお願いしたのは，以下の理由による。

　昔のアメリカ民事訴訟手続では，現在のような開示手続やプリトライアル・カンファランスはなく，手続は，本稿の主題である訴答（pleadings）と正式事実審理（trial）の二段階で構成されていた。陪審裁判を想起してもらえればわかるように，トライアルが始まる時点では，すでに争点と証拠の整理は終わっているのであり，陪審は，法廷のトライアルでは，弁護士の冒頭弁論で事件の概要や争点を知り，引き続き，証人などの集中証拠調べを見聞きし，弁護士の最終弁論を聞いた後で，直ちに評議室で評議し，評決を出すのである。

　弁護士にとって陪審裁判は華やかな舞台であったであろうが，弁護士の仕事としては，争点及び証拠を整理する訴答手続が訴訟の勝敗を決める重要な作業であった。

　訴答とは，訴状や答弁書などの書面のことである。現在では，原告一人，被告一人，請求が一つの単純な訴訟の場合，訴答は，基本的に訴状と答弁書のみである。しかしながら，昔は，訴状と答弁書のみでなく，双方が，それぞれ，争点と証拠の整理ができるまで，延々と書面を交換したのである。

　連邦民事訴訟規則によって，開示手続やプリトライアル・カンファランスが導入された以後は，上記のように訴答は基本的に訴状と答弁書のみであり，争点及び証拠の整理はプリトライアル段階で行われている。

　本稿は，訴状と答弁書，および，申立書の抽象的説明ではなく，実際の具体例を出して，それを裁判官の立場から鋭く分析しており，現在のアメリカ民事訴訟の実務の理解におおいに資すると思われる。

　また，本稿でも述べられているように，民事手続において，昔は，「内容」ではなく「形式」が重要であった。訴状の記載と証拠調べの結果がほんの少し違っただけでも，請求が棄却されてしまったのである。訴状の訂正は厳しく制限されていた。しかしながら，本稿でも指摘されているように，現在ではもち

230

4 P. A. コンミー『アメリカ民事訴訟における訴答および関連する申立て』

ろん，このような制限は廃止されている。一言で言えば，訴答が訴訟で果たす
役割はきわめて限定的になっている。したがって，手続の内容が昔とは大きく
違ってしまっている今日では，pleadings を「訴答」と訳すことにかなりの抵
抗感を覚えたが，今回の翻訳では伝統に従った。訴答以外の訳語についても基
本的に，次の文献に拠っている。

・田中英夫編『英米法辞典』東京大学出版会（1991）
・小山貞夫編著『英米法律語辞典』研究社（2011）

　また，本稿の条文の部分は，コンミー判事も指摘しているように，コンミー
判事が抜粋した要点のみである。また，連邦規則の改正は毎年のように頻繁に
行われているため，現在の最新版に基づいたものではない。

　連邦民事訴訟規則の翻訳については，次の文献を参照されたい。
・渡辺惺之・吉川英一郎・北坂尚洋『アメリカ連邦民事訴訟規則』レクシスネ
　クシス・ジャパン株式会社（2005）

5　合衆国連邦地方裁判所の民事訴訟における開示手続

R. E. ロングスタッフ

1　はじめに

　アメリカの民事訴訟制度に根本的な変化が生じたのは，1938 年，合衆国連邦地方裁判所のための連邦民事訴訟規則が規定されたときであった[1]。規則26 条から 37 条は開示手続を規定し，訴訟の当事者はトライアル前にこの手続を用いることができることになった。1938 年以前は，当事者が自らのケース（裁判資料）を開示せねばならないことはほとんどなく，民事裁判は，しばしば，事件の実体（merits）ではなく，訴訟技術（technicalities）に基づいて処理されていた。新しい開示規定は，このような状況を改善するために，主として以下の 3 つの目的をもった手続を創設することによって，実体に基づいた事件の解決を実現することをめざしていた。

　開示規定は，つぎの 3 つの目的をもっていた。第一は，トライアルにおいては現実に争われている事項に関する証拠だけを提出すればよいように，争点を限定することである。第二は，トライアルで用いるための証拠を取得することである。そして，第三は，トライアルにおいて，相手方当事者が用いるかもしれない証拠について知ることである。開示手続は，すべての訴訟当事者にはトライアルの前に訴訟に関連するすべての情報の開示を受ける権利があるという前提に基づいている。

　本稿では，(1)開示の範囲，(2)開示の方法，(3)開示手続の濫用から生じる弊害，を中心に説明する。

　＊　アイオワ州南部地区連邦地方裁判所判事。

(1)　50 のそれぞれの州は，民事訴訟における開示手続を規制する規則を有している。しかしながら，州の規則は，実質的には連邦地方裁判所のために制定された規則と変わりはない。

第Ⅱ編　翻　訳

2　開示の範囲

　トライアル前の開示手続においては，訴訟の訴訟物（subject matter）に関連するすべての事項（matter）を調べることができる。ただし，秘匿特権の求められる事項[2]，トライアルの準備のために収集された資料[3]，または，事件の担当裁判官が開示の範囲に含まれないと判断した事項は開示を求めることはできない。開示の範囲を規定しているのは，連邦民事訴訟規則26条(b)(1)で，つぎのように定めている。「開示を求める当事者の請求若しくは防御に関わるか又はその他の当事者の請求若しくは防御に関わるか否かにかかわらず，訴訟当事者は，書籍，記録，その他の有体物の存在，種類，性質，保管，状態，場所などについて，又，すべての開示可能な事項についての知識を有する人の氏名及び存在場所などについて，秘匿特権が認められるものを除いて，係属中の訴訟の訴訟物に関連するあらゆる事項について開示を得ることができる。開示を求められた情報が許容証拠（admissible evidence）の開示に結びつくと合理的に判断されるときには，開示を求められた情報がトライアルで許容されないことは異議の理由とはならない。」

　開示の範囲を画定するにあたっては，「係属中の訴訟の訴訟物に関連する」という語が重要である。（この文言は，事件に含まれ，若しくは含まれているかもしれないすべての争点に関連する可能性のある事項に関係し，又は合理的に結び付けることができるすべての事項の開示を許すように緩やかに解釈されている）。開示は，トライアルのときに証拠として許容される事項に限定されるわけではない。むしろ，求められている情報が許容されるであろう証拠につながるとの合理的

---

(2)　アメリカ法は，一定の情報には開示のできない秘匿特権を認めている。秘匿特権の認められる情報の例としては，弁護士と法的助言を求める依頼者の間で交わされた会話がある。たとえ情報が訴訟に関連するときであっても，一定の関係を助長するために，そのような関係がある間に交わされた情報の保護がその関係にとってきわめて重要である場合に秘匿特権が認められる。

(3)　一般論として，事件について弁護士がトライアルのために準備した仕事，また，そのような仕事に関連して形成された意見については，訴訟の相手方当事者は開示を求めることはできない。

な可能性があれば，開示は認められるのである。

　認められる開示の範囲について，相手方当事者が異議を出すことはよくある。最もよく提出される異議は，求められた情報は事件とはまったく関係がないというものである。今一つの異議は，求められた情報が一定の重要性をもつことは認めるが，その情報を提出する負担がその情報が訴訟にもたらす価値よりもはるかに大きいという理由によるものである。当事者の訴訟代理人（弁護士）が開示に関する争いを解決することができないときは，事件を監督する裁判官が，当該訴訟において認められるべき開示の範囲を決定する命令を下すことになる。

　つぎに掲げるのは，プリトライアル開示によって取得することが可能な情報の例である。①訴訟の訴訟物について知識を有する個人の氏名および住所，②判決を満足させるために，保険者が弁済，補償，補填する責任の生じる保険契約の存否および内容，③トライアルに呼び出す予定の専門家証人（鑑定人）の氏名，専門家証人が証言する事実および意見の内容，また，各意見の根拠の要約。

3　開示の方法および時期

　開示手続における第一段階は，通常，質問書および文書提出要求書の送達である。証言録取はその後で行なわれる。当事者の精神または身体の状態が訴訟と関連するときには，裁判所はその者に精神または身体の検査を受けることを命ずることができる。自白の要求は，しばしば開示手続の最終段階になされる。もっとも，自白の要求は頻繁に用いられることはない。

　原告が被告に訴状を送達した後であれば，当事者は，開示のすべての方法を行なうことができる。開示方法は，どのような順序で用いてもよい。また，当事者の一方が開示手続を開始したという事実は，相手方当事者が同時に開示手続を始めることの妨げとはならない。当事者が開示の順序および時期について合意できないときは，裁判所が開示の順序および時期について指示を与える。しかし，ほとんどすべての事件において，当事者の訴訟代理人は，裁判所の関与なしに，開示の順序および時期について合意している。

第Ⅱ編　翻　訳

4　質問書（interrogatories）

　連邦民事訴訟規則33条は，インターロガトリーと呼ばれる書面による質問を相手方に送り，それに対する回答を相手方から要求する権限を事件の当事者に認めている。質問書は，トライアルで実際に争われる争点を限定し，また，トライアルでの不意打ちの可能性を減少させるなどによって，当事者のトライアルに向けての準備に役立っている。開示のすべての方法の目的は，このような目標を達成するためのものであるが，規則33条の下における質問書の使用には，つぎのような特色がある。

A　質問書の特色

　証言録取書（depositions）は，事件の訴訟物について知識を有する者であれば誰からでも取ることがありうるが，質問書は，訴訟の原告または被告に対してのみなされることが多い。質問書および証言録取書は共に事件に関連する資料を得るために用いられるが，この2つには実務上重要な相違があり，当事者は，その相違に留意して2つの方法の使い分けを行なっている。

　たとえば，質問書は，証言録取書に比べて，はるかに少ない費用で済む。質問書を送る当事者にかかる唯一の大きな負担は，質問書を作成することにかかる時間である。また，証言録取書の場合には，証言録取書を取るための適当な場所や時間を取り決めたり，証言を記録するコート・レポーター（速記者）を準備しなければならないが，質問書については，そのような面倒なことはない。

　一方，相手方当事者に対して詳細な質問をしたいときには，質問書よりも証言録取書の方が望ましい。というのは，証言録取書の場合には，質問の仕方に大幅な柔軟性が認められており，以前に得た回答を基礎にしたフォロー・アップの質問もできるからである。当事者は一連の質問書を検討し，また，その回答について弁護士と相談することができる。質問書に対する回答は，ときには明瞭でないこともあり，質問に対する完全な回答となっていないこともある。証言録取書の場合には，不明瞭な回答であれば，明快な回答を得るまで質問を続けることができる。

236

5 R. E. ロングスタッフ『合衆国連邦地方裁判所の民事訴訟における開示手続』

このように，若干の制約はあるものの，質問書は，単純な事実を知るため，また，事件に関連する情報をもつ者の氏名や住所などの情報を得て証言録取書の準備をするためには効果的な方法である。また，質問書によって，文書の存否や所在場所に関する情報を得ることができ，後に説明する連邦民事訴訟規則34条に基づく文書の検査の準備をすることができる。

B　質問書作成の方法

質問書を効果的なものにするためには，回答してもらいたい情報を相当程度はっきりと示しておくべきである。前に述べたように，開示の範囲にあるものであれば，いかなる事項についても質問書によって尋ねることができる。規則33条によれば，相手方当事者に出す質問書の数には制限はない。しかしながら，同規定によれば，裁判所は，質問書に対して回答する当事者を困惑（annoyance），出費（expense），当惑（embarrassment），または，圧迫（oppression）から保護しなければならないとされている。多くの裁判所は，裁判所の特別の許可がないかぎりは，質問書の数を30までとするローカル規則を採用している。

C　時期および手続

訴訟が開始された後であれば，いつでも質問書を相手方当事者に送ることができる。質問書を受け取った当事者は30日以内に回答しなければならない[4]。それぞれの質問書に対しては，宣誓をした上で書面によって個別にかつ十分に回答しなければならない。ただし，質問書に対して異議がある場合には，回答の代わりに，異議の理由を記載しなければならない。回答書にはそれを作成した者が署名する。質問書は，証拠の許容性を規制する連邦証拠規則によって認められる範囲で，トライアルにおいて用いることができる。

質問書の使用は，規則26条(b)に従い，係属中の訴訟の訴訟物に関連する事項で，秘匿特権の対象とならない範囲に限定される。

---

(4) 被告は，訴訟開始後45日以内は，質問書に対する回答をしなくともよい。

第Ⅱ編　翻　訳

5　証言録取書（depositions）

　訴訟の提起後，トライアルの前に，原告または被告は，相手方当事者を含む事件に関する知識をもつすべての者から証言を取ることができる。証言は，証言録取書という方法によって取られる。

A　手続および時期

　ある者の証言を録取したいと望む当事者は，証言録取を行なう日時をその者に通知しなければならない。証言を録取される個人，すなわち，宣誓証人（deponent）が証言録取に応じない場合には，その者に証言録取への出頭を命じる罰則付召喚令状（subpoena）が利用されることもある。

　宣誓証人に対しては，証言録取がなされる前に「相当の期間」をおいて予め通知がなされなければならない。相当な期間がどれくらいであるかについては，「確立されたルール」はない。証言録取が不適切な時期に予定されているとの異議が出された場合には，裁判官が通知された証言録取の日時が問題となっている特定の事件の状況に照らして相当であるか否かを判断しなければならない。

　証言録取を行なう場所に関するルールは，証言を録取される者が当事者であるか否かによって異なる。当事者は，証言録取のために，どこにでも赴くことが求められている。しかしながら，不適切な場所が通知された場合には，裁判官が別の場所を指定することができる。証言を録取される者が当事者でない場合は，その者の住所地，勤務地，取引地域，送達受領地から100マイル以内の場所，または，裁判所が適切であると判断した場所に赴けばよいとされている。

　すべての訴訟当事者の訴訟代理人（弁護士）は，通常，証言録取に出席する。また，証言録取における質疑応答を記録する責任のある速記者（コート・レポーター）も出席する。速記者は，真実を述べることを誓わせる宣誓を宣誓証人にさせることによって，証言録取を開始する。

　引き続いて，証言を録取する当事者の弁護士が，トライアルで行なうのと同様な方法で，宣誓証人に質問をする。最初の弁護士の質問が終了すると，相手方の弁護士が宣誓証人に質問をする。

238

5 R.E. ロングスタッフ『合衆国連邦地方裁判所の民事訴訟における開示手続』

証言録取には，裁判官は出席しない。したがって，相手方弁護士によってなされた質問に対する異議，または，質問に対する宣誓証人の証言拒否について裁断を下す者はいない。通常は，質問に対する異議が出された場合にも，証言は行なわれる。その後で，裁判官がその証言をトライアルのときに用いることができるか否かを決定する。しかしながら，宣誓証人が質問に対する証言を拒むときには，質問を行なった当事者は，トライアルの前に，宣誓証人に質問に対する証言をすることを命じる決定を出すように裁判所に申し立てることができる。証言録取が終了した後で，速記者は証言録取書を作成し，そこでのすべての質疑応答はトライアルにおいて用いられることになる。

B 証言録取書の戦略および使用

証言録取書は，トライアルにおいてつぎのようないくつかの場合に用いられる。第一に，証人が証言録取書において異なった証言をしているときは，その証人のトライアルにおける証言の矛盾を暴くために，証言録取書を使用することができる。第二に，原告または被告の証言録取書については，相手方当事者は，その全部または一部を証拠とすることができる。第三に，証人（原告側または被告側でもよい）の証言録取書は，つぎのような場合にトライアルにおいて証拠とすることができる。①証人が死亡している場合，②証人がトライアルの行われる場所から100マイル以上離れている場合，③証人が老齢，病気または虚弱のためにトライアルに出席できない場合，④証人に対してトライアルに出席することを求める罰則付召喚令状を送達することができない場合，である。

トライアルで証言録取書を使用する当事者がその一部しか証拠としないときは，相手方当事者は，すでに証拠とされた証言録取書の一部とともに考慮されるのが公正であると考えられる別の箇所を証拠とすることができる。すべての当事者は，連邦証拠規則の許容性に関する要件に従って，同じ証言録取書の別のどの箇所をも証拠とすることができる。

証言録取書の使用は，規則26条(b)に従い，係属中の訴訟の訴訟物に関連する事項で，秘匿特権の対象とならない範囲に限定される。

第Ⅱ編 翻 訳

6 提出の要求（requests for production）

証言録取の通知がなされるとき，または，証人が召喚状によって呼び出されるときには，証言録取のときに文書や有形物の持参を求める要求書が召喚令状に添付されることがよくある。ある当事者の所有または支配する一定の土地または他の財産に立ち入ることを求める要求書も認められる。

連邦民事訴訟規則34条の下では，各当事者は他のすべての当事者に対して要求書を送付し[5]，それに基づいて情報を検査・複写し，または，要求書を受けた当事者の所有，管理若しくは保管する財産に立ち入ることができる。

A 検査（inspection）の時期および手続

当事者に呼出状および訴状が送達された後であれば，いつで要求書を送ることができる。原告に対しては，訴訟の開始後であれば，いつでも要求書を送ることができる。要求書には，検査の対象となる項目または不動産を個々の項目ごとに，または類型ごとに分類して表示しなければならない。また，提出すべき項目や検査の対象となる財産を相当程度具体的に記述しなければならない。

そのような記述をする当事者の能力は，検査の対象となる項目または財産についてその当事者が有する知識にかかっている。当事者が正確に特定することができない場合でも，開示を求められている当事者が何を求められているかを理解することに困難がなければ，一般的な特定で十分である。特定を規制するルールの目標は，通常の理解力をもつ者であれば何が求められているかを理解できることであり，また，もし争いが生じたときには，裁判所が提出すべき文書または財産であるか否かを判断できることである。

要求書の送付を受けた当事者は，それに対して回答書を出さなければならない。回答書には，検査を認めるか否かを記載し，また，異議があるときは，その異議の理由を記載しなければならない。裁判所は，要求書を送付した当事者の申立てに基づいて，要求された情報の提出を命ずることができる（提出命令

---

(5) 文書その他の物の提出および土地への立ち入りの許可を求めて，当事者でない者に対して独立の訴訟を提起することは禁じられていない。

240

が出されたときには,）通常の業務の過程で保管されているままで，または，類型ごとにまとめて，検査のために項目を提出しなければならない。不動産の場合には，財産その他の特定された目的物について検査，測量および調査をすることが規則で認められている。当事者は，文書を管理する権限があるかぎりは，当事者でない者に文書を引き渡すなどして開示を妨害することはできない。

B　文書の要求の範囲

　文書その他の物の閲覧（検査）および複写，または，財産の検分（検査）については，当事者が目的物または財産を取得する法的権利を有していれば，その者が占有していないものに対しても要求できる。たとえば，ある当事者の弁護士が所持する文書若しくは保険者が所持する文書については，その当事者に要求することができるし，また，子会社の文書若しくは財産については，その親会社に要求することができる。

　他方，文書その他の物若しくは財産を支配（管理）する権限のない当事者に対しては，閲覧や検分を要求することはできない。たとえば，当事者はその者を診察した医師の医療記録を支配する権限はないとされている。

　この開示方法の使用は，係属中の訴訟の訴訟物に関連する事項に限られる。ただし，つぎの各場合は，このことはあてはまらない。①秘匿特権が認められるとき，②トライアルを予想して準備されたものであるとき，③周知の事実や専門家証人が述べた意見を明らかにするものであるとき，④検査が開示を求められた当事者に困惑，当惑，圧迫または不当な出費をかけるものでないとき。

　最後に，裁判所は，申立てに基づいて，検査の範囲を限定するプロテクティブ・オーダー（開示制限命令）を出すことができる。プロテクティブ・オーダーについては，後で説明する。裁判所は，一定の条件をつけて検査を許すこともできる。たとえば，開示を要求する当事者に検査の費用を負担させるなどである。裁判所は，検査の範囲を限定することができるし，また，秘密の保護のために適切な命令を出すこともできる。また，裁判所は，検査を許すべきか否かを判断するために，文書または目的物を事前に提出させて，裁判官が内密にそれを見ることもできる。

第Ⅱ編 翻 訳

7 自白の要求（requests for admission）

連邦規則36条は，つぎのような開示方法を規定している。すなわち，当事者の一方は，書面によって，事実の陳述，意見，事実への法の適用または文書の真正に関連し，秘匿特権の対象とならない事項が事実であるか否かを尋ねることができる。これに対する自白は，係属中の訴訟かぎりのものであり，他の目的については自白とはならない。また，他の手続においてもその者の不利に使われることはない。したがって，厳密に言えば，自白は開示手続ではない。というのは，この規定にしたがって手続を進める当事者は，すでに真実を知っており，または，文書を有しているのであって，たんにそれらの真実性や真正を相手方が認めることを希望しているにすぎないからである。

A 規定の目的

この規定には二つの目的があるが，いずれもトライアルの時間を短縮するためのものである。第一に，自白は，事件の争点に関する証明を簡単にするために求められる。第二に，自白は，事件に関係のない争点を排除して，争いの対象となっている事項だけに範囲を限定することに役立っている。自白は，トライアルでは争われない事実，真実であることが当事者にはわかっている事実，または，合理的な調査をすれば証明できる事実などについて，それらを証明する負担を当事者から取り除いている。この規定は，他の開示規定に比べて，利用されることが少ないかもしれないけれども，適切に使用されれば，時間の短縮に威力を発揮する。

B 手 続

自白の要求書は，裁判所の許可を得ることなく，原告に対しては訴訟の開始後であれば送付することができ，他の当事者に対しては，呼出状および訴状の送達と共に，またはその後で送付することができる。自白を求める事項は，それぞれ別個に表示されなければならない。要求は書面によって行なわなければならず，また，要求書が送付されたときは，相手方は，30日以内に，書面に

242

5 R.E.ロングスタッフ『合衆国連邦地方裁判所の民事訴訟における開示手続』

よって，回答するか，または，異議があるときはその理由を示さなければならない。当事者の一方が相手方に対して文書の真正を認めるように求めるときには，その文書のコピーを要求書と共に送付しなければならない。回答または異議がなされないときは，その事項は自白したものとみなされる。

自白された事項は，裁判所が申立てに基づいて自白の撤回または訂正を認めないかぎりは，最終的に証明されたものとみなされる。自白を要求する当事者は，申立てによって，回答または異議が十分であるか否かを裁判所に決定してもらうことができる。異議が正当でないと考えるときは，裁判所は，回答をするように命令しなければならない。回答が規則に従ったものでないと判断するときは，裁判所は，その事項は自白されたものとする決定または修正した回答をするように命じる決定を下すことができる。自白をした当事者のみがその自白に拘束される。自白を要求した当事者を含めた他の当事者は，自白に加えて事実を証明することもできるし，自白に反する事実を証明することも自由である。

8 身体および精神の検査 (physical and mental examinations)

たとえば，血液型など，当事者，当事者の保護下にある者，または，当事者の支配下にある者の精神または身体の状態が争われている場合には，裁判所は，連邦民事訴訟規則35条に基づいて，それらの者に対して医師による身体または精神検査を受けるように命じることができる。検査にかかる費用は，検査を申し立てた当事者の負担となる。

A 規定の範囲

真実を証明するためのこの強力な方法は，係属するすべての民事事件において用いることができる。この方法は，人身障害事件において争われている原告の身体または精神の状態を明らかにするために用いることもできるし，また，夫が妻の不貞を主張している離婚事件において，子供の父親を明らかにするためにも用いることができる。

しかしながら，当事者に身体または精神の検査を受けさせる命令は，当然の

第Ⅱ編 翻 訳

権利として認められているわけではない。身体または精神の状態が争われると
きは，裁判所の裁量に委ねられる。さらに，規則の下では，命令を出してもら
うためには，申立当事者は「相当の理由」を示さねばならず，また，検査の対
象となる身体または精神の状態が「争われている」ことを示さなければならな
い。たんに「相当の理由」があることを主張するだけでは不十分であり，また，
検査が事件に関連することを示すだけでは十分でない。規則によれば，検査が
求められているそれぞれの状態が現実にかつ本当に争われていることを積極的
に示さなければならず，また，それぞれの特定の検査を命じるための相当な理
由が存在することを示さなければならないとされている。さらに，裁判所は，
申立者が他の方法によって望む情報を入手することができる場合，または，問
題となっている状態が争われていない場合には，申立てを却下することがある。

B 手続および時期

　裁判所は，当事者 —— 通常は被告 —— の申立てに基づいて，精神または身
体検査の命令を出す。検査をする医師をどのように選ぶかについては，規則に
規定されていない。しかし，規則によれば，裁判所は，検査を行なう者を指名
しなければならないとされている。しかしながら，格別な異議が出されないと
きは，裁判所は，通常，申立当事者が選任した医師を任命している。というの
は，原告は自らの身体状態を証言してもらうために，自らの医師を選ぶことが
できるからである。

　検査の終了後，検査を受けた者は，検査を行なった医師が作成した所見，テ
スト結果，診断および結論を示した詳細な報告書の写しを求めることができる
絶対的な権利を有している。さらに，検査を行なう当事者は，同じ（身体また
は精神）状態に関して以前なされた検査のすべての情報を提出しなければなら
ない。

　反対に，検査を行なった当事者は，同じ状態に関して過去になされ，又は将
来なされる検査の情報および報告書を受け取る権利を有する。規則は，また，
検査を受けた者が検査をした医師の報告書の写しを要求し，これを受け取った
ときには，医師と患者間の秘匿特権は自動的に放棄されたものと規定している。

　当事者が要求された医学的情報の提出を拒否したときには，裁判所は，提出

244

5 R. E. ロングスタッフ『合衆国連邦地方裁判所の民事訴訟における開示手続』

命令を出すこともあり，または，提出を拒んだ医師の証言がトライアルで申し出されたときには，これを排除することもある。裁判所が命じた検査に従わないときには，セクション11で論じる規則37条のサンクションを受けることもある。

9 専門家に関する開示

専門家の開示は，その専門家がトライアルで証人として呼び出されることになっているか否かによって異なってくる。

A トライアルでの証言が予定されている専門家

当事者は，質問書を用いて，相手方当事者に対して，トライアルで用いる専門家の氏名および住所，専門家の証言の対象，専門家の資格，専門家の心証および意見，専門家の心証および意見の基礎を形成した事実または基礎に関連する事実を尋ねることができる。開示はトライアルで証言する証人に限定され，また，当事者は，トライアルで証言する専門家証人が誰であるかを知った時点後に開示を得ることができるだけである。実際問題として，当事者は，それより前の時点で自らの証拠資料を準備しなければならないのである。というのは，当事者は相手方の専門家から自らの立証に十分な資料を入手することはほとんどできないからである。したがって，当事者の一方が，相手方の周到な準備から不当に利益を受けるのではないかとの懸念は少ない。

B トライアルでの証言が予定されていない専門家

訴訟を予期して，または，トライアルの準備のために相手方当事者が用意した専門家で，トライアルでの証言が予定されていない者から上記のような情報を得るための開示は一般的に認められていない。この原則には二つの例外がある。第一は，セクション8で論じた規則35条(b)であり，この規定は，事件の争点となっている精神または身体状態を同条に従って検査した医師に対する開示を定めている。第二は，トライアルでの証言が予定されていない専門家の場合，開示を求める当事者が同じ対象についての事実や意見を他の方法によって

245

第II編　翻　訳

入手することがきわめて困難であるとの例外的な事情を示したときには，開示が認められる。例外的な事情であるか否かの判断は裁判所の裁量に委ねられている。

C　トライアルのために特別に雇われたのではない専門家

連邦規則は，トライアルの準備に関して雇われた専門家またはトライアルの準備のために特別に相談を受けた専門家だけを規定している。したがって，トライアルの準備のために非公式には相談を受けたけれども，特別に雇われたわけではない専門家（すなわち，訴訟の対象の一部となっている取引または事件に関して，関与者または目撃者として情報を得た専門家）に対する開示は禁じられている。このような専門家は通常の証人として扱われるべきである。したがって，連邦規則は，専門家としての資格があることだけを理由に，専門家の情報について秘匿特権を認めるという考え方をとっているわけではない。

10　プロテクティヴ・オーダー（開示制限命令）

裁判所は，規則26条(c)に基づいて，一定の事項について開示を許さない命令，または，一定の事項に開示の範囲を限定する命令を下すことができる。このような命令は，開示を求める当事者が受ける利益に比べて，開示を求められた当事者が被る負担が不当に大きいときには適切であろう。裁判所は，また，裁量によって，一定の期間内に生じた事項に開示を限定することもできる。

プロテクティヴ・オーダーの1つとして，裁判所が指定した者（たとえば，当事者，役員，弁護士）を除いて，誰も立ち会わせずに開示を行なわせる命令がある。このような命令が望ましい例としては，会社の競争相手の手に入れば損害をもたらすおそれのある秘密の情報が証言録取書その他の開示方法によって曝け出されるような場合である。

規則は，また，秘密の保持が求められるときは，開示によって得られた情報を秘密にしておくことができることを定めている。通常，証言録取書または質問書は，裁判所の書記課に提出された後は，自由に閲覧できる公的文書となる。しかしながら，規則によれば，裁判所は，証言録取書，質問書，その他の開示

5 R. E. ロングスタッフ『合衆国連邦地方裁判所の民事訴訟における開示手続』

の方法についていったん封印をしたときには，裁判所の命令によってのみ開封できるとの例外を認めることができるとされている。このような命令は，通常，当事者や弁護士が文書の内容を第三者に暴露することを禁じている。

　開示制限命令の第三の型は，一定の秘密の手続，展開または調査，その他関連する事項が公表されることから保護するものである。秘密の公表が現実に要求されるまでは，秘密（confidentiality）を理由にこのような保護を求める申立ては時期尚早である。情報の関連性や必要性が公表によってもたらされる損害よりも大きいことを証明する責任は，開示を求める当事者にある。この証明責任が果たされないときには，開示は認められない。裁判所が，情報がなければ公正に争点を認定できないと判断するときは，裁判所は開示を命じることもできる。開示がいったん命じられたときに，秘密を公表する当事者に対する影響が最小限になるような適切な保護措置がとられることもある。

　最後に，裁判所は，複数の当事者に対して，裁判所の指示があるまでは開封することのできない封印した封筒に特定の文書または情報を入れて同時に提出するように求めることができる。このような命令は，発明の日付に関する特許権訴訟においてよく用いられており，また，当事者の一方が，その自らの立場を伝えることを求められる前に，相手方の立場を知ることができれば不当に有利になるおそれのあるような場合にもよく用いられている。

11　サンクション（制裁）

　当事者が正当な開示の要求に応じないとき，連邦民事訴訟規則の考え方を実現するための唯一の効果的な方法は，サンクションと呼ばれる規則37条の規定する制裁を用いることである。制裁は裁判所の裁量によって課せられるものであるので，裁判所は，開示を求める当事者のニーズを慎重に検討し，それと反対する相手方当事者に応じさせることの性質と勘案して評価しなければならない。課される制裁は，開示に反対した当事者が引き起こした事件の適切な準備に対する妨害よりも大きいものであってはならない。いずれの当事者も制裁を課せられることによって不当な不利益を被るべきではない。しかしながら，適切な場合には，制裁は，当事者のミスコンダクトに対する救済を与えるだけ

第Ⅱ編　翻　訳

では十分でなく，連邦民事訴訟規則の開示規定の目的に合ったやり方で開示手続を執行するとの裁判所の意思を将来の訴訟当事者に前もって示すのに足るだけの断固たるものでなければならない。

12　結　語

　連邦規則の下におけるプリトライアル開示の成否は，主として，トライアル段階での開示手続の適切な執行にかかっている。現在の開示規定は，事実審裁判所に十分な開示を行なわさせる権限を与えている。しかし，どのような制裁を行使するかは裁判所の裁量に委ねられている。事件の実体に基づいた解決という目的を実現するにあたっては，この裁量をどのように行使するかがきわめて重要なのである。当事者が開示要求に従わないときは，関連ある証拠へのアクセスが断たれることになり，また，トライアル前には争点が不明のままとなって，開示手続の目的は実現されないことになる。一方，不当な制裁を課すことによって，開示規則を厳しく執行するときには，（実体に基づく解決ではなく），手続規則の技術的規定（テクニカリティズ）に従わなかったことを理由に事件が処理されることになる。これは，まさに連邦民事訴訟規則が取り除こうとした弊害であった。

　平均的な連邦事件においても，当事者が求める開示の範囲は法外で統制が取れないことも少なくない。ローカルないし地域的な事件においても，全国的な開示要求がなされることもよくある。文書の提出要求や質問書の範囲が，法外に長期の期間にわたるものもある。子会社や各部局の業務記録に対する質問，また，企業のトップの役員に対する証言録取の通知は日常的に出されている。開示に対する裁判所の寛容な態度につけ込んで，当事者はきわめてささいな事件においても広い範囲の開示を要求する。不幸なことに，開示は和解を強要する手段となっており，当事者は，訴訟費用や弁護士報酬，時間，労力などの負担を伴う裁判にかかわることを回避するために，「合法的なゆすり」に渋々同意している。

　開示の濫用に関する別の側面として，当事者が開示の要求を拒んだり，または，十分で適切な回答をしないことがある。開示の要求に対して回答をしない

248

5 R. E. ロングスタッフ『合衆国連邦地方裁判所の民事訴訟における開示手続』

こと若しくはあいまいな回答をすること，関連する文書を提出しないこと，証言録取の質問に対して回答を拒むために弁護士が独断的な指示を与えること，などがよくある。このような問題に対処するための試みは，ますます大きくなっているつぎのような傾向によって妨げられている。第一は，連邦裁判所は開示問題に関わることを望まないことであり，第二は，裁判所は規則 37 条の規定する制裁を行使したがらないことである。

　開示手続において連邦裁判所の役割を最小限度にとどめることには，十分な理由がある。近年では，すべての連邦裁判所において増加している事件の負担を軽減する必要は確かにある。しかしながら，とりわけ複雑な事件においては，開示に現実的に制限を課すために，連邦裁判所は，訴訟の初期の段階から断固たる措置をとる業務を回避してはならない。たとえば，開示の地理的範囲や期限が争われているときは，早期に解決しておかなければならない。

　開示問題の解決のためにとるべきバランスはしばしば微妙である。開示のすべての問題を処理するために裁判所がとるべき行為を規定する厳密な規則はありえない。それぞれの事件は，それぞれの事件の内容や問題が生じた状況に照らして評価されなければならない。しかしながら，連邦民事訴訟規則の目的を実現するためには，開示の濫用が証明されたときには，裁判所は，然るべき制裁を課すことに躊躇してはならないのである。

訳者あとがき

　本稿は，執筆当時はアイオワ州南部地区連邦地方裁判所の首席マジストレイトであり，現在は同裁判所のジャッジとなっておられるロングスタッフ判事が，連邦地方裁判所における開示実務の基本をわかりやすく説明してほしいとの訳者（椎橋）の依頼に応じて，書かれたものである。原著の脱稿は 1991 年になされており，訳出が遅れたのは，ひとえに訳者の責任であり，ロングスタッフ判事には心からおわびを申し上げなければならない。また，1993 年 12 月には，連邦民事訴訟規則の開示規定に少なからず大きな改正がなされ，いわゆるディスクロージャー概念などが導入された。したがって，本稿の内容は改正後の開示実務を伝えるというものではない。しかし，本稿の基本的な内容は規則改正

249

第Ⅱ編　翻　訳

によって影響を受けるものではなく，開示実務の基本をわかりやすく説明する
という本来の趣旨からすれば，その価値は減じていないと思われる。

　最新の開示事情については，別稿でフォローしたいと思っているが，今回の
改正をめぐる論議については，さしあたって，以下のような文献がある。

伊藤眞「開示手続の理念と意義（下）── 民事訴訟法改正への導入をめぐっ
　　て ── 」判例タイムズ 787 号 11 頁以下。

春日偉知郎「証拠収集手続（上）── 係争事実をめぐる情報の開示と証拠の
　　収集 ── 」判例タイムズ 829 号 26 頁以下。

大村雅彦「アメリカ民訴における事件情報の早期開示の動向」木川博士古稀記
　　念（下）321 頁以下。

林田学「アメリカにおけるディスカバリの改正について」ジュリスト 1047 号
　　111 頁以下。

平野晋「アメリカ合衆国連邦民訴規則改訂における強制的開示手続」判例タイ
　　ムズ 835 号 36 頁以下。

古川絵里「米国民事訴訟におけるディスカバリーと司法制裁」国際商事法務
　　vol. 21, no. 12 1375 頁以下。

6 合衆国連邦地方裁判所における サマリ判決の実務[1]

ライル・E. ストロム[2]

The Honorable Lyle E. Strom

Summary Judgment Practice in the Federal Courts of the United States

　サマリ判決は，当事者の一方がプリーディング（訴答書面）における事実上の争いが現実には存在しないことを証明し，その結果，ひとたび見せかけの争いが排除されたときには，その申立てを行なった当事者は，法律上の判断のみで判決を受けることができるという手続である。サマリ判決の申立ては，本質において，相手方当事者の主張の法的十分性を争うものである。しかしながら，サマリ判決の申立ては，訴答書面における事実上の争いが現実には存在しないことの証明がなされ，その結果，トライアルを開く必要がないという形で提起される点に特色がある。

サマリ判決の歴史と連邦民事訴訟規則 56 条

　サマリ判決の申立ては，イギリスの手続に由来しているが，そこでは当初狭い範囲の事件類型にのみ適用されていた。連邦民事訴訟規則が 1938 年合衆国最高裁判所によって制定された時には，イギリスの手続は，ほとんどすべての事件に適用されるまでに拡大されており，また，アメリカのいくつかの州はこ

---

(1)　本稿は，合衆国連邦地方裁判所におけるサマリ判決の申立てに関する実務を簡潔にわかりやすく紹介するものである。本稿を作成するにあたって参照した文献として，以下のものがある。L. Teply & R. Whitten, Civil Procedure（1991）; C. Wright, The Law of Federal Courts（1983）; 10 C. Wright, A. Miller & M. Kane, Federal Practice and Procedure§§2711-2718（1983）; 10A C. Wright, A. Miller & M. Kane, Federal Practice and Procedure§§2719-2738（1983）.

(2)　ネブラスカ地区合衆国連邦地方裁判所所長判事。本稿の作成にあたって，著者は上級ロー・クラークである Damon J. Savoy 氏の貴重な助力に対し謝意を表する。

第II編　翻　訳

の制度を導入していた。連邦規則においては，サマリ判決は56条に規定された[3]。その後，多くの州がこの規定を踏襲している。規則56条は，請求，反

---

(3)　56条　サマリ判決

(a)　権利主張者のためのサマリ判決　　　請求，反訴請求若しくは交差請求に基づいて権利の回復を求める当事者又は宣言的判決の獲得を求める当事者は，訴訟の開始から20日経過した後又は相手方当事者によるサマリ判決の申立ての送達後は何時にても，サマリ判決を基礎づける宣誓供述書の提出の有無にかかわらず，権利主張者の請求の全部又は一部を認容するサマリ判決を申し立てることができる。

(b)　相手方当事者のためのサマリ判決　　　請求，反訴請求又は交差請求が申し立てられている当事者又は宣言的判決が求められている当事者は，サマリ判決を基礎づける宣誓供述書の提出の有無にかかわらず，何時にても権利主張者の請求の全部又は一部を棄却するサマリ判決を申し立てることができる。

(c)　申立て及びその手続　　　サマリ判決の申立書は，その審理のために設定された日より少なくとも10日前までに送達されなければならない。相手方当事者は，審理日に先立って，サマリ判決を認容することに反対する宣誓供述書を送達することができる。サマリ判決は，訴訟記録中の訴答書面，証言録取書，質問に対する回答，自白及び宣誓供述書があるときはそれを加えたものを判断資料として審理し，その結果，重要な事実について真の争点が存在せず，申立当事者が法律上の判断のみで判決を受けることができると判明したときには，裁判所は直ちにサマリ判決を下さなければならない。裁判所は，損害額について真の争点が存在する場合にも責任の有無の争点だけについて，中間判決としてサマリ判決を下すことができる。

(d)　サマリ判決の申立てによって全部判決がなされなかった事件　　　本条に基づく申立てによるサマリ判決によって事件の全部又は求められた救済の全部が終局的に解決されずトライアルが必要となるときは，裁判所は，サマリ判決の申立ての審理において，訴答書面及び証拠を検討し又弁護士に質問して，可能な場合には，実質的に争いのない重要な事実及び現実かつ誠実に争われている事実を確定しなければならない。裁判所は，これに基づいて，損害額の範囲又は他の救済等の実質的に争いのないと判断される事実を特定し，事件の適正な事後手続を指示する決定を下さなければならない。このようにして特定された事実はトライアルにおいては証明されたものとみなされ，トライアルはこれを前提として進められなければならない。

(e)　宣誓供述書の様式：追加的証言：必要とされる防御　　　宣誓供述書は，サマリ判決を基礎づける場合と反対する場合とにかかわらず，宣誓供述者が自ら直接取得した知識に基づいて作成されたものでなければならず，証拠として許容されるようなものを記載していなければならず，また，宣誓供述者が宣誓供述書に記載されている事項について証明する能力があることを積極的に示したものでなければならない。宣誓供述書の中で引用されている書面の全部又は一部については，その宣誓付き又は認証付きの写しを宣誓供述書に添付し又は宣誓供述書と共に送達しなければならない。裁判所は，証言録取書，質問書に対する回答又は追加的宣誓供述書によって宣誓供述書を補充し又は反対することを許すことができる。サマリ判決の申立てがなされ，これが本条の規定する方法で基礎づけられたときは，相手方当事者は，訴答の中の主張又は否認だけでなく，宣誓供述書その他本条で規定されている方法に

6 R.E. ストロム『合衆国連邦地方裁判所におけるサマリ判決の実務』

訴請求，または，交差請求の重要な事実（material fact）について真の争点（genuine issue）が存在しないときは，民事訴訟のいずれの当事者に対しても，サマリ判決の申立てを認めており，申立てをした当事者は，法律上の判断のみで（as a matter of law）勝訴することができる。サマリ判決の申立ては，請求または防御の全部または一部について行なうことができる。サマリ判決の申立ては，訴答書面，一件記録に基づいて行なうことができ，また，宣誓供述書によって基礎づけることもできる。この申立ては，実際において，請求の核心を攻撃するものであり，法律上の判断のみで，申立当事者は，自白された，または証明された事実に基づいて勝訴することができる。

規則 56 条の下での申立ての要件

規則 56 条(c)によれば，訴答書面その他の申立てを基礎づける資料によって，すべての重要な事実についての真の争点が存在しないと証明されたときは，サマリ判決の申立ては認容されなければならず，その結果，申立当事者は，法律上の判断のみで判決を受けることができる。規則 56 条(e)は，申立てがなされ，規則に要求されているように基礎づけられたときは，申立てに反対する当事者は相手方当事者の訴答の主張または否認のみに依拠することは許されず，トライアルに付す真の争点が存在することを証明する訴答（書面）以外の資料に基

より，トライアルに付すだけの真の争点が存在することを示す特定の事実を述べなければならない。相手方当事者がこのような対応をしないときは，裁判所は，適切であれば，相手方当事者敗訴のサマリ判決を下さなければならない。

(f) 宣誓供述書を提出できない場合　　サマリ判決の申立てに反対する当事者の宣誓供述書から判断して，その当事者が，諸々の理由により，自らの反対の立場を正当化するために不可欠な事実を宣誓供述書の中で提出することができないと認められるときは，裁判所は，サマリ判決の申立てを却下することもでき，又は，宣誓供述書の獲得，証言の録取，開示手続その他適当であると認める措置の続行を命じることもできる。

(g) 害意に基づいて作成された宣誓供述書　　裁判所が，本条に従って提出された宣誓供述書が害意に基づくものであり，又は，遅延のみを目的とするものであると考えるときは，裁判所は，かかる宣誓供述書を提出した当事者に対して，合理的な弁護士報酬を含め，かかる宣誓供述書の提出によって相手方当事者が被った合理的な費用を直ちに支払うよう命じることができる。この決定に従わない当事者又は弁護士は裁判所侮辱の罪に問われることもある。

第Ⅱ編　翻　訳

礎を置かなければならない。したがって，訴状における主張または答弁書における形式的な否認では（サマリ判決の）申立てを却けるのに十分ではない。そうでなければ，本条の規定はほしいままに骨抜きされてしまうであろう。

　相手方が（適切に）対応しないときは，サマリ判決は，適切であれば，申立当事者のために下さなければならない。「適切であれば」という文言を挿入することによって，規則の制定者は，申立当事者がまずはじめに真の事実上の争点が存在しないことの証明責任を果たさないかぎりは，――　たとえサマリ判決の申立てに反対するために訴答書面以外の資料を提供しなかった者に対してでさえ　――　（申立ての）相手方当事者の不利にサマリ判決が認められるべきではないことを明らかにしようとしている。

　規則56条は，サマリ判決の申立ては訴答書面以外の資料によって基礎づけられなければならないと明示的に規定しているわけではない。しかしながら，サマリ判決の申立ては訴答書面における主張を吟味するためのものであるので，申立てには，真の事実上の争点の不存在を示すために訴答書面以外の資料が提出されるのが通常である。規則56条に関して用いられる証拠については，裁判所および当事者に大きな選択の余地が与えられている。実際，56条自体に，裁判所がサマリ判決の申立てに関して斟酌できる資料についての規定が数多く存在する。規則56条(a)および56条(b)によれば，申立てを基礎づける宣誓供述書を提出するか否かにかかわらず，いずれの当事者もサマリ判決の申立てをすることができる。56条(c)によれば，申立てに反対する当事者は，審理に先立って，申立てに反対する宣誓供述書を送ることができる。また，56条(c)は，訴答書面，証言録取書，質問に対する回答，および，自白，そして，もしあれば，宣誓供述書によって，申立当事者がサマリ判決を受けることができると証明したときは，サマリ判決が下されなければならないと規定している。規則56条(e)によれば，裁判所は，宣誓供述書を証言録取書または追加的宣誓供述書によって補充または反対させることができる。さらに，規則56条に関して提出される証拠は，本条に規定されている具体的な証拠方法に限られるわけではない。裁判所は，トライアルで許容されるであろうすべての資料を斟酌することができるのである。

　訴答書面において形成された形式的な（formal）争点がサマリ判決の申立て

254

6 R.E. ストロム『合衆国連邦地方裁判所におけるサマリ判決の実務』

について決定的であるということではない。すなわち，56条の申立てを認めるか否かを判断するにあたっては，裁判所は，申立てに基づいて当事者が申し出た他の資料によって提示された争点も斟酌しなければならないのである。したがって，裁判所は，まず，訴答書面を吟味して，訴答書面からどのような争点が存在するかを確かめなければならず，そして，宣誓供述書，証言録取書，自白，質問に対する回答，その他の資料を斟酌して，（訴答書面で示されている）これらの争点が現実のものであり，かつ，真正なものであるか否かを判断し，また，訴答後の資料によってトライアルに付すべきその他の重要な事実に関する真の争点が存在するか否かを判断しなければならない。訴答書面に加えて，裁判所は，訴訟記録のすべての書面および申立てのために作成された資料の中で規則56条(e)に規定された要件をみたすものをすべて斟酌しなければならない。裁判所は，当事者の双方から提出された資料を斟酌しなければならない。

規則56条(c)は，サマリ判決の申立てについて裁判所は証言録取書を利用できることを明文をもって規定している。しかしながら，トライアルにおいて証拠として許容される部分のみをサマリ判決の申立てについて採用することができる。証言録取書は，宣誓の上，供述者が比較的任意に供述したものであるので，適切に用いられる場合には，サマリ判決の申立てを基礎づけ，または，反対するための最善の証拠の1つとなる。証言録取書の多くは，長文のものであるので，これを用いるときには，慎重に特定の争点に直接関連する部分に限定すべきである。そうでないと，裁判所は，大量の関連のない資料の重荷に悩ませられることになり，その結果，貴重な裁判所の時間の無駄使いとなるからである。

サマリ判決の申立てについて最もよく使われる証拠方法は，宣誓供述書である。規則56条の申立てを基礎づけ，または，反対するための宣誓供述書は同条によって要求されているわけではなく，ただ認められているにすぎない。宣誓供述書を提出しなくても，他の方法によってサマリ判決の申立ての認容要件をみたせば，サマリ判決は認められる。訴訟記録となった当事者の宣誓供述書は，それが作成され提出された目的にかかわらず，裁判所はこれを斟酌する。したがって，別の申立てを基礎づけるために提出された宣誓供述書をサマリ判

第Ⅱ編　翻　訳

決の申立てのために斟酌することもできるのである。

　宣誓供述書は一方的な（ex parte）な文書であることを忘れてはならない。供述者は反対尋問を受けることなく，また，供述者の態度を判断することはできない。したがって，裁判所は，サマリ判決の申立てのために提出された宣誓供述書を慎重に吟味して，その証拠価値を判断し，また，形式および内容の双方からそのような宣誓供述書が規則56条(e)の規定する要件を具備するか否かを判断する。裁判所は，異議がないときには，不十分な宣誓供述書を斟酌することができる。

　適切に宣誓供述書の一部とされた証拠物（exhibits）も斟酌することができる。実際，規則56条(e)は，宣誓供述書の中で引用されているすべての書面の宣誓付きまたは認証付きの写しは，宣誓供述書に添付し，または，宣誓供述書と共に送達されなければならないと規定している。これは，文書が判断資料とされているときは，現実に証拠物として提示されなければならないということである。すなわち，文書の内容または文書の内容の解釈を記述することだけを目的とした宣誓供述書では不十分なのである。

　しかしながら，その他の点では許容される証言は，それが宣誓供述書に添付されていない文書に記載されている証拠を含んでいるという理由だけで，却けられることはない。すなわち，そのような文書の不存在は，宣誓供述書に与えられる証拠価値に影響を与えることはあるが，それで宣誓供述書が不許容となることはない。この区別を例示すれば，次のようになる。契約の内容を明らかにするための宣誓供述書における陳述は契約が締結されたことを証明するためには許容されるが，適切に有効とされた契約書の写しまたは認証された契約書の写しが宣誓供述書に添付されていないかぎりは，契約の条項（terms）を証明するためには不十分である。

　サマリ判決の申立てに基づいて提出される他の資料の場合と同様に，認証のない，または，その他の理由で許容されない文書も，異議がなければ，裁判所はこれを斟酌することができる。異議は時宜に適ってなされなければならず，そうでないときは，放棄されたものとみなされる。

　弁護士のブリーフ（brief）は，サマリ判決の申立てを判断するための訴訟記録の一部ではないとする裁判所もあるが，このような見解はまったく正確とは

6 R. E. ストロム『合衆国連邦地方裁判所におけるサマリ判決の実務』

言えない。確かに，たとえ，相手方が争わない場合であっても，申立当事者の
ブリーフにおける事実陳述だけを基礎としてサマリ判決が認められることはな
い。また，サマリ判決に反対する当事者のブリーフにおける事実主張だけに
よって申立てが却下されることもない。というのは，このような性格の文書は，
自画自賛な内容であり，事実上の争点の存在または不存在についての証明力あ
る証拠とはならないからである。同様に，裁判所は，ブリーフの単なる一部に
すぎず，宣誓供述書または証言録取書によって特定され，認証されていない証
拠物に基づく事実についての主張を認めていない。しかしながら，サマリ判決
の申立てに反対する当事者のブリーフにおける自白は，規則 56 条(c)に明記さ
れている「訴訟記録となった自白」と同じ機能を果たすので，すべての重要な
事実についての真の争点が存在しないことの判断にあたって用いることができ
る。反対に，ブリーフにおける自白は，トライアルに付すべき争点が存在する
ことを証明することもある。

　裁判所による確知（judicial notice）の法理は規則 56 条の申立てに適用される。
したがって，裁判所は，この法理を利用するための手続に課せられた通常の制
限に服した上で，サマリ判決を基礎づけるものか反対するものかにかかわらず，
裁判所が確知したことをすべて斟酌することができる。例えば，裁判所は，同
一の当事者間で同じ訴訟物が対象となっている他の事件または同一の当事者間
で関連する争点が問題となっている他の事件について，たとえ，他の事件が既
判力またはコラテラル・エストッペルのいずれによっても当事者に拘束力を及
ぼさないと考えられる場合であっても，裁判所による確知をすることができる。

　裁判所による確知の法理の利用はできるものの，裁判官は，規則の規定する
方法で適切に提出されなかった事実（matter）または裁判所による確知の法理
の対象ではない事実（matter）についての「推定」（assumption）によってサマ
リ判決の申立てを解決してはならない。例えば，裁判官が自らの個人的知識に
基づいてサマリ判決を下すのは不適切であり，また，裁判官が多少知っている
他の事件の中で明らかになった事実に基づいてサマリ判決を下すことは，その
事実が係争事件の訴答書面，証言録取書，自白，質問に対する回答，当事者の
宣誓供述書の中で陳述されていないときには，不適切である。

　弁護士によって締結された訴訟上の合意（stipulation）は規則 56 条の自白と

第Ⅱ編　翻　訳

みなされる。もちろん，たとえ，若干の事実が合意されたとしても，合意があいまいであったり，あるいは，合意があるにもかかわらず紛争について重要な事実上の争点が存在するときには，サマリ判決は却けられねばならない。

重要な事実についての真の争点に関する基準

　サマリ判決の申立てを判断するにあたって，裁判官は，当事者間に存在する現実の事実上の紛争を審理することは許されていない。裁判官の役割は，重要な事実について「真の争点（genuine issue）」が存在するか否かを決定することにある。

　何が重要な事実を構成するかという問題に適用される確立した基準は存在しないものの，次のような一般的なコメントを若干述べることはできよう。重要性（materiality）の概念は訴訟において許容しうる（allowable）紛争の範囲の中にある問題だけを包含する。この基準の下では，ある事実が，当事者によって適切に提起された争点のいずれかを解決するものであるときには，重要（material）である。したがって，サマリ判決の申立てを判断するにあたって，連邦裁判所は，ある事実が法的防御（legal defense）を構成するとき，または，ある事実の存在若しくは不存在が訴訟の結果に影響を与えるかもしれないとき，または，ある事実が提起する争点についての解決が決定的であるため，その点について不利に判断される当事者は勝訴することができないときには，そのような事実は重要であると判示している。他方，判決（decision）にとって必要でない事実上の争点は，規則56条(c)の意味するところの重要性はなく，それが争われているか否かにかかわらず，サマリ判決を認めることができる。

　どのような事実が重要であるかを決定した後に，規則56条(c)の要件について裁判所が行なうべき第二の要素は，そのような重要な事実のいずれかについて「真の争点（genuine issue）」が存在するか否かを判断することである。もし存在するときには，サマリ判決は否定されねばならない。この判断が難しい理由としては，事実上の争いが「真の」ものであるかどうかを判断するための基準（guidance）が規則56条にはより具体的に明示されていないことになる。56条の要件を適用するにあたって，裁判所は，争点が真のものであることの

258

6 R.E. ストロム『合衆国連邦地方裁判所におけるサマリ判決の実務』

基準を説明するために様々の工夫を凝らした表現を用いてきた。しかしながら，このような説明が条文の規定に多くのことを付け加えたか否かは疑わしい。規則56条について，裁判所が取るべき適切な行動基準として言えることは，裁判官は，トライアルを開くことが無意味な事件を取り除くべきであり，同時に，そのことによって，適法な事実上の紛争についてサマリ判決に反対する当事者の裁判（トライアル）を受ける権利を奪うことのないように注意すべきであるということである。

真の争点が存在するか否かを判断するための正確な基準がないため，裁判所は，規則56条の手続がその目的，── すなわち，「訴答書面における主張を吟味すること」── を達成するように注意深く見守る必要がある。

規則56条の「真の争点」の基準は，連邦民事訴訟規則58条の指示評決（指図評決，directed verdict）の基準と同じであるとされてきた。規則58条の基準の下では，準拠法（governing law）の下では，合理的な人間ならば，到達すべき結論に相違が生じえない場合は，裁判官が評決を指示すべきであるとされている。したがって，証拠から判断して，申立当事者に指示評決が認められるような場合には，サマリ判決が認められるべきである。このような基準は，申立当事者および相手方（非申立者）それぞれのトライアルにおける証明責任に留意して適用されねばならない。したがって，サマリ判決は明らかな事件においてのみ認められることになろう。

規則56条(c)の適用にあたっては，裁判官は，事実を略式で（summarily）審理することはできない。すなわち，裁判官の役割は当事者によって確定された事実に法律を適用することに限定されている。したがって，サマリ判決を申立てた当事者は，自らが提出した証拠が相手方が提出した証拠よりも信頼があるように見えるとか，あるいは，相手方がトライアルで勝訴する見込みがないとかの理由だけによっては，サマリ判決を受けることはできない。このことは，当事者双方がサマリ判決の申立てを行なったときにもあてはまる。したがって，申立てに関して提出された証拠が異なった解釈を受ける場合，あるいは，合理的な人間が証拠の価値について見解を異にするような場合には，サマリ判決を認めることは適切でない。

規則56条(c)の第三文の最終では，トライアルを開くことを正当化するため

259

第Ⅱ編　翻　訳

の重要な事実についての真の争点が存在しない場合には,「申立当事者は法律上の判断のみで判決を受けることができる」と規定されている。したがって,サマリ判決の申立てを判断するにあたって,裁判所が行なわなければならない最後のことは,法理論または法原理がサマリ判決が認められるべきであると主張する申立当事者の立場（position）を支持するか否かを審理することである。そのような審理にあたっては,裁判所は,サマリ判決の申立てに基づいて当事者が提出した特定の法律についての主張に限定されることはない。いったん,すべての重要な事実について真の争点が存在しないことが確定され,当事者が法律上の判断のみによって判決を受けることになった場合には,裁判所の依拠する法原理が当事者の主張した法原理と異なっていても,判決が下されるべきである。しかしながら,裁判所はこのような場合は慎重でなければならない。というのは,裁判所が依拠した特定の法原理に関する事実が争点になっていなかったため,真の争点が存在することを証明する機会が相手方に与えられなかったことから生ずる過誤（error）の可能性が大きいからである。したがって,裁判所は,通常,ブリーフなどによって当事者が主張したもの以外の法原理または優先順位に依拠しようとする場合は,当事者に通知（notice）をするべきである。

　サマリ判決を申立てた当事者が,規則56条(c)の基準 —— 「すべての重要な事実について真の争点が存在しないこと」 —— が満たされたこと,そして,また,申立者が法律上の判断のみで判決を受けることができることを証明する責任を負っているということは,広く承認されている。申立者は厳格な基準を課せられているとされている。申立者に対してサマリ判決が容認されるためには,何が真実であるかが明らかにされなければならず,また,重要な真実に関しての真の争点が存在するか否かについてのすべての疑いが取り除かれなければならない。証明の責任は申立者にあるため,裁判所は提出された証拠は常に申立てに反対する当事者の有利に解釈され,また,反対の当事者は証拠から引き出されるすべての有利な推定を享受することができる。最後に,申立てに反対する当事者によって主張された事実は,宣誓供述書その他の証拠資料によって基礎づけられるときは,（サマリ判決の）申立てに関して真実であるとみなされる。

260

6 R. E. ストロム『合衆国連邦地方裁判所におけるサマリ判決の実務』

訴訟の性質

サマリ判決はすべてのタイプの訴訟において利用できるが，より容易に利用される事件類型もある。機能的および歴史的な理由があるため，統計によれば，約束手形（note）に基づく事件や（定額）金銭債務訴訟においては他の種類の事件よりもサマリ判決の申立てが認められる割合が多いことが証明されている。したがって，サマリ判決はネグリジェンス事件（過失事件）においては通常認められることはない。過失事件においては，他の事件におけると同様に，通常人（reasonable man）の基準が相矛盾する証言に適用されねばならない。しかしながら，過失事件にあっても，サマリ判決が被告あるいは原告のために認められた事件もある。強い反対意見もあったものの，合衆国最高裁判所の5人の裁判官が，「動機や意思が重要な役割を果たし，また，証拠は主として共謀者の手中にあり，敵性証人は陰謀を隠すような複雑な反トラスト事件においてはサマリ判決は控えめに行使されるべきである。」と判示したことはおそらく正しいであろう[4]。精神状態（state of mind）が問題となっている事件，あるいは，真実がとくに申立当事者の知識の範囲内にあるような事件はサマリ判決による解決は通常できない。しかし，このことから，このような事件においてサマリ判決がまったく認められないと一般化するのは誤りであろう。規則はすべての事件においてサマリ判決を許しているのであり，ある特定の事件においてサマリ判決が適当であるか否かが吟味されなければならない。これは規則についての大まかな裁判所の解釈では解決できない問題である。

サマリ判決は，事実について「ほんの僅かの疑い（slightest doubt）」がある場合に，認められるべきではないとよく言われている。規則56条が「すべての重要な事実についての真の争点」という文言を使って規定していることを考えれば，そのような言い方は不適切であろう。というのは，この言葉を文字どおり解釈するときには，ほとんどすべて人間が行なうことには少なくとも僅かな疑いは生じるものであるため，サマリ判決が認められることはほとんど無く

---

(4) Pollar v. Columbia Broadcasting System, Inc., 368 U.S. 464, 473（1962）.

第Ⅱ編　翻　訳

なってしまうであろう。より良いアプローチとしては，真の争点が存在するか否かを判断するにあたって，サマリ判決の申立てに反対する当事者に対してすべての合理的な疑いについての利益を与えるという言い方であろう。ときとして，規則56条は「宣誓供述書による裁判（トライアル）」を許しているのではないと，侮辱的に言われる。このような軽蔑的な語句が隠そうとしている原理は，宣誓供述書はサマリ判決の申立てのために用いられることはあるけれども，裁判所は争われている事実上の争点を宣誓供述書を参考にして解決しないかもしれないということである。

　最後に，申立者の相手方が宣誓供述書その他の資料を提出したか否かにかかわらず，すべての重要な事実について真の争点が存在しないこと，および，法律上の判断のみに基づいて判決を受けることができることを証明する責任は申立者にあることは常に変わりない。申立者は，自らの提出した書面から有利な推定をしてもらうことはできない。反対に，申立てに関連して提出された事実（matter）は申立てに反対する当事者に最大限有利なように解釈されねばならない。

一部サマリ判決

　サマリ判決の申立ての判断にあたって，若干の重要な真実については真の争点が存在するため，サマリ判決の申立ては却下されなければならないけれども，他の多くの重要な事実については実質的な紛争が存在しないこともある。このような場合，裁判所は，実質的に争いのない事実を特定して，これらの事実は訴訟のトライアルにおいては証明されたものとみなす。このような裁判所の決定はしばしば「一部サマリ判決」と呼ばれている。しかし，このようなネーミングは誤解を生じるおそれがある。というのは，「判決」というのは，その定義からして，上訴が可能でなければならないからである。しかし，一部サマリ判決については，それが一定の請求または当事者について最終的な処分を行なうものであり，連邦民訴規則54条(b)に基づいて裁判所が最終的なものであると認証しない限りは，上訴できないのである。

6 R. E. ストロム『合衆国連邦地方裁判所におけるサマリ判決の実務』

当事者双方からのサマリ判決の申立て

規則 56 条(a)および(b)において明らかに規定されているように，権利主張者（claimant）であるかその相手方であるかにかかわらず，いずれの当事者もサマリ判決の申立てを行なうことができる。したがって，ときとして，裁判所が当事者双方からサマリ判決の申立てを受けることがあるのは驚くにはあたらない。しかしながら，当事者双方が同時に事実についての真の争点が存在しないと主張する事実は，トライアルが必要でないことの証明にはならず，また，裁判所に対して（裁判所が）適切であると考える判決を下す権限を与えるものでもない。この点について，Rain v. Cascade Industries, Inc. 事件における第三巡回区合衆国控訴裁判所は次のように説明している[5]。

「当事者双方からの申立て（cross-motion）は，それぞれの当事者が自らサマリ判決を受けることができると主張する場合以上のものではない。そして，当事者双方がそのような相反する主張をすることは，一方の主張が却けられたときには相手方の主張が必然的に正当化されるという合意を意味するものではなく，また，申立てを却けられた当事者が事実について真の争点が存在するか否かについての裁判所による判断を放棄したということでもない。真の争点が存在するときには，サマリ判決ではなく，正式のトライアルにおいて解決されなければならない[6]。」

要するに，たんに双方の当事者がサマリ判決を求めているという事実は，完全なトライアルを受ける権利の放棄とはならず，言い換えれば，事件を陪審によって審理してもらう権利を放棄したことにはならないのである。

規則 56 条の下における当事者双方からの申立てが，最終的に解決されて判決に登録されるほどに事件が熟していることには必ずしもならないことには基本的に三つの理由がある。第一は，重要な事実について真の争点が存在するか否かを決定することはそれ自体裁判所によって判断されなければならない法律上の問題である。これは当事者の一方あるいは双方がこの問題についてどのよ

---

(5) 402 F. 2d 241（3rd Cir. 1968）.

(6) Id. at 245.

第Ⅱ編　翻　訳

うに考えているかには関係ない。

　第二は，当事者の一方が自らの（主張する）法理論が採用されることを信じて争点が存在しないと主張し，同時に，自らの法理論が採用されなかったり，または，相手方の法理論が採用されるときには真の事実上の争点が存在すると主張するような場合である。サマリ判決を申立てる当事者は，自らの申立てが認容される目的のためだけに，事実上の争点の不存在を認めたり，相手方当事者の主張が真実であることを認めることがあることに注意しなければならない。申立者が自らの申立てを基礎づけるために提出する法理論および重要な事実について争点が存在しないという主張は，裁判所が相手方の申立てについて決定するときには，申立者の不利に用いられないこともある。例えば，出訴期限法（statute of limitation）により請求を訴求することはできないとの理由でサマリ判決の申立てを行なう被告はその防御については事実上の争点は存在しないと主張できるが，この防御が法律上の判断のみで判決を受けられるほど十分ではないと判断されるときは，被告は自らに向けられている請求に関する自らの責任については事実上の争いが存在すると主張することはできるのである。他方，当事者の一方が事実上の争いがないことを認めており，かつ，規則56条の下での相手方からなされた申立てに対して何ら反対する宣誓供述書を提出していないときは，他の要件が備わっていれば，その者の不利にサマリ判決が下されることもある。

　当事者双方からの申立て（クロス申立て）が別個に検討されねばならず，また，必ずしもいずれかの申立ての一つに基づいてサマリ判決が下されなければならないと解釈されるべきではない第三の理由としては，それぞれの当事者が，それぞれのサマリ判決の申立者として，重要な事実についての真の争点が存在せず，法律上の判断のみで判決を受けられることを証明する責任を負っているということが挙げられる。当事者の一方が自らの申立てを証明する責任を果たさないという事実は，自動的に相手方がその申立ての証明責任を果たし，その申立てたサマリ判決が認容されるということを意味しない。裁判所は，それぞれの当事者の申立てをそれぞれ別個に審理し，規則56条の要件にしたがって決定しなければならないのである。重要な事実について真の争点が存在するときには，裁判所は，双方の申立てを却下しなければならない。しかし，真の争

点がないときは，いずれかの当事者が法律上の判断のみで勝訴できることになり，裁判所はサマリ判決を下す。

　最後に，裁判所が当事者双方からの申立てを判断するにあたって，ときとして，申立ての審理において事実関係が十分に明らかになることがある。このようなことが非陪審事件で生じたときには，裁判所は事実上の争点を決定するために手続を進め，当事者からこれ以上何も提出されないことが明らかなときには，遅滞なく事件の実体（メリット）について判決を下すことができる。そして，このような方法による訴訟手続において不利益はない。もちろん，実際的には，手続はトライアルとなるのであり，技術的に言えば，サマリ判決による解決ではない。

裁判所の職権に基づくサマリ判決

　規則56条は，いずれの当事者もサマリ判決の申立てができることを明文で定めているが，いずれの当事者からも申立てがないが，裁判所が職権でサマリ判決を下したいと考える場合については規定していない。また，申立者のためではなく，申立てをしていない者がサマリ判決を認められるべき場合についても何ら規定していない。申立てによらずに，裁判所が自らの職権によってサマリ判決を下すことができるか否かは，上記の二つのいずれの場合にも共通であるが，二つの場合は別個に検討すべきである。

　当事者のいずれもがサマリ判決の申立てをしていないときに，裁判所がサマリ判決を下したいと考える場合の懸念はそれほど大きいものではない。現実問題として，事件がサマリ判決による解決に熟していると判断するときには，裁判所はいつでも然るべき当事者にサマリ判決の申立てをするように勧めることができる。むしろ，裁判所の職権による行為によって生じる問題としては，サマリ判決を不利に認められてしまう当事者に対して予め通知を行ない，サマリ判決が下されるべきではないことを十分に証明する機会を与えなければならないことである。裁判所がこのような機会を与えるならば，裁判所が自らの職権でサマリ判決を下すことを禁じる理由はない。このように解釈しないと，必要のないトライアルを開かねばならないことになり，事件の処理を促進するとい

第Ⅱ編　翻　　訳

う規則 56 条の目的に反することになる。

　当事者の一方だけからの申立てがある場合に，その相手方の申立てをしていない者のためにサマリ判決を認容することは，当事者双方ともサマリ判決の申立てをしていない場合とは若干異なる。当事者の一方による申立てがある場合には，裁判官はすでに重要な事実に関して真の争点が存在するか否かの審理を開始しており，申立てを基礎づけるため，あるいは，申立てに反対するために，当事者双方には証拠を提出する機会は与えられているのである。

　申立てをしていない当事者のためにサマリ判決を認容することは，当事者双方が重要な事実に関する争いがないことに合意しており，当事者の一方のみによる申立ての場合にもサマリ判決によって事件を解決することに同意している場合には，明らかに適切である。しかしながら，そのような相互の合意がないときには，裁判所がとるべき最善の方法は，最初の申立てについての判断を差し控え，申立てをしていない当事者に申立てをするように勧めることである。非申立者がサマリ判決を受けることができると考える場合には，裁判所は，常に，最初の申立者に対して，真の争点が存在することを証明するための十分な機会を与え，また，また相手方が法律上の判断のみで判決を受ける権利はないことを証明するための機会を十分に与えなければならない。

規則 56 条の将来の課題

　合衆国最高裁判所の最近の判例は，過去のものと比べて，サマリ判決の申立てを促進しているように思われる[7]。ごく最近，合衆国ジュディシャル・カンファランスの実務及び手続に関する委員会は，他の条文に関する重要な改正と共に，最高裁判所の最近の判例によって承認された実務を支持するような方向での規則 56 条の大幅な改正を提案している。改正案の目的としては，第一に，現行規則 56 条(d)の規定する事実を早期に（summary）確定する制度の利用を拡大することである。第二に，以後の手続をコントロールするために早期に法律を確定する規定を設けること，第三に，サマリ判決に反対する当事者に

---

[7] Celotex Corp. V. Cattrett, 477 U.S. 317 (1986); Anderson V. Liberty Lobby, Inc., 477 U.S. 242 (1986); Matsushita Elec. Indus. Co., 475 U.S. 574 (1986). 参照。

合理的な開示の機会を保証すること，第四に，規則50条及び52条（指示評決，評決無視判決の申立て，裁判所による事実認定）との関係を整備すること，第五に，現行の規則の下で生じているいくつかの問題に指針を与えることである[8]。

結　語

規則56条の定めるサマリ判決は，重要な事実に関して真の争点が存在せず，法律問題のみが存在する事件を迅速に処理するための手続である。したがって，当事者は，事件がトライアルにおいて完全に審理されることを待つまでもなく，56条の申立てによって訴訟の最終的な解決を求めることができるのである。このようにして，根拠のない請求の主張から生じる引き延ばし戦術，もっともらしい否認あるいはごまかしの防御の提出が封じ込められるのである。当事者には迅速な裁判が与えられ，また，裁判所の事件負担の圧力が多少軽減されるのである。

---

(8) Advisory Committee Note to the Proposed Amendment to Rule 56（b）9, 110 S. Ct. CXCII CCIV（1989）. 参照。

7 アメリカ合衆国におけるサマリ・ジャッジメント

J. R. ピールマイヤー

James R. Pielemeier, Summary Judgement in the United States

本日は，過度の民事訴訟を制限または処理するための方法として合衆国においてますます頻繁に利用されている手続上の手段の一つ，すなわち，サマリ・ジャッジメント（以下サマリ判決とする）についてお話しします。

周知のように，合衆国において提起される民事事件の数はきわめて膨大です。また，訴訟はきわめて高価なものです。その上，二，三の例外はあるものの，敗訴当事者が訴訟費用および勝訴当事者の弁護士費用を支払わなければならない国と異なり，多くの民事事件において，各当事者は自ら依頼した弁護士の報酬を支払わなければなりません[1]。

このような理由により，もし事件がトライアルで審理された場合にはほとんど勝訴する見込みのない原告がかなりの金額での和解を勝ち取ることも時々あります。被告がそのような和解に同意するのは主として経済的理由からです。勝訴することがほぼ確実であっても，高額な訴訟の費用を払うよりは，より少ない金額 —— ときにはかなり高額になることもありますが —— を支払って訴訟を回避した方が得策と判断するのです。

同様に，原告が自己の請求についてきわめて強力な裏付けを持っており，かつ，相手方による攻撃が弱いにもかかわらず，トライアルで審理されたならばその結果受けるであろう金額よりもかなり少ない金額で和解に応じるときもあります。この場合も和解に応じる主たる理由は経済的なものです。トライアルまで訴訟を追行するための費用が和解に応じて支払う金額よりも大きくなることもあるのです。

訴訟上の和解は，もちろん，アメリカ合衆国において大変好まれており，民事事件の大半は和解によって終了します。しかしながら，多くのアメリカ人は，和解は主としてそれぞれの当事者の立場の内容（メリット）の評価に基づいて

---

(1) Alyeska Pipeline Service v. Wilderness Society, 421 U.S. 240 (1975). 参照。

第Ⅱ編　翻　訳

行なわれるべきであり，すなわち，公正な（fair and just）結果を反映すべきであり，主として経済的な圧力のためになされるべきではないと考えていると思います。

　事件によっては，事実および証拠から判断して，一方の当事者が勝訴すべきことがきわめて明白なこともあります。このような場合に和解が行なわれるとすれば，その理由は，（事件の）内容のためではなく，当事者がトライアルまで訴訟を追行した場合の出費を避けたいと思ったと考えてまず間違いはありません。このような事態は避けなければなりません。しかし，このような事件において，当事者が不誠実に（in bad faith）訴訟を提起したり，防御（defend）していると言っているのではありません。訴訟の初期の段階においては，当事者は証拠による裏付けができると信じて誠実に（in good faith）請求または防御を提出することもあり，また，請求または防御を提出するときにすべての証拠についてのアクセスを得ていないこともあります。

　たんに請求の棄却を求めるか，あるいは，請求を認諾するのではなく，当事者が和解を求める場合，必ずしもその当事者は相手方に経済的圧力をかけ，その結果，経済的な利益を得ようとして不誠実に行動していると言っているわけではありません。正直に，しかし，誤って自らの請求または防御が何らかのメリット（根拠，理由）を有すると信じていることもあり，また，トライアルにいたるまでには自らにとって有利な証拠を追加できると期待していることもあるでしょう。しかし，このような信念や期待が誠実なものであっても，現実に何らの証拠もないこともあるのです。

　サマリ判決の基礎にある考え方は，訴訟の最終段階であるトライアルにいたる前に，上記のような事件を処理する手続上の工夫があって然るべきだということです。このような工夫があれば，このような事件を審理するための裁判所の負担を軽減するし，また，事件の内容を反映した和解ではなく，訴訟追行費用の負担を避けるためにする和解を減少させることにもなります。また，裁判所は，訴訟のかなり早い段階で，請求または防御が潜在的なメリットを有し，トライアルにいたるまで訴訟を続けていくだけの正当性があるか否かを効率的かつ公正に判断することができるのです。

　サマリ判決に関する連邦民訴規則の規定および多くの州の規定は，このよう

270

7 J. R. ピールマイヤー『アメリカ合衆国におけるサマリ・ジャッジメント』

な手続上の工夫を提供するものです。そして，近年，アメリカの裁判所は，訴訟費用の増大および経済的理由による和解への圧力の増大を感じ取ったためか，近年，ますますサマリ判決を活用する傾向にあります。

　本日は，サマリ判決に関する連邦規則およびこれがどのように適用されているかについてお話しします。サマリ判決を何時申し立てるのが適切であるかを理解するためには，徐々に明らかになるように，アメリカのプリーディング（pleading 訴答）の実務を若干理解しておかなければなりません。さらには，アメリカ民事訴訟の当事者主義的訴訟構造（adversary nature）や相手方当事者の所有する証拠をトライアル前の段階で広く開示させるディスカバリ（discovery 開示手続）の制度を知ることはサマリ判決の理解に大いに役立ちます。したがって，わたくしのお話しの中でも随時これらについて触れていきます。しかし，まず，はじめに連邦民訴規則が規定するサマリ判決のスタンダード（基準）について簡単にお話しします。

　連邦裁判所においては，サマリ判決は連邦民訴規則 56 条に規定されています[2]。この条文は比較的長いものですが，ここでは，重要な部分だけを指摘

---

(2) Fed. R. Civ. Proc. 56. 合衆国における多くの州は，連邦規則と同様ないし全く同一の規定を定めている。たとえば，Minnesota Rule of Civil Procedure 56 参照。連邦民訴規則 56 条の規定はつぎのとおりである。

　56 条　　サマリ判決

(a) 権利主張者のためのサマリ判決　　請求，反訴請求若しくは交差請求に基づいて権利の回復を求める当事者又は宣言的判決の獲得を求める当事者は，訴訟の開始から 20 日経過した後又は相手方当事者によるサマリ判決の申立ての送達後は何時にても，サマリ判決を基礎づける宣誓供述書の提出の有無にかかわらず，権利主張者の請求の全部又は一部を認容するサマリ判決を申し立てることができる。

(b) 相手方当事者のためのサマリ判決　　請求，反訴請求又は交差請求が申し立てられている当事者又は宣言的判決が求められている当事者は，サマリ判決を基礎づける宣誓供述書の提出の有無にかかわらず，何時にても権利主張者の請求の全部又は一部を棄却するサマリ判決を申し立てることができる。

(c) 申立て及びその手続　　サマリ判決の申立書は，その審理のために設定された日より少なくとも 10 日前までに送達されなければならない。相手方当事者は，審理日に先立って，サマリ判決を認容することに反対する宣誓供述書を送達することができる。サマリ判決は，訴訟記録中の訴答書面，証言録取書，質問に対する回答，自白及び宣誓供述書があるときはそれを加えたものを判断資料として審理し，その結果，重要な事実について真の争点が存在せず，申立当事者が法律上の判断のみで判決を受けることができると判明したときには，裁判所は直ちにサマリ判決を下さ

第Ⅱ編　翻　訳

したいと思います。この規定によれば，当事者はサマリ判決の申立てを行ない，これを宣誓供述書（affidavit），訴答書面，開示手続で得られた資料によって基礎づけることができます。通常，サマリ判決は，ある程度開示手続が行なわれ

なければならない。裁判所は，損害額について真の争点が存在する場合にも責任の有無の争点だけについて，中間判決としてサマリ判決を下すことができる。

(d) サマリ判決の申立てによって全部判決がなされなかった事件　　本条に基づく申立てによるサマリ判決によって事件の全部又は求められた救済の全部が終局的に解決されずトライアルが必要となるときは，裁判所は，サマリ判決の申立ての審理において，訴答書面及び証拠を検討し又弁護士に質問して，可能な場合には，実質的に争いのない重要な事実及び現実かつ誠実に争われている事実を確定しなければならない。裁判所は，これに基づいて，損害額の範囲又は他の救済等の実質的に争いのないと判断される事実を特定し，事件の適正な事後手続を指示する決定を下さなければならない。このようにして特定された事実はトライアルにおいては証明されたものとみなされ，トライアルはこれを前提として進められなければならない。

(e) 宣誓供述書の様式：追加的証言：必要とされる防御　　宣誓供述書は，サマリ判決を基礎づける場合と反対する場合とにかかわらず，宣誓供述書が自ら直接取得した知識に基づいて作成されたものでなければならず，証拠として許容されるようなものを記載していなければならず，また，宣誓供述者が宣誓供述書に記載されている事項について証言する能力があることを積極的に示したものでなければならない。宣誓供述書の中で引用されている書面の全部又は一部については，その宣誓付き又は認証付きの写しを宣誓供述書に添付し又は宣誓供述書と共に送達しなければならない。裁判所は，証言録取書，質問書に対する回答又は追加的宣誓供述書によって宣誓供述書を補充し又は反対することを許すことができる。サマリ判決の申立てがなされ，これが本条に規定されている方法で基礎づけられたときは，相手方当事者は，訴答の中の主張又は否認だけでなく，宣誓供述書その他本条で規定されている方法により，トライアルに付すだけの真の争点が存在することを示す特定の事実を述べなければならない。相手方当事者がこのような対応をしないときは，裁判所は，適切であれば，相手方当事者敗訴のサマリ判決を下さなければならない。

(f) 宣誓供述書を提出できない場合　　サマリ判決の申立てに反対する当事者の宣誓供述書から判断して，その当事者が，諸々の理由により，自らの反対の立場を正当化するために不可欠な事実を宣誓供述書の中で提出することができないと認められるときは，裁判所は，サマリ判決の申立てを却下することもでき，又は，宣誓供述書の獲得，証言の録取，開示手続その他適当であると認める措置の続行を命じることもできる。

(g) 害意に基づいて作成された宣誓供述書　　裁判所が，本条に従って提出された宣誓供述書が害意に基づくものであり，又は，遅延のみを目的とするものであると信じるときは，裁判所は，かかる宣誓供述書を提出した当事者に対して，合理的な弁護士報酬を含め，かかる宣誓供述書の提出によって相手方当事者が被った合理的な費用を直ちに支払うよう命じることができる。この決定に従わない当事者又は弁護士は裁判所侮辱の罪に問われることもある。

7 J. R. ピールマイヤー『アメリカ合衆国におけるサマリ・ジャッジメント』

た後，訴訟のかなり早い段階で行なわれます。申立てがなされた場合は，相手方に対し申立てに対抗するための宣誓供述書その他の資料を準備・提供させるため少なくとも10日間の猶予を与えなければなりません。実際，多くの裁判所においては，これより少し長い期間がローカル規則によって与えられています[3]。

しかし，いずれにせよ，裁判所はサマリ判決の申立てについて審理を行ない，連邦民訴規則56条によれば，裁判所の審理した資料が「すべての重要な事実について真の争点がなく，申立てをした当事者が法律上（as a matter of law）サマリ判決を受ける権利のあることを示す[4]」ときはサマリ判決を下さなければならないと規定しています。この部分がこの条文で最も重要な箇所です。この文言が（サマリ判決の）基準を示しています。重要な事実について真の争点が存在するか。もし，存在するならば，申立ては却下されるべきです。もし，存在しなければ，申立ては認容されるべきです。

ところで，どのような情況の下でこの基準は満たされるのでしょうか。これを説明する前に，合衆国におけるプリーディングの手続について簡単に触れておかなければなりません。事件における争点は何かを決定できるのは，このプリーディングの手続からであり，サマリ判決の基準は重要な事実について真の争点が存在するか否かを問うものであるので，プリーディングの手続を理解しておくことは重要なのです。

合衆国における民事訴訟は被告に訴状を送達することによって始まります。訴状には原告に法的救済を与えるところの被告の行為についての主張を記載します。この主張はきわめて一般的なもので足ります。主張は事実についてきわめて特定的（具体的）でなくてもよいのです[5]。しかし，この主張は，証明された場合には，原告に法律上の救済を与えるようなものでなければなりません。言い換えれば，請求のすべての「要素（elements）」に触れていなければなりません。例えば，原告が被告の製品を使用していたこと，および，使用中に損

---

(3) たとえば，ミネソタ州のローカル規則の4条は，サマリ判決を基礎づける資料を審理日より21日前までに相手方の弁護士に送達しなければならないと規定している。

(4) Fed. R. Civ. Proc. 56 (c).

(5) Conley v. Gibson, 355 U.S. 41 (1955). 参照。

273

第Ⅱ編　翻　訳

傷を受けたことだけを記載した訴状では訴状として十分ではありません。この記載だけでは，原告の損傷を被告が賠償しなければならない理由ないし理論が主張されていないからです。もし原告の損傷回復の理論（構成）が被告のネグリジェンス（過失）であるならば，訴状には，被告に過失があり，その過失が原告の損害を発生させた旨の主張がなければなりません。もし原告が過失を証明できなかったり，因果関係を証明できないときは，これらは請求が認められるための不可欠の要素であるため，勝訴することはできません。訴状には，有効な法理論（legal theory）の下で（権利）回復（recovery）が認められるために不可欠な要素がすべて存在することを示す主張が記載されていなければなりません[6]。記載されていないときは，「救済が認められるための請求（原因事実）を陳述していない」として，訴えは却下されることになります[7]。

　訴状の送達後，被告は答弁書を送達しなければなりません。被告は，答弁書において，訴状に記載された主張のそれぞれに対して，認めるかまたは否認するかをはっきりさせなければなりません。また，被告が提出したい追加的な防御があれば，これも答弁書に記載します[8]。相手方が認めた主張はもはや事件の「争点」ではありません。それらは争われてはいないのです。しかし，相手方が否認した主張は事件の争点となりますが，連邦民訴規則は，原告は防御に対して書面で対応する必要はないと規定しています。それらは「否認されたものとみなされ[9]」，そして，主張された防御の真実性や有効性もまた事件の争点となります。

　そこで，訴状と答弁書が送達されれば，事件における基本的な事実上の争点を知ることができます。すなわち，少なくとも書面の上で，当事者が何について争っているのかを知ることができます。前述したように，これらすべてのことが，重要な事実について真の争点が存在するか否かというサマリ判決の基準とかかわってくるのです。訴状と答弁書によって，当事者が争っている多くの特定の事実（matter）が明らかになることもあります。しかし，これらの争い

---

(6) O'Brien v. DiGrazia, 544 F. 2d 543（1sh cir. 1976). 参照。

(7) Molasky v. Garfinkle, 380 F. Supp. 519（S.D.N.Y. 1974). 参照。

(8) Fed. R. Civ. Proc. 8 (b).

(9) Fed. R. Civ. Proc. 8 (d).

7　J.R. ピールマイヤー『アメリカ合衆国におけるサマリ・ジャッジメント』

(dispute) や争点 (issue) のすべてが真のものでしょうか。すなわち，それぞれの当事者は，特定の主張を基礎づけまたは否定するための十分な証拠を本当に持っているでしょうか。そして，たとえ多くの争いないし争点が真のものであるとしても，それらは「重要 (material)」でしょうか。すなわち，事件の他の局面 (aspects) を考慮の入れたときに，何らかの違いを生じさせる争点でしょうか。これらはサマリ判決に関して検討すべき二つの問題なのです。

　抽象的ですが，単純な例を挙げてみます。例えば，原告が訴状において三つの事実を主張していると仮定します。また，法律の下では，もし原告がこれらの三つの事実をすべて裁判官および陪審の満足するまでに証明したときは原告勝訴の判決を受けるが，三つの事実の中の一つでも証明に失敗したときは敗訴するものと仮定します。もしサマリ判決の申立てに基づいて，被告が，原告は三つの中の一つの事実を合理的に証明するだけの証拠を持っていないことを明らかにすれば，その事実についての真の争点が存在しないことを示したことになります。そして，被告は法律上の判断だけで判決を受けることができるのです。原告が他の二つの事実を立証するだけの証拠を持っていること —— それらの真実について争点が存在すること —— は，重要ではありません。というのは，原告は三つの事実すべてを証明しなければならないからです。規則の文言によれば，これらの他の事実の存在について真の争点があるかもしれませんが，そのような争点は「重要 (material)」ではないのです。そのような争点は，原告が勝訴するためには証明しなければならない一つの事実を証明できないことが明らかになっている場合には，何らの違いももたらさないからです。

　同様に，原告は三つの不可欠の事実を主張しており，これに対し，被告は，答弁書の中でそれらすべてを否認し，また，答弁書の中で，たとえ原告主張の事実のすべてが証明されたとしても原告の請求を棄却 (defeat) せしめるような防御となる事実を追加的に主張していると仮定して下さい。もし被告がそのような防御を構成する事実が存在すること —— すなわち，そのような防御を基礎づける証拠が優越すること —— をはっきりと示したときは，被告はサマリ判決を受けることができます。原告が主張した事実について争いがあるかもしれないということは重要ではありません。そのような争いまたは争点は，原告がそれらすべてを証明したとしても被告が勝訴することがはっきりしている

第Ⅱ編　翻　訳

ときには,「重要」ではないのです。

　以上の説明は,抽象的ですが,合衆国においてサマリ判決の申立てがしばし
ば行なわれる場合を示しています。他の類型もありますが(10),これらが最も
典型的な場合であり,これらの場合を理解しておけば,サマリ判決一般を理解
するための基礎として十分であると思います。

　そこで,このような場合において,どのようにすればプリトライアルの段階
で,重要な事実について真の争点が存在せず,サマリ判決が認められるべきこ
とを裁判所に納得させることができるかについて若干説明してみたいと思いま
す。前述したように,合衆国において,このことを実現するためには二つの前
提と関わってきます。一つは,われわれの制度は広範囲のプリトライアル開示
を認めていることであり,今一つは,われわれは現在でも,民事訴訟はアド
ヴァサリ(当事者主義的)な手続であり,それぞれの当事者を代理する弁護士
が証明の展開に責任を持つという考え方に深く依存していることです。つぎに,
このようなことがサマリ判決とどのように関連しているかについて検討してみ
たいと思います。

　周知のように,アメリカの民事訴訟で行なわれるプリトライアル開示の量は
きわめて膨大になることも少なくありません。二,三の例外はあるものの(11),
当事者は訴訟の審判対象(subject matter)と関連のあるすべての事項(matter)
についての開示を得ることができます(12)。この開示の基準は緩やかに解釈さ
れており(13),許容証拠(admissible evidence)の開示だけでなく,許容証拠の
開示につながると合理的に考えられる情報の開示も認められています(14)。民

---

(10) たとえば,つぎの二つがある。(1)被告が原告の主張のすべてを認めており,一つの
　　防御のみに依拠しているときは,原告は,その防御は実際何らの根拠もないことを証明
　　するためにサマリ判決の申立てを行なうこともある。(2)原告は自らの請求の要件がすべ
　　て存在することを終局的に証明するためにサマリ判決の申立てを行なうこともある。し
　　かし,このような申立てはほとんどない。以上の二つの例および本文で挙げた例がサマ
　　リ判決の申立てが行なわれる代表的な類型である。

(11) たとえば,開示は,弁護士と依頼者間のコミュニケーションに認められるような証
　　拠提出拒絶特権のあるものについては許されない。Fed. R. Civ. P. 26 (b)(1). Upjohn Co.
　　v. United States, 449 U.S. 383 (1981). 参照。

(12) Fed. R. Civ. Proc. 26 (b)(1).

(13) St. Joseph Hospital v. INA Underwriters Insurance Co., 177 F.R.D. 24 (D. Me.
　　1987)(過失を証明「するかもしれない」記録も開示が許される)。

7 J. R. ピールマイヤー『アメリカ合衆国におけるサマリ・ジャッジメント』

訴規則はいくつかの開示を得るための方法を規定しています[15]。

　この広範囲の開示の基礎にある主たる考え方は，トライアルが行なわれる場合には，なるべく当事者に対する不意打ちを無くすべきだということです[16]。開示によって，当事者は，相手方が提出しようとしている証拠を予め知ることができ，トライアルの前に，それに対拠するための準備を十分にすることができるのです。理論的には，少なくとも，当事者双方がすべて関連する事実についての知識を持ち，そのような事実をトライアルで提出し弁論する能力を持っているならば，トライアルにおいて紛争の真の姿が正確に認定される可能性が高まり，ひいて，正義が実現される可能性が高まるはずです。学生にときおり言うことですが，もし事件が大きくて重要である場合には，開示が適切に行なわれれば，95% 以上の確率でトライアルで生じることを予測することができるようになるのです。

　しかしながら，開示は，相手方がトライアルで提出しようとしている証拠を予め知るためにだけ利用されるのではありません。当事者が自らの証明のために用いる証拠を獲得するためにも利用されます。例えば，被告により作成された詐欺的不実表示（fraudulent misrepresentation）から生じた損害の賠償を求めて訴えを提起する原告は，表示作成のとき被告はそれが虚偽であることを知っていたことを証明しなければなりません。被告の悪意を証明する証拠が存在すると原告が信じるのが合理的である場合であっても，訴え提起のときに原告が被告の悪意を十分に証明する許容証拠を入手していないこともあります。そのような証拠を入手するためには，被告の記録の調査，口頭による被告の尋問，開示手続がなければ原告やその弁護士と会うことを避けるような人々への尋問などをしなければなりません。原告はこのような証拠を，必要があれば裁判官の命令によって証拠の提出を強制してもらえる開示手続によって獲得すること

---

(14) Fed. R. Civ. Proc. 26 (b)(1).

(15) 主要な方法としては，証人を口頭尋問して作成する証言録取書，質問書（書面による質問で，相手方はこれに回答しなければならない），文書提出の要求，問題となるときは，当事者の心身の検査。Fed. R. Civ. Proc. 30, 33, 34, 35 参照。

(16) Hickman v. Taylor, 329 U.S. 495, 507 (1947).（「それぞれの当事者が収集したすべての関連ある事実をそれぞれが互いに知っておくことは，適切な訴訟にとって不可欠である。」）

第Ⅱ編　翻　訳

ができるのです。

　大事なことは，原告の請求または被告の防御を基礎づける証拠が本当に存在
するならば，アメリカの開示手続は，トライアルが開かれる前に，そのような
証拠を獲得する手段を当事者に十分に与えているということです。

　この開示手続は，アメリカの当事者主義的訴訟構造，そして，サマリ判決と
つぎのように関連してくるのです。簡単に言えば，アメリカの当事者主義は当
事者に主張・立証を準備・提出する責任を負わせているのです。開示強制命令
などを除けば，一般的に裁判所が当事者の証明活動を援助することはありませ
ん。そして，広範囲の開示を許す規則の存在は当事者に証拠を獲得するための
強力な手段を与えているのです。したがって，合理的な開示の期間が与えられ
た後は，当事者はもはや裁判所に対して立証のために必要な良い証拠があると
主張することはできず，裁判所および相手方にリソースを無駄使いさせること
は許されないのです。証拠を獲得するための機会を十分に与えられたからには，
それまでに獲得しなかった証拠はもはや存在しないとみなされるのです。した
がって，そのような証拠不足の状態でサマリ判決の申立てをすれば，サマリ判
決はその者の不利に下されることになるでしょう。

　そこで，次に，このような考え方がアメリカの判例にどのように反映されて
いるかを見てみたいと思います。判例を歴史的に検討して，近年，裁判所が
徐々にサマリ判決を広く認めるようになっている傾向を明らかにしたいと思い
ます。

　アメリカの裁判所においてサマリ判決が有効な手段であると認められるよう
になったのは，ほんのこの五年のことです。それまであまりサマリ判決が好ま
れなかった理由としては，サマリ判決がアメリカ法の保障する諸権利，例えば，
証人と対面する権利，陪審に信用性について推論・決定させる権利，陪審に対
して弁論する当事者の権利などを脅かすおそれがあることを挙げる学者もお
り[17]，わたくしもこの観察はかなり当たっていると思います。

　したがって，最近になるまでは，連邦裁判所はサマリ判決の許容基準を狭く
解しており，サマリ判決が認められることはきわめて困難でした。例えば，

---

(17) Issacharoff and Loewenstein, *Second Thoughts about Summary Judgment*, 100 Yale
　　L.J. 73, 77 (1990) [Hereinafter referred to as "Issacharoff and Loewenstein"].

7 J. R. ピールマイヤー『アメリカ合衆国におけるサマリ・ジャッジメント』

1969 年に合衆国最高裁判所が下した Adickes v. Kress 判決においては[18]，1960 年代の公民権運動に関わっていた白人の学校教師が原告となり，ある店に対し訴えを提起したが，その中で，原告は，その店の中にあるレストランで黒人の学生と同席していたときに昼食を拒否されたこと，また，原告が店を出た後で逮捕されたことにその店の者が関与していたと主張しました。原告は，店とその地方の警察が共謀して原告から平等に飲食物の提供やサーヴィスを受ける権利を奪い，また，誤った告発に基づいて共謀して原告を逮捕せしめた，と主張しました[19]。

その当時の法律の下では，原告が店に対して勝訴の判決を得るためには，店と警察との間に共同謀議（conspiracy）のあったことを証明しなければなりませんでした。この事件において共同謀議の証明は不可欠の要素でした。店は，店と警察との間に共同謀議がなかった事実は明白であるとしてサマリ判決の申立てを行ないました。店は，宣誓供述書と開示手続で得られた陳述の記録書[20] の結果，問題の事件に関して店の従業員と警察の間にはまったくコミュニケーションがなかったとしてサマリ判決の申立てを基礎づけました。これに対して，原告は，原告が店でサーヴィスを拒絶されたときに警察官がいたこと，そして，その後原告を逮捕したのは同じ警察官であったという内容の開示手続で作成された陳述記録のみに言及しました。原告は，共同謀議を立証すると合理的に考えられるような他の証拠には触れませんでした[21]。

最高裁判所は，このような場合に，原告の不利にサマリ判決を認めることは適切ではないと判示して，サマリ判決を求める者にきわめて重い責任（burden）

---

(18) 398 U.S. 144（1969）.

(19) *Id.* at 149-150.

(20) これらは証言の録取書である。口頭による証言の録取の手続においては，相手方の弁護士の面前で，証人は宣誓した上で弁護士から質問を受ける。質問と証言は証言録取書として記録される。Fed. R. Civ. Proc. 30 参照。

(21) Id. at 153-157. 原告は，開示手続で行なった陳述と同じことを主張している訴状の記載についても言及していた。Id. しかし，規則の下では，技術的には，十分に基礎づけられたサマリ判決の申立てを却下させるためには訴答書面における主張を根拠にすることはできないのである。トライアルに付すだけの真の争点があることを示す「特別の事実」を宣誓供述書その他の方法で明らかにしなければならないのである。Fed. R. Civ. Proc. 56 (e).

第Ⅱ編　翻　訳

を課すような文言を示しました。すなわち，最高裁判所は，サマリ判決の申立てに基づいて提出された資料のすべては申立てに反対する者にとって最も有利なように解釈されるべきであるとし，また，被告は，店の中に警察官がいたこと，そして，原告がサーヴィスを受けるべきではないことについて，その警察官が店の従業員と何らかの「了解（understanding）」に達していたという「可能性を排除していない」ので，被告はその責任を果たしていないと判示したのでした[22]。最高裁判所は，被告は，事件のときその場に居合わせた店の従業員すべてから（警察官とは）コミュニケーションがなかったという旨の宣誓の上の否認を取らないなど，サマリ判決が認められるために必要な証明を完全には果たしていなかったと判示しました[23]。最高裁判所は，続けて，「もし警察官がその場にいたならば，…そのような情況から警察官と店の従業員が以心伝心して，その結果，原告にサーヴィスを提供すべきでないとの了解に達したと推論することは…陪審に委ねられているところである。」と判示しました[24]。したがって，被告は，重要な事実について真の争点が存在しないことを証明する責任を果たさなかったとされたのです。

　わたくしは，この特定の判決が完全に間違っていたとは思いません。その当時は，主張されたような共同謀議は，店における警察官の存在とその後の行為によって合理的に推論されていたのですが，原告は，サマリ判決の申立てに対応してこれらの事実についての証明を若干していたのです。しかしながら，最高裁判所がサマリ判決規則の適用にあたって用いた文言は，もし他の場合に適用されたときには，サマリ判決の獲得を著しく困難にすると思います。もしトライアルが行なわれるとすれば，原告は共同謀議を証明しなければならないということに注目して下さい。最高裁判所は，トライアルが行なわれたときに共同謀議が推論される「可能性」を被告が排除しなかったためにサマリ判決を却下したのでした。もし，これが基準 —— 被告は，原告の請求にとって不可欠の主張を基礎づける証拠が存在するかもしれないという可能性を排除しなければならないという基準 —— であるならば，これを満たすのはきわめて困難な

---

(22)　*Id.* at 157.

(23)　*Id.* at 157-158.

(24)　*Id.* at 158.

7 J.R. ピールマイヤー『アメリカ合衆国におけるサマリ・ジャッジメント』

基準となるでしょう。文字どおり受け取れば，このような場合にサマリ判決を求める被告が，原告の請求の立証に一見役立ちそうなほとんどすべての証拠を検討しなければならなくなり，また，サマリ判決の申立てを認めてもらうためには，そのような証拠が存在しないことを証拠書類を添付して積極的に証明しなければなりません。多くの場合，これは大変重い負担となります。

しかし，Adickes 事件の後，このサマリ判決許容の基準はアメリカの下級裁判所において広く採用されました。サマリ判決の申立てに反対する当事者が請求のメリット（の存在）について陪審を説得するほんの僅かの可能性があれば，サマリ判決の申立てを却下した裁判所もありました[25]。そして，事実審裁判所は，サマリ判決の申立てがこの基準に照らしてあまりにもしばしば却下されたので，サマリ判決を認めることにはきわめて慎重になりました[26]。

このような状態は，わたくしが1970年代の中頃にフルタイムで実務を始めた少し前のことでした。そして，わたくしは，このような状態は良くないと思いました。それ程頻繁ではありませんでしたが，開示手続が始まって間もなくの段階で，当事者の一方が自らの請求または防御を基礎づける信用性ある証拠を持っていないことが明白になる事件を多く目撃したのです。しかし，サマリ判決の申立てをするのは時間の無駄に思えました[27]。選択できる途としては，和解をするか，または，かなりの費用と時間を使ってトライアルまで事件を持っていくことしかありませんでした。そのどちらにするかの判断は，もちろん依頼者が行ないます。依頼者は，筋を通すか，または，経済的に現実的な途を選ぶかの選択を迫られますが，通常は，経済的に現実的な道を選びました。しかし，わたくしには，この判断は必ずしも最善であるとは思われませんでした。

1970年代の後半ないし1980年代の初頭になって，合衆国における民事訴訟

---

(25) Dolgow v. Anderson, 438 F. 2d 825, 830 (2d Cir. 1970). 参照。

(26) 一般に，Issacharoff and Loewenstein, *supra* note 17, at 78 および，そこで引用されている判例を参照。

(27) ミネソタの州裁判所におけるサマリ判決の有効性について，ミネソタの弁護士を調査したときの結果によれば，多くの弁護士がこのように考えていた。Pielemeier, Summary Judgment In Minnesota : A Search For Patterns, 7 William Mitchell L. Rev. 147, 178-184 (1981).

第Ⅱ編　翻　　訳

の増加および費用の増大に対する懸念がサマリ判決に対する法律家の態度に変化をもたらしました。すなわち，サマリ判決は，司法制度にとって重荷となる多くの民事事件を処理する方法として有益であり，また，公正でもあるという考え方に変化していったと指摘する学者もいます[28]。そして，1986年に下された三つの判決の中で，最高裁判所は，Adickes判決で採ったアプローチとはかなり異なるやり方でサマリ判決規則を適用しました。この最高裁判所の態度については批判する学者もいますが[29]，結果としては，サマリ判決規則は真の活力と有効性を持つようになったと思います。

　三つの中の第一の事件は，Matsushita Electric Industrial Co. v. Zenith Radioでした[30]。この事件は大変複雑であり，最高裁判所は，この事件の事実を述べるのは「身もひるむ仕事」であることに触れつつ，その議論を始めていますが[31]，要点をかいつまんで言えば，つぎのとおりです。この事件は，アメリカにおけるテレビなどの電気製品の製造業者および販売業者多数が電気製品を製造する日本の会社およびアメリカにおける日本企業の子会社多数に対して起こした訴訟です。この訴訟は1973年に提起されましたが，1953年からこの時にいたるまで，被告は違法に共謀してアメリカの会社をアメリカの電気製品市場から締め出したと原告は主張し，また，被告は日本においては人為的にテレビの価格を高くしておきながら，アメリカにおいては損失を覚悟で低い価格で販売したものであり，これはアメリカの反トラスト法に反すると主張しました[32]。

　数年にわたる詳細な開示手続の後で，被告はサマリ判決の申立てを行ない，事実審裁判所は，これと関連して，当事者に対して事件がトライアルまで進んだときに提出する予定の書証をすべて一覧表にするように指示しました。そし

---

(28) Louis, Federal Summary Judgment Doctrine : A Critical Analysis, 83 Yale L.J. 745 (1974); Currie, Thoughts on Directed Verdicts and Summary Judgments, 45 U. Chi. L. Rev. 72 (1977); Pielemeier, *supra* note 27. 参照。

(29) Issacharoff and Loewenstein, *supra* note 17（比較的複雑な理論的な分析によって，裁判所のアプローチの経済的有用性を問題としている。）

(30) 475 U.S. 574 (1986).

(31) *Id.* at 576.

(32) *Id.* at 578-579.

7 J.R. ピールマイヤー『アメリカ合衆国におけるサマリ・ジャッジメント』

て，事実審裁判所は，原告が提出しようとしている証拠の大半は証拠法に照らしてトライアルでは許容できないものであり，残りの証拠では共謀が存在したことに関する重要な事実の真の争点を引き出すことはできないと判断しました。すなわち，共謀が存在したという結論を支持することは合理的ではないであろうとの判断であり，したがって，事実審裁判所は，被告のサマリ判決の申立てを認めたのでした[33]。

控訴裁判所は，この判決を取り消しました[34]。しかし，最高裁判所は，事件の他の論点を審理するために控訴裁判所に事件を差し戻したものの，事実審裁判所がサマリ判決を認めたことは適切であったと判示しました[35]。最高裁判所の意見は，アメリカの反トラスト法に違反する共謀を証明するために原告は何を示さなければならないかに集中しました。この問題はかなり込み入っており，ここでは立ち入りません。サマリ判決にとって重要なことは，裁判所が問題の解決にあたって採ったアプローチのしかたです。

Adickes 事件で採ったアプローチとは対照的に，最高裁判所は，サマリ判決の申立てに反対する当事者がトライアルで審理する真の争点が存在することを示す特定の事実を提出する必要があることを強調しました。裁判所は続けてつぎのように判示しました。「記録を全体として検討すると，理性的な事実認定者であれば申立てをしていない当事者の有利に認定することはできず，トライアルに付すべき真の争点は存在しない[36]。」サマリ判決の申立てに反対して原告が提出した証拠は，共同謀議をする理性的な経済的動機を示すことに失敗しており，この共同謀議は請求が認容されるためにはトライアルで証明されなければならないものであるので，サマリ判決は適切でありました[37]。

本件で注目すべきことは，事件がトライアルで審理されたときに相手方は勝訴できないであろうことをサマリ判決の申立てを行なった当事者が示す必要はないということです。これは Adickes 判決の考え方とは異なります。本件で

---

(33) *Id.* at 578-579.

(34) *See id.* at 580-582.

(35) *Id.* at 597-598.

(36) *Id.* at 587.

(37) *Id.* at 596-597.

第Ⅱ編　翻　訳

強調された点は，トライアルが開かれた場合に，共同謀議を証明しなければならない相手方当事者が，陪審または裁判官をして共同謀議が存在したと合理的に結論せしめるに足る証拠を示す必要があるということでした。サマリ判決の申立てに対して，相手方がそのような証拠を示すことができないときは，多大の時間と費用をかけてトライアルまで被告を引きずり込むことはできないのです。

　このようなサマリ判決の適用の仕方は，後の Celotex Corporation v. Catrett 事件[38] において維持され，かつ，明確にされました。この事件は，被告の製造する石綿（asbestos）製品に長期間曝されたために死亡した夫の妻の提起した不法死亡（wrongful death）訴訟でした。訴え提起の１年後，開示手続の進行中に[39]，被告がサマリ判決の申し立てを行いました。この申立てを基礎づけるにあたって，被告は，被告が開示手続で情報を求めたのに対して，原告は死者が被告の製造した石綿製品に長期間曝されていたことを証言できる者の氏名を明らかにしなかったことを強調しました[40]。この申立てに対して，原告は，将来証人となる可能性のある者からの何通かの手紙を提出しましたが，事実審裁判所は，これだけでは死者が被告の製品に曝されていたことを証明するには不十分であるとして，サマリ判決の申立てを認めました[41]。

　中間上訴裁判所は，以前の Adickes 判決に依拠して，申立てを行なうにあたって，被告は原告が被告の製品に曝されていなかったことを積極的に示す証拠をまったく提出していなかったことを理由に，一審の判決を取り消しました。被告は，死者が被告の製品に曝されていたことを証言できる証人の名前を原告が開示手続中に明らかにしなかった事実のみに依存していました。中間上訴裁判所は，サマリ判決の申立てを行なった当事者がそのような積極的な証拠を提出していないときは，原告は申立てを却下せしめるために何らの証拠も提出する必要はないと判示しました[42]。

---

(38) 477 U.S. 317 (1986).

(39) *Id.* at 326.

(40) *Id.* at 320.

(41) *Id.*

(42) *See id.* at 321-322.

7 J. R. ピールマイヤー『アメリカ合衆国におけるサマリ・ジャッジメント』

最高裁判所は，サマリ判決の申立てを行なった当事者が，その申立てを認めてもらうためには相手方の主張を打ち負かす証拠を提出しなければならないという論拠を否定して，中間上訴裁判所の判決を破棄しました。トライアルではサマリ判決の申立てをしていない当事者が，被告の製品に死者が曝されていた事実を証明する責任を負担することを強調して，最高裁判所は，サマリ判決の申立てを行なった当事者は，開示手続における原告（非申立者）の回答に関して，「非申立者の立証責任を果たすだけの証拠を存在しないこと」を「指摘する」だけでサマリ判決の申立てに関する責任を果たしたことになる，と判示しました[43]。このような基準がひとたび確立したならば，（サマリ判決の）非申立者がサマリ判決の申立てを却下させるためには，トライアルが開かれた場合に十分と認められるだけの許容証拠の存在を示さなければならないことになります[44]。控訴裁判所はサマリ判決規則の適用を誤り，また，サマリ判決の申立てを却下させるために原告が十分な対応（response）をしたか否かを斟酌しなかったことを理由に，最高裁判所は，この問題を解決するために事件を差し戻しました[45]。事実，差戻し審において，控訴裁判所は，サマリ判決の却下を求めて原告が提出した証拠は死者が被告の製品に曝されていた事実を証言できる証人が存在することを示していると認定し，その結果として，被告のサマリ判決の申立ては最終的に認められない，と判示しました[46]。しかし，最高裁判所の判決は，もし原告が上述の責任を果たさず，または，果たすことができないときは，事件はサマリ判決が問題となった時点で終了するであろうことを明らかに示しています。

最高裁判所が下した第三の判決は，Anderson v. Liberty Lobby です[47]。この事件は，ある雑誌の中で，ネオ・ナチ，反ユダヤ主義者，人種差別主義者，ファシストと呼ばれた原告が起こした名誉毀損訴訟でした[48]。アメリカの名

---

(43) *Id.* at 325.

(44) *See id.* at 327.

(45) *Id.* at 327.

(46) *Catrett v. Johns-Manville Sales Corp.*, 826 F. 2d 33, 37-38 （D.C. Cir. 1987）, *cert. denied*, 108 S. Ct. 1028 （1988）.

(47) 477 U.S. 242 （1986）.

(48) *Id.* at 245.

第Ⅱ編　翻　訳

誉毀損法の下においては，原告が「公的人物（public figure）」である場合は，いわゆる「現実の害意（actual malice）」を「確信を抱くに足りる明白さ（convincing clarity）」で証明しないかぎりは，勝訴できないとされています。この現実の害意を証明するためには，原告は，被告が誤りであることを知っているにもかかわらずそのような名誉毀損記事を作成したか，または，誤りであるか否かを無謀に無視して作成したことを証明しなければなりません[49]。

　アンダーソン事件においては，原告は公的人物でしたが，被告は，「現実の害意」はなかったことを理由にサマリ判決の申立てを行ないました。この申立てを基礎づけるにあたって，被告は，記事の作成者の宣誓供述書を提出しました。その宣誓供述書において，作成者は，問題の記事を書くにあたってかなりの時間を調査に費やしたこと，また，事実は広い範囲の情報源から収集したことを陳述していました。また，作成者は，宣誓供述書の中で，記事の内容は真実であり，かつ，正確であると今でもずっと信じていると陳述し，そして，作成者の情報源の詳細なリストが添えられていました[50]。この証拠は，現実の害意が存在しなかったことを示唆しており，トライアルにおいて現実の害意を証明する原告の能力を明らかに疑わせるものでした。このような証明がある場合は，今までわたくしが論じてきた判例によれば，サマリ判決の申立てを却下させるためには，原告は，現実の害意が存在したという推定を合理的に基礎づけるだけの証拠が存在することを示さなければなりません。この事件もこのような判例の基準にしたがって解決されました。

　サマリ判決の申立てに対して，原告は若干の証拠は提出しましたが，事実審裁判所は，それだけでは現実の害意はなかったという被告の証明を覆すのには不十分であると判示し，サマリ判決を認めました。しかし，中間上訴裁判所はこれを破棄したのです[51]。

　最高裁判所は，誤った基準を適用したとして，控訴裁判所の判決を破棄しました[52]。最高裁判所は，適用すべき正しい法的基準に焦点を合わせたため，

---

(49) *Id.* at 244（quoting *New York Times v. Sullivan*, 376 U.S. 254, 285-286（1964）.

(50) *Id.* at 245.

(51) *Id.* at 246-247.

(52) *Id.* at 257.

7　J.R. ピールマイヤー『アメリカ合衆国におけるサマリ・ジャッジメント』

サマリ判決の申立てに対して原告が提出した証拠の性質や十分性については詳細には論じませんでした。しかし，本件においても，トライアルにおいてある事実（matter）の証明責任を負う当事者は，もし争われた場合には，その事実についてトライアルを開くだけの十分な証拠の存在することを示さなければならないことが強調されました。最高裁判所は，サマリ判決の申立てについての「裁判官の職務は自ら証拠を評価して，ある事実が真実であるか否かを決定することではなく，トライアルに付すだけの真の争点が存在するか否かを決定することにある」と判示しました[53]。そして，通常の民事事件においては，争点がいずれの当事者の有利にも合理的に認定できるだけの証拠が提出されていれば，真の争点が存在すると判示しました[54]。

　しかしながら，本件において，原告が勝訴するためには，確信を抱くに足りる明白さで「現実の害意」を証明しなければなりませんでした。この証明度は民事事件において通常用いられる基準よりも高いものであり，主張について，合理的な裁判官または陪審に対して確信を抱かせる程度の証明でなければなりません[55]。最高裁判所は，本件においては，この高い証明度がサマリ判決の判断にあたって考慮されなければならないと判示しました。すなわち，最高裁判所は，「したがって，現実の害意について事実上の争いがあるとき，…サマリ判決についてなされるべき質問は，…記録上の証拠が合理的な陪審をして…原告が明白かつ確信を抱くに足りる証明度で現実の害意を証明した，と認定させることができたか否かである。…[56]」

　最高裁判所は，さらに続けて，本件における争点は被告の心理状態であったけれども，「…原告は，適切に裏づけられたサマリ判決の申立てを却下させるためには，積極的な証拠を提出しなければならない。このことは，原告が開示を行なう機会を十分に持っていたときには，証拠が被告の手の中にある場合にもあてはまる。」と判示しました[57]。そして，事件は，このような基準に照ら

---

(53) *Id.* at 249.

(54) *Id.* at 250.

(55) Burch v. Reading Company, 240 F. 2d. 574（3rd Cir. 1957). 参照。

(56) *Id.* at 255-256.

(57) *Id.* at 257.

第Ⅱ編　翻　訳

して，原告がサマリ判決の申立てを却下させるために十分な証拠を提出したか否かを判断するために差戻されました。

　これまで検討してきた四つの最高裁判所の判例はいずれも，被告が自らのサマリ判決の申立てを基礎づけるために，トライアルにおいて原告が勝訴するために証明しなければならない事項（something）を証明する原告の能力を争うための資料（matter）を被告が裁判所に提出するという状況に関するものであることに注目して下さい。1969年のAdickes事件においては，最高裁判所は，このような（サマリ判決を認めてもらうための被告による）証明はきわめて強力でなければならず，原告が証明責任を負う事実について原告が証明できる可能性がないことを示すものでなければなりませんでした。しかし，1986年の諸判例においては，このような強い証明は明らかに要求されませんでした。アンダーソン事件においては，名誉毀損と主張されている記事の作成者の宣誓供述書は，現実の害意の存在を否定する内容のものでしたが，これだけで被告がとりあえず行なうべき責任としては十分であるとされました。Celotex事件においては，死者が被告の製品ひ曝された事実を証言できる証人の氏名を原告が挙げ得なかったことに言及するだけで十分とされました。これらの諸判例より，被告に要求されている証明が変化したことは明らかなように思われます。被告は，不可欠な事実を証明するだけの能力を原告が持っているか否かについて合理的な疑いを投げかける資料を提出しさえすればよいように思われます。被告によるこの程度の証明がなされたならば，今度は，原告が，問題となっている争点について合理的な裁判官または陪審がそれによって有利な判断を下してくれるような許容証拠が確かに存在することを積極的に示さなければなりません。もし原告がこれに失敗すれば，（サマリ判決が認められて）原告の訴えは却下されます。

　わたくしは，（1986年の諸判例の）アプローチは正しいと思います。訴訟当事者に用意されているディスカバリの方法に照らせば，当事者には，潜在的な証拠を，もし存在するのであれば，獲得するための十分な手段が与えられているからです。サマリ判決に関する規定によれば，相手方当事者が問題となっている事実（matter）について十分なディスカバリを行なう時間がなかったことを証明するときは，裁判所は，ディスカバリの機会を与えるために，サマリ判決

7 J.R. ピールマイヤー『アメリカ合衆国におけるサマリ・ジャッジメント』

の申立ての継続を命じることができるとされています[58]。しかし，ひとたび
そのような開示の機会が保障されたときには，原告が自らの請求を合理的に基
礎づける証拠を提出できないときは，そのような証拠は存在しないものとして
取り扱うのが公正なように思われます。たとえ，そのような証拠がどこかに存
在すると理論上考えられるとしても，原告がサマリ判決の申立ての審理の段階
でそのような証拠を見つけだしていないかぎりは，それをその後で獲得するで
あろうと信じるだけの十分な理由はないと思います。したがって，トライアル
を開く利益（point）はないように思います。

　サマリ判決の申立てがなされる最も典型的な例は，今まで検討してきた4つ
の判例の中で示されているようなものです。すなわち，原告が証明責任を負っ
ている特定の事実を原告が証明する能力（ability）を持っているか否かを被告
が争っている場合です。同様の原理が適用されるもう一つの類型は，被告が証
明責任を負っている事実（something）について被告がなんらかの証明をでき
ないかぎりは，法律上，原告が勝訴しなければならない場合です。このような
事件について判例はあまりありませんが，一つの例として，わたくしが取り
扱った約束手形の事件があります。この事件において，被告は，訴状における
主張をすべて認めた上で，防御として，支払い期限の延期が与えられていたこ
とを主張しました。そこで，この事件における唯一の争点は，この防御が真実
であるか否かになりました。開示手続において，わたくしは延期についての証
拠を相手方当事者から獲得することに努めました。しかし，得られた証拠は，
原告が行なった漠然とした陳述だけで，これは，いかなる想像力を働かせても
支払い期限の延期を与えたとは解釈されないものでした。サマリ判決を認める
のが明らかに適切であり，また，このような開示手続の結果を裁判所に提出す
ればサマリ判決の申立てが認容されて然るべき事件であったと思います。もし
被告が期限の延期があったことを証明するための合理的な許容証拠を提出でき
なかった場合には，サマリ判決の申立ては認められたと思います[59]。

　今まで論じてきた事例はいずれも，サマリ判決の申立てを行なった当事者の
相手方がトライアルにおいて証明責任を負っている事実について申立者が相手

---

(58) Fed. R. Civ. Proc. 56 (f).

第Ⅱ編　翻　訳

方と争う場合であったことに注意して下さい。しかしながら，サマリ判決はつ
ぎのような別の状況においてなされることも時にはあります。すなわち，サマ
リ判決の申立てを行なう当事者がトライアルにおいて事実について証明責任を
負い，その事実を証明したときに，事件全部につき勝訴するという場合です。
たとえば，訴訟の提起前に当事者が紛争について和解をし，原告は被告に対し
訴訟を提起しない約束をしていたという防御などのように，原告の請求のすべ
てを却かせる積極的防御方法を被告が主張する場合もあります。もし被告がこ
れが明らかに真実であることを証明できれば，それによってサマリ判決を得る
ことも可能となります。あるいは，訴答書面によれば，被告は原告の主張の一
つだけを争っており，そして，原告はその特定の主張の真実について真の争点
は存在しないと論じることもあります。

　サマリ判決の申立てを行なった当事者がトライアルにおける決定的事実
(dispositive matter) についての証明責任を負っているような状況においては，
今まで検討してきたサマリ判決の申立ての相手方が証明責任を負う場合とは異
なったアプローチがとられます。このような場合には，今まで論じてきたアプ
ローチとは異なって，申立者は，問題となっている争点に関する相手方の証明
に合理的な疑問を投げ掛ける程度の証拠を提出するだけでは十分ではありませ
ん。サマリ判決の申立者がトライアルにおいて証明責任を負う場合には，その
者が提出する証拠が圧倒的であり，合理的な事実認定者であればだれでもその
証拠を信用するであろう場合でないかぎりは，法律上の判断だけでサマリ判決
を受ける権利を認めるべきではありません。

　したがって，このような状況におけるサマリ判決はそれほど多くはありませ
んが，全くないわけではありません。たとえば，中間上訴裁判所の判決である
Lundeen v. Cordner 事件においては[60]，ある未亡人が，彼女の夫は死亡する

----

　(59)　このことを知って，被告がきわめて原告に有利な条件で素早く和解を結んだため，
　　　この事件については判例は出なかった。しかし，これはサマリ判決が認められる第二の
　　　類型の最もわかりやすい例であると思われる。被告が原告の主張をすべて認めた上で，
　　　自分が証明責任を負う防御のみに基づいて行なうという例はあまりないけれども，これ
　　　に近似した事件として，Vandeputte v. Soderholm, 298 Minn. 505, 216 N. W. 2nd 144
　　　(1974) がある。

　(60)　354 F. 2d 401 (8th Cir. 1966).

7 J.R. ピールマイヤー『アメリカ合衆国におけるサマリ・ジャッジメント』

前に先妻の2人の子供に加えて，彼女と彼女の子供を受取人となるように団体生命保険証券を変更していたと主張しました。現実の証券には死者の先妻とその2人の子供の名前が書かれており，これは未亡人の主張とは食い違っていました。法律によれば，もし未亡人が彼女の主張するような趣旨で夫が受取人を変更しようと試みたことを証明できれば勝訴できるとされており，また，その余のことは保険者の側が行なうべき羈束行為（ministerial act）であるとされていました[61]。未亡人は自らの主張が真実であることの証明責任を負っていました。

　未亡人はサマリ判決を申し立てました。そして，彼女の夫の使用者のために団体生命保険証券の管理を担当していた被用者による強力な宣誓供述書，夫の弁護士の宣誓供述書，夫の遺言の写しを提出しました。これらの宣誓供述書によれば，未亡人の主張するような趣旨で受取人を変更するために夫が必要な用紙をすべて記入していたことは明白であり，また，そのような変更と適合するように遺言を書きかえていたことも示されていました[62]。

　このような証明に対して，先妻は，死者（夫）は先妻の2人の子供の行く末に大変心をくだいていたこと，また，2人の子供が直面するであろう経済的困難にも気遣っていたという趣旨の宣誓供述書を提出しただけでした[63]。裁判所は，この供述書は，未亡人の提出した宣誓供述書を直接反駁するものではなく，また，未亡人の提出した供述書の供述者が偏見を持っていたとか，あるいは，問題があったというようなことを示しているわけでもないと認定しました。トライアルが開かれて，このような証拠だけが提出された場合には，合理的な事実認定者であれば誰でも未亡人の有利に判定することになるでしょう。先妻は，開示手続で証拠を入手する手段が与えられていたにもかかわらず，それをせず，トライアルで証人となる可能性のある者の誠実性を弾劾できる理由を積極的に証明していないので，サマリ判決が認められて然るべきでした[64]。

　このような事例，すなわち，サマリ判決の申立てを行なった当事者が決定的

---

(61)　*Id.* at 402.

(62)　*Id.* at 403-405.

(63)　*Id.* at 405-406.

(64)　*Id.* at 407.

第Ⅱ編 翻 訳

事実について証明責任を負う場合においては，（サマリ判決を認めてもらうための）証明は，強力で一貫性があり，そして，その確実性が争われるような余地を残していないものでなければならないことに注意して下さい。そのような証明があれば，相手方がそのような証明の確実性に疑問があることを示す積極的な証拠を提出しないかぎりは，サマリ判決は認められるべきであると思います。しかし，それでもここで言っているサマリ判決を得るための証明は，申立者が決定的事実について証明責任を負っていないときに要求される証明よりもはるかに強力であると思います。わたくしは，このような取り扱いは首尾一貫しているように思います。申立者がトライアルにおける事実について証明責任を負っているときは，申立者は，トライアルが開かれたとき，合理的な人間であれば誰でもその反対に認定することができないくらいの強力な証拠を提出しておくべきです。そして，そのような強力な証明がなされれば，また，なされた場合のみ，相手方は，サマリ判決の申立てを却下させるために，申立者の証明が信用できないことを示す証拠を提出しなければならないことになるのです。しかし，申立者がトライアルにおける事実について証明責任を負っていない場合には，相手方がそのような事実を証明するための合理的な証拠を持っていないことを示しさえすればよいのです。サマリ判決の別の申立ての相手方がそのような証拠が存在することを示すことができなければ，訴訟をそれ以上続ける理由はないのです。

　ここで，サマリ判決の別の問題にも若干触れておきます。たとえば，当事者は，事実上の争いはないものとみなし，サマリ判決の申立てに基づいて行われるところの法律解釈によって事件を解決すると合意することもあります。また，一定の請求または争点を審理をせずに処理するために，一部のサマリ判決が求められることもあります[65]。しかしながら，本日，わたくしがお話ししたような事例が合衆国におけるサマリ判決の典型的な例であり，これを理解すれば，サマリ判決の基礎的な理解としては十分であろうと思います。

　最後に，サマリ判決の制度は，開示の結果として，事実関係がかなり明確になったとき，また，請求ないし防御を基礎づける証拠のないことがかなり明確

---

(65) Rule 56 (d). 参照。

7 J. R. ピールマイヤー『アメリカ合衆国におけるサマリ・ジャッジメント』

になったときは，その段階で訴訟を終了させるための手段としてきわめて有効であるとみなされるようになっていることを強調しておきたいと思います。もちろん，重要な事実上の争いが明らかに存在するとき，または，それぞれの立場を基礎づける合理的な証拠が存在するときは，サマリ判決は事件を処理する手段として適切ではありません。しかし，この制度によって，裁判所は，事実をめぐる争いが実際に合理的に争いのあるものであり，かつ，重要なものであるか否かを判断することができるのです。そして，裁判所が，事実上の争いに合理性はなく，また，重要なものではないと判断するときは，事件はそこで却下され，当事者および裁判所はそのリソースを他のことに向けることができるのです。もし，サマリ判決の規則が正しく適用されるならば，正義は実現されると思います。

　本稿は，1991 年 6 月 6 日，わたくしの担当する裁判法の授業において，公開特別講演として行なわれた講演の原稿の翻訳である。ピールマイヤー教授は，ハムリン大学ロー・スクールで，民事訴訟法，コンフリクト・オブ・ローズ（conflict of laws 抵触法，州際私法），メディア法などを担当されている。
　裁判法では，伝統的な講義スタイルの授業のほかに，ビデオや映画などの視聴覚教材を使ったり，裁判傍聴に行くなどの多少の工夫をしてきたが，今年度から，日本および外国の研究者，法律実務家（裁判官，弁護士など），企業経営者（企業で働く法学部出身者）などを特別ゲストとして招き，それぞれの分野での現場のお話をしていただく企画を立てた。今年度は，ピールマイヤー教授のほかに，中小企業の経営者と裁判官のお話を伺うことができ，学生にも好評であったように思われる。
　　　　　　　　　　　　　　　　　　　　　　　　　　　　（椎橋記）

8 民事陪審に関するアメリカの経験

スティーヴン・ランズマン*

Stephan Landsman, America's Experience with the Civil Jury

1 は じ め に

　ミシガン大学のリチャード・レンパート教授[1] および甲南大学の丸田隆教授[2] をはじめとする多くの学者によって，最近，日本において陪審に対する関心が高まりつつあることが報告されている。このような陪審への関心の高まりの証拠としては，日本の雑誌に陪審に関する学術論文が多くなったこと[3]，最高裁判所が陪審制度の調査のために裁判官をアメリカやイギリスに派遣したこと[4]，1990 年には，日本法社会学会が陪審についてのシンポジウムを開催したこと[5]，そして，市民グループによる陪審導入の運動の高まり[6]，などが挙げられる。このように関心の高まりの理由が様々であるが，この中には，比較的最近のいくつかの刑事冤罪事件[7] に対する不信，および，多くの製造物責任事件[8] や環境汚染事件[9] における裁判所の取り組みの努力に対する不

---

* Professor of Law, College of Law, Depaul University. A, B. 1969, Kenyon College; J. D. 1972, Harvard University.

(1) *See* Richard Lempert, *A Jury for Japan?*, 40 AMERICAN JOURNAL OF COMPARATIVE LAW 37 (1992).

(2) *See* Takashi Maruta, *Taking the Jury System Into Consideration: Comparative Study of Legal Culture in Japan and the United States* (Baishin Seido wo Kangaeru: Nichi-Bei-Hikaku Ho Bunka] Chuo-Koron, Tokyo (1990); *A Study of the American Jury System* (America Baishin Seido Kenkyu) Horitsu-bunkasha, Kyoto, (1989); "Significance of the American Jury System," 42 *Sociology of Law* [Ho Shakaigaku] 163 (1990).

(3) *See* S. Oikawa, "Introduction to the Study of Juries," 42 *Sociology of Law* [Ho Shakaigaku] 158 (1990); "Disputes Concerning the English Jury System," 41 *Law & Politics* [Hoto Seiji] 491 (1990). S. Shimomura, *Inquiry Into the Japanese Criminal Trial*, Keiso Shobo, Tokyo (1989).

(4) *See* Lempert *supra* note 1, at 38-39.

(5) *Id.* at 39.

(6) *Id.*

第II編　翻　訳

満足がある。

　レンパート教授が，American Journal of Comparative Law の論文の中で指摘しているように，日本が陪審制度を導入すべきか否かは，アメリカ人の学者が判断すべき問題ではない。アメリカ人の学者のできうることは，アメリカの陪審制度についての正確で詳細な情報を提供することによって，日本における陪審の効用の問題を最終的に検討する人々に対して，しばしば公の議論の論拠となっている逸話的資料や信憑性に疑問のある資料ではなく，自由に使える最善のデータを持てるようにすることである。

　はじめにお断わりをしておけば，わたくしは陪審制度の支持者であり，最近の陪審制度に対する攻撃の多くは，陪審制度の歴史，および陪審の機能に関する実証的データについての誤った情報に基づいていると考えている。本稿では，これら二つの問題の検討を中心としている。2章では，民事陪審の歴史を概観する。ここでは，陪審実務と民主主義の結びつき，および，イギリスやアメリカにおいて陪審が変化する社会のニーズに見事に適応したことを強調する。3章では，現在のアメリカの陪審の長所および短所を検討する。陪審の弱点としては，アメリカの裁判所において陪審はあまり利用されていないこと，デシジョン・メーカーとしての能力が十分でないこと，陪審は偏見を持ちやすいこと，過度に多額の損害額が認定される傾向があること，陪審は費用がかかること，などが挙げられている。これに対して，陪審の利点としては，陪審の民主主義に対する貢献および司法に対する効用などが挙げられる。3章の終わりで現在におけるアメリカの動向を検討する。2章および3章の目的は，陪審に関

---

(7)　レンパート教授は二つの事件に関して次のように述べている。Government v. Shimogami（Yamanaka Onsen Jiken）では，1975 年 10 月に金沢地方裁判所において死刑の判決がなされた。最高裁判所は 1989 年 6 月にこれを破棄し，1990 年 7 月に名古屋高裁で無罪の判決がなされた。Government v. Akahori では，1958 年 5 月に静岡地方裁判所で死刑の判決がなされた。1983 年 5 月に東京高裁で破棄され，1989 年 1 月に静岡地方裁判所で無罪の判決がなされた。Id. at 39 n. 12.

(8)　*See, e. g.,* Kanemi Rice Oil Case（Kubota et al. v. Kanemi Soko K. K. et al., Fukuoka District Court, 866 Hanrei Jiho, Oct. 5, 1977; SMON Case（Yagi et al. v. Japan et al., Kanazawa District Court, 879 Hanrei Jiho 26, March 1, 1978).

(9)　*See, e. g.,* F. Upham, *Litigation and Moral Consciousness in Japan, An Interpretive Analysis of Four Japanese Pollution Suits,* 10 LAW & SOCIETY REVIEW 579 (1976).

する歴史と実証的データを整理することにあるので，これらの章の脚注は通常よりも詳細にした。4章では，ごく簡単に，今世紀の前半の日本の刑事事件における陪審の経験の分析と職権主義的な裁判制度の国々における陪審制度の歴史を瞥見する。

2　民事陪審に関するアメリカの経験の概観[10]

A　イギリスにおける背景

陪審の起源については，学者の間でも意見は分れており，定説はない。メイトランド[11]やセイヤー[12]のような大学者の著作によって支持されているオーソドックスな見解によれば，陪審は，1066年のヘイスティングの勝利の後に，ウィリアム征服王とその臣下がノルマンからもたらしたものであるとされている。ドーソンなどの最近の研究[13]は，ノルマンの陪審手続よりも以前のアングロ・サクソンの制度に注意を向けている。現在のところでは，陪審が実際にアングロ・サクソンが発明したものであるとの主張は一般的ではないが，征服のときよりも以前にイギリスにおいて陪審の原型が存在しており，また，それがあったために，アンジュー（Angevin）の王が申し出た陪審審理の手続にイギリス人が信頼を置いたとの主張にはかなり説得力がある。陪審の初期の歴史に関する記述から比較的はっきりとしていることは，ノルマンが武力によって獲得した土地の行政上の支配を確実にするために役立つ制度として陪審を組み入れたことである。

1154年に王位についたヘンリー2世のときまで，陪審の主たる機能は行政上のものであった。一連の制定法の立法またはアサイズ（Assizes）によって，ヘンリー王は，陪審を純粋な司法の制度に変えていったのである[14]。メイトラ

---

(10) This section is drawn from Stephan Landsman, *The Civil Jury in America: Scenes from an Unappreciated History*, HASTINGS LAW JOURNAL (in press).

(11) 1 FREDERICK POLLOCK AND FREDERIC W. MAITLAND, THE HISTORY OF ENGLISH LAW BEFORE THE TIME OF EDWARD I 72 (Cambridge University Press, 1895).

(12) JAMES B. THAYER, A PRELIMINARY TREATISE ON EVIDENCE AT THE COMMON LAW 50 (Little Brown and Company, 1898).

(13) JOHN P. DAWSON, A HISTORY OF LAY JUDGES 120 (1960).

第Ⅱ編 翻 訳

ンドによれば，ヘンリー王がはじめて陪審審理を裁判に用いたのは，土地の保
有者がその保有不動産の占有を不当かつ判決によらずに侵奪されたときに，そ
の権利を回復するための手続であった[15]。この新侵奪不動産占有回復訴訟
(assize of novel disseisin) として知られる新しい救済方法は，そのような状況
に置かれた紛争当事者に対して，決闘によって勝敗を決する代わりに，理解力
のある地域の市民で構成される陪審に解決を委ねる機会を与えたのである。新
侵奪不動産占有回復訴訟は 1179 年までには「十分に整備され[16]」，大変な成
功をおさめた。このような手続パターンが繰り返して行なわれ，次の世紀には
別の種類の法的請求にも用いられるようになった。陪審に人気が集まった理由
としては，費用が廉価だったこと，運営が効率的であったこと，決闘による場
合の危険が避けられたこと，などがある。陪審は，1215 年に教会が神判によ
る裁判を執り行なうことをやめた後，ますます用いられるようになっていった。

　繰り返し指摘されているように，初期の時代には，陪審は主として証人とし
ての役目を果たしていた。12, 13 世紀の実務においては，このような主張を
裏付ける多くの証拠がある。ウィリアム・フォーサイスは，1852 年の陪審に
関する著作の中で，グランヴィルによれば，陪審は，事実関係をまったく知ら
ない事件であるときはすべて裁判所に報告しなければならなかったことを指摘
している。そのような場合には，紛争の事実関係を知っている他の者が選任さ
れたのである[17]。このような手続は，陪審が重要な情報源である場合にのみ
機能する。

　しかしながら，陪審は証人のたんなる寄せ集めでは決してない。ドーソンが
いみじくも指摘しているように，陪審は証人であったとの仮説にはつぎのよう
な弱点がある。すなわち，この説では，陪審員のすべてが目撃証人であること
は必ずしも必要でなかった事実および陪審員は必ず一つの共通の評決を下さな
ければならなかった事実をうまく説明できないのである[18]。結局は，イギリ

---

(14) PATRICK DEVLIN, TRIAL BY JURY 7 (1956).

(15) 1 POLLOCK AND MAITLAND, *supra* note 11, at 125.

(16) DAWSON, *supra* note 13, at 121.

(17) WILLIAM FORSYTH, HISTORY OF TRIAL BY JURY 105 (Burt Franklin, ed., Lenox Hill
　　 Pub. & Dist. Co. 1971) (1878).

スの手続は陪審から証人としての役割を切り離したのである。おそらく，このような方向での最も重要なステップは，14世紀の中頃に，陪審の評決は全員一致でなければならないとされたことであろう。この全員一致の要件は，表面的には，陪審は証人であったとの仮説に対して中立であるようにみえるが，より深く検討してみると，そうでないことがわかる。陪審員が純粋な証人であるところでは，12人もの観察者がいれば，どのようなグループでもよく見られるように，意見の不一致が生じる可能性が高い。陪審員が一つの結論にそれぞれの個人的見解を調和させることを強いられる場合には，合意の形成というグループのニーズが必然的に個々の陪審員の証人としての機能より優先するのである。

　陪審の証人としての役割が減少していくと同時に，判断の基礎として，法廷内で行なわれる証言の重要性が増してくる。何時頃から公開法廷で証言がとられるようになったかをはっきりと特定することはできないが，15，16世紀には，公開法廷で証人から証言をとる方法が支配的になっていた。フォーテスキューは，およそ，1470年頃に書かれた De Laudibus Legum Anglie の中で，裁判手続は公開法廷での証人の証言を基礎に進められているけれども，なお陪審員の個人的知識も一定の役割を果たしていると述べている[19]。トーマス・グリーンは，刑事陪審に関する先駆的な研究の中で，16世紀の中頃までには，新しい証言証拠の洪水が流入していたと述べている[20]。このようなプロセスは，1600年代の中頃に，陪審員が外部の影響から遮断され，公開法廷で提出された証拠だけに基づいて判断することを要求されるようになったときに，終了したのであろう。

　イギリスにおける陪審の初期の歴史で注目すべきことは，陪審が新しいニー

---

(18) DAWSON, *supra* note 13, at 123-25. 最近の研究によれば，刑事事件においては，中世の陪審員はしばしば地理的に広い範囲の中から選ばれており（多数は犯罪の現場から五マイル以上離れている所に住む者），したがって，真の証人である可能性は少なかった。Bernard W. McLane, *Juror Attitudes toward Local Disorder: The Evidence of the 1328 Lincolnshire Trailbaston Proceedings, in* TWELVE GOOD MEN AND TRUE 36-57 (J. S. Cockburn and Thomas A. Green eds., 1988).

(19) JOHN FORTESQUE, DE LAUDIBUS LEGUM ANGLIE 58-63 (S. B. Chrimes edition, 1942).

(20) THOMAS A. GREEN, VERDICT ACCORDING TO CONSCIENCE 105-152 (1985).

第Ⅱ編　翻　訳

ズに適応して行ったことだけではなく，民主政治の基本原理の確立に陪審が貢献したことである。このような基本原理および陪審そのものがスチュアート王家の崩壊，専制君主政治の廃止，議会政治の実現につながる厳しい事件の中で重要な役割を果たしたのである。

初期の頃から，イギリスの陪審には広い範囲の任務を果たすことが求められていた。陪審の無料の奉仕によって，当時のヨーロッパのどこの国よりもイギリスの王家の支配がその領土に行き渡る可能性は高かった。しかしながら，ドーソンが指摘したように，陪審や治安判事など，素人をデシジョン・メーカーにしたことは，地域の指導者を通して，自治の技術や実践についてイギリス社会を訓練するという予期せぬ効果をもたらしたのである[21]。600年の経験を積むうちに，イギリスの陪審員は自らを統治する術を知ったのである。イギリスの陪審員は官僚的な中央官庁から独立するという伝統を作り上げていったのである[22]。このような技術や態度は一晩にして出来上がったわけではなく，何世紀にも及ぶ陪審の仕事を通して養成されていったのである。17世紀に政治的自由を求めるための闘いが生じたときに，すでに自治を知り，享有していたイギリス人には自らの権利であると自覚したものを戦って得るための準備ができていたのである。

陪審は，また，政治に関する責任をミドル・クラスの人々にまで拡げることにも貢献した。時代が進むにつれて，陪審はイギリスの政治的民主主義の根底となったのである。スティーヴン・ロバーツは，1600年代において，「陪審はイギリス人にとって最も自らの意思を反映させることのできる制度であった」と指摘している[23]。陪審を用いるということは，少なくともイギリス社会の経済的に上層の者の間に広く権限が配分されることを意味したのである。

17世紀になって，スチュアート王家はますます伝統的な権力の配分の取り決めを侵そうとした。このような動きに対しては，当然のことながら，陪審に

---

(21) DAWSON, *supra* note 13, at 134.

(22) GREEN, *supra* note 20, at 105.

(23) Stephen K. Roberts, *Juries and the Middling Sort: Recruitment and Performance at Devon Quarter Sessions, 1649-1670, in* TWELVE GOOD MEN AND TRUE, *supra* note 18, at 182.

よる抵抗がみられた。17, 18世紀の法制史の第一人者であるジョン・ビーティは「17世紀後半はイギリスの陪審にとって英雄の時代であった。というのは，チャールズ2世，および，ジェイムズ2世の治世下における政治上・憲法上の闘争において，陪審による審理はイギリスの自由を守る原理として登場したからである」と述べている[24]。

B アメリカにおける受容

陪審は初期の移民者とともにアメリカに渡った。ジェイムズ1世が1606年にヴァージニアの会社に与えた特許状においても陪審審理が盛り込まれている。1624年までには，ヴァージニアにおけるすべての民事事件および刑事事件について陪審が用いられるようになっていた。マサチューセッツ・ベイ植民地も同様のパターンを踏襲した。そこでは，1628年に陪審審理が導入され，陪審手続は1641年の Massachusetts Body of Liberties に法典化された。ウェスト・ニュージャージ植民地は1677年に導入し，また，ウィリアム・ペンの率いたペンシルヴァニアは1682年に導入した。最終的には，すべての植民地が陪審審理を採用した。

植民地の歴史の初期の頃から，陪審は重要な役割を果たした。マサチューセッツの展開に目を向ければ，ウィリアム・ネルソン[25]は，アメリカ革命以前の時代においては，陪審は政治の中心的機関であったと結論している。陪審の広範囲に及ぶ活動は，限定されていた王家の執行部および植民地の立法部とはまったく対照的であった。マサチューセッツの陪審は，中世のイギリスの陪審に与えられていた責任と同様の責任をおっていた。陪審が，そのコミュニティにおいて，法的請求についての第1の判定者（assessor）であり，また，法的権利の執行者であった。ネルソンによれば，債務や道徳に関する厳しい法典を執行することによって，陪審は，植民地社会の経済および社会的安定を維持したとされている。

マサチューセッツの陪審が代表的な制度であったかどうかは疑わしい。

---

(24) John M. Beattie, *London Juries in the 1690s, in* Twelve Good Men And True, *supra* note 18, at 214.

(25) William E. Nelson, Americanization Of The Common Law (1975).

第Ⅱ編　翻　訳

　ヴァージニアの研究の中で，A. G. Roeber は，初期の時代のヴァージニア植民
地では，本当の権限は素人の治安判事によって行使されていると述べている[26]。
しかしながら，個々の植民地での状態がいかなるものであるにせよ，アメリカ
全体では，人々は陪審制度を守ることに熱心であり，また，陪審が政府を抑制
するために用いられたことは歴史的に見て明らかである。1735 年に，ジャー
ナリストのジョン・ピーター・ゼンガーはニューヨークの総督であるウィリア
ム・コスビーを汚職，失当行為および陪審審理を受ける権利を奪ったことを理
由に批難した。これによってゼンガーは扇動的であり，名誉毀損であるとして
起訴された。この事件は陪審に付されたが，陪審は，被告が問題になっている
文章を出版したことを認定したときは，有罪にしなければならないとの説示を
受けた。そして，被告が出版した事実は証拠によって明らかに認定できた。し
かしながら，ゼンガーの弁護士は，陪審がゼンガーの主張が真実に合致してい
ることを認定したときは，裁判官の説示を拒絶する自由があると主張した。ゼ
ンガーを無罪にしたこの事件は，つぎのような重要な原理を確立することに寄
与した。たとえば，政府を批判するための言論は自由であること，名誉毀損の
訴訟では言論が真実に合致しているとの主張は防御となること，裁判官は自ら
が「法律上の」問題と指示した事柄について常に絶対的な支配を及ぼせるわけ
ではないこと，植民地の陪審は，イギリスの陪審と同様に，基本的権利を擁護
する能力が十分にあること，などである[27]。ゼンガー事件は刑事事件であっ
たが，その影響は植民地におけるすべての陪審手続に及んだのである。

　1760 年代においては，イギリスの海事裁判所が陪審審理を受けられるか否
かの争いの場となった。この裁判所は，植民地の取引を統制するために，航海
法その他の法律を執行するためにイギリスの王の臣下によって用いられた。海
事裁判所は，通常は密輸などの刑事事件や関税の不払いの事件などを取り扱っ
ていたが，船舶の差し押えや船荷の横領などの民事事件でも陪審審理を受ける

---

(26) A. G. ROEBER, FAITHFUL MAGISTRATES AND REPUBLICAN LAWYERS (1981).

(27) Paul Finkelman, *The Zenger Case: Prototype of a Political Trial, in* AMERICAN
POLITICAL TRIALS 21-42 (Michael R. Belknap, ed. 1981). しかしながら，ゼンガー事件は
かなり後のなるまではほとんど影響がなかったとする歴史家もいます。*See* Introduc-
tion, JAMES ALEXANDER, A BRIEF NARRATIVE OF THE CASE OF JOHN PETER ZENGER
PRINTER OF THE NEW YORK WEEKLY JOURNAL (Stanley N. Katz ed., 1963).

302

8 スティーヴン・ランズマン『民事陪審に関するアメリカの経験』

権利を認めていなかった。陪審審理の否定はアメリカとイギリスの間に強い軋轢を生じさせ、そして、1760 年代、1770 年代においては、正式な植民地からの苦情の中でも際立ったものになっていた。1765 年の印紙税法会議の決議の一つは、「陪審による審理は植民地においてもイギリス国王の臣下の固有かつかけがえのない権利である」と明確に宣言している[28]。このような宣言の目的が陪審審理を否定している印紙税法に対する挑戦であることは明らかである。

1770 年代の中頃に、植民地を厳しく規制するイギリス当局の圧政的行為に抗議するために、一連の会議が開催された。これらの会議では、民事事件および刑事事件の双方において陪審審理を受ける権利を有することが高らかに宣言された。また、この権利に干渉するイギリスの行政官が激しく非難された。会議における活動の成果は、1776 年 7 月 4 日の独立宣言で頂点に達した。独立宣言は、新しい国家の設立を必要ならしめた苦情の一つは「陪審審理を受ける利益」の否定であることを列挙した。

1760 年代から独立革命の間に、植民地の人々は、陪審は司法部の独立および高潔さを確保するための最も効果的な方法であると考えるようになっていた。まさに、このような理由で、イギリス当局はますます陪審裁判を統制ないし避けようとしたのである。陪審審理を受ける権利のための闘いは、実際のところ、アメリカの独立を勝ちとるための闘いであったのであり、植民地の人々を結びつけることに貢献したのである。

上記のような理由で、新しく独立した州で制定された革命期の憲法の起草者の間では、陪審はきわめて人気が高かった。ヴァージニアは、1776 年、人権規定の中に民事および刑事の陪審を明記した。多数の州がすぐにこれを踏襲した。「陪審審理を受ける権利は、おそらく初期のアメリカ各州の憲法の中であまねく規定されている唯一のものであろう[29]」。陪審審理に対する共通の忠誠心が新しい国家を互いに引き寄せることに重要な役割を果たしたと推測されている[30]。陪審は独立を連想させるものであること、また、陪審は基本的に参

---

(28) Resolutions Of The Stamp Act Congress 1765, Paragraph 7, reproduced in Sources Of Our Liberties（Richard L. Perry & John C. Cooper, eds., 1959）.

(29) Leonard Levy, Freedom Of Speech And Press In Early American History--Legacy Of Suppression 281（1963）.

第Ⅱ編　翻　訳

加の性格をもっているために，市民や指導者に強く訴えるものがあったのである。

　1780年代のはじめに各州が作られたときの考え方は，州の立法部が優位を占め，連邦の政府はゆるやかな連合にすぎなかった。アレキサンダー・ハミルトンが主張するように，「権力に対するきわめて強い警戒」が存在したしたのである[31]。このような取り決めは十分満足のいくものでなかった。そして，アメリカ国内に，財産権に与えられた保護が十分でないとか，無政府状態が生ずるのではないかとの懸念が増大しはじめたのである。

　このような背景は，革命にいたるまでの時期においては裁判手続の仕組みとして最も人気のあった民事陪審がなぜ1787年の合衆国憲法の起草者によって無視されたかを理解するためには重要である。政府の新しいプランを起草するために集まった人々は，圧倒的に債権者保護に傾いた全国主義者（nationalist）であった。それらの人々は，無政府状態の脅威を解消するために，強力な全国的政府の設立を推進し，このような新しく，かつ，より強力な中央政府の執行部および立法部を作るためにエネルギーの大半を投入したのである。

　起草者は意図的にアメリカの裁判所から民事陪審を排除しようとしたわけではないであろうが，憲法に陪審が規定されなかったことは，社会のきわめて強力な階層において陪審に対する考え方が変化していたことを示している。陪審問題を考えた人々の多くは，革命後のアメリカの政治においては陪審は控えめな役割を果たすべきであると考えるようになっていた。このような見解を正当化する理由としてはつぎの三つがある。第一は，イギリスの政府がもはや司法部を支配しているわけではないので，イギリス国王に偏った裁判官に対抗するための陪審の存在は必要でなくなったことである。第二は，革命によって，民主的に選任された議員で構成される立法部が設立されたことである。そのような立法部が制定した法律を陪審が審理し無効にすることは，遠く離れたイギリスの議会が制定した法律に対する場合とは異なって，民主主義の尊重に関して

----

　(30) Harold Hyman & Catherine Tarrant, *Aspects of American Trial Jury History, in* THE JURY SYSTEM IN AMERICA (Rita J. Simon, ed., 1975).

　(31) Alexander Hamilton, *in* 2 THE PAPERS OF ALEXANDER HAMILTON 649 (Harold C. Syrett, ed., 1961-1979), quoted in FORREST MCDONALD, NOVUS ORDO SECLORUM 2 (1985).

深刻な問題を生じさせる[32]。第三は，陪審の判断は個別的（アド・ホック）なものであり，また，しばしば債権者にとって不利なものであるので，アメリカの財政制度を安定させるには，陪審の活動を制限して，投資家の権利を保障するための首尾一貫し，かつ予測可能な判断の方が好ましいという主張には説得力があったことである[33]。

　憲法から民事陪審が除かれたことは，それに対する抗議の嵐を呼び起こした。起草者に反対した人々は，民事陪審の保障を規定しないことは憲法全体の否定につながると主張した。このような人々は，陪審に向けられた批判に反対してつぎの点を強調した。第一は，鈍感な全国的立法部が愚かな法律を制定したときに，その適用を阻むために利用できるメカニズムとして陪審は最適である。第二は，陪審は取引の規制における硬直したルールから債務者を保護する措置を提供する。そして，第三に，陪審は不正または過度に活動的な裁判官を抑制する手段を提供する[34]。これらの主張はすべて，裁判所が裁判官の独占的に支配する場になってはならないとの懸念から生じたものである。

　これらの主張の結果として，少なくとも7つの憲法を承認した州が民事事件における陪審審理を受ける権利を保障する規定を追加することを求めた。このような要求によって修正7条が制定されることになったが，同条は，「コモンロー上の訴訟で，係争価値が20ドルを超えるときは，陪審審理が維持されなければならない」と規定している。

　陪審の展開は修正7条の制定だけでは終わらなかった。民主主義のシンボルとしての役割を果たし，また，憲法に反対するキャンペーンの中で裁判所の権限を抑制する役割を果たした陪審は，その後のアメリカにおいて多少異なった役割を果たすようになっていった。著名な法制史家であるモートン・ホロウィッツ[35]やウィリアム・ネルソン[36]によれば，裁判官は，19世紀を通して，たとえば不法行為の領域において，急速に産業化しつつあった社会におけ

---

(32) McDONALD, *supra* note 31, at 41.

(33) *Id.* at 290-91.

(34) Charles Wolfram, *The Constitutional History of the Seventh Amendment*, 57 MINNESOTA LAW REVIEW 644, 673-710 (1973).

(35) MORTON HORWITZ, THE TRANSFORMATION OF AMERICAN LAW (1977).

(36) NELSON, *supra* note 25.

第Ⅱ編　翻　訳

るビジネス・エリートのニーズを反映した新しい原則の確立に忙殺されていた。このような改革者の努力の一環として，裁判官は陪審を支配するためのより強力な措置をとれるようにすべきであるとの主張がなされた。

　19世紀に作られた不法行為の原則のなかでも，陪審に対する裁判官の支配がとりわけ顕著であったのは，寄与過失の原則であった。このルールは，最も厳しい場合には，原告の傷害の発生に原告の過失がほんのわずかでも寄与したと認定されるときは，原告の請求がすべて棄却されてしまうというものである。

　寄与過失は不法行為事件において効果的なバリアーとしての役割を果たした。というのは，この原則は，裁判官の注目を被告の責任から原告の行為に転じさせ，また，原告が（鉄道の踏み切りの前で，立ち止まる，見渡す，音を聞くなど）自らを守る手段をこうじたことを証明できないときには，請求の棄却を必要的としたからである。原告がこのような証明を果たせないときは，裁判官は，法律問題として，陪審の審理に付するまでもなく，訴えを却けることができた。また，裁判官は，原告が証明できないことについて，厳しい説示を与えることによって，陪審の審理を著しく制限することができた。

　1946年，ウェックス・マローン教授は，アメリカにおける寄与過失法理の成立の歴史に関するきわめて信頼できる研究を発表した[37]。教授は，当時のアメリカにおいて産業のリーダーであった。ニューヨーク州における展開を研究の対象にした。

　寄与過失がはじめてニューヨークで適用されたのは1829年であった。しかし，その後の展開はゆっくりとしたものであり，その後の20年間で4件適用されたにすぎなかった。しかしながら，1850年から1860年までの期間においては，変化が生じ，寄与過失は12件の事件において，1855年以降では9件の事件に適用された。その次の10年間では3倍になり，また，その次の10年でさらに2倍となった。このような寄与過失の劇的な増加の理由として，マローンは，「訴訟において陪審が企業被告に不利な判断を出す傾向があることに裁判官や弁護士の間で，目にはつかないが，大きな不満がくすぶっていたこと」を挙げている[38]。

---

(37) Wex S. Malone, *The Formative Era of Contributory Negligence*, 41 ILLINOIS LAW REVIEW 151 (1946).

8 スティーヴン・ランズマン『民事陪審に関するアメリカの経験』

　裁判所が寄与過失を無制限に使用していたならば，陪審は不法行為事件から締め出されることになったであろう。しかしながら，寄与過失法理の基礎には重大な欠陥があったのである。第一は，この法理は，陪審員は愚かな素人であり，不法行為事件において判断を下す能力はないということを前提にしていた。しかし，調査によれば，これとは反対のことが判明した。スタンフォード大学のフリードマン教授がカリフォルニア州のアラメダ郡において行なった実際の陪審評決の実証的研究では，陪審は原告に有利な判断をする傾向はあるが，しかし，決して「ぞんざいなのでも必然的なものでもない」と分析された[39]。陪審は慎重かつ分別ある判断を行なったとみられている。このような情報は，ニューヨークの裁判所でも同様に観察されたものと思われ，そのため，ニューヨークの裁判官の陪審に対する攻撃は弱まったものと思われる。

　古典的な寄与過失の法理にはつぎのような欠陥もあった。すなわち，安全性の向上に何らの誘因も与えなかったのである。たとえば，19世紀後半の鉄道産業を例にとってみよう。1868年には使いやすく経済的な鉄道の空気ブレーキが発明されていたにもかかわらず，このようなブレーキは，1880年代の中頃に設置を義務づける法律が通過するまでは一般的に取り付けられていなかった。このように空気ブレーキの取り付けが遅れた理由の一つは，寄与過失のような請求の認容を難しくする法理が存在したため，鉄道会社が不十分な装備に頼っていても責任をとらされることがなかったからであろう。

　しかし，寄与過失に関して最も困ったことは，寄与過失が陪審や現実社会の配慮を裁判手続から締め出したことによって，法律から人間性を失わせたことであろう。19世紀の不法行為の法理は固定的なものになってしまい，裁判官がこのような「威厳のある」不法行為法を追い求める場合には，権力のないこと，おもいやり，会社の圧力に対する恐怖，同情，などは法律的な争点ではないとされた，ジョン・ヌーナンは，そのような「仮面」が恐ろしいほど人間性を奪うことを感動的に描いている。裁判官は人間的な配慮を無視するようになり，また，抽象的，かつ，しばしば狡猾な原理の名において有害な法理が適用

---

(38) *Id.* at 155.

(39) Lawrence M. Friedman, *Civil Wrongs: Personal Injury Law in the Late 19th Century*, 1987 AMERICAN BAR FOUNDATION RESEARCH JOURNAL 367, 375 (1987).

第Ⅱ編　翻　訳

されたのである[40]。

　しかしながら，寄与過失は社会にとって決定的なものではなかった。実際，この法理はしだいに人気を失うことになり，そして，陪審が再び不法行為の領域でも大いに使われるようになったのである。寄与過失について，法律では1908年に変化が生じた。この年に制定された連邦雇用者責任法（Federal Employers Liability Act）は，鉄道作業者に関する多くの事件において寄与過失を禁止したのである。連邦雇用者責任法は，陪審を認めた。また，権利回復は比較過失（comparative negligence）を前提とすることとし，その結果，作業者がその傷害の発生に寄与したときは，一部認容が行なわれるようになった。1910年に，ミシシッピーは，人身傷害に関するすべての訴訟で比較過失に変更した。比較過失の法理は1970年代までは着実であるが緩やかに増加していたが，70年代に爆発的に人気が上がり，その結果，今日では，40以上の州がなんらかの形で比較過失を採用している。

　比較過失への確実な移行と同様に重要なことは，不法行為法理がもたらす苛酷な結果を改善するために，裁判所がますます陪審に頼るようになっていることである。裁判官が欠陥のある法理に行き詰まったときは，裁判官は陪審に救いを求めたのである。裁判官は，暗黙の内に，陪審員が寄与過失の法理を漸減していくのを許したのである。1938年，寄与過失から派生した法理に関する論文の中で，フレミング・ジェイムズ・Jr. は，「現在における真の解決策は陪審制度にあり，また，陪審に対してより簡素であいまいな説示を与えることにある」と述べている[41]。

　このようにして，陪審は優位を回復したのである。皮肉なことに，陪審が不法行為手続において中心的な地位を回復した理由はおそらく寄与過失であろう。批判者はこのような結果を高価で非能率的であると非難したが，現在では，陪審は不法行為法に人間性や感受性を吹き込むための最も効果的な手段であるとみなされているように思われる。裁判所が主導権を握っていたときには，苛酷で不明瞭な原則が生み出されたのである。このような経験によって，われわれ

---

(40) JOHN T. NOONAN, PERSONS AND MASKS OF THE LAW 19-20 (1976).

(41) Fleming James, Jr., *Last Clear Chance: A Transitional Doctrine*, 47 YALE LAW JOURNAL 704, 723 (1938).

308

は，裁判所の英知には限界があること，また，市民による参加が重要であることを学んだのである。

　裁判官が寄与過失の法理から撤退を始め，陪審が不法行為の領域において大きな責任を回復した頃に，陪審の機能に対する別の攻撃が勢いを増してきた。この批判は，実体法の領域において陪審が果たす役割だけでなく，法律制度全体に陪審がもたらす非能率性に焦点をあわせていた。この問題に関する 20 世紀初頭の批判者の一人は，アルフレッド・コックスであった。1901 年に，コロンビア・ロー・レヴューの第一巻に掲載した論文の中で[42]，彼は，とりわけ民事事件の領域で，陪審は非効率的な制度であり，全面的な点検・整備を必要としていると攻撃した。彼は，陪審には多くの領域における事実問題を解決する能力があることは認めていたが，真に複雑な問題に対抗することはできないと信じていた。彼は，評決は全員一致でなければならないとの原則は効率的な裁判を妨げるものであることを指摘し，また，陪審員の質の向上の必要性を強調した。彼の主張について注目すべきことは，このような批判は現在でも行なわれていることであり，また，彼の批判や提言には統計的な資料による裏付けがないことである。陪審の欠陥や改善策が正しいことは自明であると思われていた。巧みな言葉を使うだけで，改善を正当化するために十分であるとみなされていたのである。

　効率という表現が取り上げられ，この言葉はその後 30 年間にわたって増幅されたのである。法律雑誌文献目録（Index to Legal Periodical Literature）にざっと目を通しただけでも，効率の観点から陪審を批判する論文の数は，1899 年から 1906 年までの間はおよそ 16 であったが，1924 年から 1932 年まででは およそ 39 となっている。1920 年代および 1930 年代の短い間に，法現実主義者が陪審に関する本格的な調査を始めることによって，「効率」という言葉に関する言葉遊びは実証的な調査に取って代られた。しかし，このような研究は未完であり，1940 年以前に止められてしまった。

　陪審に関する大規模な調査は 1950 年代になって再開された。ハンス・ザイセルとハリー・カルヴァンが率いるシカゴ大学の陪審プロジェクトがこの問題

---

(42)　Alfred C. Coxe, *The Trials of Jury Trials*, 1 COLUMBIA LAW REVIEW 286 (1901).

第Ⅱ編　翻　訳

に取り組んだのである。このプロジェクトは，事件の多いマンハッタンの裁判所などの特定の地域から，また，全米各地から一連のサンプルを採集した。プロジェクトは，これらのサンプルについて陪審員と裁判官から事件についての評価を聞き，これを分析して，陪審の評議室内部での活動や陪審の信頼性に関する情報を提供した[43]。この調査が行なわれた歴史的な背景を考えれば，（陪審について）はじめて一冊の本にまとめられた研究書が遅延の問題に焦点を合わせていたことは驚くにあたらない[44]。ザイセルらは，陪審裁判は裁判官による裁判と比べておよそ40％遅いが，陪審制度から生じる全体のコストは大きくなく，陪審制度が訴訟手続にもたらす価値には及ばないと判断した[45]。ザイセルは，遅延問題に対処する最も有効な手段としては，事件およびトライアルに関する諸々の管理テクニックを指摘した。

　陪審の有効性の問題については，カルヴァンとザイセルの研究によって，いくつかの重要な事実が明らかにされた。とりわけ重要な事実は，およそ事件の78％について，陪審と裁判官の結果が一致したことであった[46]。このような結果の一致の高さは，たとえば，医師や精神科医の診断や全米科学財団の助成金の評価者など，アメリカの社会における意思決定と比較して好意的に判断される数字なのである[47]。カルヴァンとザイセルは，精巧な分析を行なった上で，陪審は一般に「証拠にしたがっており，また，事件を理解している」と結論した[48]。このような調査結果および数多くの強力な実証的資料によって現代のアメリカの陪審制度の存在価値は裏付けされているのである。イェール・ロー・スクールのジョージ・プリースト教授は，1990年に次のように述べている。

　「過去四半世紀以上にわたって，…民事陪審に対する支持にはほとんど異論

---

(43) HARRY KALVEN, JR. & HANS ZEISEL, THE AMERICAN JURY 33-54 (1966).

(44) HANS ZEISEL, HARRY KALVEN, JR., AND BERNARD BUCHHOLZ, DELAY IN THE COURT (1959).

(45) *Id:* at 9.

(46) KALVEN AND ZEISEL, *supra* note 43, at 55-65.

(47) Shari Diamond, *Order in the Court: Consistency in Criminal-Court Decisions, in* 2 THE MASTER LECTURE SERIES: PSYCHOLOGY AND THE LAW (Sheirer and Hammonds, eds. 1982).

(48) KALVEN AND ZEISEL, *supra* note 43, at 149.

310

を見なくなってきている。今日ほとんどの人が民事陪審の重要性を認めるようになった主たる原因は，ハリー・カルヴァンとハンス・ザイセルに率いられたシカゴ大学の陪審プロジェクトが行なった研究成果である。その当時，カルヴァンとザイセルの陪審プロジェクトはそれまでに行なわれた陪審の意思決定の実証的研究のなかでも最も意欲的なものであった。広範な実証的分析の結果として，ザイセルらは，民事陪審は複雑な社会的価値を含む紛争を解決するためのすぐれた制度であること，陪審は法執行を市民によってコントロールするための重要な手段となっていること，また，陪審は意思決定のプロセスにすぐれた社会的衡平の感覚をもたらしていると主張した。実際にザイセルらは，このような主張をすべて裏付けるように実証的な資料を解釈したのである[49]。」

　陪審は単純な制度ではない。陪審は諸々の目的のために使われてきたし，また，今でも使われている。このような目的としては，裁判所に対するチェック（監視）機能，裁判手続に民主的な原理を導入するための導管としての役割，圧政的な行為に対する防壁，意思決定に常識を注入することなどが挙げられる。陪審は自由自在に変化する時代のニーズに対応してきたことを歴史は教えている。陪審は，ウィリアム一世にとっては審問の制度であったが，ジェイムズ二世に対しては抵抗の制度であった。民主的な行動と強力に結びついていること，また，新しい社会的ニーズに対応することができることによって，陪審はアメリカの司法制度の重要な特性となっているのである。

3　陪審制度の長所と短所の検討

A　短　所

1　利用の少なさ

　陪審裁判が行なわれるのは，州裁判所では終結した全民事事件の1%以下であり[50]，また，連邦裁判所では2%以下である[51]。毎年，アメリカの裁判所

---

(49) George L. Priest, *The Role of the Civil Jury in a System of Private Litigation*, 1990 UNIVERSITY OF CHICAGO LEGAL FORUM 162 (1990).

(50) NATIONAL CENTER FOR STATE COURTS, ANNUAL REPORT (1988).

(51) ADMINISTRATIVE OFFICE OF THE UNITED STATES COURTS, ANNUAL REPORT (1988).

第II編 翻 訳

にはおよそ900万件の民事事件が提起されるが，この中で陪審裁判が行なわれるのは5万件にすぎない[52]。このような数字に照らして，陪審制度の批判者は，陪審は紛争解決において取るに足らない役割を果たしているにすぎず，したがって，陪審制度は存続させておく価値はないと主張する。

この問題を検討した学者は，このような分析は誤りであると結論している。カルヴァンとザイセルはその有名な研究書である『アメリカの陪審』の中で次のように述べている。「陪審は直接その面前にある事件に支配力を及ぼすだけでなく，また，結果としてはプリトライアルの段階で処理される多くの事件に対しても影響を与えるのである[53]」。陪審の判断は数多くの和解交渉に対して解決の基準を提供するのである。民事訴訟の多くの領域において，交渉は，文字どおり，従前になされた陪審の判断の「影響の下」に行なわれるのである[54]。

しかし，その深く行き渡る影響力にもかかわらず，陪審裁判の数がますます減少していることは注目しなければならない。このまま減少していけば，陪審裁判の比率がきわめて小さくなり，なんら先例的な価値をもたない奇異な制度になりかねないであろう。現時点でも，陪審裁判が消滅する可能性はある。現にイギリスではこのような事態が起きたのである。第一次世界大戦と大恐慌の間の20年間に陪審裁判の数が急激に減少したために，イギリスの法律家や市民は民事陪審の価値を軽視するようになったのである[55]。

2 判断能力の欠如

ジェローム・フランクなどの陪審制度の批判者は，陪審員には訴訟を解決するだけの能力がないことを強調する。フランクによれば，陪審の最大の問題の1つは，陪審員が事件に関する事実または法律を理解する能力が欠如していることである[56]。このようなフランクの主張は，陪審の行動に関する実証的な研究が行なわれる以前の1940年代になされたものである。フランクの時代以降，陪審の能力に関する研究が社会科学者によって盛んに行なわれた。実際，

---

(52) JOHN GUINTHER, THE JURY IN AMERICA 167 (1988).

(53) KALVEN & ZEISEL, *supra* note 43, at 31.

(54) *See* Marc Galanter, *Justice in Many Rooms: Courts, Private Ordering and Indigenous Law*, 19 JOURNAL OF LEGAL PLURALISM 1 (1981).

(55) *See* DEVLIN, *supra* note 14, at 133.

(56) *See* JEROME FRANK, COURTS ON TRIAL (1949).

8 スティーヴン・ランズマン『民事陪審に関するアメリカの経験』

ある指導的な研究者は，今日のアメリカにおいて「訴訟手続における他のいか
なる局面よりも陪審の判断形成についてよく知っている」と結論している[57]。

　社会科学者の全般的な成果によれば，陪審はすぐれた事実認定者であるとさ
れている。模擬陪審裁判の実験[58]および実際の事件の分析[59]によれば，陪
審はきわめてよく証拠を理解し記憶していることが証明された。証拠の強さと
陪審の判断にはきわめて高い相関関係が存在したのである[60]。大多数の社会
科学者は，陪審は健全で信頼のおける判断者であるとの結論に達している[61]。
実際，社会科学者が単独裁判官と陪審を比較したとき，事実関係をよりよく記
憶しており，また，事実に関する誤認を匡正するのに長けているのは陪審で
あったのである[62]。

　陪審の事実認定能力に関する結論は，陪審が最も困難で微妙な事件のみを審
理するということを思い起すといっそう印象的である。ジョージ・プリースト
教授およびベンジャミン・クライン教授は，比較的単純ではっきりとした事件
は和解になる可能性が圧倒的に高いと証明している[63]。訴訟経済，とりわけ，
トライアルのコストを考えれば，勝訴の可能性が小さい場合は事件を最後まで
追行することはきわめて魅力のないことである。このような動機を前提とすれ
ば，当事者双方が強力な証拠を持っているときに，最後まで争う可能性が高い
のである。

　法律の理解に関する陪審の成績はそれほど芳しくない。一般に，陪審は適用

---

(57) Michael Saks, *Do We Really Know Anything About the Behavior of the Tort Litigation System--and Why Not?*, 140 UNIVERSITY OF PENNSYLVANIA LAW REVIEW 1147, 1235 (1992).

(58) *See* MICHAEL SAKS, SMALL-GROUP DECISIONMAKING AND COMPLEX INFORMATION TASKS (Federal Judicial Center, 1981).

(59) *See* KALVEN & ZEISEL, *supra* note 43.

(60) *See* Christy Visher, *Jury Decision Making: The Importance of Evidence* 11 LAW & HUMAN BEHAVIOR 1 (1987).

(61) *See* SAUL M. KASSIN & LAWRENCE S. WRIGHTSMAN, THE AMERICAN JURY ON TRIAL (1988); VALERIE P. HANS & NEIL VIDMAR, JUDGING THE JURY (1986); REID HASTIE, STEVEN D. PENROD & NANCY PENNINGTON, INSIDE THE JURY (1983).

(62) *See* Phoebe Ellsworth, *Are Twelve Heads Better Than One?*, 52 LAW AND CONTEMPORARY PROBLEMS 205 (1989).

(63) *See* George L. Priest & Benjamin Klein, *The Selection of Disputes for Litigation*, 13 JOURNAL OF LEGAL STUDIES, 1 (1984).

第Ⅱ編　翻　訳

すべき法規を理解していると考えられているものの[64]，陪審の啓発のために
裁判所が与える法律に関する説示を，多くの事件において，陪審はあまり理解
しておらず，また，法律に関する陪審員の理解の程度は望ましいレヴェルにあ
るとは到底言えないことを示すかなりの証拠が存在する[65]。実証的な研究に
よれば，右のことは必ずしも真実ではなく，説示が適切に作成されれば，問題
のかなりの部分が解決するとされている[66]。この問題を検討した研究者の多
くは，責任は陪審にあるのではなく，説示が明確さを欠いていることにあると
結論している[67]。もしそうであるにしても，陪審の法律の理解に関する問題
は深刻であり，改善が必要であることに異論はない。

3　陪審は偏見を受けやすいこと

　フランク判事は，陪審の能力だけでなく，その公正さも攻撃した。フランク
判事は，陪審の批判者が繰り返して言う「偏見は 13 番目の陪審員である」と
の言葉を肯定した[68]。社会科学的調査によって，陪審の偏見に関する問題が
詳しく究明された。カルヴァンとザイセルは民事事件においてこの問題を慎重
に検討し，その結果，陪審が原告または被告のどちらかに系統だって偏見をい
だいた証拠がないことを明らかにした[69]。また，陪審は，弁護士の雄弁や策
略によって偏見ある判断を下す可能性が小さいことを明らかにした[70]。

　陪審が原告または被告のいずれかに一方的に有利な判断をすることは一般的
にないものの，いくつかの種類の当事者は陪審によって一方的に不利な判断を
されてきたと感じている。たとえば，企業（ビジネス）は，1 世紀以上にわたっ
て，陪審の偏見に対する懸念を表明してきた。財界や金融界の利益に対して陪

---

(64)　*See* WALLACE LOH, SOCIAL RESEARCH IN THE JUDICIAL PROCESS 430 (1984); HASTIE et al. *supra* note 61, at 231-232.

(65)　*Id.*, Valerie P. Hans, *The Jury's Response to Business and Corporate. Wrongdoing*, 52 LAW & CONTEMPORARY PROBLEMS 177, 185 (1989).

(66)　*See* ANTHONY ELWORK, BRUCE SALES & JAMES ALFONI, MAKING JURY INSTRUCTIONS UNDERSTANDABLE (1982).

(67)　*Id.*

(68)　FRANK, *supra* note 56, at 122.

(69)　*See* Harry Kalven, Jr., *The Dignity of the Civil Jury*, 50 VIRGINIA LAW REVIEW 1055 (1964); KALVEN & ZEISEL, *supra* note 43, at 64.

(70)　*See* KALVEN & ZEISEL, *supra* note 43, at 351-372.

8 スティーヴン・ランズマン『民事陪審に関するアメリカの経験』

審が敵意を抱いているのではないかとの懸念が，民事陪審を無視した1787年の憲法の条文を採用した最も強力な誘因であった。また，これは19世紀のニュー・ヨーク州などで寄与過失の法理を発展させた裁判官の動機でもあった。最近，企業当事者に対する陪審の偏見の問題は，数多くの心理学的および文献学的研究の対象となっている。このような研究の分析の結果，陪審が本質的に企業に敵対しているとの結論は支持できるものではないことが明らかになったが，新たに，企業が重大な人身障害を与えたことを理由に訴えられている場合に，陪審員はどのような基準を適用するのかの問題が提起された。

通常の人身障害事件では，企業被告が個人被告に比べて重い責任を課せられることはない[71]。しかしながら，受けた障害が深刻で永久的なものである場合には，企業被告の責任は個人被告より重くなる傾向があり，したがって，また，賠償金額も高くなる傾向にある[72]。このような差異の説明を試みるにあたって，研究者は2つの重要な事実を明らかにした。第一は，結果における相違のかなりの部分は，弁護士が最も有望で経済的にかなりの金額にのぼる請求は裁判官でなく陪審による裁判に持ち込む傾向があるという事実によって説明されるということである[73]。このような選別の結果として陪審による高額の評決が出ることになる。しかし，このことは，陪審が偏見を持っていることを意味するものではなく，陪審は特色ある事件に対処していることを意味している[74]。第二の重要な事実は，アメリカの陪審員は，企業は深刻な人身障害を防ぐための大きな財力をもっており，したがって，企業の行為が深刻な被害を生じさせた場合には，故意や無思慮についてより高い基準が要求されるべきで

---

(71) *See* Audrey Chin & Mark Peterson, Deep Pockets, Empty Pockets : Who Wins In Cook County Jury Trials 25 (1985).

(72) *Id.* at 42-43.

(73) *See* Randall Bovbjerg, Frank A. Sloan, Avi Dor & Chee Ruey Hsieh, *Juries and Justice: Are Malpractice and Other Personal Injuries Created Equal?*, 54 Law And Contemporary Problems 5 (1991).

(74) 最近の研究によれば，このような多くの事件で陪審を選択することによって弁護士は重大な誤りを犯かしているとされている。連邦裁判所で審理される製造物責任訴訟や医療過誤訴訟の原告は，裁判官による審理においてより有利な結果を得ている。*See* Kevin Clermont & Theodore Eisenberg, *Trial by Jury or Judge: Transcending Empiricism*, 77 Cornell Law Review 1124 (1992).

第Ⅱ編　翻　訳

あると信じているように思われることである[75]。このような結論は非現実的なものではなく，陪審は企業被告が不利になるように不当に差別しているとの主張はほとんど支持されていない。

　陪審は偏見を持たないようにうまく構成されている。陪審員は，学歴，人生経験，社会的身分，政治的信条などの異なる市民の中から無作為に選ばれる。理論的にも，また，実際的にも，このような色々の見解の混合によって，1人の陪審員の異常な意見は中和されるのである[76]。グループによる手続は，事実に関する分析を促進し，また，偏見の表明を抑える[77]。これは単独判事がトライアルを主宰するときと対照的である。単独判事は一般市民の中から無作為に選ばれるわけではなく，また，特定の教育的，社会的，政治的背景を持っているのである。単独判事にとっては，グループが作り出す偏見に対する抑制もなく，したがって，偏見が判断形成過程に入りこむ可能性が高いのである[78]。2世紀以上前に，ブラックストーンは，偏見については裁判官よりも陪審の方がすぐれている理由があることを認めている。

　「われわれの人命および財産を保障する裁判制度の公平な運営は，文明社会の偉大な目的である。しかしながら，もし裁判の運営が君主または君主と同等の高い地位を占める者によって選ばれた少数の人々に委ねられる場合には，その者たちの判断は，彼ら自身は高潔であるにせよ，無意識のうちに彼らと同等の身分の者に有利に判断するようになってしまうのである。すなわち，人間の本来の性質として，少数の者が絶えず多数の者の利益に配慮することを期待することはできないのである[79]。」

4　過度の賠償金額

　陪審の偏見と密接に関連するものとして，陪審が法外な金額を認定する傾向があることに対する懸念がある。批判者は，陪審は日常的に被害と不釣り合いな巨額の損害賠償を付与しており，また，このような判断は同じような請求に

---

(75)　*See* Hans, *supra* note 65, at 195-198; Saks, *supra* note 57 at 1276.

(76)　*See* Hastie et al., *supra* note 61, at 8, 229-230.

(77)　*Id.* passim; *see also* John Thibaut & Laurens Walker, Procedural Justice (1975).

(78)　*See* Kalven & Zeisel, *supra* note 43, at 121-133.

(79)　3 William Blackstone, Commentaries On The Laws Of England 379 (Garland Publishing, Inc., 1978) (1783).

316

8 スティーヴン・ランズマン『民事陪審に関するアメリカの経験』

直面した他の者の判断と食い違っていると攻撃する。この問題の研究者は，賠償金額に対する一般の人々の認識はマスコミが巨額な認定のみを報道するために大いに歪められていると指摘している。同じ事件について陪審の実際の認定額と裁判官の評価額を比較した研究によれば，陪審と裁判官との平均的な相違は20％以下であった[80]。この程度の差は，陪審のすべての認定額の6％についてのみ裁判官が減額の命令を出している事実に照らせば，とりわけ目立つものではない[81]。さらに，注意深い分析によれば，最近では認定金額の大幅な上昇はなく，また，（批判者が重大な関心を寄せている）懲罰的損害賠償金もきわめてスロー・ペースになっている[82]。最後に，不法行為の損害賠償が専門の仲裁人または専門家の集団に委ねられる場合には，認定金額は一般的に陪審のそれよりも高い[83]。

右に述べてきたことにもかかわらず，陪審相互の間にも認定金額について憂慮すべき不一致がある。このような不一致の40％は被害の程度の差によって説明がつくであろうが，それでも陪審の認定金額は著しく予測不可能であることについての証拠は存在する[84]。このようなことが起こる原因の1つとして，この20年間に多くの地域において陪審の構成が12人から6人に減少されたことが挙げられよう。このような変更によって，社会各層をよく代表するような陪審の構成ができなくなり，また，陪審員相互で意見の中和をはかる機能が低下したと言えるであろう[85]。裁判官が金額の認定をする場合にも予測不可能の問題は生じるものの[86]，陪審の認定金額の予測可能性については改善の余地が十分にある。

---

(80) *See* Kalven, *supra* note 69, at 1065.

(81) *See* MICHAEL SHANLEY & MARK PETERSON, POSTTRIAL ADJUSTMENTS TO JURY AWARDS xi (1987).

(82) *See* Saks, *supra* note 57, at 1251-1262.

(83) *Id.* at 1272-1273; *see also* Clermont & Eisenberg, *supra* note 74.

(84) *See* Randall Bovbjerg, Frank Sloan & James Blumstein, *Valuing Life and Limb in Tort: Scheduling 'Pain and Suffering,'* 83 NORTHWESTERN UNIVERSITY LAW REVIEW 908, 919-924 (1989).

(85) *See* Hans Zeisel, *And Then There Were None: The Diminution of the Federal Jury,* 38 UNIVERSITY OF CHICAGO LAW REVIEW 710 (1971); Richard Lempert, *Uncovering 'Nondiscernible' Differences: Empirical Research and the Jury-Size Cases, 73 MICHIGAN LAW REVIEW 644 (1975).*

第Ⅱ編　翻　訳

5　運営のコスト

　陪審に向けられた批判の最後は，陪審は裁判の費用を上昇させるということ
である。すなわち，陪審の場合には，トライアルが長くなり，プリトライアル
段階での開示手続の費用がかさみ，また，厳格な証拠法上の制約が適用される。
カルヴァンとザイセルは，当時の陪審によるトライアルは裁判官が審理する場
合に比べておよそ40％長いと計算している[87]。

　このように陪審トライアルでは時間が増加するにもかかわらず，カルヴァン
とザイセルは，陪審トライアルはそれほど数が多くないこと，また，効率を高
める手続を用いることによって，裁判所はそのような増加を当然調節できると
確信していた[88]。さらに，カルヴァンとザイセルは，時間の増加というマイ
ナス面よりも陪審がもたらす価値（プラスの面）の方が大きいと主張した[89]。

　陪審は，1つの事件を審理するために召集された素人の市民によって構成さ
れる。陪審員としてのつとめを果たす間は彼らの日常生活は中断される。この
ような中断を最小にし，また，効率的な裁判を促進するために，トライアルは
集中的に連続してなされる。このように審理は継続してなされるので，トライ
アルでの不意打ちをさけるために，また，法廷での対決のときに事実が十分に
主張されるようにするためには，弁護士による広範な事前の準備が必要とな
る[90]。

　アメリカにおける民事陪審実務に対する最近の批判の多くは，事件の準備の
ために弁護士が行なうプリトライアル段階での活動に向けられている。この領
域において問題があるのは疑いがないところであるものの，その責任は陪審に
あるのではなく，一定の訴訟における弁護士の行きすぎた行動にある[91]。

　継続審理のルールにマイナス面があるとしても，絶えずそのプラスの面，と

---

(86) *See* Donald Harris & Donald Renshaw, Compensation And Support For Illness
　　 And Injury 98 (1984).

(87) *See* Zeisel, Kalven & Buchholz, *supra* note 44, at 71-86.

(88) *Id.* passim.

(89) *Id.*

(90) *See* Paul D. Carrington, *The Seventh Amendment: Some Bicentennial Reflections*,
　　 1990 University Of Chicago Legal Forum 33, 39-40 (1990).

(91) *See* Wayne Brazil, *The Adversary Character of Civil Discovery: A Critique and
　　 Proposal for Change*, 31 Vanderbilt Law Review 1295 (1978).

318

りわけ，審理過程に時間的な規律を課していることと比較衡量しなければならない。事件は迅速に終結し，公正に解決されなければならない。これによって，雨垂れ式の審理によって事件が何千も遅延することを防ぐことができるのである。また，これによって，断続的な手続で起こるような焦点の散漫が防げるのである。このような継続審理の利点は，日本や大陸諸国の手続と比較した場合にとりわけ鮮明になる[92]。

　素人の事実認定者に依拠するトライアル手続の明確さと高潔さを保障するためには，厳格な証拠法則を用いて，偏見や誤解を生じさせるような情報を除いている。このような法則を用いることは厄介であり，また，事実認定者に重要な情報が提供されないことも起こりうる[93]。このようなマイナス面に対しては，事実認定者が偏見のある主張にさらされないというプラス面が比較衡量されなければならない。カルヴァンとザイセルは，刑事陪審に関する研究の中で，陪審の評決は提出されたがトライアルの前またはトライアルの間に裁判官によって排除された不許容証拠によって影響されることを発見した[94]。事実認定者をそのような証拠にさらさせないという利益は小さくない。しかし，かといって，アメリカの証拠法則のすべてが優れたものであるというわけではない。たとえば，伝聞証拠に関する最近の調査によれば，陪審員の二次的な証拠の価値を適切に割り引いて評価しており，伝聞証拠から陪審を保護する必要はないとされている[95]。このような研究の成果に照らして，現在の証拠法上の制約を減らして，真に手続の誠実さに脅威を与えるような証拠だけを排除するのが賢明であろう。

---

(92) *See, e. g.,* Arthur von Mehren, *Some Comparative Reflections on First Instance Civil Procedure: Recent Reforms in German Civil Procedure and in the Federal Rules*, 63 NOTRE DAME LAW REVIEW 609, 614-622 (1988).

(93) *See* Carrington, *supra* note 90, at 39.

(94) *See* KALVEN & ZEISEL, *supra* note 43, 122-133.

(95) *See* Richard Rakos & Stephan Landsman, *Researching the Hearsay Rule: Emerging Findings, General Issues, and Future Directions*, 76 MINNESOTA LAW REVIEW 655 (1992).

第Ⅱ編　翻　訳

B　長　所

1　民主主義の高揚

　民事陪審の擁護者は，陪審制度がアメリカの民主主義に寄与していることを強調する。前述したように，陪審は社会の各層から構成されている。陪審は法廷に人々の感情や価値をもたらす。事実認定者として陪審が存在することは，当事者に審判者（adjudicator）を選択することを認めるものであり，したがって，また，当事者が手続に参加していることの実感を高めることになっている。少なくとも，一人の当事者によって陪審が選択されたときは，同輩ないし隣人による裁判が利用できるのであり，したがって，また，自治および人民による統治の原則が促進されるのである[96]。

　裁判官は必然的に政府の一部と見られている。陪審員の場合はそのようなつながりはない。陪審は政府の行きすぎた行為の盾として機能しやすい[97]。さらに，陪審員は繰り返し法を適用するわけではない。陪審員はいかなる結果にも慣らされておらず，また，予定される期待に囚われることもない。陪審員にとっては，事件は新鮮で，個性的なものである。このことによって，陪審員は，経験ある裁判官と異なり，型にはまらないで審理することができるのである。このような陪審の傾向は，富裕で力のある者がもつ優位性を減ずることになる。というのは，そのような者が予想する期待ないし法律的地位に依拠する能力を最小限にするからである。このような効果はすべて民主的である。というのは，陪審は富者や力のある者に対して特別の配慮をしないからである[98]。

　陪審は別の意味でも民主主義を促進している。陪審制度は陪審員に市民としての可能性と責任を教育するのである。1830年代に，トクヴィルは，陪審制度の主要な利点は，それが「判決を形成することに強力に寄与すること，また，人々の本来有する知性を増大させることにあり，…そして，陪審員たちが自らの権利について学ぶことのできる無料の開かれた学校であることにある」と指

---

(96) *See* George Priest, *The Role of the Civil Jury in a System of Private Litigation*, 1990 University Of Chicago Legal Forum 161, 170-171（1990）.

(97) *Id.*

(98) *See* Marc Galanter, *Are Civil Juries a Good Thing?, in* Verdict : Assessing The Civil Jury System（Robert Litan, ed. in press）.

摘している[99]。18歳以上のアメリカ人の45％以上は陪審義務につくために呼び出しを受けたことがあると述べており，また，17％はトライアルで陪審を務めたことがあると述べている[100]。このことは，アメリカの社会において陪審義務の教育的効果が広く行き渡っていることを示している。

2　裁判所にもたらす利益

陪審は人々一般に対してだけでなく裁判所にもかなりの利益をもたらす。この中でおそらく最も重要なのは，陪審があることによって，司法部に強力な権限を付与することと司法の独立を円滑に行なうことができることである。裁判所の権限行使の行き過ぎを抑制するために陪審が存在するところでは，立法部ないし行政部が注意深く監視する必要性ははるかに少ない。また，必要な場合には陪審が裁判官を抑制することができるので，裁判官には大きな裁量の余地を与えることができるのである[101]。

陪審は他にもいくつかの点で裁判所に利益を与えている。陪審はその判断について説明したり弁護する必要はないので，法に一定の柔軟性や新奇性を持ち込むことができる[102]。陪審は厳格な先例拘束を受けず，判断形成過程に常識や現代的態度を持ち込むことができる。裁判官はしばしば説示や裁定によって，そのような行動を招来し，是認している。このように，裁判官と陪審は協働して法が時代遅れの規範になることから救っているのである。このことは，まさに両者が協働して不適切で重荷となっていた寄与過失の法理を克服したときに生じたのである。さらに，陪審は不人気な判決に対する批判を裁判所からそらす避雷針の役割を果たしているのである[103]。そのために，裁判所の威信と信頼性は損なわれることはないのである。このようにして，陪審は裁判官に対する人々の攻撃の盾となり，裁判官の立場を保護しているのである。

---

(99) ALEXIS DE TOCQUEVILLE, DEMOCRACY IN AMERICA 295-296 (Alfred A. Knopf, Inc. 1945) (1830).

(100) *See* Research & Forecasts, Inc., *The Defense Research Institute's Report on Jury Service in the United States* (unpublished, manuscript, 1990).

(101) *See* Stephen Yeazell, *The New Jury and the Ancient Jury Conflict*, 1990 UNIVERSITY OF CHICAGO LEGAL FORUM 87 (1990).

(102) *See* Peter Schuck, *Mapping the Debate on Jury Reform, in* VERDICT *supra* note 98.

(103) *See* Saks, *supra* note 57.

第Ⅱ編　翻　訳

C　アメリカにおける民事陪審の動向

1970年代においては，陪審が裁判所からの諸々の攻撃に屈したようにみえたこともあった。合衆国最高裁判所は，6人の陪審員で構成する陪審を認め[104]，また，陪審の評決は全員一致でなければならないとの要件を放棄した[105]。陪審には理解できないような複雑な事件では陪審をすべて止めるとの意見すら存在した[106]。しかしながら，最高裁判所は，事件の複雑さを理由として民事陪審を受ける権利の例外を認めるべきか否かは判断しなかった。また，立法部および市民も民事陪審制度に忠誠を表明したのである。

連邦議会は，民事陪審審理を受ける権利の範囲を狭める要求に何度か直面した。たとえば，就業中に障害をうけた鉄道労働者[107]，性差別の被害者[108]，障害による差別の被害者[109]，アスベストに関する疾病の被害者[110]などの陪審審理を受ける権利が問題となった。これらの事件において，議会は陪審による審理を受ける機会を維持ないし確立した。このように，司法部その他の人が陪審へのアクセスを縮小しようとしたときにも，アメリカ人の陪審制度に対する忠誠は堅持されたのである。

政府の指導者および市民は陪審に対する信頼を表明している。影響力のある公的人物に関する調査では，彼らの10人のうち8人は民事陪審は「きわめて重要である」と答え，残りの多くは「重要である」と答えている[111]。調査された裁判官も陪審に対する強い支持を表明している。過半数の人々は若干の状況においては陪審と競合する制度を認めるものの，4分の3は陪審審理を受ける権利を「保持されなければならない不可欠の安全装置」とみている[112]。お

---

(104) *See* Williams v. Florida, 399 U. S. 78 (1970); Colgrove v. Battin, 413 U. S. 149 (1973).

(105) *See* Johnson v. Louisiana, 406 U. S. 356 (1972); Apodaca v. Oregon, 406 U. S. 404 (1972).

(106) *See* Ross v. Bernhard, 396 U. S. 531, 538 n. 10 (1970).

(107) *See* Schuck, *supra* note 102.

(108) *Id.* citing Public Law 102-166.

(109) *Id.*

(110) *Id.*

(111) *See* HERBERT & ALIDA BRILL, Dimensions of Tolerance: WHAT AMERICANS BELIEVE ABOUT CIVIL LIBERTIES Table 4. 6 (1983).

そらく，最も興味深いのは，陪審員としての務めを果たしたことのある市民は制度としての陪審に圧倒的に好意的な態度をとることである[113]。

上記のような事柄はすべて，アメリカでは陪審に対する支持や満足が今後も継続するであろうことのしるしである。全体としてみれば，陪審のもたらす利益は不利益よりもはるかに大きい。陪審による事実認定の能率，民主的な影響力，変化する事態に対する適応性などはすべて合衆国の裁判所にとって価値のあるものとされているのである。

4　日本と陪審

日本が陪審を研究するときに考慮すべき一つのファクターは，陪審制度が大陸法の法制度の中でどのように運営されてきたかである。紙数とわたくしの知識が制限されているため，ここではこの問題に詳細なコメントをすることはできない。しかし，いくつかの基礎的な観察は有益であろう。第1は，1928年から1943年にかけて日本の刑事裁判で用いられたときに，陪審はまずまず成功したことである。法社会学会で報告されたすばらしい論文の中で，丸田教授はこの時期における日本での陪審運営を分析している[114]。丸田教授によれば，484件，言い換えれば，重大な刑事告発の25％が陪審に付された。このような事件の無罪率は驚くべきことに16.7％であった。トライアルは概して短く，3日を超えたものはほとんどなかった（95％）。要するに，陪審は，深刻な手続上の困難を生じることなく，望ましい価値をもたらしたように思われる。

第2は，19世紀においてドイツやフランスでは陪審に関する試みは失敗に終わったことである。いずれの国でも陪審は成功しなかった。明らかに，この

---

(112) *See* Louis Harris & Associates, Judges Opinions On Procedural Issues: A Survey Of State And Federal Judges Who Spend At Least Half Their Time On General Civil Cases Chapter 10 (1987).

(113) *See* William Pabst, Jr., Thomas Munsterman, & Chester Mount, *The Myth of the Unwilling Juror*, 60 Judicature 164 (1976).

(114) *See* Takashi Maruta, *Jury Competence: The Japanese Case--An Analysis of the Criminal Jury Trials in Japan, 1928-1943* (1991) (unpublished manuscript). The figures discussed in the text are all drawn from Professor Maruta's paper.

第Ⅱ編　翻　訳

ような失敗は，大陸法の枠組みの中で陪審は根をおろすことができるのかという深刻な問題を提起する。このような懸念は正当であるとしても，ドイツとフランスの経験においては，陪審制度は十分に理解されていなかったこと，あるいは，成功するための十分な機会を与えられていなかったことに注意しなければならない。フランスでは，陪審事件において人為的で厳格な法と事実の区別がなされたため，陪審の柔軟性を著しく制約すると同時に潜在的には敵対する裁判所の権限を拡大することになってしまったのである[115]。これは失敗のための処方せんであった。同様に，1848年の失敗に終わった革命の後で，ドイツの諸国では陪審を取り入れたが，陪審の裁定には上訴ができぬものとし，また，まったく柔軟性がなかった[116]。どちらの場合も，状況に適応して柔軟に変化していくという陪審の伝統に反する枠組みの中に置かれたのである。両国における失敗は警告にはなるものの，陪審が大陸法国には馴染まないとの絶対的な証拠ととられてはならない。

---

(115) *See* Hermann Mannheim, *Trial by Jury in Modern Continental Criminal Law*, 53 Law Quarterly Review 99 (1937).

(116) *See* Gerhard Casper & Hans Zeisel, *Lay Judges in the German Criminal Courts*, 1 Journal Of Legal Studies 135 (1972).

9 合衆国における陪審の選任と管理

ウォレン・K・アーボム
Hon. Warren K. Urbom, JURY SELECTION AND
MANAGEMENT IN THE UNITED STATES,United States
District Judge for the District of Nebraska

1 陪審の選任

すべての法廷弁護士の偽らざる希望は，当該事件における弁護士の見解に好意的な，または，好意的になってくれるであろう人物を陪審員として選任することである。この希望を実現するためには，少なくとも3つの障害がある。第一は，呼び出される陪審候補者の数が限定されていることである。第二は，相手方の弁護士がこの目的実現を妨げる努力をすることである。第三は，陪審員を選任する弁護士に事実上の能力の限界があることである。陪審選任制度の目的は，相反する利益を合理的に調整することによって，双方の当事者にとって障害となる要因が減殺され，偏見が排除されることにある[1]。

陪審候補者の招集

連邦地方裁判所における特定の事件のために選任される陪審の候補者は，通常，選挙人登録名簿の中から選ばれる[2]。連邦の選挙人登録名簿というものはないので，連邦裁判所は州の選挙人名簿に依拠している。州によっては，陪

---

(1) 本稿は，州裁判所ではなく，合衆国連邦裁判所で用いられている制度に焦点を合わせている。

(2) Title 28, U. S. C. §1861 によれば，合衆国の政策は，「陪審審理を受ける権利のある連邦裁判所におけるすべての当事者は，裁判所の管轄区域である地方または地区におけるコミュニティーを公正に代表する横断面からアット・ランダムに選出された大陪審および小陪審の審理を受ける権利を有する。さらに，合衆国の政策として，すべての市民には合衆国地方裁判所における大陪審および小陪審の任務に就く機会が与えられなければならず，市民がその目的で召喚されたときは，陪審員としての任務を果たす義務を負う。」

第Ⅱ編　翻　訳

審候補者の範囲を広げるために，選挙人登録名簿だけでなく自動車登録名簿その他の情報源を活用しているところもある。

　それぞれの連邦地方裁判所には一定の管轄地域が決められており，陪審はその中から選任される。また，およそ2年ごとに，裁判所の事務局はつぎの2年間に必要とされる陪審員の数を概算する。当該管轄地域内のそれぞれの郡における登録選挙人の数が算定され，また，陪審として必要とされる数を満たすには，管轄地域内の各郡の中から何人の登録選挙人を呼び出さなければならないかを算定する[3]。選挙人登録名簿から選出された者に対しては質問用紙が送付される。これによって，陪審候補者には，陪審の任務および陪審資格に関する必要な情報が与えられる。一般に，18歳未満の者または70歳を超える者，重罪の判決を受けた者，軍務に服する者，消防署および警察署に勤務する者，深刻な健康上の問題を抱える者は，質問用紙に記載された陪審不適格者に該当し，陪審の任務を免除される[4]。

　これらを除いた残りの者が陪審候補者（陪審プール）となり，この中から特定の期間における陪審任務に服する者が召喚される[5]。特定の裁判が始まる前に，必要とされる数の陪審候補者が呼び出され，法廷弁護士は，この中から意にかなう陪審を選任する努力をする。

　呼出状によって裁判所に呼び出された者に対しては，さらに質問が行われ，陪審として務めることが陪審候補者またはその家族にとってきわめて困難であるか否かを問われることになる。裁判官は，陪審候補者の事情説明を聞いた後で，陪審としての任務を行わせるか否かを決定する。たとえば，幼児の世話をしなければならない女性，自動車を運転できず，かつ，裁判所まで代替の合理的な輸送手段のない者，トライアルが予定される時期が播種期または収穫期に

---

(3)　郡（カウンティ）は，州よりも小さい行政単位である。たとえば，ネブラスカ州には93の郡がある。

(4)　Title 18, U. S. C. §1862 は，つぎのように規定して，差別を禁じている。「何人も人種，皮膚の色，宗教，性別，国籍，門地または経済的身分に基づいて……合衆国地方裁判所における大陪審または小陪審としての任務から排除されてはならない。」

(5)　Title 28, U. S. C. §1863 は，陪審員の無作為選出のための計画書を作成・実施することをそれぞれの合衆国地方裁判所に求めている。もし選挙人登録名簿によって公正な横断面の確保ができないときは，それを補うために他の情報源から陪審員が追加される。

9 W. K. アーボム『合衆国における陪審の選任と管理』

あたる農民等は，少なくとも当該期間の裁判については，陪審任務を免除される者の代表的な例である。

裁判所に集められた陪審候補者に対しては，特定の事件のための陪審選任手続が始まる前に，オリエンテーションが与えられる。オリエンテーションでは，受け取る日当の金額，予想される陪審としての任務の時間[6]，および，交通手段や宿泊施設等についての事務的な情報の提供を受け，また，裁判制度についての説明がなされる。陪審候補者から質問があれば，質疑応答がなされる。

特定の事件について陪審が必要とされるときは，必要とされる概数の陪審候補者が法廷に導かれ，そこで，陪審の選任手続が始まる。

陪審候補者パネルには通常つぎの者が含まれる。すなわち，正規の陪審となる陪審員候補者（6人陪審であれば6人），これに加えて，補充陪審員となる1人または2人，当事者双方に認められている「理由不要の陪審員忌避」の数の候補者（双方3人ずつの場合は計6人）[7]，さらに，「理由付陪審員忌避」によって忌避されるかもしれない4人ないし5人の候補者である。したがって，たとえば，6人陪審が用いられる連邦裁判所の民事事件における陪審候補者パネルでは，まず12人の候補者が必要となる。この中から「理由不要の陪審員忌避」によって忌避される結果，6人の正規の陪審員が選出される。また，3人の中から「理由不要の陪審員忌避」によって当事者双方がそれぞれ1人の者を忌避することができ，残った1人の者が補充陪審員となる。さらには，「理由付陪審員忌避」によって忌避されるであろう4人ないし5人の候補者が必要と

---

(6) トライアルは，休日，土曜日，日曜日を除いて，連日開かれる。したがって，5日間続くトライアルは月曜日に始まり，同じ週の金曜日に終了することになる。多くのトライアルは3日または4日で終了するが，長期にわたるトライアルもある。本稿の著者（である私）は，連日開廷して6ヶ月間続いた民事事件を指揮した経験がある。そのような状況においては，陪審員の諸問題に対応するために，陪審員および裁判所による綿密な計画が必要となる。

一定の日当がそれぞれの陪審員に支払われる。現在は，実際に法廷に出席した場合は1日に40ドルであり，一つの事件で30日以上出席することが要求されている場合は1日につき5ドルが加算される。28, U. S. C. §1871. 従業員が陪審としての任務に就いているときは，雇用者は法律によって従業員に対して給料を支払う必要はない。しかしながら，裁判所から受け取る日当と通常の仕事で受け取る給料との差額を任意に支払う雇用者もいる。

(7) 理由不要の忌避の性質は，理由付忌避と同じく，後に「忌避」の章で論じる。

第Ⅱ編　翻　訳

なる。これらの 19 人ないし 20 人の者は，裁判所に呼び出された者の中から裁判所の書記官（クラーク）がくじで無作為に選出する。これらの者は，陪審席や補助椅子等の指定された場所に着席して，裁判官または弁護士またはその双方からの質問を受ける。

　補充陪審員は長期のトライアル（通常およそ 4 日以上）で用いられ，正規の陪審員が病気，障害または非行等の相当な理由によってトライアルから免除されたときに，その代わりを務める。補充陪審員は，正規の陪審員と同じように，トライアルにおける審理のすべてに出席する。評議が始まる前に，正規の陪審員にならなかった補充陪審員は陪審の任務を免除される。陪審員が分離された場合または陪審室にすべての陪審員が揃わない場合は，評議を始めることはできない。

相手方当事者の努力

　当事者の一方の弁護士は自らの側に好意的な陪審を望み，反対に，相手方当事者の弁護士は相手方当事者に好意的な陪審を望む。もし当事者双方の弁護士の努力が同等に功を奏するならば，結果として，どちらの側にも味方をしない，客観的な陪審が選任されるはずである。

　明示または黙示の偏見や独断を発見するために，陪審候補者に対して，弁護士または裁判官によって質問がなされる。多くの州裁判所および少数の連邦裁判所においては，質問は弁護士によってなされる。多くの連邦裁判所および少数の州裁判所においては，質問は，裁判官のみによって，または，主として裁判官によってなされる。いずれの方法にも利点がある。特定の事件については，弁護士のほうが明らかに実情に通じており，陪審の偏見を生じさせるような証拠や争点をよく知っているので，裁判官に比べて弁護士のほうが陪審候補者の偏見を良く暴くことができる。他方，一般に，裁判官ははるかに少ない時間で質問を完了することができ，また，偏見のある陪審員をほんの少しだけ客観的な方向に動かすことも可能である。裁判官の中には両者を組み合わせて使う者もいる。すなわち，2 つの方法の長所を得るために，質問の大半を裁判官が行った後で，当事者双方の弁護士に一定の時間を与えて（補助的な）質問をさせる方法である。この組み合わせで行う場合，まず裁判官が 30 分 ―― 複雑な

9 W. K. アーボム『合衆国における陪審の選任と管理』

事件ではより多くの時間 ── の質問を行い，その後で，双方の弁護士に最大限15分ないし20分の制限時間で質問をさせる。原告側の弁護士がまず質問を行い，そのつぎに被告側の弁護士が質問をする。したがって，通常の民事事件については，陪審候補者に対する質問時間は1時間程度が典型的であろう。

陪審員の忌避

（陪審候補者に対する）質問は，特定の陪審候補者が質問をする弁護士の訴訟上の立場に好意的であるか否かを知るための手がかりとなる情報を引き出す目的で行われる。それぞれの当事者は，公正さを欠く態度を示した陪審候補者を忌避することができる。この「理由付陪審員忌避」は，陪審候補者に対する質問をしている途中で，または，質問が終了した時点で裁判官に対して行い，裁判官は，当該陪審員が当該事件において引き続き陪審としての任務を続けるべきか否かを決定する。忌避が認められた場合，当該陪審員は当該訴訟における陪審の任務から免除される。弁護士が申し立てる「理由付陪審員忌避」の回数に制限はない。また，それぞれの当事者は，予め決められた数の「理由不要の陪審員忌避」── すなわち，忌避の理由を示す必要はなく，忌避をするだけで当該陪審員を陪審の任務から免除する ── をすることができる。典型的には，それぞれの当事者に3人の「理由不要の陪審員忌避」が許されている。この「理由不要の陪審員忌避」は，通常，陪審員から見えないところで弁護士が忌避する陪審員候補者を紙に書き，それを提出することによって行われる。

陪審の構成を決定することに対して弁護士が持っている唯一の武器は忌避を行う権利であり，弁護士または当事者は自らが望む陪審員を選任することはできない。弁護士または当事者は望まない陪審員を排除することができるだけである。したがって，陪審候補者に対する質問に際して最もよく使われるテクニックは，質問をする弁護士の側にとって好意的でない態度を持つ陪審候補者を見つけ出すためになされるものである。

多くの弁護士は，相手方当事者と同じような経歴，同じような体験，または，同じような法的立場を経験した者は相手方当事者に好意的な態度をとる傾向があると考える。したがって，質問は，陪審候補者の職業，趣味，従前の訴訟経験，当該訴訟の当事者と同じような経験をしたことがあるか否か，および，こ

第Ⅱ編　翻　訳

れらに類するような情報を引き出すためのものである。したがって，原告を代理する弁護士は，被告経験のある陪審候補者よりも原告で勝訴した経験を持つ陪審候補者を好む傾向にある。所得の低い当事者は，富裕な者ではなく，自らと同様の境遇にある者を陪審員として望む可能性が高い。酒に酔って運転し，事故を引き起こしたことによって訴えられた運転手はアルコール性飲料の飲用を軽蔑する者を陪審の任務から排除したいと考える。

　それぞれの当事者が，相手方当事者に好意的であると思われる者または自己の側に好意的でないと思われる者を排除すれば，結果として，陪審として選ばれる者は，比較的偏見が少なく，また，当事者双方にとって公正である。弁護士が陪審の選任に成功するためには，それぞれの陪審候補者についての情報を取得する能力，その情報を正確に分析する能力，さらには，人間に対する鋭い洞察力を弁護士が有しているか否かによる。

　裁判で用いられる陪審員の数は一定ではない。多くの刑事事件においては，12人の陪審員が用いられている。民事事件においては，裁判によって陪審員の数は異なる。6人の陪審員のときもあり，12人の陪審員のときもあり，両者の中間の数の場合もある。

　前述のように，とりわけ長期間にわたるトライアルにおいては，補充陪審員が選任される。これらの補充陪審員は，他の陪審員と一緒に証拠調べに出席し，正規の陪審員がトライアルの途中に病気その他の理由で陪審資格を失ったときはその代わりを務めることになる。もし，そのようなことが生じなければ，補充陪審員は，陪審の評議が始まる前に，陪審の任務から免除される。

　弁護士による陪審候補者の機嫌をとったり，ごまをするような質問は不適切であり，異議によって止めさせることができる。また，不必要に偏見的な情報を引き出すような質問も異議によって阻止することができる。たとえば，陪審候補者に自動車事故の事件において保険のことを尋ねることは不適切である。というのは，そのような質問は陪審員に対して被告は保険に入っており，したがって，被告が判決で示された多額の賠償金を個人的に支払えるか否かについて関心を払う必要はないとのメッセージを与えかねないからである。陪審候補者に対して当事者の一方の弁護士がトライアルにおける自らの立場に引きずり込むような質問は不適切であり，異議によって排除されるべきである。陪審候

補者に対して，法律を誤って説明する質問，不公正な質問または陪審候補者を困惑させるような質問は異議によって止めさせることができる。

2 陪審の管理

トライアル前の説示

陪審員に対する質問が終了し，かつ，弁護士が陪審の忌避手続を完了したときは，残った人たちによって —— 6人陪審，12人陪審，または，その中間の数の陪審 —— 陪審が構成される。その後，陪審は当該事件を誠意をもって審理することを宣誓させられる。通常，この時点において，または，冒頭陳述の直後に，陪審にはトライアル前の説示が与えられる。このトライアル前の説示には原告の請求の基本的な論点が示されることもあるものの，その主要な目的は，陪審員に対してトライアルの手続を説明し，また，陪審員に期待されていることは何かを説明することにある。

陪審員には，トライアルの中で採用された証拠と裁判官から与えられた説示に基づいて事件の事実を認定すること，また，事実は陪審員自らが認定するが裁判官によって宣言された法規に従うべきこと，が伝えられる。陪審には，陪審員自らが証人の証言を評価し，かつ，証人の信用性を決定しなければならないことが説明される[8]。証拠の性質も陪審員に対して説明される[9]。陪審員は，証言の筆記録を利用することはできないので，証言がなされるときに，証言を注意深く見聞しておかなければならない[10]。

---

(8) 証人の信用性に関する典型的な説示は，著者補遺①を参照。
(9) 第八巡回区，すなわち，ネブラスカ州，ノース・ダコタ州，サウス・ダコタ州，ミネソタ州，アイオワ州，ミズーリ州およびアーカンソー州の七つの州の連邦裁判官が利用している証拠の性質を説明する説示については著者補遺②を参照。第八巡回区は10の連邦地方（district）を有している。というのは，いくつかの地方は州よりも小さい地理的単位であるからである。たとえば，アイオワ州，ミズーリ州およびアーカンソー州はそれぞれ二つの地方を持っている。
(10) 速記録は陪審員には提供されないが，コート・レポーターはすべての手続を逐語的に記録する。そして，評議の間に，陪審が証言の特定の部分をコート・レポーターによって読み上げてもらうことを求めるときは，裁判官は，その裁量によって，認めることもあり，認めないこともある。

第II編　翻　訳

　陪審員が証言を記憶するのを助けるために，トライアルの間，陪審員がノートを取ることを認める裁判官もいる。このような実務は広く行われているわけではなく，また，このような実務の妥当性についてはかなりの異論がある。陪審員にノートを取ることを認めない裁判官は，通常，ノートを取ることによって陪審員の注意力が散漫になること，また，陪審員が自らのノートまたは他の陪審員のノートに頼りすぎることを懸念する。他方，陪審員にノートを取ることを認める裁判官は，記憶力を補うためにノートに頼ることを不都合であるとは見ず，また，何日間も続くこともあり得る証言の詳細を記憶することを陪審員に期待するのは不合理であると考える。ノートを取ることが許される場合には，その使用に関する説示，トライアル中，夜間に家に帰るときにはノートを置いて行くことの説示，トライアルが終了したときにはノートの処分に関する説示が与えられる[11]。

　また，陪審員に証人に対する質問を許す裁判官もいる。この場合，通常は，口頭または書面によって質問を裁判官に提出させ，それに対して裁判官が，弁護士と協議を行い，または，行わないで，提出された質問が法規の要件を満たすかどうかを判断し，合法と判断したときは，裁判官がその質問を証人に対して行い，陪審員がその答えを聞く。陪審員は，普通，証人に直接質問をすることは認められておらず，また，多くの裁判官は陪審員に質問させることをまったく認めていない。

　連邦と州とを問わず，合衆国における事実審裁判所においては，陪審員が証人に対して質問することを認めるべきか否かについて大きな論争がある。陪審員に質問させることに反対の見解は，質問を許すことは，陪審員が当事者の一方の利益を代弁する弁護士の役割を担うことになるかもしれないことを懸念し，また，証言の中に関連性がなく偏見的な事項が挿入されたり，それまでは知られていなかった陪審員の偏見が明らかになったり，弁護士が展開する戦略が混乱させられる虞があることを懸念する。

　陪審員に質問を認める裁判官は，上記の懸念は誇張されていると考え，陪審員のすべての質問をまず裁判官に提出させ，裁判官が許容性に関する法規に照

────────────

(11)　この種の説示の例については著者補遺③を参照のこと。

らして質問が合法であると判断した場合にのみ裁判官が証人に質問するのであれば，何らの不都合も生じないと考える。裁判官が質問が不適切なものであると判断した場合は，裁判官は証人に対してそのような質問をすることはせず，また，なぜ質問しなかったかの理由を手短かに陪審員に説明する。質問をすべきか否かについて裁判官に疑問が生じたときは，裁判官は，弁護士を裁判官席に呼び，または，陪審員のいない法廷外で弁護士と会って，質問について議論を交わし，弁護士の意見を聞いた後に，裁判官はその質問をすべきか否かを決定する。弁護士は，普通，ある陪審員の質問に異議を申し立てたことをその陪審員に知られることを望まない。というのは，その陪審員が質問をさえぎられたことによって異議を出した弁護士に悪感情を抱くことを懸念するからである。

　陪審員の質問を認める実務に関する控訴審裁判所の判決は広く行き渡っているわけではない。多くの事例は刑事事件である。というのは，刑事事件は民事事件よりもデリケートであると考えられているからである。陪審による質問は一般的に認められているわけではないものの，裁判所は，陪審員による質問それ自体が偏見的であると判示しているわけではない。United States v. Johnson, 892 F. 2d 707, 711-15（8th Cir. 1989）において，（第8巡回区の）裁判長は，補足意見において，陪審員による質問は本質的に偏見的であり，刑事事件におけるデュープロセス（適正手続）の憲法上の要請に違反することもあると判示したものの，この問題を直接に判断した三人合議体の裁判所は陪審員の質問を認めるか否かは地方裁判所の裁量の範囲内の問題であると判示した。United States v. Land, 877 F. 2d 17, 19（8th Cir.）cert. denied 110 S. Ct. 243（1989）, citing DeBenedetto v. Goodyear Tire & Rubber Co., 754 F. 2d 512, 516（4th Cir. 1985）and United States v. Polowichak, 783 F. 2d 410, 414（4th Cir. 1986）; accord, United States v. Callahan, 588 F. 2d 1078, 1086（5th Cir.）（無害の手続的瑕疵と判示される）cert. denied 444 U. S. 826（1979）。

　United States v. Lewin, 900 F. 2d 145（8th Cir. April 5, 1990），において，陪審員によってなされた質問は地方裁判所の裁判官の裁量の濫用ではないと判示された。この事件は学校から1000フィート以内で違法なドラッグを販売した容疑で起訴された事件であり，質問はつぎのようなものであった。すなわち，覆面警官は被告人がクラック・コカインの売買に関与していることを確信して

第Ⅱ編　翻　訳

いたか否か。付近のアパートの捜索の中で発見された紙幣の番号がコカインの売買に使用された紙幣の番号と一致したか否か。捜索令状に基づいて捜索されたアパートの中にあったブリローの洗剤たわしの発見がどのような意味を持つのか。そして，アパートと学校の間はどのくらいの距離があるのか，である。

（この論文の著者である）私は，民事であると刑事であるとを問わず，この15年間多くの種類の事件において陪審員による質問 —— 口頭であると書面であるとを問わず —— を許す実務を行ってきたが，不都合なことはなかった。陪審員からなされる質問は頻繁にはない。また，不適切であればきわめて容易にさえぎることができる。適切な質問であれば，それによって，それまで陪審員にとって不明瞭であった単語，アイデア，行為を説明することによってそれらが明瞭になることも多い[12]。

さらに，トライアルが終了するまで，陪審員は陪審員同士または他の者と事件について話しをしないように告げられる。陪審員は法廷外で何者かが事件について話すことを聞いてはならず，もし何者かが話しかけてきたときには，その事実を裁判官に報告しなければならない。陪審員は，当事者，弁護士または証人と事件についての話をしてはならないと告げられる。というのは，そのような行動は陪審員の公正に対する疑いを生じさせるおそれがあるからである。陪審員は，事件について，新聞，テレビ，ラジオの報道を見聞きしてはならない。また，自ら事件について調査してはならない。最後に，陪審員はトライアルの途中で評決の決定をしてはならず，すべての証拠を見聞きした後で評決を決定しなければならない[13]。

これらすべてのトライアル前の説示は，証拠規則の下で許容されない情報，また，反対尋問に服さない情報を陪審が取得することを防ぎ，適切に採用された証拠は注意を持って取り扱われるように陪審を管理することを目的としている。

陪審が隔離されることはめったにないが，隔離される場合もある。もし，トライアルについて事前に過熱した報道がなされているなどの事情があり，陪審

---

(12) 本稿の著者（である私）がトライアルの始めに陪審に与える説示については著者補遺③を参照。

(13) 陪審が評議を始める前の陪審の行動に関する説示については著者補遺④を参照。

がテレビ，ラジオ，新聞その他の情報源によって影響を受けるおそれがあると
裁判官が判断したときは，裁判官は陪審の隔離を命じることができる。隔離が
なされると，ベイリフ（廷吏）の監視の下で陪審は一緒に食事をとり，また，
廷吏は，陪審がテレビ，ラジオ，新聞その他のものと接触しないようにする。
また，トライアルの間，陪審はホテルまたはモーテルに宿泊するが，そこには
電話，テレビ，ラジオは置かれておらず，陪審は新聞その他の外部の情報源に
アクセスすることはできない。

　隔離がなされない場合，食事と宿泊に関する普通の方法は，陪審はそれぞれ
夕方には別れて，翌朝再び法廷に集合する方法である。自宅が裁判所から相当
離れている場合でなければ，陪審員の多くは自宅に帰る。裁判所から遠隔の地
に住んでいる者はホテルまたはモーテルに泊まることが認められる。これらの
交通費または宿泊費は支給される[14]。通常，陪審員は分かれて食事をするこ
とが認められており，陪審員は単独でまたは少人数のグループで食事に出かけ
る。評議の最中には，事情によって，廷吏を同伴させて陪審員全員一緒に食事
をさせる裁判官もいる。

陪審員への接触

　トライアルの間，法廷内の陪審席に集合させられていないときは，陪審員は，
トライアルが終了するまでは，事件について誰にも話しかけてはならず，また，
何者かが話しかけてくるのを許してはならないと説示される。通常ベイリフと
呼ばれる裁判所の廷吏は陪審の世話をする職務を負っており，陪審室，トイ
レットその他の施設を適切に管理し，また，陪審室に何者かが侵入したり，何
者かが陪審員と不適切な接触を持つことを防がなければならない。陪審員が裁
判所から立ち去った後には監視は付けられないが，事件について何者かが接触
を求めてきたときには，そのことを裁判官に報告しなければならないとの説示
を受けている。そのような接触の報告は，当事者のいずれかに対して不利益に
なるか否かを判断するために，裁判官によって注意深く評価される。

　裁判官と陪審員の間で接触が持たれたときはいつでも，裁判官は注意深く

---

(14) 現在の宿泊費は一晩67ドルである。

第Ⅱ編 翻 訳

コート・レポーター（訴訟手続記録者）を同席させて，裁判官が陪審に話した
内容を書き留めさせる。というのは，裁判官が話した内容は陪審によって重い
価値を与えられることが予想されると理解されているからである。この記録は，
後日，研究のために誰でも利用することができる。

　弁護士が，過失その他の理由にかかわらず，陪審員の一人と会話を持ったと
きは，その真実を相手方弁護士を同席させたところで裁判官にすべて報告しな
ければならず，それによって，裁判官はいずれかの当事者に不利益が生じるか
否かを評価することができる。

　陪審を管理することにおける努力は，外部の影響または不適切な情報が陪審
員に到達しないように監視することである。陪審は，その評議にあたって，ト
ライアルで獲得された証拠および裁判所によって与えられた説示によってのみ
管理されるべきである。

　トライアルの間になんらかの不適切な影響またはアプローチがあったとの主
張がなされた場合，裁判官は，通常，他の陪審員のいない所で，影響を受けた
とされる陪審員に対して個別的な質問をする。この場合，どのような接触が
あったのか，また，その影響はどのようなものかを正確に知るために双方の弁
護士を同席させる。もし裁判官が偏見を生じさせるような影響があったと判断
するときは，おそらくその是正措置として，影響を受けた陪審員の任務を免除
し，補充陪審員が存在するときは，免除された陪審員の後任とする。陪審員の
人数が陪審を構成するために必要な数に足りないときは，審理無効（ミストラ
イアル）となる。この場合，その後，まったく新たな陪審によってあらためて
トライアルが開かれる。

　陪審の評議

　証拠調べが終了し，最後の説示が陪審に与えられ，そして，弁護士の最終弁
論が完了したときは，陪審は評議を行う。陪審員の一人が陪審員長に選任され
る。陪審員長は陪審員の互選によって選出されるところもあるが，一番の陪審
員を陪審員長とするところもある。陪審員長は評議を主宰する。また，陪審員
長の任務は，すべての陪審員が証拠を審査し，それぞれの意見を発表する機会
を十分に確保し，また，評決に到達する過程が公正になされることを確保する

336

9 W. K. アーボム『合衆国における陪審の選任と管理』

ことである。連邦裁判所においては，当事者の弁護士が別段の合意をした場合を除いて，評決は全員一致でなければならない。若干の州においては，弁護士の合意がない場合でも，一定の事情の下では全員一致でない評決を認めている。

評議の間は，事件の内容に関する外部からの干渉や情報は遮断されなければならない。陪審員は，評議の間は，陪審室に閉じ込められる。しかし，通常，夜間には自宅に帰宅することが許されるし，また，食事のために外出することも許される。食事に関しては裁判所がレストランを用意することもある。陪審員は，—— 家族，友人，報道関係者など —— 他の者と事件について話さないように指示されている。

評議にかかる時間はまちまちである。普通は，2，3時間内に評決に達する。しかし，ときには数日間かかることもある。陪審が結論に達することができないと裁判官が判断した場合は，裁判官は審理無効を宣言し，陪審を免除し，そして，別の陪審によって新たなトライアルを用意する。

陪審の評議は本質的に非公開である。陪審の必要に応じて延吏が世話をする場合を除いて，裁判官は何人の侵入も許さない。評議の中で表明された陪審員の見解や思想は「評決の中に内在す」る。すなわち，陪審が評決に達したときは，評決の有効性を吟味する目的で，陪審が結論に達した事情を調査することはできない。若干の外部からの影響があった場合，たとえば，陪審の評議が始まった後で外部者が陪審に記録，書籍その他の物または情報を持ち込んだ場合，そのような干渉の事実は，陪審員を含めて，その干渉の事実を知っている者の証言によって証明されることができる。しかし，陪審の評議または評決に対するそのような干渉の効果は誰の証言をもってしても証明することはできない。生じる可能性のある陪審員への影響は，干渉が実際にどのように陪審員に影響を与えたかについての何者かの証言を聞くことなく，裁判官が干渉の性質から判断する。

弁護士と当事者が出席する公開法廷における場合は除いて，陪審が評議をしている間は陪審と裁判官の間にコミュニケーションはない。陪審と裁判官の間で交わされたコミュニケーションのすべてはコート・レポーターによって逐語的に記録される。評議が終了したときは，陪審は，延吏または裁判官に評決に達したことを知らせる。その後，裁判官は，評決に達したことを弁護士に知ら

第Ⅱ編　翻　訳

せ，また，陪審に対して法廷に入るように指示する。裁判官は裁判官席に座り，弁護士と当事者が出席しているときはその面前において，陪審員長から評決の書面を受け取る。評決は，まず，説示に従っているか否か，陪審員長による署名および日付の記載があるか否かといった形式的な要件を審査される。それから，裁判官の選択に従って，裁判官またはクラークまたは陪審員長が評決を読み上げる。

　いずれかの弁護士から陪審の投票についての質問が出たときは，裁判官は，一人一人の陪審員に読み上げられた評決に同意するか否かを尋ねるか，または，一人一人の陪審員に口頭で自らの結論を述べてもらう。全員一致の評決が要求されているときに，陪審員の中に読み上げられた評決に不同意を表明する者がでた場合は，裁判官は残りの陪審員がどのような投票をしたのかを尋ねるまでもなく，陪審は即座にさらに評議を行うために陪審室に戻される。陪審が裁判官に対して全員一致の評決に達したことを伝えたときは，同じプロセスが踏まれ，本当に全員一致であることが証明されたときは，評決は裁判官によって受理され，その評決に基づいた判決が出される。

評決の後

　評決が受理された後に，もし陪審員が評決について論じることに同意するときは，裁判官は，通常，陪審員が他の者と評決について論じることを認める。陪審員は，どのような方法においても，評決について論じることを要求されているわけではない。弁護士が使ったテクニックの中で何が効果的で何が効果的でなかったか，陪審はどの証人を重視し，どの証人を軽視したか，陪審が結論を出すにあたって何が重要な要素であったかなどを知るために，弁護士は陪審員とトライアルについて論じることを求める場合が多い。弁護士がこのような質問をする主たる目的は将来の法廷活動に資すると考えるからであるが，同時に，トライアルの間または評議の間に陪審に対して不適切な接触または影響がなかったか否かを判断する目的もある。

　トライアルまたは評議がどのように進められたかについて，陪審員が何人かと話すことを禁止しない裁判官もいる。そのようにして収集された情報の使い道は限定されている。しかし，そのような情報は，弁護士が将来の事件をどの

338

ように扱うかに役立つことのあるかもしれず，また，当該事件について和解を
すべきだったか，上訴をすべきかを判断するのに役立つこともありえよう。

　しかしながら，他の裁判官は，すべての陪審員がさらに再び陪審の任務につ
くことがなくなるまでは，何人かが陪審員とトライアルについて論じることを
認めていない。このような措置によって，事件を担当した弁護士が将来の事件
における陪審候補者に対して，二つの訴訟の間の時期に，取り入る可能性はな
くなる。裁判官の中にはいっそう厳格で，陪審員に対して，当該事件の陪審任
務の免除後，陪審員は事件について他の誰かと論じる必要性がないことを伝え，
さらには，陪審員に対して報道関係者を含むすべての者と事件について話しを
しないように示唆する。トライアルの間に生じたことを陪審員が報道関係者そ
の他の者に伝えることは不適切ではないものの，裁判官の発する注意によって，
トライアルの後に陪審員が報道関係者その他の者と持つ接触が大いに制限され
ることは疑いのないところであろう。

〈著者補遺〉
①　証人の信用性
　事実認定にあたって，皆さんは信用できる証言は何か，信用できない証言は
何かを決めなければならないことがあります。皆さんは，ある証人の証言をす
べて信用してもよいですし，または，その一部を信用してもよいですし，まっ
たく信用しなくてもよいです。

　どの証言が信用できるかを判断するにあたっては，証人の理解力，証言の内
容について証人が見聞した機会，証人の記憶力，証人の証言動機，証人が以前
に現在の証言とは異なる証言をしたか否か，証言の全体としての合理性，皆さ
んが信用している他の証拠と証言とが一致する程度を考慮してください。

②　証拠とその制限
　私は「証拠（evidence）」という言葉を言いましたが，この「証拠」にはつ
ぎのものが含まれます。すなわち，証人の証言，文書その他証拠物として採用
された物，当事者によって正式に合意された事実，および，裁判所により確知
された事実で，これについては，証拠調べをしないで真実と認定してかまいま

第Ⅱ編 翻 訳

せんが，必ずそうしなければならないということではありません。

一定のものは証拠ではありません。以下にそれらのものを列挙してみます。

1　本件において，弁護士が当事者のために行う陳述（statements），弁護（arguments），質問，コメントは証拠ではありません。弁護士は，証拠に基づいて弁論することがありますが，証拠，証人または被告人が有罪であるか否かについて自らの個人的信念や意見を述べることはできません。皆さんは，弁護士の述べることを弁護士の個人的信念や意見として受け取ってはなりませんし，また，証拠として受け取ってはなりません。

2　異議は証拠ではありません。弁護士は，何か不適切であると信じたときは異議を述べる権利を持っています。皆さんは異議によって影響を受けるべきではありません。もし私がある質問に対する異議を認容したときは，皆さんはその質問を無視しなければならず，また，どのような回答がなされたであろうかを推測して事実認定をしてはなりません。

3　私が記録から削除した証言，または，私が皆さんに無視するように伝えた証言は証拠ではないので，考慮してはなりません。

4　本件に関して，皆さんが法廷外で見聞したことは，私がトライアルの中で別段の指示を与えないかぎり，証拠とはなりません。

さらに，ときには，特定の証拠物件が限定された目的のためだけに採用されることもあります。すなわち，そのような証拠は，特定の目的のためにだけ使われ，他の目的に使用することはできません。そのような事態が生じたときは，私が皆さんにそのような証拠が使える目的と使えない目的とを説示します。私が皆さんに説示を与えるときには，特に注意を払って聞いてください。というのは，後に皆さんが陪審室で私の説示の書面化したものを見ることはできないからです。

最後に，皆さんは，「直接証拠」，「状況証拠」という用語を耳にするかもしれません。皆さんは，これらの用語に心配することはありません。というのは，法律では，直接証拠と状況証拠とで証拠価値に差を設けているわけではないからです。すべての証拠にどのような証拠価値を与えるかは皆さんだけが決定す

340

るのです。

③　陪審によるノートの筆記と質問

　トライアルが終了した後で，皆さんは証拠から思い出したことに基づいて判断を下さなければなりません。皆さんは速記録を読むことはできませんし，また，コート・レポーターが長々と証言を読み聞かせることはしません。皆さんは証言がなされるときに注意して聞いておかなければなりません。

　しかしながら，証人が証言したことを記憶することの助けとしてノート（メモ）を取ることはできます。もしノートを取るときは，皆さんが陪審室で事件の結論を出すまでは，（他の人に見せることなく），それぞれで保管してください。ノートを取ることに夢中になって，証人の他の証言を聞き逃すことがないように注意してください。

　夜間，帰宅するときには，ノートは陪審室に置いていってください。トライアルの終了後に，皆さんが評決に達したときは，ノート帳と鉛筆は陪審室に置いていってください。皆さんが取ったノートはご随意に処分してください。

　証言の多くは，弁護士の質問に答える形でなされます。ときには，（裁判官である）私が証人に対して質問をします。ある証人に対する弁護士の質問が終了し，また，私の質問が終了した後に，皆さんから証人に対する質問があるか否かをお尋ねします。もし質問があるときは，すべて私に提出してください。皆さんの質問が法規の要件に合致すると判断したときは，私が皆さんに代わって証人に質問をします。ある証人に対する皆さんの質問がなされた後に，皆さんの質問によって提起された事項についてさらに証人を質問する機会が弁護士に与えられます。皆さんが私に証人に対する質問を提出するときは，口頭でも書面でもかまいません。

④　陪審の行動

　公正さを保つために，陪審の皆さんは以下の規則に従わなくてはなりません。

　第一に，皆さんが陪審室で評決を決定して事件が終了するまでは，皆さんは，陪審員同士または事件の関係者と事件について話しをしてはいけません。

　第二に，トライアルが終了し，皆さんが陪審員としての任務を解かれるまで

第Ⅱ編　翻　訳

は，事件または事件関係者について他の誰とも話しをしてはいけません。「他の誰も」には皆さんの家族や友人も含まれます。皆さんは，連邦裁判所の刑事事件における陪審員であることは話してよいですが，評決が答申されるまでは，他のことは一切話してはなりません。

　第三に，トライアルが終了し，皆さんの評決が私によって受理されるまでは，法廷外で何者かが皆さんに事件または事件の関係者について話しかけることがないようにしてください。もし何者かが皆さんに事件について話しかけようとしてきた場合は，そのことを即座に私に報告してください。

　第四に，トライアルの間はいかなるときも，皆さんは事件に関係する当事者，弁護士または証人に話しかけてはなりません。また，それらの人たちと一緒に時間を過ごしてもいけません。重要なことは，本件において皆さんが正義を行うことだけではなく，正義を行っているという外観を与えることでもあります。もし事件の当事者の一方の人が皆さんが他方の当事者の人と話しているのを見た場合には，たんに時間を一緒に過ごしていただけだとしても，皆さんの公正さに対する不必要な疑念が生じることがあります。皆さんがホールにいるとき，エレベーターに乗り合わせたときなどに，弁護士，当事者または証人が皆さんに話しかけないのは，私が彼らに皆さんと何事も話さないようにさせていることを留意してください。

　第五に，トライアルが終了し，皆さんが陪審員としての任務を解かれるまでは，いかなる形においても，本件に関する新聞，ラジオ，テレビの報道を見聞しないでください。皆さんは法廷におけるトライアルによってのみ本件に関する情報を得てください。

　第六に，事件について，皆さんがご自身で調査をしたり，研究するのは止めてください。

　第七に，トライアルの途中では，評決がどのようなものになるべきかを決定しないでください。事件を決定するために陪審室に行き，他の陪審員と証拠について検討するまでは，（気持ちを）白紙の状態にしておいてください。

10　アメリカ民事訴訟における質問書

フェイス・オライリー

Feaith O'Reilly*

1　はじめに

　1938年の連邦民事訴訟規則の施行以来，アメリカの民事訴訟において，質問書は日常茶飯に使われる重要なプリトライアル開示方法の一つとなっている[1]。質問書は書面化された質問であり，当事者の一方の弁護士から相手方当事者の弁護士に送付される。質問書を受けた当事者は，宣誓をした上で，回答しなければならない。1938年の施行以前にも，質問書は存在していたが，その利用はエクイティ手続の限られた範囲で行なわれるにすぎなかった[2]。今日では，すべての事件において，質問書は，他の開示方法（たとえば，文書提出の要求，証言録取書，精神・身体検査および土地への立ち入りの要求，自白の要求）と共に利用されている。質問書は，相手方が知っている事実を見つけだすために使われ，また，相手方が和解交渉またはトライアルを準備するときに用いるであろう法的な結論および法理論を確かめるために使われる。アメリカの裁判所における質問書の使用は民事訴訟規則によって定められている。

　日本が質問書の使用を認める新しい規定（当事者照会，163条）を設けたこのときに，アメリカの経験をある程度詳細に振り返ってみることは有益であろう。その際，両国の制度の実質的差異に注意することが重要である。というのは，これらの差異は日本の実務において質問書がどのように位置づけられるかに大きくかかわってくるからである。この点については後でより詳細な分析を行な

---

* Professor Dr. Faith O'Reilly, Hamline University Legal studies Department.

(1) 1938年の連邦民事訴訟規則制定の経緯の詳細については，Stephen Subrin, Fishing Expeditions Allowed: Historical Background of the Federal Discovery Rules, 39 B. C. L. Rev. 691（May 1998）参照。

(2) Subrin,supra at 700; Charles Alan Wright; Arthur R. Miller & Richard L. Marcus, Federal Practice and Procedure, sec. 2161（2d ed. 1998）（以下，Wright & Miller とする）。

第Ⅱ編　翻　訳

うことにする。

　1938年の連邦民事訴訟規則の制定のときに，リベラルな開示規則を採用した目的は，広範な開示を認めることにより，できるかぎり訴訟当事者に情報へのアクセスを開放することにあった[3]。情報の増加によって，早期の和解が導かれ，または，結果的として，より公正なトライアルが実現することが期待された。リベラルな開示規則は若干の問題を伴ったものの，周到な準備をした上でトライアルを行なうという目的はほぼ実現された。リベラルな開示に対する不満としては，それによって訴訟のコストが増大したこと，開示が濫用されたこと，および，訴訟事件の増加の原因となったことが挙げられる[4]。開示手続の改革は1938年以来絶えず行なわれてきた。しかしながら，1938年以前の状態，言い換えれば，不意打ちによるトライアルの時代へ後戻りすることを擁護するアメリカの法律家はほとんどいないであろう。

2　質問書の使用を規整する規定

　質問書の使用を規整する規定を含む民事訴訟規則は，州によって，また，連邦においても各地区によって異なるものの，現在においては連邦民事訴訟規則の規定が模範的であり，本稿においてもこれを議論の対象として用いる。州による差異および連邦の各地区による差異については必要に応じて紹介する。連邦民事訴訟規則において，質問書を直接規定する条文は「当事者に対する質問書」と題された規則33条である。しかしながら，質問書の制度を正しく理解するためには，規則33条のみを見るだけでは十分ではない。規則33条は，「ディスカヴァリーに適用される一般規定：ディスクロージャーの義務」と題された規則26条および「ディスクロージャー義務の懈怠またはディスカヴァリー協力義務の懈怠：サンクション」と題された規則37条と関連させて読まれたときにはじめて正しく理解できるのである。

　規則33条はいくつかの段落から成り立っている。最初の(a)の部分は，質問

（3）Subrin, supra at 709-710. Also see, Wright & Miller, supra, sec. 2001.

（4）Jay S. Goodman, On the Fiftieth Anniversary of the Federal Rules of Civil Procedure: What the Drafters Intended, 21 Suffolk U.L. Rev. 351 (1987).

書を利用する権利を認め，また，質問書の使用の基本的要件を定めている。規則 33 条の(a)の核心部分は「裁判所の許可なしで，……個別の枝質問を含めて 25 を超えない範囲で，いずれの当事者も他のすべての当事者に対して質問書を送付することができ，……送付を受けた当事者は入手できる情報を回答書によって提供しなければならない」である。この文言は，質問書の基本的な特徴をよく表している。すなわち，①質問書は，裁判官の関与なしに，準備，送付，そして回答されるものである。②質問書の数は制限されている。③質問書が送付されるのは当事者のみであり，また，質問書に対する回答義務を負うのは当事者のみである[5]。④いずれの当事者も他のすべての当事者に対して質問書を送付することができる。⑤質問書の送付を受けた当事者はその者が入手できるすべての情報を質問書を送付した当事者に提供しなければならない。

　規則 33 条の残余の文言および規則 26 条と 37 条の該当部分は，質問書の使用を明確にし，かつ，規制している。規則 33 条の(b)の部分は回答書について規定する。規則 33 条(b)(3)は，それぞれの質問に対して送付を受けた当事者は，30 日以内に回答するか異議を述べるかを決めなければならないと規定する。規則 33 条(b)(1)および(2)は，質問書に対して回答する当事者は，それぞれの質問に対して個別に，宣誓および署名した書面によって回答しなければならないと規定する。このために，回答書は公証人の面前で署名されなければならない[6]。もし事実に関する情報が提供される場合には，その情報を提供した者が回答書に署名しなければならない。もし法律上の見解が記述される場合，または，異議が出される場合には，弁護士が署名しなければならない。規則 33 条(b)(4)は質問書に対して異議を申し立てる当事者はその異議の理由を述べなければならないと規定する。規則 33 条(b)(5)は，異議が出された場合または回答書が送られてこない場合に，ディスカヴァリーを求める当事者が規則 37 条に

---

(5) Wright & Miller, supra at sec. 2162. 一般に，Fed. R. Civ. P. 33. Advisory Committee Notes, 1993 Amendments 参照。また，Fed. R. Civ. P. 30 参照。当事者とは別に，関連する情報を有する者に対しては，書面または口頭による質問によって，証言を録取することができる。

(6) アメリカにおける公証人は宣誓の上なされた供述を公証する権限を有する者である。アメリカで公証人になることは他国に比べてきわめて容易である。多くの法律事務所には，一人またはそれ以上の秘書またはパラリーガルが公証人の資格を有している。

第Ⅱ編　翻　訳

基づいて裁判所の助力を求めるときの方法を規定する。

　規則33条(d)は，求められた情報が業務記録（business records）に記載され
ている場合には，情報を提供する当事者は質問に回答する代わりにその業務記
録を提出すればよいと規定する。規則33条(c)は質問書を含めてディスカヴァ
リーで開示を求めることのできる実質的な限界について規定する。この規定は
規則26条と関連している。規則33条(c)は法的な結論，理論および意見につい
て開示ができるか否かの争いに決着をつけるために規定された。規則26条，
規則33条および連邦裁判所の判例によって，訴訟の中で用いられる法的な結
論，理論および意見は開示できることが明確にされた。これらの事項について
の開示は，開示の他の方法が完結するまで，遅らせることができる[7]。弁護
士のワーク・プロダクトは現在でも保護されている。弁護士の法理論は事実上
の情報と同じように開示されるものの，弁護士のノート，手紙およびファイル
は，法理論に関する心証（mental impressions）と同じく，開示されない。たと
えば，弁護士が証人と面談して，面談の覚え書きを作成したとする。面談の過
程で得られた事実上の情報は開示されるが，覚え書き自体は開示から免れる。
トライアルを予期して準備された資料には特別の保護を与えられ，開示を求め
る当事者が相当の必要性を示した場合にのみ，開示が許される[8]。

3　実務における質問書

　実務において，質問書は弁護士が最初に使用する開示方法であることが多い。
質問書が最初に使われる理由としては，第1に，質問書は廉価であること，第
2に，質問書は相手方の知っている情報を相手方から得るための効率的な方法
であること，第3に，回答書の中で得られた情報によって，弁護士はその後の
開示手続をできるかぎり周到，迅速かつ経済的に行なうための戦略をたてられ
ること，などである。しかしながら，質問書は必ずしも開示手続の早期の段階

---

　(7)　B. Braun Medical Inc., v. Abbot Laboratories, 155 F. R. D. 525, 527-528（E. D. Pa.
　　　1994）.

　(8)　See e. g. Hoffman v. United Telecommunications, Inc., 117 F. R. D. 436, 438（D. Kan.
　　　1987）

に限られるわけではなく，弁護士が好都合であると考えるときはいつでも用いることができる。

　質問書は，多くの場合，一括して提出される。質問書の数が限定されている地域においては，多くの弁護士は制限数の質問書をすべて一括して使用しているものの，2，3の質問を留保して，開示手続の後の段階でフォロー・アップのためにそれを使うことも良い方法であると考えられている。

　質問書を効率的に使用するために，とりわけ質問書の数に制限のある地域においては[9]，弁護士は質問書の作成に慎重な注意を払わなければならない。このような作業を手助けするものとして，多くの質問書のサンプルを編纂した書式集が出版されている。これらの書式集における質問書の模範書式は，「質問書のパターン」または「質問書のフォーム」と呼ばれている。書式集の代表的なものとしては，Bender's Forms of Discovery および Douglas Danner's Pattern Discovery がある。ベンダーの書式集は10巻から成り，「bridges（橋）」，「computers（コンピューター）」，「electricity（電気）」，「mines（鉱山）」，「smokestack（煙突）」，「wharves（波止場）」のように特定の事項をアルファベット順に配列している。ダナーの書式集は，たとえば，Pattern Discovery; Tort Actions, 3d ed. (1994) および Pattern Discovery ; Premises liability, 2d ed. (1982) のように各巻に主要な法領域の質問書の書式を収録している。長年実務を行なってきた弁護士および多くの大きなローファームは，以前の事件に用いるために開発した独自の質問書の書式を有している。今日では，これらの書式集の多くはコンピューターに蓄えられている。書式は「質問書の貯蔵庫（bank）」に項目ごとに整理されていることが多い。ある特定の事件を担当している弁護士は，ローファームの質問書の貯蔵庫および質問書の書式集を検索し，その中から最も適切な書式を選び出し，それを自分の事件に仕立て直して使うことができる。また，弁護士は自らの事件の特別な事実および自らが有する情報に応じてユニークな質問を作成することもできる。

　質問書の数に関して，連邦民事訴訟規則33条は上限を25と定めている。これは低い数字である。もともと，規則33条には数の制限はなかった[10]。この

---

(9) Wright & Miller, supra sec. 2168. 1.

第Ⅱ編　翻　訳

数の制限は，規則 26 条(a)(1)にディスクロージャーの規定が設けられたときと同じときに導入された。規則 26 条が要求するディスクロージャーは大半の事件にとって重大な意味をもっている。規則 26 条のディスクロージャーの規定が用いられる場合には，和解であるかトライアルであるかにかかわらず，事件の準備のために必要とされる情報の多くは自動的に提出され，その結果，質問書の必要性は小さくなる。しかしながら，ディスクロージャーを用いるか否かは連邦裁判所の選択にかかっていることに注意しなければならない。現在までのところディスクロージャーを用いることにした連邦地方裁判所は半数以下である[11]。

　ローカル規則を作って，連邦民事訴訟規則で定められた数よりも多い質問書を許しているところ，また，数の制限をしていないところもある[12]。また，当事者が 25 を超えて質問書を出す必要があることを示すことができる二つの方法がある。第 1 は，当事者が，合意によって，25 より多い数を取り決めることである[13]。この方法は，裁判官の関与を必要としないので，より好まれている。第 2 は，規則 26 条(b)(2)および(f)(3)に基づいて，追加の質問書を出すことを裁判所に許可してもらう方法である[14]。

　質問書の数が制限されているところでは，何が一つの「質問書」を構成するかについて，きわめて多くの争いが生じている。たとえば，以下に掲げる例によってこの問題を説明することにする。

例 1　人身障害訴訟において，原告が主張する逸失利益（失われた将来の給料）の問題に関連する情報を被告が求めている場合。

---

(10) Wright and Miller, supra sec. 2168. 1. Also see, Fed. R. Civ. P. 33(a), 26 (bX2X1), Advisory Committee Notes, 1993 Amendment.

(11) 51 の連邦地方裁判所は連邦民事訴訟規則 26 条のディスクロージャー制度を採用しているが，70 の連邦地方裁判所は採用しておらず，ローカル規則を用いている。James Wm. Moore, Moore's Federal Practice, sec. 26. 152 (1991 and updates).

(12) See e. g. Mass. R. Civ. P. 33(a)（上限は 30）; Minn. R. Civ. P.33(a)（上限は 50）. Also see e. g., Wisc. Stat. Anno. sec. 804.08 (1998) and Ind. R. Civ. P. 33（上限はない）.

(13) Fed. R. Civ. P. 26(f). Also see, Fed. R. Civ. P., Appendix of Forms, Form Number 35.

(14) Fed. R. Civ. P. 26(b)(2) and (f)(3).

10 F. オライリー『アメリカ民事訴訟における質問書』

　質問書13　あなたの仕事の状況について，次のそれぞれの項目に答えてください。

　　　　　A．以前勤務したすべての雇い主の氏名

　　　　　B．それぞれの雇い主のところで勤務した期間

　　　　　C．雇用先を退職した理由

　　　　　D．あなたの職務および報酬

　　あなたの学歴について，次のそれぞれの項目に答えてください。

　　　　　A．最終的に通った学校の名前

　　　　　B．在籍期間

　　　　　C．授与された学位または証明書。学位または証明書を取得し
　　　　　　ていない場合は，退学した理由。

　この例では，枝質問（subparts）をどのように数えるかによって，質問は，一つ，二つ，七つ，あるいは，九つとも考えられる。連邦民事訴訟規則の新しい規定では，個別の枝質問は別個に計算されることになっている。このために，この例では，少なくとも七つの別個の質問，したがって，七つの質問書とみられる可能性が高い。弁護士は，たとえば次のような質問書を注意深く作成することによって，このよう結果を避けることができる。

例2　（例1の質問書の改訂版）

　質問書13　それぞれの仕事についてのあなたの資格の詳細，それぞれの雇
　　　　　　い主の氏名，およびあなたの職務，報酬および雇用期間を含め
　　　　　　て，あなたの職歴について述べてください。

　質問書における質問の内容に関して，ほぼ全ての事件に共通するいくつかの質問がある。たとえば，弁護士はどの事件においても関連する知識を有する者の氏名を知りたいと願っている。これらの人びとは事件がトライアルまで進んだ場合には証人となる。裁判所が専門家証人を選任するのではなく，当事者がそれぞれ自らの専門家証人を提出する建前をとるアメリカの実務においては，相手方当事者のために証言する専門家の氏名および意見も質問したい基本的項

349

第Ⅱ編　翻　訳

目である。関連する文書その他の物的証拠の存在および存在場所を確認するための質問もよく行なわれる。弁護士は，規則26条(a)(1)のディスクロージャーの規定を使用する地区を除いて，これらの質問をしなければならない。ディスクロージャーの規定を採用していない地区および多くの州裁判所（アメリカでは民事訴訟の大半は州裁判所に提起される）においては，これらの質問は最初に送付される一連の質問書の中に含まれているのが通常である。

　多くの事件において，少なくとも若干の質問書は損害の問題 ── たとえば，主張されている責任をカヴァーする保険の額，懲罰的損害賠償が要求されている場合の被告の資産，原告の損害賠償請求の基礎の詳細など ── に関連する情報を引き出すために使われる。このような標準的な質問の他に，各タイプの事件に特有な情報を得るために質問書は用いられる。例えば，契約に争いのある事件においては，契約の成立 ── 何が言われ，何がなされたか，どんな文言が議論され，削除されたか，当事者間に従前どのような取引があったかなど ── に関連する事実に焦点を合わせた質問書が作成される。不法行為事件においては，不法な行為についての詳細，偶然の要素，不法行為に対する防御，および，損害に関連する歴史的事実に焦点を合わせた質問書が作成される。医療過誤事件における原告は，従前被告がおかした遺法行為に関する情報を求めるであろう。

　弁護士は，できるかぎり多くの有益な情報を引き出せるような質問書を作成する。質問書の作成にあたっては，どのような文章にするかがきわめて重要である。次に掲げる例においては，質問をどのような文章にするかによって，回答書に記載される情報量が左右されることに注意してほしい。

例3　この例は自動車の衝突事故の事件であり，原告は被告が酩酊していたと信じている。

　　質問書7 ── フォーム1：　1997年2月25日の衝突事故の前にあなたはアルコール飲料を飲みましたか。

　　回答書7 ── フォーム1：　はい。

　　質問書7 ── フォーム2：　1997年2月25日の衝突事故の前にあなたはアルコール飲料をどのくらい飲みましたか。

10 F. オライリー『アメリカ民事訴訟における質問書』

回答書7 —— フォーム2： わたしは事故の前に三種類の飲料を飲みました。

質問書7 —— フォーム3： アルコール飲料を飲んだ場所とそれぞれの時間，アルコール飲料の種類と量，同席した者の氏名などの詳細を含めて，1997年2月25日の飲酒について述べてください。

回答書7 —— フォーム3： 夕方の6時頃家で2パイントのビールを飲みました。一人でした。その後，夜の7時15分頃サムの酒場でウイスキーを2，3杯飲みました。そこには，バーテンダーのサムとわたしの知らない何人かの常連客がいました。それから，夜の9時頃浜辺で友人のジョリー・ロジャーおよびレイジー・ボーンズと一緒にワインの一クォート瓶を飲みました。しかしながら，事故のとき，わたしは酩酊していませんでした。

　英語では，質問をどのような文章にするかによって，回答書に記載される情報の量と有益性が大きく異なる。例の1，2および3からわかるように，質問書の作成には慎重な注意を払わなければならない。英語はトリッキーな言語であり，アメリカの裁判制度であるアドヴァサリー・システムにおいては，相手方は，開示規則には従うものの，質問書を寛大に解釈して気前のよい回答書を送ってくれるとはかぎらない。質問書の書式集には多くの模範例が掲載されているので，弁護士はその中から選ぶことができる。質問書に数の制限がないところでは，相手方が質問をはぐらかす余地をなくすために，一つの質問について言い回しを変えたいくつかの質問書を送付する弁護士も存在する[15]。経験を積んだ弁護士は最も効果的に質問を文章にする方法に精通している。しかしながら，質問書を作成することは新米の弁護士にとっては難しい仕事である。

---

(15) Crown Center Redevelopment Corp. v. Westinghouse Electric Corp., 82 F. R.D. 108, 110 (W. D. Mo. 1979).

第Ⅱ編　翻　訳

　アメリカの実務では，質問書に対する回答書を作成することは，質問書を作成することと同じくらい重要である。規則によれば，回答をする当事者は「自らが入手できる情報」を提供しなければならないと定めている[16]。裁判所は，相手方当事者による不完全，あいまい，紛らわしい回答は容認できないと明確に判示している[17]。規則26条は，回答書を送付した後に得られた情報が新しいものであったり，従前の情報に変更を加えるようなものであるときには，回答書を補充しなければならないとしている[18]。しかしながら，当事者は質問書によって要求されているよりも多くの情報を提供する義務はない。たとえば，上記の例3の質問書7フォーム3に対する回答書には，すべての特定された事実を記載しなければならないが，酩酊していなかったという依頼者の意見を記載する必要はないし，また，記載すべきでもない。

　一連の質問書に対して回答書をどのように組み立てるかは弁護士によって異なる。質問書を読んで回答するために，質問書の写しを依頼者に渡すことも多い。しかしながら，依頼者が質問書の内容を的確に理解できないこともしばしばある。回答書は宣誓の上で作成される書面であるので，弁護士は依頼者に対して真実に合致した完全な情報を提供することの重要性を説明する必要がある。弁護士またはパラリーガルは通常依頼者と協同して情報を整理し，実際の回答書を作成する。回答書は普通弁護士の事務所で作成される。弁護士またはパラリーガルは，依頼者が回答書に署名する前に，依頼者とともに回答書を注意深く点検すべきである。回答書に誤りがある場合には，依頼者が偽証罪に問われることもある。さらに，回答書はトライアルにおいて証拠規則に反しないかぎりどのような形でも利用することができる[19]。通常は弾劾のために用いられる[20]。規則26条(g)は弁護士に対して書面に署名することを要求しているが，この要件は回答書にも適用される。この規定によって，弁護士は勤勉かつ誠実に回答書を作成・提出しなければならず，また，弁護士は，依頼者と同様に，

---

　(16)　Fed. R. Civ. P. 33 (a).

　(17)　Wright & Miller, supra sec. 2048-2049.

　(18)　Fed. R. Civ. P. 26 (e) and 33 (B)(1).

　(19)　Fed. R. Civ. P. 33 (c).

　(20)　Wright & Miller, supra sec. 2180. Moore, supra 33. 160. See also Advisory Committee Notes, Fed. R. Civ. P. 37 (d), 33 (c) and 26 (a)(1).

10 F. オライリー『アメリカ民事訴訟における質問書』

回答書が不完全，不正確，あいまいである場合または求められた情報を獲得するにあたって勤勉でなかった場合には，規則 11 条および 37 条に基づいて制裁を受けることもある[21]。

4　質問書および開示の申立て

　アメリカの実務において，質問書の制度を機能させるために，質問書の使用に関連して利用できる二つの申立てがある。開示制限命令の申立て（Motion for Protective Order）および開示強制命令の申立て（Motion to Compel）である[22]。この二つの申立ては，質問書に限られるわけではなく，すべての開示方法に関連して用いられる。質問書によって求められている情報が過酷であったり，秘匿特権が認められるものであったり，関連性のないものであると考えられる場合に，回答者は前者の申立てによって開示制限命令を求めることができる。質問書を送付した当事者に対して何らの回答がないとき，質問に対して異議がだされたり，不完全な回答しかなかったときは，後者の申立てによって質問書に対する回答を強制する命令を求めることができる。申立ては裁判所を巻き込む。したがって，連邦規則は，開示手続に裁判所は関与しないという目的と合致させるために，申立てを提起する予定のある当事者に対して，実際に申立てを提起する前に相手方当事者と協議する（少なくとも協議を試みる）ことを要求している。当事者間で問題を解決し，裁判所の関与が不要となることが望ましい[23]。実務においては，大半の事件は，開示に関する争いが生じないか，また生じたとしても裁判所の関与なしに当事者間のみで解決されている。目標は最小限の裁判所の関与で，当事者が開示手続を遂行することである。

　コモンロー実務におけるすべての開示方法と同様に，質問書および質問書に対する回答書の提出および点検は，裁判官ではなく，当事者を代理する弁護士

---

(21) See e. g. Hansel v. Shell Oil Corp., 169 F. R. D. 303 (E. D. Pa. 1996); Wright & Miller, supra sec. 2052, 2177 and 2180. Also see, Advisory Committee Notes, Fed. R. Civ. P. 26[g].

(22) Fed. R. Civ. P. 26[c] and 37 and Advisory Committee Notes.

(23) Fed. R. Civ. P. 26[c] and 37 and Advisory Committee Notes.

第Ⅱ編　翻　訳

の責任である。したがって，質問書の送付を受けた当事者が回答書の提出を懈怠するとき，質問書に対し不当な異議を申し立てて回答を拒むとき，または，不完全な情報しか提供しないときは，より多くの情報を出させる責任は質問書を送付した弁護士にある。質問書に対して適切な回答がなされないときでも，裁判所は，当事者からの申立てがなければ，進んで助力することはない。情報の提出を求める当事者はまずはじめに出し渋っている当事者との間で問題の解決を図り，それが功を奏しなかったときに，裁判所に対して開示強制の申立てを提起する。相手方当事者は，開示制限命令の申立てを提起することによって，これに対抗することができる。双方の申立てが提起されたときには，二つの申立ては併合して審理される。

　質問書に対する異議および開示制限命令の申立てを審理するにあたって，裁判所は通常の証拠規則に依拠しない。基本的に，異議および開示制限命令の申立ては次に掲げるいくつかの理由のみに基づいて提起される。すなわち，第一は秘匿特権，第二は関連性，第三は過度の負担，第四はあいまいさである。質問書における「関連性」はトライアルにおける証拠の許容性の決定のときの「関連性」とは同一でない。質問書における関連性のほうがはるかに広い。関連性の基準は連邦民事訴訟規則26条(b)において規定されている開示の範囲によって決定される。開示手続において適用される関連性の基準は，通常「係属する訴訟に含まれる訴訟物に関連する」と規定される[24]。トライアルにおける許容性が基準となるわけではない。もし，情報が許容証拠につながる可能性が高いときには，質問書に対する「関連性」がないとの異議は認容されないであろう。このきわめて広い関連性の定義の範囲を超えた問題の例として，クラス訴訟の事件である Oppenheimer Fund,Inc. v. Sanders がある。この事件において，最高裁判所は，目的は事件の事実関係を調査することではなく，クラスのメンバーに通知することにあるので，クラス全員の氏名および住所を要求する質問書は認められないと判示した[25]。過度の負担，言い換えれば，煩わしさまたは苛酷な要求は，1993年の改正以前にはよく生じた質問書に関する

----

(24) Fed. R. Civ. P. 26(b)(1); Wright & Miller, supra sec. 2008.

(25) Oppenheimer Fund, Inc. v. Sanders, 437 U. S. 340, 351, 98 S. Ct. 2380, 2389-2390, 57 L. Ed. 2d 53 (1978).

10 F. オライリー『アメリカ民事訴訟における質問書』

争いの理由であった。1993年の改正によって，この問題は解消され，開示手続は改善されたとされている。それにもかかわらず，アメリカの経験を振り返ってみることには意義があると思われる。というのは，日本の新しい民事訴訟法はアメリカの民事訴訟規則が直面したいくつかの問題に対して手当てがなされていないからである。この過度の負担については，異なった形でいくつかの問題が生じた。第一は，以前には，多くの枝質問（subparts）を伴った何百にもおよぶ質問書を送付する当事者も存在した[26]。質問書を受けた当事者はそのような大量の質問書に回答することを躊躇した。苛酷な要求であるとみられる質問書に関する今一つの戦術は立て続けに多くの質問書を送付することである[27]。最後に，個々の質問の内容が漠然としているために，膨大な回答書を作成せねばならなかったり，適切な回答をするために必要な情報を探索，分析，整理することに過度の負担を強いられるとの理由で異議が提起されたものもある。Cahela v. James D. Benard, O. D. P. C. 事件において，原告は，被告によって証言を録取された後に，次のような質問書を被告に送付した。「1993年3月25日に録取された原告の証言について争う箇所はありますか。もしあるのであれば，あなたが争う原告の証言の箇所をページと行によって特定してください[28]」。原告の開示強制命令の申立てを却下するにあたって，裁判所は，質問書はあまりにも漠然としており，負担が過度であり，過酷にすぎると判示した[29]。このような質問に回答するためには，被告は原告のすべての証言を読み返し，争いのある証言を確定しなければならないので，時間と費用がかかりすぎるとの被告の主張に裁判所は賛成したのである[30]。開示強制命令の申

---

(26) Zenith Radio Corp. v. Radio Corp. of America, 106 F. R. D. 561, 564 (D. Del. 152)
419の番号で分けられ，1185の質問を記載してある166ページにわたる質問書は過度であるとされた。

Coca Cola Co. v. Dixi-Cola Laboratories, Inc., 30 f. Supp. 275 (D. Md. 1939).
225日の質問書は過酷であるとみなされた。

United States V. Diapulse Mfg.Co., 41 F. R. D. 46; 47 (D. Conn. 1966). 一〇，〇〇〇の別個の質問を掲載した質問書に対して異議が提出された。

(27) Avon Pub.Co. v. American New Co., 19 F. R. D. 105, 106-107 (C. D. N. Y. 1955) 第一の質問書に対する回答がなされる前に第二の質問書を送付ことは過酷であると判示された。

(28) Cahela v. James D: Bernard, O. D. P. C., 155 F. R. D. 221, 226 (N. D: Ga. 1994)

(29) Id. at 227.

第II編　翻　訳

立ては却下された。異議の理由としての「秘匿特権」は通常の証拠法上の基準ときわめて近い。憲法上の秘匿特権はすべての事件において適用されるものの，民事事件において影響を与えることはほとんどない。その他の秘匿特権，たとえば，夫婦間，医者と患者間または牧師と懺悔者間の秘匿特権は開示に制限を加えることがある。秘匿特権は，州裁判所において争われる事件および連邦裁判所における州籍相違事件については，州の法律によって規律される。その他の連邦事件においては，秘匿特権は「連邦のコモンロー」によって規律される[31]。しかしながら，開示手続においては，秘匿特権は開示制限命令の申立てとの関連で処理される。したがって，開示を求める当事者の弁護士は情報を審査して，許容性を評価・主張することはできるものの，依頼人を含めて何人に対してもその情報を公表することはできない[32]。

営業秘密（トレード・シークレット）も開示手続上の問題を生じさせることがある。規則26条(c)(7)は，営業秘密その他の秘密の調査や商業上の情報などを保護するための開示制限命令を認めている。しかしながら，営業秘密は絶対的な保護を受けるわけではない。情報が関連性を有し，かつ，必要であるときには，公表されなければならない[33]。保護が正当化される場合，規則には諸々の保護方法が規定されており，情報が不正に使用されたり，流布されるのを防いでいる。開示の制限を求める当事者がその情報は「営業秘密」であり，保護が与えられないときには損害を受けることを証明できる場合，裁判所は，情報の開示を許さないこともでき，少数の人に限って情報の審査を許すこともでき[34]，または，封印をすることなどによって情報を保護することができる[35]。

規則26条(c)は，開示を制限する八つの類型を定めており，また，個々の事件の状況に応じた開示制限命令を発する権限を裁判所に与えている[36]。すな

---

(30) Id.

(31) Wright & Miller, supra sec. 2016.

(32) See e. g., Swift v. Swift, 64 F. R. D. 440, 443 (E. D. N. Y. 1974); Also see, Wright & Miller sec. 2042.

(33) Wright & Miller, supra sec. 2043; Also see, Coca-Cola Bottling Co. v. Coca-Cola Co., 107 F. R. D. 288 (D. Del. 1985) (ordering the disclosure of the formula for Coca-Cola).

(34) Van See e. g. Digital Equipment Corp. v. Micro Technology, Inc., 142 F. R. D. 488, 492 (D. Colo. 1992).

10 F. オライリー『アメリカ民事訴訟における質問書』

わち，開示制限命令によって，①開示を禁止する，②開示の時間，場所または態様について制限を加える，③開示の方式を変更する，④質問の範囲を制限する，⑤⑥⑦開示は許すものの，その公表を禁止したり，または，取得できる情報に制限を加える，⑧すべての当事者に対して同時の開示を求めることができる[37]。具体的な例によって説明することが理解に役立つであろう。医療過誤事件において，過去における医師の懲戒事件および医療過誤の請求を尋ねることは一般的である。過去の事件が証拠として許容されることはないものの，開示は許されるのであり，被告が性格証拠を持ち出す場合にはトライアルにおいて弾劾のために用いられることはある。裁判所は，原告の弁護士および専門家がそのような記録を調べることは許すものの，記録に封印をし，情報の漏洩を制限するための開示制限命令の申立てをおそらく認容するであろう。

　質問書に対して異議を提起する当事者または開示の制限を求める当事者は，開示制限の保護を受けない情報についてはすべて提供しなければならない[38]。当事者は通常少なくとも一部については回答をしなければならないのであるから，完全な回答をすることと異議を提起することに大差がない場合もあろう。また，回答をする当事者が異議を付した上で部分的な回答をした場合に，提供した情報のみで質問当事者が満足することもあろう。たとえば，背中に受けた傷害の事件において，被告が原告の過去におけるすべての病気や傷害についての具体的な情報を求めることがある。もし原告が老婦人であり，きわめて個人的な身体の状態を含めて広範囲にわたる治療を受けた経歴を有するときには，背中に関係する情報についてはすべて提供するものの，その他については関連性がなく，証拠として許容されない可能性が高いとして異議を提起することもある。また，原告は，記録が広範囲にわたるときには，負担が過度であることを主張することもできよう。しかしながら，被告は原告の病歴をすべて知る権

---

(35) See e. g. Naults Auto Sales v. American Honda Co., 148 F. R. D. 25, 44-46（D. N. H. 1993）（記録の封印）; Bayer Ag. Miles Inc. v. Barr Laboratories, Inc., 162 F. R. D. 456, 458（S. D. N. Y. 1995）裁判所は，情報は当該訴訟のみにおいて使用することができ，その後は廃棄または返還しなければならないとの命令を出した。

(36) Wright & Miller, supra sec. 2035.

(37) Fed. R. Civ. P. 26(c)(1)-(8).

(38) Fed. R. Civ. P. 33(B)(1); Wright & Miller, supra sec. 2177.

357

第II編　翻　訳

利があり，関連性について独自に評価することができるので，一部について封印をし，または訴訟の後に破棄することが命じられることはあるものの，病歴についての情報を請求することはできる。この例のような単純な事件では裁判所の関与を必要とするまでもないであろう。回答者には異議のない情報を提出する義務があること，また，開示強制命令の申立てが提起される前に提出する義務があることによって，裁判所の関与を必要とせずに，相互に納得のいく解決が得られることもある。双方の当事者は，原告のプライバシーを侵害することなく病歴についての記録に対処するための満足のいく方法を作り上げるべきである。

5　大規模訴訟における問題

　きわめて大きな事件，すなわち，多くの当事者，複雑な争点および事実関係に関する大量な情報が存在する事件については，特別の配慮を払わなければならない。これらの事件において，控訴裁判所はこれまでに質問書に関して数多くの意見を出してきた。これらの事件は特別の処理を必要とする。連邦裁判所はこれらの事件に対して特別のアプローチを試みた。フェデラル・ジュディシャル・センターは1969年に複雑訴訟についてのマニュアルを作成した。このマニュアルは現在第3版を重ねている。早期の必要的スケジュール・カンファランスはこれらの実験の成果であり，現在では規則26条の一部となっている[39]。逆説的であるが，いくつかの連邦裁判所が規則26条の新しい規定ではなく，質問書の数を制限しないローカル規則を採用した理由は，それらの裁判所が開発したアプローチが有効に機能したからである。大規模な事件は次のような特別の問題を生じさせた。すなわち，①多数当事者訴訟において，相手方当事者は不誠実な質問書を送付された[40]，②大企業の当事者は戦略的に大量の質問書を送付することによって相手方を圧倒しようとした[41]，③大規模な多数当事者訴訟およびクラス訴訟の当事者は資料の収集・整理に費用と時間

---

(39) Fed. R. Civ. P. 26 (f)，Advisory Committee Notes to 1990 revision ; Wright & Miller,supra sec. 2051. 1.

(40) Pulse Card Inc. v. Discover Card Service, 168 F. R. D 295, 305-307 (D. Kan. 1996).

358

のかかる回答書の提出を求められた[42]。

　大規模かつ複雑な事件は常に特別の注意が必要とされる可能性が高い。質問書の使用を含めて，開示手続を注意深く計画することが現在アメリカの裁判所でとられているアプローチであると考えられる。

6　質問書および開示手続の改革

　質問書の使用を含めて，開示手続の改革はしばしば提案されてきた。アメリカ法の特色であるが，開示手続の改革はステップ・バイ・ステップの方法で行われてきた。問題の存在が認識されると，裁判所の判決における規則の解釈または規則の改正を通して，一歩一歩改革されるのである。質問書を含む開示手続に関する主要な問題点は，開示手続に時間と費用がかかりすぎることであり，また，弁護士がこれを戦略的に濫用することであった。規則33条の改正はこれらの問題に対処することが目的であった。質問書の数を制限することによって，また，諸々の制裁規定によって当事者やその弁護士に責任を課すことによって，最悪の状況は改善された。

　規則33条は1938年以来4回改正されている。1946年の改正では，質問書の使用に関するタイミング，質問の範囲および回答書の使用が明確にされた。1970年には，裁判所の関与を減少させるという目的で，実質的な改正がなされた。1980年には，業務文書（ビジネス記録）を提出すればよいとの選択が可能となった。1993年には，実務に影響を与える改正として，ディスクロージャーの制度が導入され，また，質問書の数が25までに制限された[43]。

　アメリカの経験において，質問書の使用に関連する問題の多くはアメリカの制度がアドヴァサリ・システムであることに起因している。アメリカの弁護士は第一に依頼者に対して忠節を負っている。仕事に熱心なあまり，または，悪

---

(41)　一般に，Crown Center Redevelopment Corp. v. Westinghouse Elec. Corp., 82 F. R. D. 108, 109-112（W. D. Mo. 1979）参照。質問書の上限を20とするローカル規則を解釈し，また，一般的な質問書の濫用を論じている。

(42)　Penk v. Oregon State Bd. of Ed., 99 F. R. D. 511, 516（D. C. Ore. 1982）.

(43)　Fed. R. Civ. P. 33, Avisory committee notes.

第Ⅱ編　翻　訳

だくみから，弁護士の中には度を超す者もいる。彼らは開示手続を戦略的な武器として使用し，また，規則の規定を自らの都合のよいように最大限解釈することによって，開示規則の限界を試している。そのような限界への挑戦がときとして濫用となるのである。日本はアドヴァサリ・システムを採用していないので，過酷な，嫌がらせ的な，または，濫用的な使用の問題は生じないかもしれない。

7　新規定をめぐる日本の今後の動向

　質問書の使用を許す新規定をめぐって，今後どのような展開が予想されるであろうか。日本における質問書の使用はアメリカの実務とは違ったものになるであろうと考えられる。日本の新しい規定はアメリカとはきわめて異なった制度のなかに置かれている。日本の文化には，競争ではなく礼儀が深く根ざしており，これは弁護士間の関係にも反映されている。日本においては陪審制度がないので，プリトライアル開示は，アメリカにおけるとはちがって，弁護士が事実認定者に提出する証拠を準備する制度とはなっていない。日本においては，弁護士ではなく裁判官が事件の事実発見に主導権を発揮し，責任を負っている。日本の弁護士は準備書面を適切に作成することができるようにするために開示を必要とする。

　質問書の制度を採用した日本の目的は1938年の連邦規則制定委員会の目的と同様である。すなわち，事実に関する情報へのアクセスを開放し，訴訟における両当事者の立場を平等にすることである。新しい規定は日本の当事者にこのような効果をもたらす可能性を秘めている。日本では相手方の手中にある情報にアクセスできないために，訴訟を有効に追行することができない。事件の事実関係に関する情報が当事者およびその弁護士の手に届かないときには，適切に事実を主張し，または，準備書面を作成することはできない。質問書は相手方の支配下にある秘密の情報にアクセスすることを可能にする。真実が当事者間の正義の実現に一定の役割を果たすのであれば，質問書の出現は正義を理想とする人々によって歓呼して迎えられるであろう。質問書は真実および正義を発見するための強力な道具となりうる。

360

しかしながら，事実に関する情報へのアクセスは当事者間の力のバランスに変更をもたらす。資力がなく弱い当事者に強い当事者の秘密の情報のファイルをこじ開ける手段を与えることになるからである。アメリカでは，このような懸念は「濫訴」や開示手続における「資料漁りの旅」に対して向けられている。現在のすべての国においては，一方において企業が訴訟の弊害から免れるという資本主義的配慮と他方においてすべての訴訟当事者の権利を保障するという民主主義的配慮とのバランスをはからなければならない。当事者による開示を許すことは既存のバランスを崩すことになる。事実に関する情報への途を開くことは両刃の刃となる。競争ではなく礼儀が日本の文化に深く根ざしており，これは弁護士間の関係にも反映されている。質問書は，従来訴訟追行が不可能であった訴訟を可能とすると同時に，即座に実体のない訴訟を明らかにさせる。理想的に機能すれば質問書によって真実が発見され，正義が実現されることになろう。

　質問書の制度が日本の裁判官と弁護士のそれぞれの役割および両者の力のバランスに今後どのような影響を与えるかは興味深い。当事者に情報を吐き出させる権限は裁判所だけに存在していた。質問書の制度はこれを変更するものである。現在では，当事者は，弁護士を通して，相手方の支配下にある隠された真実を捜し出すことができる。このような情報の支配に関する変更は，日本の制度に変革をもたらす大きな要因となるかもしれない。今後どのような変化が生じるかについては，今後の動向を見守るほかない。

8　連邦民事訴訟規則33条と新民事訴訟法163条との比較

　日本とアメリカの制度および両国の質問書の制度の間には多くの差異が存在するのであり，以下の議論は今後の詳細な検討のための叩き台の議論にすぎない。最終的には日本の弁護士や裁判官がプリトライアル開示をどのように運用するかによって，真の相違が明らかになろう。

　第一に，民事訴訟法163条には質問書の数の制限はない。アメリカの経験によれば，質問書の数に上限を設けたほうがよいように思われる。日本にはプリトライアル開示の伝統がないので，質問書の数を制限することが必要であるか

第Ⅱ編　翻　訳

否かの判断を迫られるまでには今しばらく時間がかかるかもしれない。

　第二に，日本の民事訴訟法には回答を強制する手段が講じられていない。日本では事実に関する開示は裁判官の手に委ねられているので，このことは問題とはならないのかもしれない。質問書を受けた当事者が回答をしない場合に，裁判官が回答が重要であると考えるときは回答を強制することができる。しかしながら，当事者が訴訟として成立するために必要な情報を取得できないときには，質問書は訴答書面や準備書面の作成の過程において当事者の役に立たない。もし，質問書が情報へのアクセスを開放するという最も有益な目的を実現するためのものであるならば，日本の弁護士は裁判所の支援を必要とするであろう。

　民事訴訟法163条は質問書に対する回答書の中で提供されている情報を裁判官に伝える方法を設けていない。アメリカの実務においては，開示手続の進行についてのコントロールは別にして，開示手続は裁判所の関与なしに行われる。一般的傾向として，質問書または回答書は裁判所に提出されるわけではない。このような実務はアメリカの制度においては妥当である。トライアルにおいて集中して証拠を提出するアメリカの制度の下では，トライアルのための証拠の収集および立証の準備は弁護士の仕事である。日本の制度はこの点について根本的に異なっている。日本においては，最終的な事実認定者である裁判官は当事者が知っている事実に関するすべての情報に通じていなければならないとされる。アメリカの一部で行われている質問書に対する回答を裁判所に提出する手続は日本において有効であるかもしれない。

　民事訴訟法163条には質問書に対する回答の期間が明示されていない。当事者は回答すべき「相当の期間」を定めることはできる。しかし，この方法はアドヴァサリ・システムの中では機能しないであろう。すなわち，照会をする当事者にとっては不相当に短い期間は存在しないし，回答をする当事者にとっては期間は常に短いと感じられることであろう。標準的な期間を定める必要があるか否か，または，当事者間で回答のための合理的期間を合意することができるか否かを決定しなければならない日がいずれ来るであろう。

　日本は開示の範囲の画定については保守的なアプローチを採用した。163条に規定されている除外事由は多すぎるように思われる。除外事由はアメリカの

実務においてみられる「開示の濫用」のいくつかを防止するために規定された
ものである。しかし，これらの除外事由は，プライバシー，秘密，秘匿特権お
よびワーク・プロダクトに対する配慮について，連邦民事訴訟規則とは異なっ
たバランスをとっているように思われる。民事訴訟法163条の1号，2号，3
号，5号および6号の除外事由は，アメリカの実務においては「過度の負担」，
「嫌がらせ」および「曖昧さ」として処理される問題である。しかしながら，
アメリカにおいては，過度の負担を強いる質問または曖昧な質問を直接的に禁
止する規定はなく，異議の対象とされている。過度の負担を強いる質問，嫌が
らせの質問および曖昧な質問に対する異議を判断するにあたって，アメリカの
裁判官は，情報に対する必要性と回答を作成するためにプライバシーを犠牲に
することの間のバランスをとるために，照会をする当事者と回答を拒否する当
事者の負担の変更を分析する。アメリカでは，民事訴訟法163条の除外事由の
規定の仕方は規定の趣旨を殺すものであると評価されるであろう。日本はやが
て正義を実現するための情報の必要性と開示によって当事者が必然的に負うこ
とになる負担への適切な配慮とのバランスをとる途を捜し出すであろう。

　民事訴訟法163条の2号の除外事由については，比較をするのはきわめて困
難である。この点については，アメリカと日本の間には大きな文化的ギャップ
がある。アメリカでは，相手を困惑させ，または侮辱するおそれのあることが
開示手続の障害となるとは全然考えられていないけれども，日本の伝統的な規
範には合致するのであろう。アメリカ人の視点から見た場合の日本の問題は，
訴訟制度において真実または正義と困惑または侮辱をどのように調和させるか
である。

9　結　　語

　民事訴訟法163条が日本の民事訴訟実務にどのような影響を及ぼすかはきわ
めて興味深い。アメリカと日本の相違の1つは，アメリカは自国の制度のみに
目を向けているのに対し，日本は他国の実務を注意深く観察することである。
日本はこのような比較法的研究の成果を受け続けるであろう。これに対して，
アメリカは州と連邦の二元制度をとっており，このことは一方では相反するア

第Ⅱ編 翻　訳

プローチから生じる混乱があるものの，他方において法律上の実験や革新の源
となっている。連邦民事訴訟規則の改正の多くは，州地方裁判所または連邦地
方裁判所における実験的試みを端緒としている。日本のような統一された制度
の下では，このようなことは生じない。アメリカが自国の制度のみに関心を払
うこと，また，日本が比較法的研究に熱心であることは共に正当であり，生産
的である。現在までのところでは，すべての国民に対して真の正義を実現した
国はないのであるから，われわれは互いに他国から学び続けることが今後も必
要であろう。

訳者あとがき

　本稿の著者のフェイス・オライリー（Faith O'Reilly）さんは合衆国ミネソタ
州セントポール市にあるハムリン大学の法学科（legal studies）主任教授である。
ハムリン大学にはロースクールもあるが，アメリカの大学にはめずらしく，4
年制大学の学部レベルに法学科が置かれている。数年前，オライリーさんが日
米の法学部学部学生の比較調査のため来日した折りに，白川先生の親切な計ら
いにより，東洋大学の学生からもアンケートに協力していただくことができた。
このたびの白川先生の古稀祝賀の論文集刊行にさいして，訳者は，当初，別個
の論文を書く予定であったが，今年（1998年）の6月に客員教授としてハムリ
ン大学での集中講義のために渡米した折に，オライリーさんと共同で祝賀論文
を献呈する話がまとまった。本稿のテーマであるアメリカの質問書制度は，言
うまでもなく，今回の民事訴訟法大改正で導入された「当事者照会」のモデル
となった制度であり，アメリカの経験がわが国の当事者照会制度の解釈・運用
にいささかでも役に立てば幸いである。わが国の当事者照会については，最近，
集中豪雨のごとく文献が相次いで刊行されているが，とりあえず，椎橋邦雄
「当事者照会」西口元編『現代裁判法大系13民事訴訟』96頁以下を参照して
いただければ幸いである。

11 アメリカ民事証拠法の概要

チャールズ・R．ウォリ

Hon. Charles R. Wolle, Evidence in the United States
: An Overview, United States District Judge Southern
District of Iowa Des Moines, Iowa, USA

1 はじめに（Preface）

　証拠法は，当事者が自らの主張または防御を証明するために法廷に提出した
いと考える証人の証言，文書，その他の物証を規整する。合衆国においては，
当事者が事実上の主張を証明するためにどのような証拠を提出できるかを決定
するにあたって裁判官が用いるフォーマルな証拠規則が判例によって展開され，
また立法部によって立法化された[1]。証拠規則は，それを解釈する数多くの
裁判所の意見および学者の注釈書と相まって，「証拠法」と呼ばれる一つの法
分野を構成している。

　なぜ合衆国の裁判所はこのような精緻な証拠法の体系を発展させたのであろ
うか。その主たる理由は，大半の重大な犯罪および多くの民事事件が法的な訓
練を受けていない普通の市民である陪審によって審理されることにある。証拠
の提出を規整する規則は，法的な訓練を受け，かつ，経験を積んだ者 —— 法
学者，弁護士，裁判官，立法者 —— が信用できない，混乱を生じさせる，ま
たは，不当に偏見的であると考える証拠を陪審から排除することを目的として
いる。したがって，当事者の一方が提出した証拠について相手方当事者が異議
を述べたときには，裁判官は物差しとしての証拠規則を使って，陪審が評決に

---

(1) 本稿では，しばしば，連邦証拠規則を引用している。1975 年以降，同規則は，合衆
　　国連邦地方裁判所の事実審裁判官によって適用される証拠法の主たる法源になっている。
　　同規則は，合衆国最高裁判所の諮問委員会によって起草され，合衆国議会の承認を得て，
　　最高裁判所によって公布された。議会は若干の修正を行い，1975 年 1 月 2 日に同規則
　　を制定した。その日以降，大半の州は，州裁判所の手続において使用するために，若干
　　の修正を加えることはあるものの，基本的に連邦証拠規則を取り入れている。

第Ⅱ編　翻　訳

到達するために考慮してよい証拠と考慮してはならない証拠を決定する[2]。

　証拠法を概観する本稿では，私人間の損害賠償請求事件など，連邦地方裁判所の民事陪審事件において使用，適用される連邦証拠規則に焦点を合わせる。しかしながら，民事事件の多くは，陪審なしで，裁判官のみによって解決されていることに注意しなければならない。裁判官のみによる審理は「ベンチ・トライアル」と呼ばれている。これらの事件における証拠規則の適用の仕方の違いについては後述する[3]。

　証拠規則の大半は，刑事被告人の審理にも適用される。しかしながら，刑事事件における証拠法は，刑事被告人に憲法上および法律上保障されている権利を確保するための手続によって複雑になっている。連邦裁判所に提起される刑事事件の大半は，ベンチ・トライアルではなく陪審によって審理される。刑事事件における証拠法については本稿の最後に簡単にふれる[4]。

　以下において，合衆国連邦地方裁判所において事実審裁判官によって適用される連邦証拠規則を概観する。証拠規則および証拠法上の概念が，典型的な事件において，どのように機能するかを示すために次のような設例を用いる。すなわち，「歩行者である原告Ｐが市道を横断中，被告Ｄの運転する車に衝突され，負傷した。ＰはＤに対して金銭賠償を請求した。Ｐは，Ｄは時速30マイルの制限スピードを超えており，かつ，合理的に安全な速度を超えて運転していた，と主張した。Ｄは，Ｐは飲酒しており，かつ，回りを見ずに道路を飛び出して来たのであり，Ｄには衝突を避けるために方向を変えたり，停止するチャンスはなかったと主張した」。以下においては，このような設例が陪審に提示されたと仮定して説明をする。

　説明の順序としては，第１に，証拠法上の専門用語の意義，第２に，事前の

---

(2) ヴィエーター「合衆国における陪審への説示」山梨学院大学法学論集75号328頁以下参照。この論文では，トライアルの間に生じる証拠の問題に関して事実審裁判官が陪審員にどのように説示するかを説明している。また，アーボム「合衆国における陪審の選任と管理」山梨学院大学法学論集54号317頁以下参照。この論文では，何が証拠であり，また，陪審員はどのようにして証人の証言の重さ（証人の「信用性」と呼ばれている）を決定するかを説明するために連邦裁判官が使用する二つの典型的な陪審への説示についてコメントしている。

(3) 4　陪審審理と非陪審審理の相違　参照。

(4) 11　刑事証拠　参照。

366

手続規則，第3に，陪審事件と非陪審事件における証拠規則の適用の仕方の相違，第4に，秘匿特権，第5に，関連性，第6に，証人適格，第7に，専門家証人の証言，第8に，伝聞証拠，第9に，証拠物の認証，第10に，刑事証拠，そして，最後に，証拠法の主要な法源について論じる。

2　用語の意義（Definitions）

・証拠（Evidence）……証人の証言，文書，および，証拠物として採用されたその他の証拠物件，また，訴訟上の合意（stipulation）または裁判所による確知（judicial notice）によって採用されたすべての事実。

・訴訟上の合意（stipulation）……特定の事実が証明を要しないものと合意されたことを示す当事者間の正式な合意。

・裁判所による確知（judicial notice）……（たとえば，大阪は東京より西にある，1プラス1は2である，など）ある事実が一般的に広く知れ渡っており，当事者がそれを証明することは時間の無駄であるために，証明を要せずに，裁判官がある事実を認めること。

・証人尋問（Examination of a Witness）……弁護士（弁護士がいないときは当事者）に交互に証人に質問させることによって，証人の証言を引き出すプロセス。（回答がなされないかぎり，質問は証言とはならない。すなわち，ある証人の証言は，一連の質問に答える形でなされた証人の一連の回答によって構成される。

・信用性（credibility）……証言における真実の程度。（たとえば，正直に証言する証人は信用性がある。不正直に証言する証人は信用性がない。すなわち，正直な証人は，誤ったあるいは誤解に基づいた証言をする証人よりも信用性がある）。

・証拠の重さ（Weight of Evidence）……他の証言または証拠物と比較したときの，証言または証拠物の相対的強さ（説得力）。すなわち，陪審か裁判官であるかを問わず，事実認定者により大きな説得力をもつときは，証拠に，より大きな重さがある。

・伝聞（証拠）（hearsay）……供述者（declarant）が法廷外で行った口頭または書面による陳述であり，後に法廷で，供述者が述べた内容が真実であるこ

第Ⅱ編　翻　訳

とを証明するための他の者の証言の中で提出される。

3　事前の手続規則（Preliminary and Procedural Rules）

　連邦証拠規則は，州の証拠規則と同様に，その冒頭において，証拠規則の基本的目的，および，事実審裁判官の決定を受けるために証拠上の問題を提出する際に遵守しなければならない手続を説明している。たとえば，連邦証拠規則の冒頭にある規則 101 は同規則が適用される手続のタイプを列挙している。次の規則 102 は，きわめて重要であり，次のように規定する。

　「これらの規則は，裁判運営における公正，不当な費用と遅延の排除，および，真実が探求され，かつ，手続が公正に決定されるような形での証拠法の成長と展開の促進を確保するように解釈されなければならない」。

　この重要な規則は，合衆国におけるすべての証拠法のテーマである柔軟性を規定している。このように，合衆国においては，長年にわたる伝統として，たんに規則の文理解釈に終始するのではなく，公正を促進し，不必要な費用と遅延を排除するために，事実審裁判官には証拠の問題を決定するにあたって，広い裁量権が与えられている。これらの規則は判決形成過程における真実と正義に合致している。

　柔軟性と公正という二つのテーマの結果として，大半の事実審裁判官は異議の出された証言や証拠物を排除するよりは認容する傾向がある。これは，高名な連邦判事であるジャック・B・ワインスタインが説明している証拠規則の精神に合致する。判事は，証拠法に関する有名な著作の序文において次のように述べている。

　「裁判運営において，証拠規則に対する事実審裁判官のアプローチは，規則の文言自体よりも，現実としてはるかに重要なことが多い。一般的に言って，裁判官であるか陪審であるかを問わず，事実認定者にとって，重複するものでないならば，なるべく多くの証拠を手に入れたほうが良いというのが私の見解である。この著作の中で繰り返し述べているように，そうすることが合理的である場合はいつでも，証拠を排除するよりも認容することによって，証拠規則はより良く解釈され，適用されるというのが私の確信である[5]」。

11 C. R. ウォリ『アメリカ民事証拠法の概要』

　当事者は，弁護士によって代理されるのが通常であるが，排除したいと考える証拠について特定の異議を述べ，規則がその証拠を禁じる理由を説明しなければならない。同様に，裁判官が異議を認め，証拠を排除する場合には，証拠を提出した弁護士は，証拠の申し出（offer of proof）と呼ばれる特定のプレゼンテーションを行い，証拠を記述し，なぜその証拠が許容されるかの理由を説明しなければならない。これらの規則は，事実審裁判官が証拠規則の適用を誤ったか否かを後に控訴審裁判所が判断するための十分な記録を提供することを目的としている。もし弁護士が，トライアルの間に，一定の証拠の採用に対して異議を述べないときは，再審査裁判所は，通常，異議権が放棄されたものと判断する。同様に，異議が認められたときに証拠の申し出がなされない場合は，再審査裁判所は，どのような証言があったかを正確に知ることはできないので，誤謬を主張する当事者は，裁判所が誤りを犯したこと，および，証拠の排除によって偏見が生じたことのいずれも証明できなかった，と判断するであろう。次の例は，証拠の申し出の必要性を示している。

　「トライアルにおいて，Ｐが証言をしたときに，Ｄの弁護士が反対尋問を行い，『事故の直前にあなたはアルの店にいましたか』と質問する。これに対して，Ｐの弁護士は『伝聞証拠として異議あり』と争う。陳述は伝聞証拠ではなく，裁判所は異議を却下するであろう。裁判官が異議を認めるときには，もしＤが，アルの店が本件と何らかの関係があるという根拠を示す証拠の申し出を行わないならば，何らの誤謬も記録されないであろう。Ｄの弁護士は証拠の申し出を行い，アルの店はＤの車に衝突される直前にＰが飲酒したかもしれない場所であることを説明すべきである。証拠の申し出は，陪審に聞かれない所で行われる。したがって，証拠が排除されたときは，陪審はＰがアルの店に行ったことを知ることはない。経験によれば，陪審員の中には，酒を飲むためにバーに行く者に対して好意的でない人もいる」。

　他の手続規則もきわめてテクニカルである。異議を述べる当事者は，証拠を排除するための正確な理由を示さなければならない。もし弁護士が証拠物に対して異議を述べたものの，その証拠が許容されるべきでない正確な理由を示す

---

　(5)　1 Weinstein, Evidence at iii（Matthew Bender & Co. 1990）.

第Ⅱ編　翻　訳

ことがないときは，再審査裁判所は，通常，弁護士が事実審裁判所にしっかり
とした理由を示すことによって証拠物の採用を防ぐことができた場合であって
も，その証拠物の採用を認容した事実審裁判官の決定を支持するであろう。た
とえば，次のとおりである。

「Ｐは，証拠として，目撃証人Ｅからの手紙を提出する。Ｅは，その手紙の
中で，自分は衝突の直前Ｄが時速50マイルで運転しているのを見たと書いて
いた。Ｄの弁護士は，その手紙は関連性がないという理由のみに基づいて異議
を述べ，その手紙を排除するための正当な理由である伝聞証拠として不許容で
あるとの理由は述べなかった。この場合，裁判官は異議を却下すべきであり，
再審査裁判所はおそらくその措置を支持するであろう」。

同様に，証拠を提出して，異議の出された弁護士は，異議の出された証言ま
たは証拠物を提出する目的が何であるかを正確に事実審裁判官に説明しなけれ
ばならない。ある一つの目的にとっては許容される証拠が別の目的のために提
出されたときは，事実審裁判官がそれを排除しても，控訴審裁判所はその措置
を誤りとは判断しないであろう。

陪審トライアルの間によく起こる別の重要な手続上の事項として，証拠の採
否に関する議論をいつ，どこで行うかがある。陪審の面前で証拠についての議
論が行われてしまえば，たとえ，その後に裁判官が証拠は採用されるべきもの
ではなく，陪審によって考慮されるべきではないと判断しても，当事者の一方
が不利益を受けることがありうる。証人に対してなされた質問または証拠物に
関する議論を聞くことによって，陪審員が，争われている証拠がどのようなも
のであるかを理解してしまうこともよくある。このような問題に対処するため
に，連邦規則 104 (C)は，証拠の許容性に関するヒアリングは陪審に聞こえない
所で行われるべきであると規定する(6)。裁判官は，トライアルが始まる前に，
別の協議の機会を設け，トライアル中に生じると考えられる問題について，ト
ライアル前に十分に議論し，裁判所の決定を受けておく機会を当事者に与える
こともある。しかし，証拠の許容性に関する問題の多くは，トライアルにおい
て，予告なしに生じるものである。このようなことが生じたときは，裁判所は，

---

(6) Fed. R. Evid. 104 (C)参照。

陪審に聞かれても不正な偏見が生じないかぎりは，手短に弁護士の議論を聞き，陪審にもそれを聞かせている。偏見が生じるような場合は，裁判官は，陪審員の義務を一時免除し，その休憩時間に弁護士の議論を聞くこともあり，または，弁護士を手元に呼んで，陪審員に聞こえないように，密かに話させることもある。

4 陪審審理と非陪審審理の相違
(Differences Between Jury and Non-Jury Trials)

　民事事件の中には，陪審審理を受ける権利のない事件もある。また，陪審審理を受ける権利のある事件において，当事者が陪審審理を要求せず，事件を陪審員によって解決してもらう権利を放棄することもある。陪審員を用いることなく，裁判官によって審理されるベンチ・トライアルにおいては，裁判官が法律問題だけでなくすべての事実問題を判断する。証拠規則は，陪審審理のために作られたものであるけれども，ベンチ・トライアルにおいても適用される。

　陪審審理とベンチ・トライアルの間には，重要な相違があることに注意しなければならない。陪審審理においては，裁判官がひとたび異議を認めたときは，事実認定者としての陪審員は，排除された証言を聞くこともなく，排除された証拠物を見ることもない。しかしながら，ベンチ・トライアルにおいては，裁判官は，通常，証言を聞いたり証拠物を見ることなしに，異議について判断を下すことはできない。したがって，裁判官がある証言または証拠物が証拠として採用されるべきではないと判断した場合であっても，裁判官は証拠として採用されなかった証言または証拠物について必然的に知ってしまうことになる。このような事態は，裁判官の心証に影響を与え，当該証拠について首尾よく異議の申立てに成功した当事者に対して不当な不利益を与えることになるであろうか。ベンチ・トライアルにおける裁判官は採用されることのなかった証拠によって不当に影響を受けるのではないかとの懸念を当事者は抱くかもしれない。事実審裁判官はこのようなディレンマを自覚している。経験を積んだ裁判官であれば，異議の出された証言や証拠物について，それらの許容性を判断する目的でのみ証拠に接する術を心得ている。異議が出された証拠が排除されたときは，事件の認定にあたって，裁判官はそれらの証拠を心証からすっかり消し去

第Ⅱ編 翻 訳

り，完全に無視する。

　非陪審審理においては，裁判官が，証拠能力がなく，不当に偏見を与える証拠を陪審員が見聞きしてしまうことから陪審員を守らなければならないという問題は生じない。なぜならば，証拠に証拠能力がないと判断したときは，裁判官はそのような証拠を無視する訓練を受け，経験を積んでいるからであり，事実審裁判官は，審理の途中で証拠の許容性の問題が提起されたときは，証拠の許容性の問題についての弁論をオープンに聞き取ることができる。しかしながら，しばしば，ベンチ・トライアルにおける裁判官は，最終的に事件を解決するまで，すべての証拠に対する異議の決定を留保することもある。このような場合には，裁判官が異議について最終的な決定を下し，事件の本案についての最終的な判断を下す前に，当事者はブリーフを提出し，証拠法上のすべての問題について十分に論じることが許される。ベンチ・トライアルの途中で，証拠の問題について特定の決定を求める当事者は，証拠の申出がなされたときは即時の決定を求める特定の要求をしなければならない。再審査を行う裁判所は，通常，事実審裁判官は控訴審が証拠能力なしと判断する証拠を考慮しなかったと推定する。事実審裁判官が事件の解決にあたって証拠能力のない証拠を考慮し，使用したことが裁判官の判決書から明白にならないかぎりは，その判決は破棄されることはなく，また，再審理（ニュー・トライアル）に付されることもない。

5　秘匿特権（Privileges）

　トライアルは，真実探求の場と見ることができる。トライアル手続に関わる者は，紛争における争点についての真実につながるすべての信頼できる資料を収集し，提出する責任を負っているのである。証拠規則の大半は，証拠を排除することではなく，当事者や弁護士が信頼できる証拠を事実認定者である裁判官ないし陪審員に提出することを助力するためのものである。しかし，秘匿特権は例外である。社会が，ある一定の利益あるいは関係における秘密をきわめて高く評価することがあり，そのときは，真実発見を犠牲にしても，秘密保護を優先させるのである。これらの利益は，証言その他の証拠の証拠価値が高い

372

11 C.R. ウォリ『アメリカ民事証拠法の概要』

場合であっても，それらの証拠を犠牲にすることを正当化するだけの十分な重要性を持っていなければならない。したがって，一般に，秘匿特権は，真実発見を促進するものではなく，真実を覆い隠す働きをするものである[7]。

　それぞれの秘匿特権の規定の目的は，保護の対象となるそれぞれの関係によって異なる。すべての秘匿特権は，ある関係における秘密ないし信頼の保持に対する社会的必要性にその基礎を置いている[8]。秘匿特権の典型的な例は，当事者と医者，当事者と弁護士，あるいは，当事者と牧師との間で交わされた秘密のコミュニケーションを保護する秘匿特権である。連邦および州の証拠規則の大半は，医者，弁護士，牧師がそれぞれ職業上の重要な務めを十分に果たすことができるように，これらの者との間に交わされたコミュニケーションについて秘匿特権を認めている。設例を挙げれば次のとおりである。

　「Pは事故の後で牧師のところへ赴き，車に衝突されたときに自分は酒酔いしていたことを牧師に密かに打ち明けた。Pが牧師への訪問について質問されたとき，Pは，牧師と悔悟者間の秘匿特権を理由に異議を提出する。裁判官は，おそらく，この異議を認めて，両者の間の会話は排除されるであろう」。

　本稿では，連邦および州の裁判所が認めているすべての秘匿特権を詳細に検討することはできない。秘匿特権の典型例としては，夫婦間のコミュニケーションに関する秘匿特権がある。夫婦間で秘密に交わされた会話については，通常，秘匿特権が認められる。夫婦間の秘匿特権は，重要な社会的関係としての婚姻を保護することを目的としており，夫婦にとって夫婦関係におけるプライヴァシーは必要であることを認識した結果である。新聞記者の取材源に関する秘匿特権については，これを認める州と認めていない州に分かれている。会計士，ソーシャル・ワーカー，カウンセラー，私立探偵との間の秘匿特権についても同様である[9]。

　秘匿特権が認められたコミュニケーションは，保護の対象となっているコミュニケーションが交わされたときに他の誰も居らず，また，コミュニケー

---

(7) State v. 62. 96247 Acres of Land, 193 A. 2d 799 (Del. Super. Ct. 1963); McCormick, Evidence §72, at 171 (3d ed. 1984). 参照。

(8) Ibid.

(9) Id. at 76. 2.

373

第Ⅱ編　翻　訳

ションが外部の者に公表される前に秘匿特権の保持者によって主張されるときは，トライアルにおいて証拠能力を完全に否定される。しかし，秘匿特権の保持者が，部分的にせよ，秘匿特権によって保護される事項を外部の者に公表したときは，秘匿特権は放棄されたものとみなされる[10]。また，設例を使って説明すれば，次のとおりである。

　「Dは，事故の後で帰宅し，妻と二人きりのとき，Pに衝突したときにスピードを出しすぎていたことを妻に話した。夫婦間の秘匿特権は，この会話について，Dや妻に質問することを禁じる。しかし，もし，Dの隣人がその場に居り，Dが妻に話したことを聞いていた場合は，Dは妻に密かに話す権利を放棄したとして，Pは，Dの話した内容を証言として提出することができる」。

　規則104(a)は，手続規則と秘匿特権を規整する規則の相互作用について，次のように規定している。

　「許容性の問題一般……証人となることのできる者の資格，秘匿特権の存在，又は，証拠の許容性に関する事項の質問は，サブディヴィジョン(b)の規定にしたがって，裁判所が決定する。決定をするにあたって，裁判所は，秘匿特権に関する規定を除き，証拠規則に拘束されることはない」。

　この規定が示しているように，裁判官は，申出のあった証言や証拠物がこのような決定をする目的のみで考慮されるまでは，証拠の決定をすることはできない。証拠の許容性について決定するという狭い目的でのみ裁判官に証拠が提示されたときには，裁判官は，証拠規則の大半に拘束されることはないが，秘匿特権に関する規則には拘束される。たとえば，裁判官は，秘匿特権の認められる夫婦間の会話の内容に基づいて，特定の証拠物に関連性があるとか，真正であるとかを決定することはできない。他方，裁判官は，ある証拠物に許容性があるか否かを，それ自体は許容性が認められないであろう伝聞証言に基づいて，許容性があると認定することは，当然のことながら，できるのである。

　秘匿特権の法理と手続規則の双方を例示するために，再び，設例を使ってみることにする。証拠に対する異議の提出によって，トライアル中に次のような記録がなされることがある。

───────────
　(10) Id. at §93; 8 Wigmore, Evidence §§2327-29 (McNaughton rev. ed. 1961). 参照。

374

「Pが牧師に話したことを証言するための証人として，当該牧師をDが証人として申請する予定であることを，トライアルの始まる前に，Pは知っている。陪審が選任される前に，Pは，裁判官の面前におけるヒアリングを要求する。プリトライアル段階でのヒアリングで，Pは，自分は牧師に懺悔したのであり，ほかの誰も二人の会話を聞いていないと証言した。裁判官は，Pが話した内容の公表を求めないであろう。裁判官は，Dに対して，Pが秘密の内に牧師に話したこと以外のことを牧師が知っていることをDが証明しないかぎりは，トライアルで牧師に言及してはならないと命じるであろう。この問題を上訴のために留保するためには，Dは，もし牧師が証言を許されたならば証言するであろうと信じる内容を詳細に述べなければならない」。

6 関連性（Relevancy）

証拠法の中心は，関連性に関する規定である。「要するに，関連性のある証拠とは，ある程度，真実探求を助長する証拠である[11]」。少し砕いた言い方をすれば，紛争における事実上の争点に何らかの関係を有する証拠である。連邦証拠規則 401 は，関連性について次のように規定する。

「関連性ある証拠とは，訴訟の解決につながる事実の存在の確率を，当該証拠がない場合に比べて，高めまたは低める傾向を有する証拠である」。

規則 402 は，関連性のある証拠は，通常，許容性があると規定しているが，この関連性ある証拠の採用を認める一般原則に対して，引き続く 10 か条のルールは多くの重大な例外を設けている。それぞれの事件において，裁判官および陪審員には限定された時間しかないことに留意しておかなければならない。当事者は，争点に直接の関係があり，事件の解決にとって適切な証拠の提出に限定しなければならない。したがって，連邦証拠規則の規則 403 は，州の裁判所のために制定された同様の規定と同じように，次のように規定する。

「たとえ関連性があっても，その証拠価値よりも，不当な偏見の危険，争点の混乱，または陪審の誤導，過度の遅延や時間の浪費，必要のない重複証拠の

---

(11) McCormick, Evidence §185, at 544.

第Ⅱ編　翻　訳

提出等による不利益が実質的に上回るときは，当該証拠は排除される」。

　たとえ形式的に関連性がある場合であっても，裁判官の常識によって，それが混乱を生じさせたり，時間の浪費になると判断するときは，事実審裁判官にはそのような証拠を排除することのできる大幅な裁量が与えられている。日々の事件の審理において，これほど重要な規定はない。証言や証拠物に対して異議を提出する弁護士によって，これほど頻繁に引用される規定はなく，また，トライアルにおいて証拠の採否を決定する裁判官によってこれほど頻繁に使われる規定も他にはない(12)。

　1例を挙げれば，「Ｄの妻はＤとの結婚に不満を抱いており，Ｄは衝突事故の直前にこぶしで妻を殴ったという証言を提出したいとＰは考える。Ｐは，結婚生活上の問題からＤの注意力は散漫しており，これが凍てついた道路をスピードを出しすぎて運転し首尾よく停止できなかった要因の1つであると主張した。事実審裁判官は，おそらく，この証拠を排除するであろう。というのは，この証言はＤが車を運転していた状況について僅かな証拠価値を有しているかもしれないが，時間の浪費になる可能性が高いからである。夫婦関係に関する証言は不当な偏見を抱かせるおそれがある。というのは，衝突事故のときにＰとＤのいずれに過失があったかとは関係なく，陪審は，妻を殴った者に対して偏見を抱くかもしれないからである。さらに，裁判官は，もしこのような証言を許せば，夫婦関係に関する証言が何時間も続くことになり，時間の浪費になると考えるであろう」。

　関連性に関する他の規定は，一定の類型の証拠が採用されない場合，または，特別の事情が証明されたときにのみ採用される場合を個別的に定めている。規則403は不当な偏見について一般的な規定をおいているが，規則403に引き続く規定は，不当な偏見について特別な懸念を盛り込んでいる。これらの特別な規定には次のようなものがある。性格の特性，事故の再発を防ぐために講じた安全策，和解の申し出，負傷者に対して支払われた医療費の金額，および，責任保険に関する言及などである。次のような事例が有益であろう。

　「トライアルにおいて，Ｐが提出を望む次のような証拠に対するＤの異議を

----

　(12)　Weinstein, Evidence 403［01］によれば，「証拠の採否を左右する裁判官の広範な裁量権を明白に認めている規則403は従前の判例法を法典化している」。

376

11 C.R.ウォリ『アメリカ民事証拠法の概要』

裁判官は認める。

1　Dは不誠実な夫であり，性格が悪く，凍てついた道路をスピードを出しすぎて運転したことを理由に以前3回有罪判決を受けていた。これらの性格の特性は，常習的行動と同等の行為を示すレベルには達していない。一般に，規則404は，性格の特性がたんに証人または当事者の行為を証明するために申し出されたときは，これを排除している。

2　衝突事故の後，Dは雪や氷に対してより良いタイヤを車に装着した。このような改善措置は通常規則407によって排除される。

3　トライアルの前に，Dは和解をするために，Pに対して1000ドルの支払いを申し出た。規則408は，大半の和解の申し出を排除している。

4　衝突事故の直後，Dは，Pの治療代を支払った。過失の自白を証明するために提出されたこのような支払いは，規則409によって排除される。

　事実審裁判官によって排除されるこれらの各項目の証拠が規則401に適うか否かについては意見が分かれるであろう。それぞれは，紛争における事実上の争点に関わるものであり，これらの証拠がないときと比べて，責任や損害額に関する事実の存在の確率を高めたり低めたりする傾向を有しているかもしれないからである。しかし，引用した連邦証拠規則および大半の州の証拠規則は，関連性がある証拠であっても，これらの類型に属する証拠はすべて排除するであろう。

　経験によれば，証拠法の他のどの領域よりも，関連性に関する問題が多い。おそらく，このために弁護士が発する典型的な異論は，「裁判長，関連性なし，証拠能力なし，重要性なし」との叫び声で始まるのであろう。しかしながら，経験をつんだ法廷弁護士は，事実審裁判官に対してより具体的で，かつ情報に裏打ちされた異議を提出する。

7　証人適格（Competency）

　関連性の焦点は，申し出された証拠の証拠価値であるのに対し，証人適格（適格性）に関する規則の焦点は証言をする者にある。原則として，関連性がある情報について自らの知識を持っている者は誰でも証言することが許され

377

第Ⅱ編　翻　訳

る⁽¹³⁾。通常は自明のことを明白にしている特別な規則がある。たとえば，ある事件の裁判長および陪審員は，トライアルの間，証言をすることはできない⁽¹⁴⁾。

　証言をするために，証人が法廷に呼び入れられたときは，証人は，正直に証言することをはじめに宣誓しなければならない。規則 603 は次のように規定する。

　「証人の良心を喚起し，正直に証言する義務を証人の肝に銘じるようなやり方で執り行われる宣誓または確約によって，証言をする前に，すべての証人には正直に証言することを宣言させなければならない」。

　幼児については，予備審問において，幼児が宣誓の意味を理解し，真実の証言と虚偽の証言の相違を認識し，かつ，意味のある証言を行うために十分な精神的能力を有していることを裁判官が認定した場合でないかぎり，幼児に法廷で証言をさせることはできない。証人が英語を理解できず，話すことができないときは，裁判官は，通訳に宣誓をさせた上で，質問や応答を通訳させて，証人および法廷にいるすべての人が証言を理解できるようにしなければならない。

　証人の弾劾 —— 証言の価値を弱めるために，当事者または証人の信用性を攻撃する当事者の一方の試み —— については特別の規定がある。証人の一般的な性格を攻撃することは通常できない。しかし，証人が正直であるか否かの性格が攻撃の対象となっているときは，証人が正直または不正直な性格であるか否かに関する意見証拠または評判証拠（reputation evidence）の提出が許される⁽¹⁵⁾。また，一定の要件が備われば，前科に関する証拠によって弾劾をすることもできる⁽¹⁶⁾。証人の証言を弾劾するためによく用いられる方法は，トライアルでの証言と矛盾した証言を以前していたとの証拠を提出することである。この弾劾の方法については特別の規定が適用される⁽¹⁷⁾。

　トライアルは，事件が起きた後，何か月または何年も経過した後に行われる

---

(13) Fed. R. Evid. 601-02; McCormick, Evidence §§61-71. 参照。

(14) Fed. R. Evid. 605-06.

(15) Fed. R. Evid. 608.

(16) Fed. R. Evid. 609.

(17) Fed. R. Evid. 613.

11 C. R. ウォリ『アメリカ民事証拠法の概要』

ことも珍しくないので，証人が以前書いた文書によって記憶を喚起しなければ
ならないことも多い。弁護士は，事件の発生直後に，しばしば依頼者やその証
人に詳細を書面に記述させ，忘れた記憶を喚起できるようにしておく。トライ
アルにおいて，証人が詳細を自力で思い出すことができないときは，記憶を取
り戻すために文書を見ることができる。連邦証拠規則 612 は，そのような場合，
相手方当事者は文書を閲覧することができ，また，反対尋問において当該文書
を用いることができると規定している。しばしば，文書そのものは証拠として
許容されない。というのは，それらは通常，伝聞証拠の定義に該当し，また，
伝聞証拠が許容される例外にはならないからである。しかし，これらの文書の
内容は，通常，記憶を回復するために当該文書を用いた証人の主尋問および反
対尋問を通して，陪審に開示される。

　当事者の要求があれば，事実審裁判官は，通常，証人を分離する。すなわち，
ある証人が証言をするときは，当事者を除いて，他の証人には在廷を許さない。
これによって，証人が他の証人の証言と口裏を合わせたような証言をすること
を防ぐことができる。もちろん，当事者には，トライアルの間，在廷する権利
があり，また，自らの陳述を補助するために専門家証人が在廷することを認め
てもらうこともよくある。政府や私企業も弁護士を伴った代表者を少なくとも
1 人は在廷させることができる[18]。

　陪審の最も重要な責任，また，陪審が放棄されたときの裁判官の最も重要な
責任は，もちろん，証人の相対的な信用性を評価することである。それぞれの
証人についての反対尋問が，陪審または裁判官が証言を評価するにあたって大
きな助力となる。大半の裁判官は，証人調べの前後において，信用性について
陪審に説示を与える。陪審員に与えられる典型的な説示は次のようなものであ
る。

　「事実を認定するためには，どの証言を信じ，また，どの証言を信じないか
を決定しなければなりません。ある証人が証言したことをすべて信じてもよい
ですし，一部を信じるだけでもよいですし，まったく信じなくてもかまいませ
ん。どの証言を信じるかを決定するにあたっては，証人の理解力，証言事項に

---

(18) Fed. R. Evid. 615.

第Ⅱ編　翻　訳

ついて証人が見聞した機会，証人の記憶力，証人が証言をするときの動機，証言をしているときの証人の態度，証人が以前矛盾したことを言っていたか否か，証人の証言の全体的な合理性，および，証言があなたの信用している他の証拠とどの程度整合性を持っているか，などを考慮して下さい」。

8　意見証言（Opinion Testimony）

　意見証言に関する規則は，過去50年間に劇的に変化した。証拠規則の制定以前は，証人は自らが見聞したことのみを証言することに限定されていた。すなわち，意見を述べることや見聞したことに基づく推測を説明することは許されていなかった[19]。しかしながら，今日では，見聞したことを述べるだけではなく，争点となっている事実に関する証言の理解に役立つときは，その証言に合理的な基礎を置くかぎり，意見または推論の形で証言をすることができる[20]。

　医者，科学者その他専門知識を持つ者の証言に関しては，特別の規則が展開された[21]。現在では，事件における争点および当事者が提出した証拠を陪審が十分に理解するためには，これらの者の証言がどれほど重要であるかが認識されている。専門家証人には，陪審または裁判官によって認定される究極事実（主要事実）について意見を表明することは許されていない。たとえば，原告または被告のいずれが勝訴すべきか，被告人は有罪であるか否かである。しかし，証人適格のある専門家証人は，陪審の助けになるならば，究極事実以外のほとんどの事実について意見を表明することができる。多くの事件は長期にわたり，かつ，複雑である。とりわけ，複雑な科学的ないし医学的争点を含む事件においては，裁判官を含む普通の人は証拠を理解するのに困難を伴う。専門家証人は，実際，大きな助けとなりうる。ときには，アメリカの法廷は大学の教室にも似て，陪審員は教育を受けて，自らが認定しなければならない限定された争点に関する専門家となることもある。専門家証人は，黒板，フリップ・

---

(19)　一般に，McCormick, Evidence §11. 参照。

(20)　Fed. R. Evid. 701.

(21)　Fed. R. Evid. 702-06.

380

チャート，ビデオその他の道具を使って，事実上の争点に関する陪審員や裁判官の理解を助けることがよくある。教科書や研究書でさえ，伝聞証拠であっても，事実審裁判官が課す強力な統制に服するかぎりにおいて，専門家証人の反対尋問においてある程度使われることがある[22]。

医者は専門家証人として証言することがよくある。設例を挙げれば，次のとおりである。

「DはPを検査するために医者を雇い，Pの身体的・精神的状態に関する証言をさせる。Pは異議を唱える。多くの州において，事実審裁判官は，トライアルの前に，Dの医学的専門家証人にPの身体検査を許し，トライアルにおいてその意見を証言させている。Pは深刻な傷害は受けておらず，障害は永久には続かないと専門家が証言することもある。しかしながら，Pが真実を述べることができない旨をDの専門家証人が心理学的検査に基づいて証言することはおそらく認められないであろう。証言をする者が信用できるか否かは，通常，専門家証人の助けを借りずに，陪審自身が決定しなければならない」。

意見証言に関して，連邦裁判官が陪審に与える典型的な説示は次のとおりである。

「皆さんは専門家と称される人々の証言をお聞きになりました。これらの人々は，その受けた教育と経験によって，ある分野の専門家になった人たちであり，そのような人たちは，その分野における事項に関して意見を述べ，また，意見の理由を述べることができます。専門家の証言については，他の証言と同じように考慮してください。皆さんは，それを受け入れることもできるし，拒絶することもできます。皆さんは，証人の教育および経験，意見に付された理由，事件におけるその他すべての証拠を考慮して，専門家の証言について，皆さんが適切だと思われる証拠価値を決定してください」。

9　伝聞証拠（Hearsay）

証拠規則の中で，伝聞証拠規則ほど区別が微妙で，専門的な規則はない。例

---

(22) Fed. R. Evid. 803（18）; 6 Wigmore, Evifence §§690-92. 参照。

第Ⅱ編　翻　訳

外がこれほど多い規則は他にない。伝聞証拠を理解するためには，反対尋問と
宣誓の重要性を考慮することが重要である。法廷外でなされた人の陳述の大半
は，信用性のないものとみなされ，法廷において許容されることはない。とい
うのは，そのような陳述は，宣誓なしで行われたものであり，また，相手方弁
護士による反対尋問を受けていないからである。設例として，

「Pは，1人の男が事故現場から，名前も住所も言わずに立ち去り，今はど
こにいるかわからないと証言する。この証人は，事故の時，Dはスピードを出
しすぎていたことをPに話した。Pはこの陳述をトライアルにおいて引用した
いと考える。というのは，Pは，この男がPに話した内容が本当であることを
陪審に信じてもらいたいからである。この男の陳述は伝聞証拠である。異議は
認められるであろう。この男がPに話をしたときには宣誓をしていなかったの
であり，また，Dはこの男に対して反対尋問をすることは許されないであろう
からである」。

伝聞証拠という言葉は，通常，在廷していない者による口頭の陳述を意味す
るが，言葉でない行為も伝聞証拠となることがある。たとえば，次の例である。

「事故現場に男がおり，その男はPに何も言わなかった。その男の名前も住
所もわからない。しかし，事故現場でPがその男にDはスピードを出しすぎて
いたか否かを尋ねたところ，その男は首を縦に振った。Pは，その男がうなず
いたことを証言したいと考える。裁判官は，首を縦に降ったことは断定的な行
為であり，あるメッセージを伝えるものと認定するであろう。Pは，首を縦に
振ることにより伝えられた内容が真実であることを証明するためにその証言を
提出する。この証言は，事故現場でなされた陳述と同様に，伝聞証拠として，
許容されない」。

訴訟の当事者または当事者によってある事項について話をする権限を与えら
れた者によってなされた口頭または書面による陳述を証拠として提出すること
は伝聞証拠法則によって妨げられない[23]。これらは，相手方当事者による自
白として知られているものである。自白は，きわめて信頼できるものと考えら
れているので，証拠として採用される。経験によれば，人が宣誓をしているか

---

(23) Fed. R. Evid. 801 (d)(2).

382

否かにかかわらず，自らの利益に反する虚偽の陳述をすることは通常ない。二つの例を挙げれば，次のとおりである。

「事故の後，病院において，Pは，友達に対して，Dの車に衝突されたときに自分は酔っ払っていたと話す。これは，法廷外でなされた陳述が真実であることを証明するために，Dによって法廷において提出された陳述であるけれども，許容される。というのは，この陳述は当事者によってなされたものであり，また，その当事者の最善の利益に反するからである」。

「事故の後，Pは妻にDに電話をし，自分は元気であることを伝えるように指示した。Dは，Pが言った陳述が真実であることを証明するために，Pが妻に指示してDに伝えさせた内容を証言する。たとえPの妻を証人として出頭させることができない場合であっても，裁判官は，Pの妻がDに話した内容をDに証言させるであろう。というのは，これは，訴訟の対象について陳述することを当事者Pによって授権された者による陳述であり，それが相手方当事者によって提出された陳述であって，自白にあたるからである」。

伝聞証拠法則には多くの例外があり，本稿において，それらすべてに触れることはできない。証拠の申し出を行う当事者によって最も頻繁に用いられる例外は，公的記録および公的報告書[24]，業務の通常の過程で作成された記録[25]，および，その他多くの政府または企業の記録で，信用・信頼できる記録保管の方法で保存されているものである[26]。比較的最近になって，いわゆる「その他の伝聞証拠法則の例外」が連邦裁判所および多くの州裁判所で認められるようになっている。その他の伝聞証拠法則の例外によって，法廷外でなされた陳述であっても，その陳述に十分な信頼性を与える状況の下でなされ，信用性の保証がある場合，事実審裁判官は証拠として採用することができる[27]。しかしながら，この例外に頼るためには，当事者は，相手方当事者に対し，この法定外の陳述を証拠として申し出ることをトライアルの前に十分な期間を与えて通知しなければならない。これによって，相手方当事者は，陳述がなされた状

---

(24) Fed. R. Evid. 803 (8).

(25) Fed. R. Evid. 803 (6), (7).

(26) Fed. R. Evid. 803 (9)–(17).

(27) Fed. R. Evid. 803 (24), 804(b)(5).

第Ⅱ編　翻　訳

況を調査する機会を持つことができ，また，同等の証拠でその陳述に対処することも可能となる。

　伝聞証拠の許容性に影響を与えるもう一つ別の要因は，供給者 —— 法廷外で陳述を行った者 —— の利用可能性である。たとえば，供述者の行方が知れないとき，供述者が死亡しているとき，記憶を喪失していて過去の出来事について証言できないときなど，供述者に証言させることができない場合のみに適用される例外がある。このような状況の下では，多くの裁判所は伝聞証拠である陳述の拡大使用を認めている。たとえば，現在では死亡している供述者が死がさし迫っていることを知り，切迫した死の状況について話をしたときは，それらの陳述はトライアルにおいて許容される。死が目前に迫っている者には嘘をつく動機がないというのが理論の根拠である。供述者が証人として利用できない場合に，伝聞証言がより頻繁に用いられる例としては，法廷外でなされた陳述が供述者に刑事または民事の責任を負わせるような供述者の利益に反する陳述がある。自らの個人的な利益を損ねるようなことを嘘をついてまで言うことはないというのが理論的根拠である。例としては，

　「Dの車がPに衝突する直前に，Pに酒類を出してPを酔わせたことをアルのバーのバーテンダーがDに話した内容を証言したい旨をDが申し出る。バーテンダーは死亡している。バーテンダーがこのような陳述をしたとき，そのような陳述はバーテンダーの金銭的利益を害するものとなろう。というのは，Pを酔わせたのがバーテンダーであるならば，Pの傷害に責任を負うことになるからである。Dになされたバーテンダーの伝聞証言は証拠として許容されるであろう。バーテンダーは証人として利用が不可能であり，また，なされた陳述はバーテンダーの財産的利益に反するからである」。

　伝聞法理とその例外は，裁判官に解決の厄介な問題をもたらす。しかし，トライアルの前に，当事者は開示手続を行うのが通常である。それぞれの当事者は相手方がどのような証拠を提出するかを知っている。トライアルが始まる前に，伝聞証拠について多くの異議が提出され，それらについての決定がなされる。老練な弁護士であれば，法廷外の供述または事実認定者に関連性のある情報を提供する断定的行為（assertive conduct）を何らかの目的で証拠として採用されるように，一つないし複数の例外を提出できるのが通常である。

384

10 認証および同一性の確認 (Authentication and Identification)

　規則901および902は，一定の類型の証言および物的証拠が証拠として採用される要件を定めている。証拠物は，しばしば，事実認定にとって決定的に重要である。裁判官ないし陪審員が事件の状況をより良く思い浮かべることができるように，当事者は，写真を提出したいと考えることもある。同様に，文書その他の物証が，証人がその記憶を口頭で証言することに比べて，いっそう説得力を持つこともある。認証および同一性の確認に関する規則は，すべてのタイプの証拠物 ── それらを証拠として申し出ている当事者の主張どおりに ── 真正であるとの保証を目的とする。認証を確立する責任は証拠を申し出た者にある。認証と同一性の確認に関する冒頭の規則である規則901は，許容性が認められるための一般的条件として，問題とされている資料がその提出者の主張どおりのものであることを認定できるだけの十分な証拠を当事者は提出しなければならないと規定している。規則901のサブパラグラフおよび規則902は「Self-Authentication」のタイトルの下に，特定の証拠が真正であることを証明するための具体的なガイドラインを定めている。たとえば，規則901(5)は，音声については，直接に聞くか，または，機械，放送，レコードを通して聞くかを問わず，申立てられた話手と結び付けられた状況の下でその音声を聞き比べた結果に基づく意見によって十分に同一性が確認できると定めている。真正を証明するために外部の証拠を必要とせず，それ自体で真正とみなされるものとしては，新聞や雑誌などの印刷物（規則902(6)），および，公証人その他証書の確認を行う権限を法律によって与えられた公務員が，法律の定める方法によって，作成した確認の証明書を付した文書（規則902(8)）がある。

　認証および同一性の確認に関する規則と関連するものとして，規則1001から1008までの，文書，記録および写真の内容に関する，いわゆる「最良の証拠」の規則がある。規則は，何が原本で，何が複写であるかを規定し，また，オリジナルの文書が証拠物として提出されなければならないという一般原則に対する例外を定めている。重要な例外である規則1006によれば，当事者は，文書，記録または写真の要約を提出することができる。要約によって，裁判官

第Ⅱ編　翻　訳

または陪審がより容易に理解できるような形で複雑な情報を整理することが可能となる。しかしながら，当事者が要約を提出するときは，他の当事者には，要約が正確であるか否かを確かめるために，その基礎となった文書や情報を検査する権利がある。

11　刑事証拠（Criminal Evidence）

民事訴訟で使われる連邦および州の証拠規則は，原則として，刑事事件にも適用される[28]。しかしながら，刑事証拠法は，証拠の採用が憲法上被告人に保障された権利を侵害することがないように定められた特別な手続上の保護規定によって特徴づけられる。合衆国憲法および州の事件における州の憲法は最も重要で基本的な法律である。証拠規則または制定法が憲法の規定と矛盾するときは，憲法が優先する。たとえば，民事事件のトライアルにおいて当事者が在廷しなければならないという証拠規則や制定法は存在しない。しかし，刑事事件のトライアルにおいては，合衆国憲法は，トライアルの公開を要求するだけでなく，被告人が在廷し，トライアルで証言するすべての証人の証言を聞き，証人に対して審問をする権利を保障している。

民事証拠と刑事証拠の最も重要な相違は，おそらく，トライアルの前およびトライアルの間，刑事事件における被告人には憲法上の権利として黙秘権が認められていることであろう。被告人は頻繁にこの権利を行使している。合衆国憲法は，また，検察側は合理的な疑いを超えた有罪の証明をしなければならず，被告人には無罪の推定が与えられていると規定する。このような保護は，民事事件の当事者にはない。

刑事事件のトライアルが始まる前に，検察が入手した証拠の中で許容されない証拠を決定することを被告人が裁判所に求めることがよくある。「証拠排除申立てに対する審理」（suppression hearing）と通常呼ばれている，この問題についてのヒアリングの中で，被告人は事実審裁判官に対して，法執行機関の職員になされた陳述，被告人から押収した物品，被告人の憲法上または法律上の

---

(28)　1　はじめに　参照。

権利に違反して他の者から押収された物品を証拠の中から排除するように求める。

　刑事事件における検察側の証拠が憲法レベルの問題を引き起こすことがない場合でも，被告人は，トライアルで提出できる証拠を制限するための「偏見防止申立て」(motion in limine) を申し立てることによって，他の証拠の排除を求めることができる。証拠を排除し，制限するための申立ては，トライアルのおよそ1週間前に申し立てられ，決定されることが多い。

12　証拠法の法源 (Sources of Evidence Law)

　アメリカの証拠法を概観する本稿では，連邦および州の裁判所の民事事件で適用される証拠規則，また，刑事事件において証拠を制限する憲法上の原則に焦点をあてた。しかし，トライアルを準備する弁護士は，証拠法に関する他の法源を調査することも多い。合衆国議会および州の議会は，さまざまな政策理由に基づいて，証拠の提出を制限する多くの法律を制定してきた。連邦および州の憲法が法律または規則と矛盾するときは，憲法が最高法規であるのと同様に，法律が証拠規則と矛盾するときは，法律が優先する。公刊された州および連邦裁判所の判例は，コモン・ロー制度においてはきわめて重要であり，弁護士が規則を解釈するにあたって，また，トライアルにおいてどのような証拠が採用され，どのような証拠が排除されるかを決定するための指針を提供する。証拠上の問題がどのように解決されるべきかについて当事者の意見が異なるとき，弁護士が学術書を調べ，参照することもある。学術書の中で最も頻繁に使用されるのは，本稿の本文および脚注で引用したものである。

13　結語 (Conclusion)

　法定において真実を探求するために，弁護士は，数多くの証拠資料を提出することになる。すなわち，証言，文書，証拠物件，要約，証明を要しない合意事項または裁判所による確知などである。法廷弁護士は，証拠法に精通して，どのような証拠が採用され，どのような証拠が排除されるかを知らなければな

第Ⅱ編 翻　訳

らない。しかし，証拠の排除は例外であり，証拠の採用が被告人の憲法上の権利を侵害するとき，秘匿特権または証拠規則に違反するとき，その他の当事者にとって不当な偏見をもたらすときにのみ認められる。通常，裁判官は，審理を助長し，事件の対象に光をあてるような証拠のすべてを考慮できるように取り計らう。合衆国における証拠法は，裁判官や陪審が事件の真実に到達することを目的とし，正義がより確実に達成されることを目的としている。

訳者あとがき

　民事訴訟法について，日米間の大きな違いの一つは，証拠法にある。周知のように，証拠法は，アメリカでは，一つの独立した法体系を形成しており，民事訴訟法に含まれているわけではない。しかし，審理の中心をなすトライアル（集中証拠調べ）を規整する証拠法の理解がなければ，真にアメリカ民事訴訟法を理解することはできないと思われる。このような問題意識から，訳者は，連邦地方裁判所の第一線で活躍され，かつ，各州の州裁判所の新人裁判官を一堂に集めて行われる研修会の講師も勤めておられるウォリ判事に，日本人のために，アメリカ民事証拠法の概要を紹介する論文の作成をお願いした。言うまでもなく，アメリカの証拠法は，民事証拠と刑事証拠に截然と区別されているわけではない。また，これまで，わが国でアメリカ証拠法が論じられるのは主として刑事の分野であり，民事の分野では，証明責任の分配と証拠開示を除いては，あまり論じられることはなかったと思われる。本稿は，民事事件の例に即して，証拠法上の各概念を具体的に説明してあるので，学習者にとっては有益な手引きとなるであろう。本稿が，これまで研究が手薄であったアメリカ民事証拠法を理解するための一助となれば，訳者として望外の幸せである。

　本稿でもしばしば言及されているように，アメリカでは，1975年に，連邦証拠規則が制定された。同規則の翻訳として，法務大臣官房司法法制調査部編『アメリカ合衆国連邦証拠規則』（法曹会）がある。また，本稿の翻訳にあたって，法律用語の訳は，基本的に，田中英夫編『英米法辞典』に拠った。

12 アメリカ民事訴訟における陪審への説示

ハロルド・ヴィエーター

Harold Vietor, Instructing the Jury in the United States, Chief
Judge, United States District Court Southern District of Iowa

はじめに

合衆国における民事陪審トライアルの中心は陪審である。事件における証拠
を吟味し，評決を出すのは少人数の市民で構成された陪審員なのである。陪審
員は，証拠に基づいて，事実を認定するが，事実認定だけでは，陪審員が評決
に達することはできない。陪審員は，証拠によって認定した事実に関連する法
を適用しなければならない。陪審員は，当然のことながら，関連する法を知ら
なければこれを行うことはできない。陪審員が事実に適用しなければならない
法について陪審員に説示することは裁判官の責務である。陪審員への説示は，
民事陪審裁判の指揮において，裁判官の責務のきわめて重要な部分である。本
稿は，連邦地方裁判所の民事事件における陪審への説示に関するものである[1]。

1 陪審によるトライアルの背景

何らかの形で市民を訴訟に参加させることは昔からある。古代のギリシャや
ローマでは，今日用いられているやり方とは異なるものの，裁判への市民参加
がなされていた。我々が知っているアメリカ合衆国の陪審裁判はイギリスの制

---

(1) 陪審に対する説示の手続は，連邦裁判所と州裁判所によって実質的な差異はない。
　　民事または刑事を問わず，事件のトライアルで用いられる陪審は，正式には「小陪
審」と呼ばれる。これとは異なる陪審のタイプとして，「大陪審」がある。大陪審は事
件を審理するわけではない。大陪審は，16～23人の市民で構成されており，犯罪の容
疑者を正式に起訴するか否かを決めるために，非公開で，犯罪の証拠を検討する。連邦
の大陪審は，それぞれの事件において適用される刑法について合衆国検察官のアドバイ
スを受ける。しかし，大陪審が初めて召喚されたときは，陪審員は，通常，地方裁判所
の所長判事によって，大陪審としての一般的な義務についての説示を受ける。

389

第Ⅱ編　翻　　訳

度に起源を有している。イギリスの陪審裁判は，1066 年のノルマン・コンクエストの後，何世紀もかけて発展したものである[2]。

　民事事件および刑事事件において，陪審裁判を受ける権利はイギリスの植民地であったアメリカにおいて十分に確立されており，植民地人はこの権利をきわめて大事にしていた。1776 年，植民地がイギリスからの独立を宣言したとき，独立宣言には，イギリス国王やイギリス政府に対する植民地人の多くの不満が書き込まれていた。不満の一つは，植民地人に対して，時として，陪審裁判を受ける権利が認められないことであった。したがって，陪審裁判を受ける権利の否定がアメリカの独立の一因であったのである。

　合衆国の人々は，合衆国憲法に明示的に規定することによって，刑事事件およびコモン・ロー上の民事事件の双方において，陪審裁判を受ける権利を保障したのである[3]。連邦民事訴訟規則 38 条は，民事事件における陪審裁判を受ける権利を保障し，訴訟当事者がこの権利を行使するためにしなければならないこと，および，陪審裁判を受ける権利の放棄の方法を定めている。

　連邦民事訴訟規則 38 条は，つぎのように規定している。
(a)　権利の保障
　合衆国憲法の修正 7 条によって宣言され，または，合衆国の法律によって与えられている陪審審理を受ける権利は不可侵の権利として当事者に保障される。
(b)　要求
　いずれの当事者も，訴訟の開始後，最後の訴答の送達後 10 日以内に，書面で陪審審理の要求を相手方当事者に送達することによって陪審審理を受けるこ

---

(2)　現在までの陪審制度の展開は，本稿の範囲を超える。昔の陪審は，地域の人で，事件の事実を現実に直接知っている者が陪審員になったが，現在の陪審は，事件の事実については個人的な知識がない者が陪審員になり，事件について個人的に直接知っている者が宣誓の上で行った証言に基づいて事実を認定することを知っていれば十分であろう。
(3)　合衆国憲法第 3 条第 2 節は，「弾劾の事件を除き，すべての犯罪の審理は，陪審によって行われなければならない。」と規定する。また，修正第 7 条は，つぎのように規定している。「コモン・ロー上の訴訟において，訴額が 20 ドルを超えるときは，陪審裁判を受ける権利が保障されなければならない。陪審によって審理された事実は，コモン・ローの準則に基づくほかは合衆国のいかなる裁判所においても再審理されてはならない」。

12 H. ヴィエーター『アメリカ民事訴訟における陪審への説示』

とのできる争点について陪審審理を要求することができる。この陪審審理の要求は当事者の訴答においてすることもできる。

(c) 同上：争点の特定

陪審審理の要求書面において，当事者は，陪審審理に付してもらいたい争点を特定することができる。争点を特定していないときは，当事者は，陪審審理を受けることのできる争点のすべてについて陪審審理を要求したものとみなされる。当事者が争点の一部のみに陪審審理を要求したときは，他の当事者は，要求書面の送達後 10 日以内，または，裁判所が定めるより短い期間内に，それ以外の，または，すべての事実上の争点について，陪審審理の要求書を送達することができる。

(d) 放棄

当事者が本条に定める要求書を送達せず，また，規則 5 条(d)に定める提出を怠るときは，陪審審理を受ける権利の放棄となる。本条に従ってなされた陪審審理の要求は，当事者の同意がなければ，取り下げることはできない。

(e) 海事法上の請求

本条の規定は，規則 9 条(h)の規定する海事法上の請求における争点について，陪審審理を受ける権利を創設するものと解釈されてはならない。

当事者は，民事事件については，「コモン・ロー上」の訴訟においてのみ陪審審理を受けることができる。合衆国最高裁判所はつぎのように説明している。すなわち，陪審審理を受けることのできる事件は，18 世紀の終わりに合衆国憲法の修正 7 条が制定される前には，イギリスのコモン・ロー裁判所に提起された事件に相当する事件だけであり，18 世紀のイギリスのエクイティー（衡平法）または海事法の裁判所に持ち込まれた事件に相当する事件には陪審審理は認められない。Tull v. United States, 481 U.S. 412, 417（1987）参照。一般論として，金銭による損害賠償請求事件は陪審で審理されるが，エクイティー上の救済，例えば，差し止めや法的権利の確認を求める事件には陪審審理は認められていない。

合衆国最高裁判所は，合衆国憲法の修正 14 条は，州に対して，「法の適正な手続（デュー・プロセス）によらずして人の生命，自由または財産を剥奪してはならない」と規定しており，州の刑事訴追において，被告に陪審審理を保障

391

第Ⅱ編　翻　訳

することを要求している。Duncan v. Louisiana, 391 U.S. 145 (1968)。合衆国
最高裁判所が，修正 7 条の規定する民事事件における陪審審理を受ける権利の
保障は州には適用されないと判示している。Minneapolis & St. Louis R.R. v.
Bombolis, 241 U.S. 211 (1916)。また，多くの裁判所も，修正 14 条は州に適用
されるものの，州の民事事件における陪審審理は要求してはいないと判示して
いる。しかしながら，すべての州は，それぞれの州法において，コモン・ロー
上の民事事件には陪審審理を保障し，エクイティー上の陪審審理を認めていな
い。

2　陪審への説示 ── 総論

　合衆国におけるトライアルは，通常，（週末と休日を除いて）始めから終わり
まで，毎日連続して行われる。多くの民事陪審審理は 3 日～5 日間で完了する。
ただし，事件によっては 2, 3 週間続くこともあるし，ごくまれに 2, 3 か月続
くこともある。民事陪審審理の第一段階は，陪審の務めを果たすために裁判所
に呼び出しを受けたおよそ 20 人ないし 25 人の市民で構成される陪審候補者
（jury panel）から陪審を選任する手続である。選任される陪審の人数は地域に
よって異なるが 6 人から 12 人の間である。多くの地方裁判所は 6 人ないし 8
人の陪審を用いている[4]。

　陪審員が選任された後で，裁判官は，適宜，陪審員に対して説示をするとい
う責任を果たさなければならない。裁判官が陪審に与える説示の基本的な 3 つ
のカテゴリーは以下の通りである。

　(1)いかなる証拠も提出される前に，トライアルの冒頭で与えられるトライア
　　ル前の説示

　(2)個々の証拠に関連して，トライアルの途中で与えられる説示

　(3)すべての証拠が提出された後，陪審員が評議を始める前に与えられる説示

---

　(4)　陪審の選任手続や陪審の任務については，ウォレン　K.　アーボム（椎橋邦雄訳）
　　『合衆国における陪審の選任と管理』山梨学院大学法学論集 54 号 317 頁以下参照。

(1) トライアル開始前の説示

制定法または規則によって明示的に要求されているわけではないが，多くの連邦裁判官は，陪審が選任された後，そして，弁護士が冒頭陳述を開始する前に，陪審に対して若干のトライアル開始前の説示を与えている[5]。このトライアル開始前の説示において，裁判官は陪審に対してきわめて一般的な形でつぎのようなことを説示する。すなわち，例えば，原告が勝訴するために証明しなければならないこと，また，被告が抗弁で証明しなければならないことなどである。また，裁判官は陪審に対して，トライアルの終了時にこれらの問題について，さらに詳細な説示を与えるとの注意もしておく。トライアル開始前の裁判官の説示の多くは，陪審に対して，トライアルはどのようにして進められるか，そして，陪審員に期待されているのは何かなどを説明することである。これらの説示は，必然的に，陪審管理の性質を有している。

裁判官の中には，陪審に対するトライアル開始前の説示を書面にしてコピーで配布する者もいるが，多くの裁判官は口頭で説示を与えるにとどめ，陪審員に書面を配布することはない。

(2) トライアル中の説示

トライアルの途中で，何らかの個別の問題について，裁判官が陪審に説示する必要が生じることがある。裁判官はこれらの説示を口頭で与えるが，場合に応じて，トライアル終了後の裁判官の最終説示において書面で繰り返されることもある。

どの事件においても裁判官が与える基本的な説示は，休憩時間が取られると

---

(5) 原告側が証拠調べを始める直前に行われる冒頭弁論は，弁護士が陪審員に向かって，これから調べていく証拠がどのようなものであるかを伝える短い弁論である。アイオワ州の北部および南部の連邦地方裁判所のローカル規則6条(d)はつぎのように規定している。

「冒頭弁論：陪審が選任され，宣誓を行った後，証明責任を負う当事者は，どのような証拠を提出するかの概要を知らせる簡潔な冒頭弁論を行う。但し，議論してはいけない。原告側の冒頭弁論の後，相手方当事者は同じような方法で冒頭弁論をすることもできるし，または，原告側の証拠調べが完了した後に冒頭弁論を行うこともできる。裁判所が別段の決定をしない限り，冒頭弁論は15分を超えてはならない。」

第Ⅱ編　翻　訳

きに陪審員に対してなされる説示である。裁判官は，通常，陪審員に対して概ね次のような説示をする。

「紳士および淑女の皆さん，この休憩時間の間に，皆さんは他の陪審員，ご家族の方，このトライアルに関わっている人，その他すべての人とこの事件について議論してはいけません。もし誰かが事件についてあなたに話しかけてきたら，即座に，陪審員であり，事件について議論することはできないと伝えてください。しつこく付きまとわれたときは，その人物から離れ直ちに私に知らせてください。また，このトライアルについてのニュース記事を読んだり，見たり，あるいは，聞かないでください。最後に，この事件についての結論は出さないでください。すべての証拠が提出され，そして，あなたが弁護士の最終弁論や私の最終の説示を聞くまでは，心をオープンにしておいてください。」

多くのトライアルにおいて，当事者が，重要な事実のいくつかについては争いがないことを同意することがある。このようなことが生じた場合は，裁判官は，陪審に対して概ね次のような説示をする。

「原告と被告は合意しました。すなわち，弁護士さんが只今お話した事実は真実であり，争いがないということに双方が同意したということです。したがって，皆さんはこれらの事実が証明されたものとして扱ってください。」

事件によっては，実際には法廷で証言することはないある人物が，もし証人として呼び出しを受けたならばその者が一定の証言をすることを当事者が合意することがある。このようなことが生じたときは，裁判官は陪審に対して概ね次のような説示をする。

「原告と被告は合意しました。すなわち，もしジョン・スミスさんが証人として呼び出されたならば，弁護士さんが只今お話したように証言することに合意しました。皆さんは，ジョン・スミスさんがここにいて宣誓をした上で証言台に立って，この法廷で証言をしたと思って，ジョン・スミスさんの証言として受け取ってください。」

証人が一定の証言をすることを当事者が合意した場合，その証言が必然的に真実であることに合意しているわけではない。したがって，一定の事実が真実

394

であり，争いがないと合意するときとは対照的に，裁判官は陪審に対して，証人が証言した事実は証明されたものとして受け取らないように注意する。合意がなされた証言およびその他の証拠から，どのような事実が証明されたかを認定するのは陪審員に委ねられている。

連邦証拠規則 201 条は，一定の事実についての裁判所による確知（judicial notice 公知の事実）を規定している。同条の内容は以下の通りである。

(a) 適用範囲

本条は，訴訟上の事実に関する裁判所の確知にのみ適用される。

(b) 事実の種類

裁判所の確知の対象となる事実は，つぎのいずれかの理由により，合理的な争いが存在しない事実でなければならない。(1)事実審裁判所の管轄区域内において一般的に知られていること，または，(2)正確性につき合理的な疑問がない情報源によって正確で迅速な決定が可能であること。

(c) 裁量的確知

裁判所は，当事者による申立てがあるか否かに関わらず，裁判所による確知を行うことができる。

(d) 必要的確知

当事者が必要な情報を提出して確知の申立てをしたときは，裁判所は確知をしなければならない。

(e) 審理の機会

当事者は，時期に適った申立てにより，裁判所による確知の妥当性および確知の対象となる事実の趣旨について審理を求めることができる。事前の通知がないときは，裁判所による通知がなされた後に，申立てをすることができる。

(f) 確知の時期

裁判所による確知は，訴訟手続のいかなる段階においてもすることができる。

(g) 陪審への説示

民事訴訟において，裁判所は，陪審に対して，確知された事実は確定的なものとして受け入れるように説示しなければならない。刑事事件においては，裁判所は，陪審に対して，確知された事実を確定的なものとして受け入れること

第Ⅱ編 翻 訳

もできるが，受け入れないこともできることを説示しなければならない。

証拠規則201条(g)に規定されているように，民事陪審事件において，裁判所による確知が行われたときは，裁判官は，陪審に対して，確知された事実を確定的なものとして受け入れることを説示しなければならない。陪審に対する説示は概ね以下の通りである。

「証拠が全く提出されていない場合であっても，当裁判所は，以下の事実（裁判所が確知した事実をここで繰り返し復唱しなければならない）について，証明されたものとして受け入れることを決定した。証拠規則は，裁判官に対して，裁判官が合理的に争いがないと信じる事実を受け入れることを認めています。したがって，皆さんは，これらの事実を証明されたものとして扱ってください。」

事件において提出された証拠が限定された目的または複数の原告または被告の一人についてのみに限定して許容されることがある。証拠が限定された目的のために許容されるときは，裁判官は，陪審に対して，概ねつぎのような説示を行う。

「皆さんがただいま聞いた証拠は以下の争点（ここで裁判官は限定的な目的で考慮される証拠を復唱する）についてのみ考慮してください。他の目的には考慮してはいけません」。証拠が複数の原告または被告の一人についてのみ許容されるときは，裁判官は概ねつぎのような説示を与える。

「各当事者は，その当事者に適用される証拠のみに基づいて審判を受ける権利を有します。本件における証拠のいくつかは，証拠規則によって，当事者の一人に限定されており，他の者について考慮することはできません。

皆さんがただいま聞いた本件の証拠は被告ジョー・ジョーンズに対してのみ考慮することができます。」

連邦証拠規則609条では，証人の信用性は，証人が以前犯した犯罪で一年を超える懲役刑を受けたとき，または，刑罰の軽重に関わらず，不誠実ないし虚偽の陳述に関わる犯罪を犯したときは，そのような前科の証拠によって弾劾される。当事者がそのような弾劾証拠を提出したときは，裁判官は，陪審員に対して，概ね，つぎのような説示を行う。

「皆さんは，メアリー・ブラウンが有罪判決を受けたとの証拠を聞きました。皆さんはこの証拠を，証人を信用するか否か，証人の証言にどの程度の証拠力を認めるかを決定するためだけに使ってください。」

上記のことはトライアルの途中で，裁判官が陪審員に与える一例に過ぎない。他の問題についての説示が必要となることもある。

(3) **最終の説示**

陪審員に対する説示が，すべての証拠の証拠調べが終了した後，陪審が評決を評議・決定するために法廷を退出する前に，与えられる。これらの説示は，トライアル前の説示およびトライアルの途中で与えられる説示よりもはるかに包括的である。最終の説示は，以前なされた説示を繰り返すこともあるが，通常，以前なされた説示の多くは繰り返されることはない。最終の説示においては，原告が事件に勝訴するためには何を証明しなければならないか，原告が勝訴する場合には，その損害額について原告が証明しなければならないことは何か，被告が積極的防御（affirmative defense 抗弁）を主張するときは，被告が証明しなければならないことは何か，関連する単語や用語の意義，証人の信用性の評価の方法，および，陪審員が評議の任務をどのように果たすべきか，等々を陪審に伝えなければならない。最終の説示には，陪審が答申する評決の形式，および，どのような評決の形式を用いるかについての説示が与えられる。評決の種類としては，「一般評決」および「特別評決」の形式があり，そして，一般評決には「質問に対する回答」が添付される。裁判官がいずれの評決の形式を用いるかは事件の性質および争点による。

一般評決が用いられるときは，陪審は勝敗を認定するだけであるが，適切な場合には，認容されるべき賠償金額を決定する。以下が評決の一例である。

評決フォーム　1

我々陪審は，原告の勝訴，そして，被告の敗訴と認定し，原告に＄の賠償額を認定する。

────────

陪審長

第Ⅱ編　翻　訳

評決フォーム　2
我々陪審は，被告の勝訴，そして，原告の敗訴と認定する。

————————

陪審長

連邦民事訴訟規則49条は，特別評決および質問に対する回答書付の一般評決について，つぎのように規定している。

(a)　特別評決

裁判所は，陪審に対して，それぞれの事実上の争点を認定する個別の書面の形で特別評決のみを答申するように求めることができる。その場合，裁判所は，陪審が，カテゴリカルまたは簡潔な回答ができるような質問書を陪審に対して提出することができ，または，訴答書面や証拠から適切に導き出すことのできる個別の認定書面を提出することもできる。また，裁判所は，最も適切であると考えられる方法で，争点を提示し，それに対して書面で回答を求めることもできる。裁判所は，このように陪審に提示した事項について，陪審がそれぞれの争点について認定をするのに必要な説示や説明をしなければならない。このような説示にあたって，裁判所が訴答書面または証拠によって提起された事実上の争点を遺脱した場合，各当事者は，陪審が法廷を退出する前に遺脱された争点を陪審に付する要求をしない限りは，その争点について陪審審理を受ける権利を放棄したとみなされる。そのような当事者の要求がない場合，遺脱された争点について，裁判所は認定をすることもできるし，または，認定をしなかった場合は，特別評決に基づく判決に合致した認定がなされたものとみなされる。

(b)　質問に対する回答書付の一般評決

裁判所は，一般評決のための適切な書式に添付して，評決をするために，その判断が必要な1つまたは複数の事実上の争点についての質問書を提出することができる。裁判所は，陪審が質問書に回答できるため，また，一般評決を答申できるために必要な説示または説明を与えなければならない。また，裁判所は，回答を作成し，かつ，一般評決を答申するように陪審に対して指示しなければならない。一般評決と回答に矛盾のないときは，規則58条に基づいて評

12 H. ヴィエーター『アメリカ民事訴訟における陪審への説示』

決と回答に基づいた適切な判決が出されなければならない。複数の回答に矛盾はないが，回答の1つまたは複数が一般評決と矛盾するときは，一般評決にもかかわらず，規則58条に基づいて，回答に従った判決を出すこともできるし，裁判所は，回答と評決をさらに検討するために陪審に差し戻すこともでき，再審理を命じることもできる。回答が相互で矛盾し，または，回答の1つまたは複数が一般評決と矛盾するときは，判決は出されてはならないし，裁判所は，回答と評決を見直すために陪審に差し戻しをするか，または，再審理を命じなければならない。

　規則49条(a)は注目すべき規定である。裁判所は，この規定を活用して，最も適切であると考えられるならば，争点を陪審に提示し，それに対する回答を書面で要求することができるのである。この規定によって，裁判官は，特定の事件を陪審に付するときに最も良く機能する方法を用いる自由を持つことができる。

　本稿の付録として，末尾に，アイオワ州南部地区の最近の民事事件において，陪審に提示された最終説示を参考に掲げている。最初の頁には，どのような事件であり，どのような争点であるかを記載している。この事件は，きわめて単純であり，説示はきわめて短い。18の説示と6つの「特別評決」が用いられた。最近私が指揮した事件は，はるかに複雑な民事事件であり56の説示と30の評決フォームを要した。

　多くの裁判官は，陪審員が容易に理解できるように，明解な言葉で説示を書くように心がけている。これは一つの挑戦である。というのは，意味するところをほとんど変更することなく，立法府によって作られた制定法や裁判所の判例に書かれた法原則を一般的な言葉に置き換える作業を必然的に伴うからである。

　通常，最終の説示は書面に書かれる。裁判官はそれを陪審に読み聞かせる。また，必ず行われるわけではないが，多くの裁判官は，陪審の評議中に必要であれば参照できるように，説示書の写しを陪審に渡し，陪審室に持ち込むことを許している。裁判官の中には，それぞれの陪審員に説示書の写しを渡し，裁

399

第Ⅱ編　翻　訳

判官がそれを口頭で読んでいるときに，陪審員がその説示を読むことができるようにしている者もいる。

　連邦民事訴訟規則51条の下では，裁判官は，弁護士が陪審に向かって最終弁論をする前に，陪審員に対して説示のすべてを読み聞かせることもできるし，最終弁論の後に全部の説示をすることもできるし，あるいは，説示の一部を最終弁論の前に行い，最終弁論の後に残りの説示を行うこともできる。規則51条は，以前は，最終弁論の後に陪審員に対して説示することを定めていたが（当事者の合意がある場合は除いて），1987年に規則が改正され，最終弁論の前に説示を読み聞かせることができるようになり，そのようにする裁判官が増えている。最終弁論の前に陪審員に説示を読み聞かせることの利点は，陪審員が弁護士の最終弁論を聞くときに，事件に適用しなければならない法をより良く理解でき，また，弁護士も説示で示された法の枠内で一層効果的に最終弁論を行うことができることである。

　最終の説示を準備するために，裁判官と弁護士は多大の作業を行う。双方の弁護士はそれぞれの説示案を書面にして裁判官に提出する。そして，裁判官は双方の説示案を評価し，説示案の内容をそのまま説示として与えるか否か，修正をするか否か，または，説示案を却下するか否かを決定する。連邦民事訴訟規則51条および裁判所のローカル規則は，説示案および裁判官が陪審に与える説示について規定している。規則51条はつぎのように規定する。

　「証拠調べの終了時，または，それより以前のトライアルの途中で裁判所が相当と判断するときに，当事者は要求書を提出し，要求書の中で示した法について裁判所が陪審に説示を与えるように求めることができる。裁判所は，弁護士が陪審に向かって最終弁論をする前に，要求書に対してどのような対応をするつもりなのかを弁護士に知らせなければならない。裁判所は，その裁量で，最終弁論の前もしくは後または前後双方に陪審に対して説示をすることができる。当事者は，陪審が評決を評議するために退廷する前に，異議の対象事項および異議事由を明確にした異議を申し立てない限り，裁判所が陪審に説示をしたこと，または，しなかったことを過誤と主張することができない。異議の申立ての機会は，陪審のいないところで，与えられなければならない。」

12 H. ヴィエーター『アメリカ民事訴訟における陪審への説示』

　アイオワ州の北部および南部の地方裁判所においては，ローカル規則6(f)(1)はつぎのように規定している。

　「提出　　　いずれの当事者も，裁判所が別段の定めをする場合を除いて，すべての証拠調べが終了する前に，裁判所に要求書を提出し，また，相手方弁護士にその写しを提出することによって，陪審への説示を要求することができる。このような要求書は以下のような形式で提出されなければならない。

　Aそれぞれの説示の要求書には，番号をふり，かつ，改頁しなければならない。但し，要求された説示が，説示の標準的なひながたを参照すれば判断できる場合は除く。

　Bそれぞれの要求書が認められるための根拠が添付されていなければならない。

　C要求書の冒頭には，事件名，事件表番号および提出当事者の氏名を記載しなければならない。

　アイオワ州南部地区においては，裁判官は弁護士に対して，説示の要求書を最終のプリトライアル・カンファランスにおいて提出するよう命じている。最終プリトライアル・カンファランスは，通常，トライアルの開始より10日から15日前に行われる。

　証拠調べが終了したとき，または終了する直前に，裁判官は弁護士に最終説示案の写しを配付する。そして，多くの裁判官は，インフォーマルなカンファランスを行うために，双方の弁護士を裁判官室に呼び寄せる。このカンファランスで，裁判官の説示について論じるが，この内容は裁判所書記官によって記録されることはない。説示案について弁護士が疑念を持ったときは，それを表明し，議論の結果，裁判官が若干の修正をすることもある。説示が最終的な形で作成されたときは，弁護士は，もしあれば，説示に対する異議を述べて，記録させる。このようなカンファランスと異議の申立ては，陪審のいないところで，行われる。

第Ⅱ編　翻　訳

3　評議が始まった後の追加的説示

評議の途中で，陪審がさらなる説示または若干の説示の説明を求める書面を裁判官に提出することもある。アイオワ州の北部および南部地区においては，ローカル規則6条(f)(2)はつぎのように規定する。

「追加的説示または質問　　事件が陪審に付された後に，陪審が裁判所に対して追加的な説示または質問を求め，また，裁判所がこれに対応することが合理的であると考えるときは，書記官に電話番号を知らせておいた弁護士および当事者には電話で連絡し，陪審の要求を通知する。それから，裁判官は弁護士と当事者に30分以内に裁判官室に来るように通知し，そこで裁判所は出頭した弁護士に陪審の要求を読み聞かせ，そして，正当と考えられる回答を作成し，裁判所の定める方法によって陪審にそれを伝える。本規則に基づいた出頭をしなかった弁護士，当事者および刑事事件の被告は，出頭する権利，異議を申し立てる権利，その他上記の方法で参加する権利を放棄したものとみなされる。」

陪審に対する裁判官の回答の多くは，最初に提出した説示は適切であり，裁判官がそれを修正したり，または追加的な説示を与えることはない，というものである。裁判官が説示を修正または追加的な説示を与えるべきと判断したときは，裁判官と弁護士は説示の文書について議論する。裁判官が文書を決定したときは，弁護士には，もし望むのであれば，説示に対して異議を申し立てる機会が与えられる。その後陪審が法廷に呼びこまれ，裁判官は陪審に向かって修正された説示または追加された説示を読み聞かせる。

ときには，陪審が評決に到達できないと報告してくることがある。陪審が評決を合意できないときは，裁判官はミストライアル（無効審理）を宣言し，事件は別の陪審によって再び審理されなければならない。しかしながら，このような状況でミストライアルを宣言する前に，裁判官は，一般に「アレン」説示と呼ばれている，評決を強制するような説示を与える。アレン説示は，100年以上も前に，合衆国最高裁判所によって承認されている説示である。Allen v.

402

12 H. ヴィエーター『アメリカ民事訴訟における陪審への説示』

United States, 164 U.S. 492 (1896)。アレン説示で用いられる文言は裁判官によって異なるが，典型的な例は，以下の通りである。

「私の説示に書いてありますように，皆さん個々人の判断を侵害することがない限り，皆さんの義務は，お互いに相談し，そして，合意に達するように評議することです。もちろん，他の陪審員の意見のみのために，または，評決を答申する目的のためだけに，証拠の評価に対する皆さんの誠実な信念を放棄してはなりません。皆さんはそれぞれご自分で判断しなければなりません。しかし，それは，皆さんが同輩の陪審員と証拠についてよく検討した後でのみ行うべきものです。

評議の途中で，皆さんはご自分の見解を再検討し，もし間違っていると確信したときは，皆さんの意見を変えることに躊躇しないでください。全員一致の評決に達するためには，皆さんは，皆さんに提示された問題をオープンかつフランクに検討し，他の陪審員の意見に耳を傾け，そして，ご自身の見解を積極的に再吟味してください。

最後に皆さんは一方の当事者の味方ではないことに注意して下さい。皆さんは裁判官であり，事実の認定者なのです。皆さんの唯一の関心事は証拠から真実を探り出すことです。皆さんは証人の信用性および証拠価値の設定者なのです。

皆さんは，お好きなように評議を進めることができます。しかし，私がここで注意させていただきたいことは，皆さんは，争点に関連するすべての証拠を慎重に再検討しなければならないことです。皆さんは，必要だと感じる十分な時間を取ることができるのです。

別の陪審に任せた方がより良い審理ができるとは限りませんし，また，他の陪審がより良心的で公平で能力のある陪審とは限りません。他の陪審が選ばれるとしても，皆さんが陪審に選ばれたと同じ方法および人材の中から選任されるのです。もし皆さんが評決を答申することができないときは，この事件は未解決となり，後日，改めて解決されなければなりません。評議室に戻って，合理的な人間がするような，良い判断に到達できるような形で評議を終了させてください。」

アレン説示を受けた後に，さらに評議がなされた結果，再び，陪審が評決に

403

第Ⅱ編 翻　訳

達することができなかった場合には，裁判官はミストライアルを宣言し陪審の
義務を解除するであろう。

4　モデル説示

　弁護士が説示案を準備するために，また，裁判官が陪審に対する説示を準備
するためのガイドブックとして，「モデル説示」，「パターン説示」，または「統
一説示」等の書名の書籍やブックレットが数多く刊行されている。最も定評の
ある文献は，ミネソタ州の連邦地方裁判所所長判事である Edward J. Devitt
およびセントルイス大学の前教授で現在はミズーリ州の州最高裁判所の長官で
ある Charles D. Blackmar 編の『Federal Jury Practice & Instructions (3rd
ed. 1977)』である。1965 年に刊行された初版の著者は Devitt 判事と第 8 巡回
区連邦控訴裁判所の Charles Mathes 判事であった。第 3 巻の第 4 版（1987
年）の共著者はセントルイス大学の Michael A. Wolff 教授である。第 3 版は毎
年発行される補遺によってアップツーデートに保たれている。
　いくつかの連邦巡回区においては[6]，委員会が説示の書式を作成し公刊し
ている。例えば，第 8 巡回区においては，そのような委員会がある。この委員
会のメンバーは，9 人の地方裁判所判事，1 人のマジストレイト判事および 1
人の弁護士で構成されている。このマジストレイト判事は数人の弁護士と 1 人
のロー・スクール教授で構成される小委員会の座長となる。小委員会のメン
バーは，原案を作成し，そして，委員会のメンバーが，それを検討・修正して，
モデル説示の最終版を決定する。委員会は第 8 巡回区の地方裁判所のためのモ
デル刑事陪審説示のマニュアルを刊行した。（1989 年の改訂版，West Publishing
Co. St. Paul, Minnesota 1990）。また，第 8 巡回区の地方裁判所のためのモデル
民事陪審説示のマニュアルもまもなく刊行される予定である。モデル説示の目

----

　(6) アメリカ合衆国は，地理的に 12 の連邦巡回区に分けられている。コロンビア巡回区
　　は 1 つの地区であるが，残りの巡回区には複数の地区がある。例えば，第 8 巡回区は，
　　ノース・ダコタ，サウス・ダコタ，ネブラスカ，ミネソタ，アイオワ，ミズーリおよび
　　アーカンソーの 7 つの州で構成されており，この 7 つの州に 10 の地区がある。アイオ
　　ワ，ミズーリおよびアーカンソーはそれぞれ 2 つの地区をもっており，その他の州は 1
　　地区である。

的は，マニュアルの冒頭によくまとめられている。

「この説示のマニュアルは，裁判官が陪審とより一層効果的にコミュニケイトすることに役立つために作成されたものである。このマニュアルは陪審員の理解を最大化するための明確，簡潔かつ単純な説示のモデルを裁判官や弁護士に提供することを目的としている。これらのモデル説示は，陪審に適切に説示を与える唯一の方法と受け取られてはならない。United States v. Ridinger, 805 F. 2d 818, 821（8th Cir. 1986）参照。『モデル説示は…この巡回区の地方裁判所を拘束するものではなく，単に，有益な示唆を与えて，地方裁判所を援助するに過ぎない』。United States v. Norton, 846 F. 2d 521, 525（8th Cir. 1988）。

このマニュアルには，現在の第8巡回区の法に適合するように，あらゆる努力がなされているものの，これらのモデル説示が特定の事件の事実に必ずしも適合するわけではない。マニュアルはよくある争点をカバーしているものの，それぞれの事件にはユニークな事実があるために，それぞれの事件の事実に適合するような説示が作成され，適用されなければならないのである。

説示の作成にあたって，委員会は，単純な文言，簡潔な文章，能動態の文章を用い，不必要な言葉を除くように努力している。我々は，陪審に対して平易な言葉を用いるように心がけている。というのは，陪審に向かって，制定法の条文または控訴裁判所の判決文言を伝えても，混乱することが多いからである。

説示は，できる限り簡潔で，事件について陪審が知る必要があるものに限定すべきであるというのが我々の立場である。」

委員会は，1年に2回2日間の会合を開き，モデル説示の改定に努めている。また，年間を通して，書面や電話で絶えずコミュニケーションをはかっている[7]。

多くの州の弁護士会も，州の刑事および民事の陪審審理に関連したモデル説示や説示の書式を刊行している。これらのモデル説示は，州の裁判所において有益であるばかりでなく，連邦裁判所の民事陪審トライアルにおいても，州法が争点となっている場合には有益である[8]。

---

(7) 私は，第8巡回区の「説示委員会」の委員を務めたことがあった。1990年7月に開催された2日間にわたる会議には山梨学院大学の椎橋教授も出席された。

第II編　翻　訳

5　結　語

　陪審員は，説示に示された法を無視して，説示に注意を払うことなく，自ら
が欲する方法で，事件を決定すると批判する者もいる。私はこのような見解に
は賛成しないし，また，経験の豊かな多くの事実審裁判官も私と同様の意見で
あろう。この25年間に何百件もの陪審審理を指揮した私の経験では，陪審員
は事実の認定，および，裁判官の説示に示された法の適用について，良心的で
あった。裁判官によって十分に推敲された明解な説示は，言うまでもなく陪審
審理のきわめて重要な一部となっている。裁判官がこの責任を十分果たしたと
きに，陪審員もその責任を十分に果たすことができるであろう。

補遺　　　説示の実例

アイオワ州南部地区連邦地方裁判所

ST. PAUL FIRE AND MARINE	*	
INSURANCE COMPANY,	*	
	*	CIVIL. NO. 88-92-B
原告	*	
	*	
v.	*	
	*	
SALVADOR BEAUTY COLIEGE,	*	争点の記載
INC.,	*	および
	*	裁判所の説示
被告	*	

---

(8) 連邦裁判所の民事事件の中には，州法上の争点を含む事件も多い，州籍相違事件と呼
　ばれるもので，異なる州民間の事件で訴額が7万5000ドルを超える事件は連邦裁判所
　の管轄となる。合衆国憲法第3条第2節参照。また，28 U.S.C.§1332参照。

12　H. ヴィエーター『アメリカ民事訴訟における陪審への説示』

　陪審の紳士および淑女の皆さん，

　本件は，原告の保険会社が被告の財産に付された火災保険の無効の宣言を求める裁判です。原告によって発行された火災保険証書は1987年8月30日時点では有効であり，また，被告の財産は1987年8月30日に放火によって消滅したことについては，当事者は合意しています。また，当事者は，被告の被った損害額は10万1711ドル52セントであることに合意しています。

　原告は，被告が放火をしたこと，また，被告が故意に保険契約に違反し，原告が火災の損失を調査しているときに重大な事実を誤って伝えたことを理由に，火災保険証書の無効の宣言を求めているものです。被告はこのような原告の主張を否認し，保険証券の下における火災の損失の支払いを求めています。

　上記のことは，当事者双方の簡潔な要約です。以下に，つぎのような説示を皆さんにいたします。

説示1

　皆さんは，まもなく法廷を退室して，陪審室で本件の議論を始めていただきます。

　トライアルの過程の中で，皆さんは，事件を解決するための，適切に検討すべき，すべての証拠を受け取りました。皆さんの評決はトライアルで提出された証拠のみに基づいてなされなければなりません。皆さんは，皆さんに提示されたすべての証拠を考慮すべきです。もちろん，皆さんは，皆さんの人生経験の中で獲得した常識に照らして正当であれば，証言や物証から合理的であると考える推論を導き出すことはできます。

　事件に適用される法を決定するのは裁判官である私の仕事です。弁護士の仕事ではありません。したがって，弁護士が適用される法について若干コメントをするかもしれませんが，適用すべき法については私が言ったことにのみ従ってください。皆さんは，私が皆さんに説明した，すべての法規を遵守しなければなりません。皆さんは，一部だけ遵守して，残部を無視することはできません。たとえ皆さんの中に意見の異なる人がいたり，若干の法規の理由について理解できない場合でも，皆さんは，法に従った判断をしなければなりません。

　同情や偏見に影響されてはいけません。法は，皆さんが，証拠，皆さんの常

407

第II編 翻 訳

識および私が皆さんに与えた法以外のものには影響されない, 公正な評決を要求しているのです。

陪審室で皆さんが, 導き出す結論は, 全員一致でなければなりません。すべての陪審が同意しなければなりません。

皆さんの評議は秘密に行われます。皆さんは, 皆さんの評決を誰に対しても説明する必要はありません。

説示 2

原告は, それぞれの主張について, 証拠の優越の証明度によって, 証明する責任を負っています。皆さんは, 皆さんの評決によって, 原告がそれぞれの主張を証明したか否かを我々に伝えてくれなければなりません。

原告が, その主張の1つまたはそれ以上を証明した場合には, 被告は保険金を受け取ることはできません。原告が証明に失敗したときは, 被告は保険金を受け取れます。

説示 3

本件において, 当事者双方は会社です。しかしながら, 皆さんは, 本件が個人間の訴訟であるつもりで審理し, 正確に判断してください。誰が原告で誰が被告であるかに関わらず, 皆さんは, 事実に関する証拠および法に関する私の説示のみに目を向けてください。

説示 4

「証拠」は, 証人の証言および文書, 写真その他の物証です。弁護士による主張 (陳述), 弁論, 質問およびコメントは証拠ではありません。本件について, この法廷外で見たり聞いたりしたことは証拠ではありません。

「証拠の優越」とは, 主張を基礎づける証拠が, 十分かつ公正に検討されたとき, 相手方当事者が提出する証拠よりも, より強力な心証を皆さんの中に引き起こすことを意味します。

408

説示5

Salvador Beauty College Inc. は会社であり，その社長であるサルバドール・サルガドおよびマネージャーであるローラ・サルガドによって経営されています。したがって，この両名の行為は，Salvador Beauty College Inc. の行為であり，同社が同名の行為についての責任を負います。

説示6

アイオワ州法では，保険契約者，すなわち，会社の場合には，社長またはマネージャー等が財産（建物）を消失したり，他の者に消失させた場合には，本件におけるような火災保険証書の全部が無効になると規定しています。

説示7

問題となっている本件の保険証書の下では，保険契約者は，宣誓をした上で，尋問を受ける必要があります。その目的は，保険会社が保険請求に対処するために必要な情報を保険契約者の宣誓をした上での証言から取得できることを可能にするためです。保険会社はこのようにして得られた保険契約者の陳述に依拠することができ，その結果，保険会社の権利や責任を決定することができるのです。このような理由で，宣誓の上での尋問において，保険契約者が故意にまたは意図的に虚偽の陳述をしたり，重要な事実を隠蔽した場合は，保険証書の全部が無効になります。

説示8

被告が意図的に火災を発生させたという原告の主張に関して，原告は，証拠の優越によって，サルバドール・サルガドまたはローラ・サルガドが意図的に火災を発生させたこと，または，他の者に意図的に火災を発生させたことを証明しなければなりません。

もし皆さんが，原告は証拠の優越によってその主張を証明したと認定するときは，評決の書式 No. 1 に「イエス」と答えて下さい。そうでない場合は，評決の書式 No. 1 に「ノー」と書いてください。

第Ⅱ編　翻　訳

説示9

　火災の調査の中で，被告は意図的に火災を発生させた，または，他の者に意図的に火災を発生させたという原告の主張を否認するにあたって，被告が重大な虚偽の陳述をしたという原告の主張に関しては，原告は，証拠の優越によって，以下の事実のすべてを証明しなければなりません。

(1)　サルバドール・サルガドは，意図的に火災を発生させたこと，または，他の者に意図的に火災を発生させたこと。

(2)　原告による火災の調査の途中で，サルバドール・サルガドは，故意に，かつ，意図的に火災を発生させたこと，または，他の者に意図的に火災を発生させたことを否認したこと。

(3)　サルバドール・サルガドは，重大な事実について原告を欺くために意図的にそのように行動したこと。

(4)　サルバドール・サルガドによる虚偽の陳述は，重大であったこと。

　皆さんが，証拠の優越によって，原告がこれらのすべてのことを証明したと認定するときは，評決の書式 No. 2 に「イエス」と答えて下さい。そうでない場合は，評決の書式 No.2 に「ノー」と書いてください。

説示10

　原告による火災の調査の過程で，ローラ・サルガドが意図的に火災を発生させた，または，他の者に意図的に火災を発生させたという原告の主張を否認するにあたって，ローラ・サルガドが重大な虚偽の陳述をしたという原告の主張に関しては，原告は，証拠の優越によって，以下の事実のすべてを証明しなければなりません。

(1)　ローラ・サルガドが意図的に火災を発生させたこと，または，他の者に意図的に火災を発生させたこと。

(2)　原告による火災の調査の過程で，ローラ・サルガドは，故意に，かつ，知っていながら，意図的に火災を発生させたことを否認し，また，他の者に意図的に火災を発生させた事実を否認したこと。

(3)　ローラ・サルガドは，重大な事実について原告を欺くために意図的にその

ような虚偽の陳述をしたこと。

⑷　ローラ・サルガドによる虚偽の陳述は重大であったこと。

　皆さんが，原告は，証拠の優越によって，これらすべての事実を証明したと認定するときは，評決の書式 No. 3 に「イエス」と答えて下さい。そうでない場合は，評決の書式 No. 3 に「ノー」と書いてください。

説示 11

　サルバドール・サルガドが，国税庁（内国歳入庁）に対する給与税の滞納を開示せず，また，公益企業に対する債務の滞納の開示をしないことによって，会計状況について虚偽の陳述をしたという原告の主張に関しては，原告は，証拠の優越によって，以下の事実のすべてを証明しなければなりません。

⑴　被告が，国税庁（内国歳入庁），および，地方の公益企業に対して債務を負っていること。

⑵　サルバドール・サルガドが，これらの債務が存在する事実を知っていること。

⑶　火災に関する原告による調査の過程で，サルバドール・サルガドが，故意に，かつ，意図的に，これらの債務の存在を原告に知らせなかったこと。

⑷　サルバドール・サルガドは，重大な事実について原告を欺く目的で，意図的にそのような行動をしたこと。

⑸　サルバドール・サルガドによる，そのような隠蔽は，重大であったこと。

　皆さんは，原告が，証拠の優越によって，これらすべての事実を証明したと認定するときは，評決の書式 No. 4 に「イエス」と答えて下さい。そうでない場合は，評決の書式 No. 4 に「ノー」と書いてください。

説示 12

　サルバドール・サルガドが，Allied Mutual Insurance Company との間の従前の保険証書の解約理由について虚偽の陳述をしたという原告の主張に関しては，原告は，証拠の優越によって，以下のすべての事実を証明しなければなり

第Ⅱ編　翻　訳

ません。

(1)　Allied Mutual Insurance Company の保険証書は，保険料の不払いが理由で保険会社によって解約されたこと。

(2)　サルバドール・サルガドは，保険料の不払いが理由で保険会社によって解約された事実を知っていること。

(3)　原告による火災の調査の過程で，サルバドール・サルガドは，知っていながら，かつ，意図的に，自らが Allied Mutual Insurance Company の保険証書を解約したように原告に虚偽の陳述をしたこと。

(4)　サルバドール・サルガドは，原告を欺く目的で，意図的にそのような行動をしたこと。

(5)　サルバドール・サルガドによるそのような虚偽の陳述は重大であったこと。

　皆さんは，原告が，証拠の優越によって，これらすべての事実を証明したと認定するときは，評決の書式 No. 5 に「イエス」と答えて下さい。そうでない場合は，評決の書式 No. 5 に「ノー」と書いてください。

説示13

　サルバドール・サルガドは，1987 年 8 月 30 日の午前 1 時 15 分から 3 時 15 分の間は，1 人でおり，その時間帯は，ダイアン・フリースとは一緒ではなかったという虚偽の陳述をしたという原告の主張に関しては，原告は，証拠の優越によって以下の事実のすべてを証明しなければなりません。

(1)　サルバドール・サルガドは，1987 年 8 月 30 日の午前 1 時 15 分から 3 時 15 分の間は，ダイアン・フリースと一緒にいたこと。

(2)　原告による火災の調査の過程で，サルバドール・サルガドは，知っていながら，かつ，意図的に，1987 年 8 月 30 日の午前 1 時 15 分から 3 時 15 分の間にダイアン・フリースと一緒にいた事実を隠蔽したこと。

(3)　サルバドール・サルガドは，重要な事実について原告を欺く目的で，意図的にそのような行動をしたこと。

(4)　サルバドール・サルガドによるそのような虚偽の陳述は，重大であったこと。

皆さんは，原告が，証拠の優越によって，これらすべての事実を証明したと認定するときは，評決の書式 No. 6 に「イエス」と答えて下さい。そうでない場合は，評決の書式 No. 6 に「ノー」と書いてください。

説示 14

行為が，任意に，かつ，意図的になされたときは，「知っていながら」または「故意に」になされたものとします。

誰かが意図的に何かをしたか否かが，目的証人の証言によって証明されることは，ほとんどありません。しかしながら，ある人がしたこと，または，しなかったことを証明する証拠は，意図の存在または不存在を証明することができる場合もあります。

説示 15

情報の陳述または隠蔽について，陳述された事実または隠蔽された事実がつぎのような事実であれば，重大（material）となります。すなわち，合理的人間が問題となっている事件において，行動の選択を決定する際に重要であると考える事実である場合です。

説示 16

皆さんは，事実を認定するにあたって，どの証言を信じ，どの証言を信じないかを決定しなければなりません。皆さんは，ある証人のすべての証言を信じることもできるし，1 部だけを信じることもできるし，全く信じなくてもよいです。

証言を信じるか否かを決定するにあたっては，証人の知性，証言の対象となっている出来事を見聞したという証人の機会，証人の記憶力，証人の証言内容の動機，証言をするときの態度，以前に異なる証言をしたことがあるか否か，証言の一般的合理性，皆さんそれぞれが信用性を置いている他の証拠と証言の関係，および，証言の信用性を判断するにあたって役立つと考えられるその他のことです。

第Ⅱ編　翻　訳

説示 17

　評議および評決の答申をするにあたっては，皆さんが守らなければならないルールがあります。以下に，そのルールをお伝えします。

　第1は，陪審質に入られた後，皆さんの中から1人陪審長を選ばなければなりません。陪審長が評議を指揮し，法廷では皆さんの代表として発言します。

　第2は，陪審室において，他の陪審員と本件について議論することは，陪審員としての皆さんの任務です。評決は全員一致でなければならないので，皆さんは，できる限り，合意に達するように努力してください。

　皆さんはそれぞれ，自らの良心的な判断をしなければなりません。しかしながら，それは，皆さんがすべての証拠を検討し，他の陪審員と十分に議論を尽くし，そして，他の陪審員の見解を聞いた上ですべきことです。

　もし他の陪審員との議論を重ねた結果，皆さんがご自分の意見を変えるべきだと思ったときは，意見を変えることに躊躇しないでください。しかし，評決を一致させるためだけに，そのようなことをするのはやめてください。

　第3は，皆さんの評決は，証拠，および，この説示で私が皆さんに与える法のみに基づいてなされなければなりません。どのような評決にすべきかを示唆するようなことは，私は何も言っておりませんし，していません。決定するのは皆さんです。

　第4は，評議の間に私と連絡を取りたいときは，陪審長が署名したノートをマーシャル（職員）に渡してください。そのような場合は，できる限り迅速に，書面または法廷において口頭で回答します。皆さんは，私を含めて誰にも投票の内容を知らせてはなりません。これらの説示について私に連絡する前に，きわめて注意深く検討してください。私はこれらの説示が完全で十分であると考えています。

説示 18

　この説示には，6つの評決の書式が添付されています。それぞれの評決の書式に，「イエス」または「ノー」を記入してください。陪審長は評決の書式に署名しなければなりません。

　皆さんが評決に達したときは，マーシャル（職員）に知らせてください。

12 H. ヴィエーター『アメリカ民事訴訟における陪審への説示』

ハロルド　D.　ヴィエーター

アイオワ州南部地区連邦地方裁判所　所長判事

アイオワ州南部地区連邦地方裁判所

ST. PAUL FIRE AND MARINE	＊	
INSURANCE COMPANY.	＊	
	＊	
原告	＊	CIVIL NO. 88-92-B
	＊	
v.	＊	
	＊	
SALVADOR BEAUTY COLLEGE	＊	評決の書式
INC.,	＊	
	＊	
被告	＊	

評決の書式 No. 1

　原告は，証拠の優越によって，サルバドール・サルガドまたはローラ・サルガドが意図的に火災を発生させた事実，または，他の者に意図的に火災を発生させた事実を証明しましたか。

_____イエス　　　　_____ノー

陪審長

評決の書式 No. 2

第Ⅱ編 翻 訳

　原告は，証拠の優越によって，説示 No. 9 に記載された 4 つのことを証明し
ましたか。

　_____イエス　　　　　_____ノー

　　　　　　　　　　　　　　　　　　　　　　　_____

　　　　　　　　　　　　　　　　　　　　　　陪審長

評決の書式 No. 3

　原告は，証拠の優越によって，説示 No. 10 に記載された 4 つのことすべて
を証明しましたか。

　_____イエス　　　　　_____ノー

　　　　　　　　　　　　　　　　　　　　　　　_____

　　　　　　　　　　　　　　　　　　　　　　陪審長

評決の書式 No. 4

　原告は，証拠の優越によって，説示 No. 11 に記載された 5 つのことすべて
を証明しましたか。

　_____イエス　　　　　_____ノー

　　　　　　　　　　　　　　　　　　　　　　　_____

　　　　　　　　　　　　　　　　　　　　　　陪審長

評決の書式 No. 5

　原告は，証拠の優越によって，説示 No. 12 に記載された 5 つのことすべて
を証明しましたか。

　_____イエス　　　　　_____ノー

　　　　　　　　　　　　　　　　　　　　　　　_____

　　　　　　　　　　　　　　　　　　　　　　陪審長

評決の書式 No. 6

　原告は，証拠の優越によって，説示 No. 13 に記載された 4 つのことすべてを証明しましたか。

＿＿＿＿＿イエス　　　　＿＿＿＿＿ノー

＿＿＿＿＿＿＿＿＿＿＿＿＿＿＿＿＿＿＿

陪審長

訳者あとがき

　本稿は，執筆当時は，アイオワ州南部地区連邦地方裁判所の所長判事であり，現在は，シニア判事をしておられるハロルド・ヴィエーター判事に依頼して，書いていただいた原稿の翻訳である。合衆国の民事裁判の基本が陪審裁判であることは周知の事実であるが，それでも，陪審裁判の実務の細部については知られていないことも多い。そこで，陪審裁判を指揮した経験の豊富なヴィエーター判事に陪審に対する説示の実態を日本の読者に分かりやすく解説していただくことをお願いした。以下に，本稿を訳出して得た，日米の民事裁判の比較についての雑感を簡単に記して，訳者あとがきとしたい。

　我が国の民事訴訟法とアメリカの民事訴訟法の大きな違いの 1 つは，我が国が裁判官による裁判であるのに対し，アメリカは陪審による裁判であることである。陪審制度の論理的帰結として，直ちに思いつくのは，集中審理および裁判官と陪審の役割分担である。

　集中審理については，我が国でも裁判員制度が導入されたことによって，一般市民の裁判への参加がイメージしやすくなったと思われるが，一般市民である陪審が参加するトライアル（集中証拠調べを中心とする正式事実審理）の期間は，平均して，3 日〜5 日程度である。したがって，裁判の迅速処理の観点からすれば，トライアルの前の段階，すなわちプリトライアルの段階での争点および証拠の整理をどのように行って行くかが問題となる。我が国では，職権進行主義の下，裁判所が期日を指定して，裁判所が争点および証拠の整理を指揮して行くのに対し，アメリカでは，当事者主義の下，情報の収集・整理は，開

第Ⅱ編　翻　訳

示手続を活用しつつ，基本的に，当事者間で行われる。もっとも，近年では，
当事者の自主性に委ねておくと，争点および証拠の整理がなかなか終わらない
ため，スケジューリング・カンファランスを開いて，裁判所が，進行について，
審理計画を指示することが行われているものの，争点と証拠の整理は当事者の
代理人である弁護士によって行われている。

　裁判官と陪審の役割分担については，「法律問題は裁判官に，事実問題は陪
審に」という言葉があるように，証拠を評価し，証拠に基づいて事実認定をす
るのは，裁判官ではなく，陪審の任務である。裁判官は事実認定をしないので
あるから，我が国の裁判官のように，逐一，当事者から資料の提供を受け，そ
の内容を検討することはない。したがって，我が国のような釈明権が問題とな
ることもない。

　裁判官の役割は，法律問題，すなわち，陪審に対して，事件に適用される法
律や法律用語を説示することである。しかし，一口に，説示といっても多様で
あり，事件に適用される法律の説示だけでなく，事務的な連絡事項や陪審とし
てすべきこと・してはならないこと等の注意も含まれる。本稿においては，ト
ライアル前の説示，トライアル中の説示，トライアル終了直後の説示に分けて，
説示の具体例を挙げつつ，具体的に説明されている。

　説示の作成過程について，最後に一言付け加えておきたい。説示の作成はも
ちろん裁判官の権限であり，責務であるが，裁判官が一人で説示を作成するわ
けではない。本稿でも述べられているように，アメリカでは，説示の書式が整
備されており，説示の作成にあたっては，まず双方の弁護士が書式に則った
「説示案」を作成するのであり（丸山英二『入門アメリカ法　第2版』92頁参照），
裁判官はそれを見比べ参照して，最終的な説示を作成するのである。裁判官の
任務とされる説示の作成についても，実質的には，弁護士がその下準備をして
いるのである。アメリカの当事者主義（adversary system）は，訴訟資料の収
集の面についての原理であるとされることがあるが，それだけではなく，訴訟
の進行や説示の作成にもかかわる基本原理であり，その背景には，陪審裁判の
存在があるのである。

418

椎橋邦雄略歴・研究業績等

Ⅰ　学　歴
　1949年7月9日　　東京に生まれる
　1968年3月　　　東京都立両国高等学校卒業
　1968年4月　　　早稲田大学第一法学部入学
　1972年3月　　　同卒業
　1972年4月　　　早稲田大学大学院法学研究科
　　　　　　　　　修士課程入学
　1974年3月　　　同修了
　1974年4月　　　早稲田大学大学院法学研究科博士課程入学
　1976年9月　　　シカゴ大学ロースクール留学（1年間）
　1979年3月　　　早稲田大学大学院法学研究科博士課程単位取得退学

Ⅱ　職　歴
　1979年4月　　　山梨学院大学法学部専任講師（1984年3月まで）
　1984年4月　　　同助教授（1993年3月まで）
　1993年4月　　　山梨学院大学法学部教授
　1998年4月　　　中央大学法学部兼任講師（2017年3月まで）
　2017年3月　　　山梨学院大学法学部定年退職

　2017年4月18日　　逝去

Ⅲ　学会等報告
　「サマリ判決の機能と認容基準の変化」（民事訴訟法学会，1993年度（第63回）大会）
　「アメリカ民事訴訟における弁護士の裁判所に対する責任
　　── 連邦民事訴訟規則11条の検討」（比較法学会，1995年度（第58回））
　「日本の略式判決制度（summary adjudication）」（英国ブリストルの比較法国際会議ナショナル・リポーターとして，1998年7月）
　「日本の民事訴訟における裁判資料収集手続の展開」
　　（中国東北アジア民事訴訟の展開に関する検討会，2003年3月）

419

IV 研究業績

（1） 著者（共著）

『現代裁判法』「法律扶助」 （三嶺書房，1987 年 12 月）

『ブリッジブック裁判法』「これからの裁判官に求められる役割と技能」

（信山社，2002 年 12 月）

『演習ノート 民事執行法・民事保全法』〔改訂第 2 版〕

（法学書院，2004 年 4 月）

『演習ノート 破産法』〔第 4 版〕 （法学書院，2005 年 8 月）

『演習ノート 民事執行法・民事保全法』〔改訂第 2 版〕

（法学書院，2006 年 8 月）

『ブリッジ・ブック裁判法〔第二版〕』「民事訴訟の改革（1） ── 提訴前の証拠収集と計画審理 ── 」 （信山社，2010 年 5 月）

（2） 学術論文

「アメリカ証拠法における証言拒否権」

（『法学論集』11 号，山梨学院大学法学研究会，1987 年 3 月）

「アメリカ民事訴訟における当事者主義の基礎研究」

（『法学論集』15 号，山梨学院大学法学研究会，1989 年 3 月）

「日米民事裁判制度の比較」

（『社会科学研究』5 号，山梨学院大学社会科学研究所，1989 年 3 月）

「サマリ判決の機能と認容基準の変化」

（『民事訴訟雑誌』40 号，民事訴訟法学会，1994 年 3 月）

「アメリカ民事訴訟における中立証人汚染防止の試み」

（『木川統一郎博士古稀祝賀 民事裁判の充実と促進』下巻，判例タイムズ社， 1994 年 5 月）

「アメリカ民事訴訟における弁護士の裁判所に対する責任 ── 連邦民事訴訟規則 11 条の検討」 （『比較法研究』57 号，比較法学会，1996 年 2 月）

「民事訴訟手続の円滑化と弁護士の責任 ── アメリカ連邦民事訴訟規則 11 条の検討を中心に ── 」

（『中村英郎先生古稀祝賀 民事訴訟法学の新たな展開』上巻，成文堂，1996 年 3 月）

「選定当事者（特集 民事訴訟法改正）」

IV 研究業績

（『月刊 法学教室』192 号，有斐閣，1996 年 9 月）

「アメリカ民事訴訟における専門家証人の証人適格」

（『早稲田法学』72 巻 4 号，早稲田大学法学会，1997 年 7 月）

「1990 年代におけるアメリカの民事訴訟改革 —— Larry Kramer（ed.），
Reforming the Civil Justice System」

（『アメリカ法』1998 年 2 号，日米法学会，1998 年 3 月）

「当事者照会」

（『現代裁判実務大系　13 民事訴訟』，新日本法規出版，1999 年 1 月）

「アンドリュー・ワトソン，イギリスの陪審制度の諸側面および日本の刑事裁
判における陪審制度再導入の問題点」

（『法学論集』42 号，山梨学院大学法学研究会，1999 年 2 月）

「会社訴訟と訴の利益（特集　民事訴訟法における商法的論点）」

（『月刊 法学教室』234 号，有斐閣，2000 年 3 月）

「日本の民事訴訟における裁判資料収集手続の展開」

（『法学論集』50 号，山梨学院大学法学研究会，2003 年 9 月）

「アメリカ民事訴訟における裁判所の選任による専門家の利用状況」

（『法学新報』113 巻 9=10 号，中央大学法学会，2007 年 3 月）

「アメリカ民事訴訟における裁判所の選任による専門家の現状と課題」

（小島武司先生古稀記念論文集『民事司法の法理と政策（上）』，商事法
務，2008 年 8 月）

「アメリカ民事訴訟法のしくみ ——（1）」

（『法学論集』77 号，山梨学院大学法学研究会，2016 年 1 月）

（3）　翻　訳

「J・B・ワインスタイン『裁判所規則制定過程の改革』（共訳)」

（中央大学出版部，1981 年 1 月）

「ハロルド・ヴィエーター『アメリカ民事訴訟における訴訟促進策 —— トライ
アル・ジャッジの視点』〔含質疑応答〕」

（『判例時報』1334 号，判例時報社，1990 年 3 月）

「ハロルド・ヴィエーター『アメリカ合衆国の法学：教育と裁判制度』」

（『法学論集』17 号，山梨学院大学法学研究会，1990 年 3 月）

「フェイス・オライリー『アメリカ合衆国における法学教育』」

（『法学論集』19 号，山梨学院大学法学研究会，1991 年 3 月）

「ジェイムズ・R・ピールマイヤー『アメリカ合衆国におけるサマリ・ジャッジメント』」

（『法学論集』21 号，山梨学院大学法学研究会，1992 年 3 月）

「ペーター・シュロッサー『ドイツの仲裁法と実務』」

（『各国仲裁の法とプラクティス』，中央大学出版部，1992 年 8 月）

「ライル・E・ストロム『合衆国連邦地方裁判所におけるサマリ判決の実務』」

（『法学論集』23 号，山梨学院大学法学研究会，1992 年 9 月）

「スティーヴン・ランズマン『アメリカ合衆国におけるアドヴァサリ・システム：民事訴訟法改革への挑戦』」

（『法学論集』24 号，山梨学院大学法学研究会，1992 年 12 月）

「〈資料〉15 キャロル・S・ブルック『アメリカ合衆国における家庭事件訴訟』〈外国民事訴訟法研究 8〉」（共訳）

（『比較法学』27 巻 2 号，早稲田大学比較法研究所，1994 年 1 月）

「スティーヴン・ランズマン『民事陪審に関するアメリカの経験』」

（『法学論集』30 号，山梨学院大学法学研究会，1994 年 9 月）

「R．E．ロングスタッフ『合衆国連邦地方裁判所の民事訴訟における開示手続』」　（『法学論集』32 号，山梨学院大学法学研究会，1995 年 6 月）

「M・D・グリーン『体系アメリカ民事訴訟法〔訳者補遺〕改正連邦民事訴訟規解説』（共訳）」　　　　　　　　　（信山社，1995 年 9 月）

「イレーネ・ファーレンホルスト『家族法及び欧州人権条約』（共訳）」
（『社会科学研究』20 号，山梨学院大学社会科学研究所，1996 年 12 月）

「フェイス・オライリー『アメリカの模擬裁判』」

（『民事模擬裁判のすすめ』，有斐閣，1998 年 12 月）

「フェイス・オライリー『アメリカ民事訴訟における質問書』」

（『白川和雄先生古稀記念　民事紛争をめぐる法的諸問題』，信山社，1999 年 4 月）

「アンドリュー・ワトソン『陪審審理を選択する権利：問題の再燃』」

（『法学論集』44 号，山梨学院大学法学研究会，1999 年 12 月）

「モリス・S・アーノルド『アメリカ民事訴訟における法廷地選択条項の効力』」　（『法学論集』46 号，山梨学院大学法学研究会，2000 年 11 月）

「チャールズ・R・ウォリ『アメリカ民事証拠法の概要』」

（『法学論集』51 号，山梨学院大学法学研究会，2004 年 2 月）

「陳愛武『中国における人事訴訟手続の研究』」

（『法学論集』52 号，山梨学院大学法学研究会，2004 年 10 月）

「ウォレン・K・アーボム『合衆国における陪審の選任と管理』」

（『法学論集』54 号，山梨学院大学法学研究会，2005 年 3 月）

「フェイス・オライリー『アメリカの大学における模擬裁判』」

（『法学論集』56 号，山梨学院大学法学研究会，2006 年 3 月）

「リチャード・H・バッティ『民事司法改革法の制定過程の分析』」

（『法学論集』72=73 号，山梨学院大学法学研究会，2014 年 3 月）

「パトリック・コンミー『アメリカ民事訴訟における訴答および関連する申立』」　　（『法学論集』74 号，山梨学院大学法学研究会，2014 年 7 月）

「ハロルド・ヴィエーター『アメリカ民事訴訟における陪審への説示』」

（『法学論集』75 号，山梨学院大学法学研究会，2015 年 1 月）

「アメリカの司法試験における民事訴訟法の択一模擬問題と解答」

（『法学論集』78 号，山梨学院大学法学研究会，2016 年 7 月）

（4）　判例解説

『訴訟代理人の地位』

（新堂幸司他編『別冊ジュリスト　民事訴訟法判例百選 I』，有斐閣，1992 年 1 月）

「弁護士会照会」

（高橋宏志他編『別冊ジュリスト　民事訴訟法判例百選』第 4 版，有斐閣，2010 年 10 月）

「弁護士会照会」

（5）　その他（解説）

「破産債権の意義・要件」

「破産債権の額・期限」

「破産債権の順位」

「破産債権の行使（1）── 届出，調査，確定」

「破産債権の行使（2）── 破産債権の確定」

「否認権と詐害行為取消権」

「復権制度」

　　以上，（櫻井孝一編『演習ノート　破産法』第 5 版，法学書院，2010 年 10 月）

「強制執行の続行・承継執行文」

「第三債務者の供託」

「配当要求の期間」

　　以上，（飯倉一郎他編『演習ノート　民事執行法・民事保全法』第 4 版，法学書院，2012 年 9 月）

（6）　その他（紹介）

「Garth Bryant, *Neighborhood Law Firms for the Poor*, 1980」

　　　　　　　　　　（『民事訴訟雑誌』28 号，民事訴訟法学会，1982 年 3 月）

あ と が き

　椎橋邦雄は昭和24（1949）年7月9日8人兄姉弟の末っ子として江戸川区に出生した。健康優良児として生まれ，学業成績も常にクラスで1番か2番であった。来る2020年には東京でオリンピック・パラリンピックが開催されるが，前回1968年の東京オリンピックの際は，江戸川区立松江第四中学校の代表として聖火ランナーに選ばれ，江戸川区の一区間をランナーの一人として走った。3歳上の私は高校の授業を休んで見物し，ランナー達を拍手で声援した。弟邦雄はその後両国高校を経て早稲田大学法学部へ進学した。次第に研究者になる決意を固め，大学院へ進学し民事訴訟法を専攻した。早稲田大学大学院では指導教授の鈴木重勝先生を中心に民事訴訟法の先生方からご指導を賜った。博士課程在学中にシカゴ大学ロースクールに1年間留学している。その後木川統一郎先生を始めとする中央大学の民事訴訟法関係の先生方からのご指導や同年輩の研究者との交流も頻繁となった。特に，小島武司先生にはアメリカ民事訴訟法について，そのコンセプト，体系，判例さらにはそれらの背景にまで遡ったご指導を賜っている。シカゴ大学への留学と小島先生のご指導が邦雄の研究方向を決定づけたことは間違いない。また，小島先生には邦雄の就職の世話までしていただいた。さらに小島先生のお弟子さん達（今は錚々たる学者である）との交誼が邦雄の研究者としてまた人間としての成長にいかに大きな役割を果たしていたか想像に難くない。

　さて，邦雄は自分のアメリカ民事訴訟法の研究を完成し公刊したいとの意欲を強く持っていた。あと何を書き，どういう構成にしたかったのかは推測するしかない。邦雄は2016年10月に体調を崩し，入院治療を受けていたが2017年4月18日に逝去した。享年67歳。早すぎる別れであった。邦雄の思い描くアメリカ民事訴訟法は残念ながら実現できなかったが，彼がそれまでに書いてきたアメリカ民事訴訟法関連の論文と翻訳をまとめて公刊することは学問的にも意義のあることであるし，それが私のできる最善のことと考えた。他の残された兄，姉の思いでもある。

山梨と東京で住居が離れていたこともあり，邦雄の交友関係については知らないことが多く，関係の方々に失礼があったことをお詫び申し上げたい。また，お世話になった方に心から御礼を申し上げたい。

　まず，38年間奉職した山梨学院大学には大変お世話になりました。二代に亘る古屋学長先生については小島先生が「はしがき」で言及していただきましたが，法学部・法学研究科においては金子大研究科長を始め多くの教職員の方々にお世話になりました。また，長年非常勤講師を務めた中央大学法学部・総合政策学部の教職員の方々にも感謝致します。さらに，民事訴訟法学会，比較法学会，日米法学会等でご指導いただいた先生方，加えて，実務法曹の方々にもお世話になったと聞いています。最後に，山梨学院大学等の学生さん達との交流も邦雄にとっては大変楽しい一駒であったでしょう。

　なお，本書の出版にあたっては，論文と翻訳の選定と構成さらには校正の全てについて清水宏東洋大学法学部教授のご尽力をいただいた。心からの御礼を申し上げたい。また，信山社の今井貴社長，稲葉文子氏のご助言，ご協力に感謝致します。

令和元年8月

中央大学名誉教授・弁護士

椎橋　隆幸

アメリカ民事訴訟法の研究

2019(令和元)年 9 月30日　第 1 版第 1 刷発行

5485：P440　¥12000 E-012-030-010

著　者　椎　橋　邦　雄

発行者　今井 貴・稲葉文子

発行所　株式会社　信 山 社

〒113-0033　東京都文京区本郷6-2-9-102

Tel 03-3818-1019　Fax 03-3818-0344

info@shinzansha.co.jp

笠間才木支店　〒309-1611　茨城県笠間市笠間 515-3

Tel 0296-71-9081　Fax 0296-71-9082

笠間来栖支店　〒309-1625　茨城県笠間市来栖 2345-1

Tel 0296-71-0215　Fax 0296-72-5410

出版契約 No.2019-5485-3-01011　Printed in Japan

ⓒ椎橋邦雄, 2019　印刷・製本／亜細亜印刷・牧製本

ISBN978-4-7972-5485-3 C3332　分類50-323.916-a003

JCOPY 〈㈳出版者著作権管理機構 委託出版物〉

本書の無断複写は著作権法上での例外を除き禁じられています。複写される場合は,
そのつど事前に, ㈳出版者著作権管理機構 (電話 03-5244-5088, FAX03-5244-5089,
e-mail : info@jcopy.or.jp) の許諾を得てください。

外国弁護士法　上・下　小島武司 編

日本民法学史・続編　平井一雄・清水元 編

ブリッジブック裁判法　小島武司 編

ブリッジブック商法　永井和之 編

憲 法（第5版）　工藤達朗・畑尻剛・橋本基弘 著

ある比較法学者の歩いた道
　　──五十嵐清先生に聞く
五十嵐清 著／山田卓生・山田八千子・小川浩三・内田 貴 編

労働者人格権の研究　上・下
　　──角田邦重先生古稀記念　山田省三・石井保雄 編

信山社

椎橋隆幸先生古稀記念

新時代の刑事法学 上・下

井田良・川出敏裕・高橋則夫・只木誠・山口厚 編

信山社

刑事訴訟法の理論的展開
椎橋隆幸 著

刑事弁護・捜査の理論
椎橋隆幸 著

プライマリー刑事訴訟法〔第6版〕
椎橋隆幸 編

ブリッジブック刑事裁判法
椎橋隆幸 編

刑事訴訟法基本判例解説〔第2版〕
椎橋隆幸・柳川重規 編

信山社